高等农林院校研究生系列教材

植物显微技术

（第二版）

主　编　李和平
副主编　龙　鸿

科学出版社
北京

内 容 简 介

本书是据编者近30年的教学、科研积累及实验技能整理而成。主要介绍了植物显微技术中广泛应用和实用的内容与方法，包括：植物制片技术（石蜡切片、半薄切片、冰冻切片、超薄切片、冰冻超薄切片、扫描电镜样品制备、木材切片）、原位杂交、原位PCR、植物组织化学、GUS及荧光检测方法、细胞组织分离制片、整体透明技术、胚囊酶法分离技术、整体制片技术，显微镜的结构、原理、使用和保养，显微测量，专用显微技术（荧光显微术、相差显微术、偏光显微术、微分干涉显微术、暗视野显微术），以及摄影装置和显微摄影技术（微距摄影、体视显微镜摄影、显微摄影）。全书图文并茂，既论述了实验方法与原理，又突出了实验技术要点，并附有详尽相关实验指导，便于教学安排及自学查阅。

本书可作为农林院校植物生产类研究生、本科生各专业的基本教材，亦可供综合性大学、师范院校生物系师生及农林科技工作者参考。

图书在版编目(CIP)数据

植物显微技术/李和平主编. —2版. —北京：科学出版社，2009.2
（高等农林院校研究生系列教材）

ISBN 978-7-03-023688-3

Ⅰ.植…　Ⅱ.李…　Ⅲ.植物-显微术-研究生-教材　Ⅳ.Q94-33

中国版本图书馆CIP数据核字(2008)第197624号

责任编辑：丛　楠 / 责任校对：陈丽珠
责任印制：赵　博 / 封面设计：北极光视界

科学出版社 出版
北京东黄城根北街16号
邮政编码：100717
http://www.sciencep.com

北京富资园科技发展有限公司印刷
科学出版社发行　各地新华书店经销

*

1992年10月第　一　版　开本：787×1092　1/16
2009年 2 月第　二　版　印张：17
2025年 1 月第八次印刷　字数：410 000

定价：59.80元

（如有印装质量问题，我社负责调换）

编 写 人 员

主　编　李和平

副主编　龙　鸿

编　者（按姓氏拼音排序）

陈春丽　　冯燕妮　　李和平

龙　鸿　　徐有明　　周竹青

主　审　孙蒙祥

第二版前言

本教材自1992年出版以来，我校及一些兄弟院校一直用作研究生教材，深受学生和同行的好评。尽管其间曾经重印，但早已售罄，同行求购询问不断，因此我们三年前列出计划，修订再版此书。

植物显微技术是一门理论与实践紧密结合的实验生物学课程。随着生物学的发展及学科交叉与渗透，植物显微技术不仅是经典植物科学研究的必备技术，而且已成为现代植物功能基因组学、分子生物学、植物与微生物分子互作等研究的重要技术。因此，在修订过程中，需要补充增加新内容。为了探索积累经验，近年来在学校研究生处的支持下，我们对该课程的教学体系、教学条件、教学内容、教学方法等做了相应的调整、充实和改革，以全面提高教学效果，帮助学生在理解实验原理的基础上熟练掌握关键技术，培养学生独立操作及分析问题能力。这些尝试和实践为修订再版这本教材奠定了基础。

第二版在第一版的基础上，根据学科的发展及人才培养的需要，修改和补充了相关内容。修订后的教材总学时数由原来的80学时改为60学时。第一篇在基本保留原教材特点的基础上，增加了冰冻切片、冰冻超薄切片、扫描电镜样品制备、原位杂交、组织化学、整体透明新方法等，修改了半薄切片、超薄切片和木材切片的部分内容。第二篇增加了Olympus SZX16体视荧光显微镜、Olympus BX61研究显微镜、激光共聚焦显微镜、透射和扫描电镜、摄影装置及其摄影技术、图像处理技术。第三篇实验指导全部为新增加的内容，这是基于我们在长期教学过程中的经验和体会组织安排的。实验指导内容紧扣前两篇的实验理论与技术，前后贯通、融为一体，各个实验内容既可独立安排，又有密切的相互联系。这种编排体系便于学生在学习本课程中理论联系实际、融会贯通、学以致用，也有利于自学。

本书在编写过程中承蒙武汉大学生命科学学院孙蒙祥教授审阅，并提出宝贵意见，深表感谢。

本书由华中农业大学研究生处“研究生教育创新工程项目”资助。华中农业大学生命科学技术学院赵斌教授、湖北大学生命科学学院蔡得田教授、扬州大学生物科学与技术学院金银根教授、河北农业大学园艺学院张成合教授等对本教材的修订再版给予了关注和支持，在此一并感谢！

中国科学院院士、武汉大学杨弘远教授为本书第一版作序，并在再版时予以关心，我们深表谢忱。本书是第一版的继承和发扬，值此之际，我们对第一版主编、已故王灶安教授（华中农业大学）表示深深的敬意！

本书的第一篇第一章由李和平、龙鸿编写，第二章由李和平、冯燕妮编写，第三章由李和平编写，第四章由李和平、冯燕妮、徐有明编写，第五章由龙鸿、李和平、陈春丽编写，第六章由周竹青、龙鸿编写，第七章由陈春丽、龙鸿、李和平编写；第二篇第八章由龙鸿、周竹青、李和平、陈春丽编写，第九章和第十章由龙鸿编写，第十一章由陈春丽编写；第三篇实验指导由承担植物显微技术实验课的教师编写，文后署名。全书图版、插图由龙鸿、冯燕妮拍摄、编排。

由于我们的水平有限，错误和不当之处在所难免，恳请同行和读者批评指正。

编　者

2008 年 8 月于武昌南湖狮子山

华中农业大学

代 序

自从发明显微镜以来，人类对植物的研究就进入了微观世界，从而逐渐发展成一门技术——植物显微技术。它是研究植物细胞学、解剖学、胚胎学的必要技术基础，是农林、师范、综合院校植物学教学、研究的重要手段。近几十年来，各种类型的光学显微镜与电子显微镜相继问世，相应的制样、观察、记录方法日臻完善。因此，编写一本新的植物显微技术教材很有必要。

本书具有以下特色：第一，在内容上既反映了显微技术的较新成就，又注重切合当前教学实际需要。书中第一篇和第二篇，在取材上均体现这一特点。例如，在介绍制片技术时，以石蜡切片作为基础，辅之以半薄切片与超薄切片，而淘汰了比较过时的火棉胶切片。在介绍显微镜部分时，着重于基本结构、使用方法与保养知识，适当介绍荧光、相差、干涉差、偏光等专用技术。做到了推陈出新、讲究实效。第二，在方法上既遵循“少而精”的原则，又注意操作细节的发挥。把功夫放在基本原理与方法的阐述上，便于学生牢固掌握有代表性的技术，收“举一反三”之效。在重要环节上，不吝篇幅交代技术关键，尤其是介绍了编者多年积累的技术窍门与国内近年发展的新方法。这是单纯编译外国教材所达不到的。

希望本书的出版为我国植物学教学与研究作出应有的贡献。

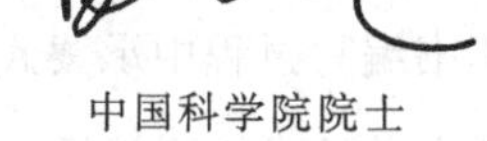

中国科学院院士

武汉大学教授

1990 年 3 月于武昌珞珈山

第一版前言

本书是根据1988年农业部暨全国农业院校教材指导委员会会议精神，在基础学科组上讨论通过的植物显微技术教学大纲编写而成的。

植物显微技术是一门理论性及实践性较强的专业基础课。学习本课程为研究植物胚胎学、植物解剖学、作物栽培（农作物、果树、蔬菜、林木栽培）、遗传育种、生物技术等课程奠定理论基础，为教学、科研提供必备的技术。

本书总学时数为80。教材内容有：植物制片技术（包括石蜡、半薄切片）、显微化学、显微摄影、光学显微镜与显微附属仪器的使用等内容。

自1977年开设植物显微技术课以来，历届学生普遍反映本课程系统性强，能联系教学、科研实际，教学效果好，并受到校内外有关专家的好评。本书编写过程中总结了11年开设显微技术的经验，参考了国内外显微技术书籍及近期科研工作的新方法、新技术。为了便于学生使用教材，特增绘较多的实物图。书中切片部分及显微镜的一部分插图由华中农业大学李琦同志绘制，显微镜部分插图由杨晓庄同志绘制。

为了拓展知识面，提高实验和研究技术，我们将华中农业大学中心实验室兰盛银副教授等精心设计的MSP-A型生物样品显微制备仪及湖北医学科学院方万文高级工程师设计研制的显微镜“色偏振干涉差照明装置”（CPIC型）等都编入教材，为快速、安全制片和观察提供较好仪器。

本书编写过程中承蒙武汉大学杨弘远教授、周嫦教授、南京农业大学徐汉卿教授、华中农业大学兰盛银副教授、杨文森副教授审阅、提供资料，并提出宝贵意见，深表感谢。

本书编写分工：第一篇一、二、三、四、五章由王灶安、李和平编写；六、七章由李和平编写；第二篇八、九、十、十一章由李诗松、王灶安编写；十二、十三章由王灶安、李和平编写。

由于我们的水平有限，错误和不当之处，恳请同行和读者批评指正。

编　者

1989年12月于华中农业大学

目　录

第二版前言
代序
第一版前言

第一篇　植物制片技术

第二篇　显微镜与显微摄影技术

第三篇 植物显微技术实验指导

第一篇　植物制片技术

第一章　植物制片的目的和方法概述

第二章　石蜡制片法

第三章　石蜡制片实例

第四章　其他切片法

第五章　非切片制片法

第六章　半薄切片、超薄切片与扫描电镜样品制备

第七章　原位杂交与组织化学

第一章　植物制片的目的和方法概述

制片技术是植物显微技术课程的一个重要组成部分。它是从事植物生物技术、植物细胞学、结构植物学、植物生殖生物学、植物发育生物学等研究的必要技术基础。在植物营养器官和生殖器官的形态发生、作物遗传育种、分子鉴定、作物与病原菌互作、资源植物（含药用植物）的鉴定和利用、林木材性鉴定等多方面的研究和教学工作中，都需要应用植物制片技术。由于各种植物器官的性质有差异以及研究目的不同，就需要不同的制片方法。制片技术在生物科学领域内占有重要的地位，已成为生物学工作者常用的一门实验技术。近年来随着功能基因组学、分子生物学研究的不断深入，需要揭示基因在植物体的表达部位及在特定发育时期的作用，这就需要植物显微技术与分子生物学技术结合。本章根据常用的植物制片基本原理及教学中行之有效的方法加以介绍。

第一节　植物制片的目的、类型和方法

植物制片的目的：因为植物体较大且不透明，不能直接在显微镜下观察。要研究植物体的内部结构，一定要经过特殊的处理，使材料减少厚度及体积，使光线透过样品才能进行显微观察。处理后的材料要求小而薄、完整、透明、保持原结构，又具有颜色容易辨认。要达到上述要求，就需要采取不同的制片方法。

植物制片技术很多，其中有些是不同技术的组合，如石蜡切片与化学或者生化技术结合形成组织化学技术、与免疫技术结合形成免疫组织化学技术、与分子生物学技术结合形成原位杂交技术、与计算机技术结合形成组织结构的三维重建技术等。因此，植物制片技术是生物学研究中不可缺少的重要内容。不论制片技术如何发展，对于初学者来说，熟练掌握制片的基本技术是必要的，在此基础上举一反三，为学习其他实验技术打下基础。

植物制片技术的类型和方法见表 1-1。

表 1-1　植物制片技术的主要类型和方法

类　型	方　法	主要特点
切片法	徒手切片法	用刀片或有柄剃刀切片。方法简便、快速，要求设备简单。但徒手切片技术要求熟练，才能切出符合要求的薄片。切片厚度为 20～25 μm
	石蜡切片法	以石蜡作包埋剂，用旋转切片机将样品切成薄片（一般为 8～12 μm，可以连接成蜡带），经一系列处理后制成永存片。切片厚度由切片机控制，比较均匀
	半薄切片法	方法步骤与石蜡制片相似，但包埋剂为塑料或环氧树脂，采用玻璃刀切片，不能成带。切片厚度为 1～2 μm

续表

类　型	方　法	主要特点
切片法	冰冻切片法	将待切材料快速冷冻，或固定以后再冷冻，用冰冻切片机切片，用于做原位杂交、组织化学等。切片厚度为 10～50 μm
	振动切片法	振动切片是用振动切片机直接切新鲜植物样品。其样品可以不经过化学固定、包埋或冷冻，切片厚度为 10～500 μm，常用于组织化学和免疫组织化学、免疫定位技术和酶活性定位等研究
	滑走切片法	将材料直接固定于滑走切片机的样品定位固定器上进行切片，切片厚度为 1～25 μm。主要用于木材切片或较硬材料的切片
	超薄切片法	用超薄切片机制作超薄切片，切片厚度为 50 μm 左右，用电子显微镜观察其超微结构，技术要求更严格
非切片法	离析法	借助化学试剂或者酶的作用，将植物细胞的胞间层溶解，使细胞彼此分离的一种制片方法。常用于单个细胞的形态结构、木材、药材鉴定等研究；或者借助酶的作用，从植物组织中分离出一个完整的结构。例如，通过酶解植物的胚珠，分离其胚囊、精细胞、卵细胞等
	涂片法、压片法	涂片法是将植物的组织或细胞均匀地涂布在载玻片上的制片方法。方法简便，适用于单细胞生物、较小的藻类、细菌、植物花药、根尖、茎尖等。特别是对染色体形态和数目的观察效果很好 压片法是将植物材料（如根尖、花药等）压碎在载玻片上的制片方法。这种方法可制作临时或永久的制片，也是细胞学上常用方法之一
	整体制片法	将微小或者透明的生物体或者器官整体封藏的制片方法。既可以临时观察，也可以封藏制成永存片。例如，团藻、水绵、黑根霉等装片；被子植物的叶表皮、小花、花粉粒、胚乳整体制片；子房整体透明等
	扫描电镜样品制备	能直接观察样品表面的三维立体结构，如植物的花、叶、果实的表面结构等

注：此类方法，有时可以 2 种不同方法配合使用，以达到研究目的

按保存时间又可分为两种类型：

(1) 临时制片法：制片用于临时观察，不需要长期保存（如临时装片、徒手切片、冰冻切片、木材切片等）。

(2) 永存片制片法：制片可长期保存（如石蜡切片、半薄切片、徒手切片、木材切片、超薄切片等）。

第二节　植物制片的一般流程

植物制片（石蜡切片、徒手切片、半薄切片等）需按一定的程序进行，各种制片方法其程序略有不同，但其基本程序可以归纳如下：

一、一般制片的步骤（如徒手切片）

取样→固定→水洗→切片→染色→脱水→透明→封藏。

二、石蜡制片的主要步骤（切片厚度为 8～12 μm）

1. 取样：材料的选择与分割
↓
2. 固定、保存
↓
3. 冲洗（有的不经此步）、染色（整染）
↓
4. 脱水（各级乙醇，低浓度→高浓度）
↓
5. 透明（透明剂，低浓度→高浓度）
↓
6. 浸蜡（低浓度→高浓度）
↓
7. 包埋（石蜡包埋剂）
↓
8. 切片（用旋转切片机）
↓
9. 展片、粘片 →
10. 烘片
↓
11. 脱蜡（脱包埋剂石蜡）
↓
12. 复水（各级乙醇，高浓度→低浓度）
↓
13. 染色（片染）
↓
14. 分色（根据染色情况而定）
↓
15. 脱水（各级乙醇，低浓度→高浓度）
↓
16. 透明
↓
17. 镜检、封藏
↓
18. 烘片、观察、摄影
（烘片后可长期保存一永存片）

在上述主要环节中，每一步都必须仔细操作，任何一步出现问题，都会影响制片质量。首先处理材料（1～3 项），第二步制片的基础工作（4～7 项），在保证按要求完成这两类工作的基础上，才能顺利完成切片工作（包括 8～10 项），切出符合要求的切片来，然后再对组织进行染色、脱水、透明等一系列工作，方可制成透明清晰、染色鲜艳、适合显微镜观察和摄影并可长期保存的永存片。其详细制片过程与方法，将在后续相关章节介绍。

石蜡制片有以下两种程序：

（1）整体染色（整染）的制片步骤，如丝兰子房的制片方法。

取样→固定→冲洗（有的固定液可不冲洗）→染色→脱水→透明→浸蜡→包埋→切片→展片、粘片、烤片→脱蜡→透明→镜检→封藏。

（2）切片染色（片染）的制片步骤，如南瓜茎的制片方法。

取样→固定→冲洗（有的固定液可不冲洗）→脱水→透明→浸蜡→包埋→切片→展片、粘片、烤片→脱蜡→复水→染色→脱水→复染→脱水→透明→镜检→封藏。

三、半薄切片的主要步骤（切片厚度为 1～5 μm）

1. 取样：将样品切成 5～1.0 mm^3 的小块
↓
2. 前固定(戊二醛固定)
↓
3. 洗涤
↓
4. 后固定(锇酸固定)
↓
5. 洗涤
↓
6. 脱水(乙醇低浓度→高浓度)
↓
7. 渗透[CMA＋无水乙醇(1:1)]
↓
8. 包埋(GMA)
↓
9. 聚合 →
10. 修整包埋块
↓
11. 制玻璃刀(用制刀机制刀)
↓
12. 制作刀槽、加刀槽液
↓
13. 切片(用超薄切片机切片)
↓
14. 捞片
↓
15. 展片、粘片、烤片
↓
16. 染色
↓
17. 封片
↓
18. 镜检、观察、摄影

半薄切片法的另外一种制片程序：

取样→FAA 固定→脱水→渗透→包埋（包埋剂用 Technovit 7100 Liquid 或者 Technovit 8100 Liquid）→聚合→修块→制玻璃刀（用制刀机制刀）→制作刀槽、加刀槽液→切片（用 Leica RM 2265 全自动旋转薄切片机切片）→捞片→展片、粘片、烤片→染色→封片→镜检、观察、摄影（具体方法见实验五：半薄切片法）。

说明：Technovit 7100 Liquid 或者 Technovit 8100 Liquid 包埋剂较 GMA 包埋剂软一些，可用 Leica RM 2265 全自动旋转薄切片机切片。

第三节　常用仪器、用具、药品

一、常用仪器

1. 光学显微镜：①普通显微镜：主要用于做切片以后的镜检，显微结构观察、显微测量。②BH2 研究用显微镜：用于显微摄影、显微测量等。③体视显微镜：用于小物体形态观察和摄影，如植物的花、果、种子、愈伤组织等。④荧光显微镜、万能显微镜等。

2. 切片机、切片刀（表 2-7）。

3. 玻璃刀制刀机。

4. 冰箱：4 ℃冰箱、−20 ℃冰箱、超低温冰箱、用于保存实验材料。

5. 恒温水浴锅：用于酶解、原位杂交等。

6. 展片台：用于石蜡切片的展片。

7. 磨刀机：用于磨石蜡切片刀用的切片刀（自动、半自动）。

8. 烘箱：用于石蜡切片的包埋、石蜡切片和原位杂交的烤片。

9. 脱色摇床：用于原位杂交时脱色。

10. 离心机：用于提 DNA 等。

二、常用实验用具

1. 载玻片、盖玻片的规格及选择。

（1）载玻片：普通常用的规格为 75 mm×25 mm，厚度为 1～1.5 mm。

（2）盖玻片：方形（18 mm×18 mm、22 mm×22 mm、24 mm×24 mm）；圆形（直径为 18 mm）；长方形（24 mm×32 mm、22 mm×40 mm、18 mm×50 mm、25 mm×50 mm、25 mm×60 mm），盖玻片的厚度以 0.16～0.18 mm 为宜。

2. 小广口瓶：规格为 30 mL，用于固定样品。

3. 染色缸：立式染色缸（5 片装），卧式染色缸（10 片装），装透明剂用于脱蜡、透明。

4. 树胶瓶：特制的棕色磨砂口瓶，带有密封的外盖，用于装封藏剂（树胶）。

5. 细口瓶：规格为 500 mL，用于装固定液、脱水剂、透明剂。

6. 滴瓶：规格为 30 mL，用于装蒸馏水、染料、系列脱水剂、透明剂等。

7. 解剖用具（单面刀片、手术刀、解剖针、剪刀、镊子等）。

8. 小木板：用于修蜡块。

9. 摊片盘（铝质）：用于装刚封藏还未烤干的切片。

10. 切片盒：用于装已烤干的切片，便于长期保存。

三、常用文具

标签纸、特种铅笔、普通铅笔、记号笔、刻字笔。

四、药品及染料的规格

1. 药品：一般用化学纯（C. P），少部分为分析纯（A. R）（表 1-2）。

表 1-2　药品的规格

规　格	代　号	级　别
实验试剂	L. R	四级
化学纯	C. P	三级
分析试剂	A. R	二级
保证试剂	G. R	一级

注：制片使用药品为化学纯适宜，必要时使用分析试剂，有的还可用实验试剂，为了节约最好不越级使用

2. 染料：分为 0.5 g、1 g、10 g、25 g 小瓶装，按用量选购。

低浓度溶液配制：制片中染色液绝大多数为此类溶液。例如，1%番红水溶液，即

为番红 1 g 溶于 100 mL 的蒸馏水中；0.5%伊红乙醇溶液为 0.5 g 伊红溶于 100 mL 的 95%乙醇中。

3. 各级乙醇的配制：在植物制片中常用各级乙醇，为节约起见，一般用 95%乙醇配制，避免用无水乙醇配制（表 1-3）。

表 1-3　各级乙醇的配制

所需配制乙醇的浓度/%	原有乙醇的浓度/%	应加蒸馏水量（mL）＝原有乙醇的浓度－所需配制乙醇的浓度	配制方法
30	95	95－30＝65	乙醇加入蒸馏水
50	95	95－50＝45	乙醇加入蒸馏水
75	95	95－75＝20	乙醇加入蒸馏水
85	95	95－85＝10	乙醇加入蒸馏水

在实验中乙醇用量较大，每次以量筒量溶液花费时间多，可在 500 mL 细口瓶（有玻璃塞的瓶）上贴一条宽 1 cm 与瓶等长的白色纸条，仅在第一次用量筒量乙醇与蒸馏水的用量处划上刻度，以后每当瓶内溶液用完，即以纸条上刻度分别倒入乙醇和蒸馏水的各用量即可。

第四节　制片前的准备工作

一、玻璃器皿的清洁

在植物制片过程中，须用各种玻璃器具，在开始工作之前，首先要把所有的玻璃器具彻底洗干净。如果不洗干净，则会影响制片效果。

（一）清洁剂（洗涤剂）

（1）市售的清洁剂。

（2）1%～2%盐酸乙醇，其配方：95%医用乙醇 100 mL 中加入浓盐酸 1～2 mL。

（3）硫酸重铬酸钾溶液，其配方如下：

配方一（浓）：重铬酸钾 20 g；工业用硫酸 30 mL；水 250 mL。

配方二（淡）：重铬酸钾 20 g；工业用硫酸 30 mL；水 500 mL。

配制时可首先将重铬酸钾研碎加入水中，并加热以促其溶解，冷却后再将硫酸加入。

配制后的溶液呈黄褐色，可反复使用，如变为蓝黑色即为失效，需重配。

（二）清洁步骤

1. 新玻璃器皿及盖玻片，载玻片的清洁：用市售清洁剂水溶液（温热）浸泡半小时或者过夜→流水冲洗（放在塑料提篮中）→取出后放入 95%（医用）乙醇中备用。也可用 1%～2%盐酸乙醇浸泡半小时以上→流水冲洗（放在塑料提篮中）→取出后放入 95%（医用）乙醇中备用。使用前用干净棉手绢将载玻片擦干净，放在载玻片盒中。将盖玻片擦干净后放在装盖玻片的盒中。

2. 回收玻片的清洁：制片失败或淘汰的永存片，可用以下方法回收：①在酒精灯上烘热玻片使树胶溶解，用镊子推动盖玻片，使盖玻片与载玻片分离，分别置于容器中。②在碱性清洁液（如市售清洁剂、肥皂水、洗衣粉水）中煮沸，至树胶变性呈黄糊状。③流水冲洗，除去树胶。④在硫酸重铬酸钾溶液中浸泡半天。⑤流水彻底冲洗。⑥置95％乙醇中浸泡备用。

二、实验计划、制片日程表

制片前需要根据不同的实验目的、实验材料、不同染色方法制订详细的制片日程表（如石蜡制片日程表）。

各类制片日程表（包括双子叶植物和单子叶植物的子叶、根尖、茎、叶、花芽、花药、子房各自的制片日程表）见第三章植物制片实例。要求每位研究生认真填写本实验课用的日程表（一）、日程表（二），并按日程表的安排处理实验材料。

第二章　石蜡制片法

石蜡制片法（paraffin sectioning），即用石蜡作为包埋剂，将植物组织经固定、脱水、透明后包埋在石蜡中，然后用切片机切片，所以称作石蜡切片法。石蜡制片有许多优点：①易操作。②可以把材料切成均匀、极薄（1～12 μm）的切片。③切下的单个蜡片可以连接形成蜡带，有利于作连续切片，这是其他制片法难以达到的，除一些极小的材料因经不住石蜡切片法中所应用的各种试剂处理，而不能用于石蜡切片外，一般的材料都可以用石蜡切片法制片。④可永久保存。石蜡切片也有缺点：制片需要较长的时间，操作过程较复杂；在脱水与浸蜡后，容易使组织收缩、变硬、变脆；坚硬、易脆的材料不适宜用石蜡制片法。

石蜡制片的应用：石蜡制片可用于：①研究植物的发育，如小麦的小孢子发育、大孢子发育、双受精过程、胚的发育等（见图版Ⅱ、图版Ⅲ、图版Ⅳ、图版Ⅴ）。②植物器官和组织的结构，如根（图版ⅩⅤ A、B）、茎（图版ⅩⅣ A～C、图版ⅩⅤ E）、叶（图版ⅩⅤ C、D）、子房和胚珠的结构（图版ⅩⅣ D～F）。③组织化学（图版ⅩⅤ F）。④RNA 原位杂交。⑤组织切片原位 PCR。一般来说，用冰冻切片法制备的切片做原位杂交，对所要检测的 DNA 或 RNA 的阳性检测率要高于石蜡切片。这是因为冰冻切片避免了对组织细胞的核酸保存不利的处理，而石蜡切片中对组织细胞处理往往会破坏核糖核酸。但是冰冻切片的组织细胞形态学特性的保存则大大逊色于石蜡切片。因此在选择使用何种切片方法时要权衡考虑。可先试用石蜡切片，如果待检测的靶核酸量少，石蜡切片染色弱，则应采用冰冻切片。

迄今为止，石蜡切片仍然是观察植物组织结构的重要而常用的一种方法。虽然徒手切片、振动切片和冰冻切片等方法有很多优点，如所需时间短、简便易行、制片便于用作免疫定位或与其他技术结合等，但常规石蜡制片样品经石蜡包埋后较容易操作，在室温下或者放在冰箱中可长期保存，可不受季节或取样时间的限制，便于做大量的基础研究，这些特点使得石蜡制片法仍然是众多制片法中一种较好的选择，特别是需要筛选特定的材料时。

第一节　材料的选择与分割

一、取样

取样（collecting material）与分割是制片中很关键的一步。这主要取决于教学与科研目的，还需要具备植物学基础知识。在取样时应注意以下几点：

（1）选择新鲜、健壮、正常、有代表性的材料（病理解剖材料除外）。

（2）注意按植物的生长季节及植物生长发育的不同阶段而选取材料（可安排定期取样）。

(3) 取材大小要适当，一般在 5～10 mm 为宜，便于制片。

(4) 取材时选取所需部位，切去多余的部分，最好能先作徒手切片观察，决定是否适用。

(5) 切取材料必须使用锋利的新刀片切割，要尽量避免损伤植物体或选取的部位，并立即固定，防止变化。

(6) 注意切面：在切取器官时，应根据制片的要求，选取最能代表其结构的切面。这对初学者来说，尤其重要，要不然会前功尽弃，造成不必要的浪费。常用的切面包括横切、纵切、径向切等。

(7) 尽量保持植物组织原有的形态。

二、植物器官的分割

植物根、茎的分割：根、茎的横切面直径在 5 mm 以内的，可切取 5～10 mm 长的小段；横切面直径大于 5 mm 的，可纵向分割成 1/2 或 1/4 小块，3～5 mm 长的小段；若用滑走切片机切片，则可分割成约 2～3.5 cm 长的小段（图 2-1A、B）。

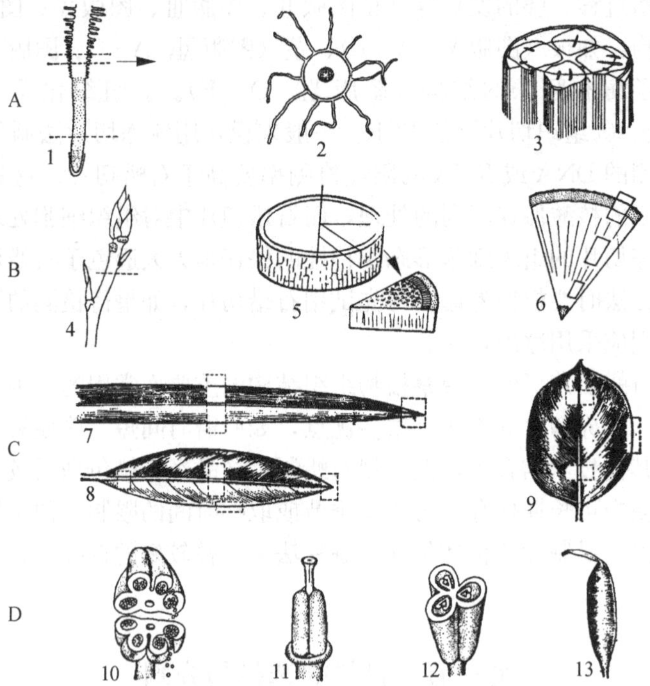

图 2-1　植物器官切割部位图

A. 根的切割（1～3）　B. 茎的切割（4～6）　C. 叶的切割（7～9）　D. 花的切割（10～13）

植物叶的分割：按图 2-1C 将叶切成 2～5 mm 的小段，若叶较宽可切成 10 mm 的长条，叶面分割的部位，以研究者的目的灵活选取。分割材料时将刀口和叶面垂直迅速切割下来。

植物花、果的切割：花药和雌蕊切割，按图 2-1D，花芽和幼穗的切割，须剥去外部鳞片及叶鞘和其他部分，切去多余部分再放入固定液，有的花序则需去掉外层苞片。一般较小的花果可直接投入固定液，较大的花果才分割处理。

三、染色体制片取样

关于染色体制片取样时间，不同植物取样时间有差异，需要摸索最佳取样时间。特别是涉及田间材料的取样时间，更是如此。以下是在武汉地区较适宜的取样时间。

(1) 根尖取样：用植物种子萌发，在根尖生长至 1～2 cm 时取样最适。蚕豆种子大，根尖宜长得长一些再取；洋葱根尖宜在秋季 9～10 月中旬培养、取样，将洋葱鳞茎搁置盛满自来水的玻璃瓶口上，洋葱鳞茎基部接触水面即可，在室温下 24 h 即可生根，待根长至 1.5～2 cm 时，切取根尖端约 0.8 cm 进行处理。每天取根后换水 1 次，促进新根不断形成，直至洋葱鳞茎不再发新根为止。

(2) 幼芽取样：在春夏季嫩芽刚萌动时，其生长点及幼嫩叶片细胞分裂旺盛，有利于检查染色体形态特征或作染色体组型分析。

(3) 花药取样：花药取样必须在花芽幼小花蕾形成时期取样。不同植物的减数分裂时间和外部形态具有差异，以下列出几种作物、蔬菜、果树减数分裂的外部形态指标，供取样时参考。

① 棉花：棉花在减数分裂时，其花萼与花冠长度相等，整个花蕾长度约在 3～5 mm 时取样固定。

② 小麦：在 4 月中旬前后（因品种而异），小麦减数分裂指标为旗叶与下一叶的叶耳间距离为 3～4 cm（因品种而异），幼穗长为 3 cm 左右。花药长度约为 1.5～2 mm，呈黄绿颜色时取样固定。

③ 水稻：水稻的旗叶与下一叶的叶耳重叠时为分裂盛期，旗叶与下一叶的叶耳间距离从－6～－5 cm 到 2～3 cm，均为减数分裂时期。幼穗长约 5～6 cm，颖花长度约为 4～5 mm。

④ 玉米：在玉米抽穗季节，用手摸花序部位（俗称喇叭口），如感到松软，即用刀在喇叭口纵切一刀，取出数条花序分支，如分支先端小穗颖长 3～4 mm 时，随即取样固定。在室内选花药长 2～3 mm 的样品压片。

⑤ 大葱：在 3 月下旬大葱花序苞片未松展前，花蕾长度为 3 mm 左右时取样固定。

⑥ 洋葱：在 4 月下旬至 5 月上旬洋葱花序苞片未松展前，花蕾长度为 2～3 mm 左右时为取样固定。

⑦ 桃：在 2 月中旬，桃花芽鳞片有些松动时取样固定。

⑧ 梨：在 2 月底至 3 月初，梨芽鳞片明显伸长，每片鳞片的基部与顶部颜色明显有差异时取样固定。

⑨ 苹果：在 3 月中下旬苹果花芽开绽，花序开始分离，未展叶至展叶 2 片时取样固定。

第二节 固定与保存

固定（fixation）与保存组织这一步是植物制片过程中重要和关键的步骤。有许多固定液和方法可供选用，要选择一种最适宜的固定液及方法，主要取决于研究目的和经验。组织的化学固定可能会产生细胞成分染色特性的改变或者结构假象（如膨胀或收缩）等。了解固定液及固定方法的原理及特点，就有可能通过选用适宜的固定液和固定方法来降低特定实验材料产生假象的程度。植物组织的基本结构在不同固定液中保存的情况基本相同，但细胞内的细微结构会有差异。这就需要根据研究目的选用最适合的固定液。当实验目的是研究一般形态结构，就不需要使用精细的固定液。

一、固定的原理和方法

（一）固定的概念、原理和目的

固定是指用物理或化学的方法，迅速杀死植物细胞、组织，使细胞、组织的形态结构尽可能保持在接近其生活时的状态。固定是植物制片中很关键的一步，也是影响制片质量的第一步，要根据研究目的选择相应的固定液。

固定的基本原理（固定过程的化学作用与物理作用）：①化学作用，即凝结作用：如细胞内的蛋白质，遇到乙醇后，凝结成块，不再溶解变化。②物理作用，即沉淀作用：油类和脂肪等遇到锇酸即发生黑色的沉淀。但必须注意，有些沉淀在条件略有改变后又能溶解于水，这样就不能看作是固定。

固定的目的：①防止植物细胞和组织离体后的变化，防止自溶，以保持细胞组织的成分和结构与其生活状态尽量一致，经固定的材料制片后细胞或组织不易损坏，能显示其原来的细微结构。②凝结组织中的某些成分，使材料适当硬化而便于切片；在固定以后的冲洗、脱水、透明、浸蜡等过程中，保护样品使其物质不致溶解和流失。③促进植物组织对某些染色剂的着色。

（二）固定的方法

常用的固定方法有两种：物理固定和化学固定，其中化学固定是最常用的固定方法。对于不同的样品、不同的实验目的，可选用不同的固定方法。①物理固定法：物理固定是指用冷、热或者微波等物理方法对植物组织进行固定。在植物制片中用冷冻固定是较为常用的物理固定方法（如冰冻切片前、振动切片前的固定）。②化学固定法：化学固定是指采用一定的化学试剂对植物组织或细胞进行固定。在化学固定过程中，组织细微结构保存的质量不仅受到固定液特性的影响，而且还受到固定组织所使用方法的影响。各种不同的化学固定方法具有不同的特点和固定效果。

（三）固定材料时应注意的问题

1. 材料必须新鲜，取材后要立即固定，以免失去原形。

2. 材料与固定液的比例以 1∶20 为宜（也有资料显示材料与固定液的比例以 1∶50 或者 1∶100 为宜；或者 10～15 倍为宜）；

3. 若材料上有毛及鳞片必须剥去（可机械去毛，或 30%硫酸烧毛，或用乙酸-乙醇浸泡数分钟后固定）；

4. 固定材料必须抽气，以防材料因漂浮而不能完全沉浸在固定液中。抽气时间一般为 15～30 min；

5. 固定前要写好标签，粘贴在固定瓶的侧面（编号、固定液种类、材料名称、固定日期）。

6. 经卡诺固定液固定的材料，要及时转移到70%乙醇中才可长期保存。

（四）影响固定效果的主要因素

影响固定效果的因素有：

(1) 固定剂的种类，要根据实验材料、实验目的选择最适宜的固定剂。

(2) 固定剂的浓度，浓度过大，对某些成分（抗原）的活性有影响；浓度过小，固定效果差。

(3) 固定剂的pH，有的固定液需要用缓冲液配制。

(4) 固定剂的温度，一般可在室温下固定，特殊材料需要在2～4 ℃冷固定；这样能降低细胞的自溶作用和水分损失。

(5) 固定时间与温度有关，温度高，固定时间短，反之固定时间则长；也与缓冲系的离子强度有关，离子强度大，渗透压大，穿透力强，固定时间短，反之则固定时间长。不同的固定剂，或同一固定剂的不同浓度所需的固定时间也不一致。

(6) 与被固定的细胞类型有关，幼嫩的细胞固定时间短一些。

二、固定液

理想固定液的特点：①保留所有组织的原位组成和细微结构。②保存所有组织结构，使组织或细胞不发生收缩或膨胀现象。③保存酶活性并能增加染色能力或媒染作用。

（一）固定液的类型

① 单纯固定液：仅含一种固定剂，很少使用（如乙醇、乙酸、甲醛、铬酸、苦味酸等，其性质见附录1）。

② 混合固定液：由几种单纯固定剂按一定比例混合而成，固定效果比单纯固定液好（如FAA、FPA、卡诺等）。

（二）常用固定液的配制及使用

固定液种类很多，为了减轻学生课前自学负担，本节仅介绍几种最常用固定液的配制及使用（表2-1至表2-6），其他固定液见附录1。

表 2-1　FAA（Formalin-acetic acid-alcohol）固定液

组成成分（配方）		特　点	应　用
配方Ⅰ：		FAA是最常用的植物样品固定液，又称万能固定液。此液既是固定剂，又兼保存剂的作用 其渗透快，高浓度的乙醇渗透更快，幼嫩材料需要用稍低浓度的乙醇	适用范围：一般根、茎、叶、花药、子房的组织切片 固定时间：8～24 h（如不立即制片，样品也可保存在固定液中更长的时间） 不同质地的材料固定时间：薄叶片固定12 h，厚叶片固定24 h，木材固定1周
福尔马林（见附录1）	5 mL		
乙酸	5 mL		
70%乙醇	90 mL		
配方Ⅱ：			
福尔马林	10 mL		
乙酸	3 mL		
50%乙醇	87 mL		

注意：①幼嫩材料用50%乙醇代替70%乙醇。②制片时，材料不必洗涤，直接进入70%乙醇。③可加入5 mL甘油，以防固定液挥发和材料变硬。④此液兼有保存剂作用，故常采用

FAA的配方可根据固定材料的不同而将比例稍作调整。例如，坚硬的材料可减少乙酸的比例，增加福尔马林的比例；容易收缩的材料，则应增加乙酸的比例，减少福尔马林的比例。

表 2-2 FPA（Formalin-propionic acid-alcohol）固定液

组成成分（配方）	特 点	应 用
福尔马林 5 mL 丙酸 5 mL 70%乙醇 90 mL	用丙酸代替FAA中的乙酸，三种成分的用量同FAA，制片效果较FAA好 FPA是组织学研究最好的固定液	适用范围：一般根、茎、叶、花药、子房的组织切片 固定时间：8～24 h（如不立即制片，样品也可保存在固定液中更长的时间）

表 2-3 卡诺（Carnoy's）固定液

组成成分（配方）	特 点	应 用
配方Ⅰ： 纯乙醇（或95%乙醇） 15 mL 乙酸 5 mL	其为常用的固定液，减少了乙醇的硬化和收缩作用，渗透速度快，固定效果很好，但是此固定液固定后需要转入保存液。一般是转入70%乙醇中保存。固定后，用95%乙醇→85%乙醇浸泡，每级约20 min，然后转入70%乙醇中备用	适用范围：常用于根尖、花药的压片，及子房的石蜡切片等。 固定时间：根尖，花药15～30 min。其他材料不超过24 h。经其固定的组织块做组织化学，显示DNA、RNA效果较好
配方Ⅱ：卡诺固定液+氯仿 纯乙醇 30 mL 乙酸 5 mL 氯仿 15 mL		
配方Ⅲ： 甲醇 30 mL 乙酸 5 mL 氯仿 15 mL		

表 2-4 4%多聚甲醛（4% Paraformaldehyde）固定液

组成成分（配方）	特 点	应 用
多聚甲醛 4 g 0.1 mol/L PBS 100 mL pH7.2	不会与蛋白质产生广泛的交联，因而不会影响探针穿透进入细胞内	主要用于组织化学、免疫定位、原位杂交等制片材料的固定和原位杂交切片后固定。冰冻切片、振动切片：通常在4 ℃条件下，用新鲜配制的4%多聚甲醛固定植物组织1～4 h（固定细胞只需20～30 min）。材料固定后可转入15%～30%蔗糖溶液中，置4 ℃冰箱过夜，次日可用冰冻切片机或者振动切片机切片。也可按常规石蜡切片程序制片：进入各级乙醇脱水、二甲苯透明、浸蜡、包埋、切片

DAPI染色时常用不含甲醛的卡诺固定液固定。

表 2-5 铬酸-乙酸固定液

组成成分（配方）	特 点	应 用
10%铬酸 7 mL 乙酸 1 mL 蒸馏水 92 mL 麦芽糖 2 g	适合固定幼嫩的小材料 适用范围：根尖，小子房	固定时间：12～24 h 固定后，流水冲洗24 h，各级乙醇脱水，每级1～2 h，15%乙醇→30%乙醇→50%乙醇→70%乙醇，然后转70%乙醇中保存备用

表 2-6 纳瓦申（Navashin's）固定液Ⅳ（铬酸-乙酸-甲醛固定液）

组成成分（配方）	特 点	应 用
A 液：10%铬酸 8 mL 10%乙酸 60 mL 蒸馏水 32 mL B 液：福尔马林 20 mL 蒸馏水 80 mL	使用前，将 A 液、B 液等量混合。适用范围广，固定效果好。但是固定后一定要经水洗后，才能制片	适用范围：一般植物组织及细胞学都适用 固定时间：12～24 h 固定后流水洗 24 h，各级乙醇脱水至 70%乙醇保存备用

三、固定操作步骤

参见实验一。

四、材料的冲洗

冲洗（washing tissues）的目的是洗去固定液，便于材料着色及永存片的保存。材料固定以后，有的固定液留在植物组织中会影响染色及制片效果，所以需要将组织块中的固定液冲洗掉。根据固定液的不同，应选择相应的洗涤方法。

1. 冲洗方法

（1）流水冲洗法（图 2-2）：将医药用塑料小瓶，用经酒精灯烧红了的解剖针，刺出无数小孔（孔的大小，由材料的大小决定），或剪去塑料眼药瓶的底部，焊上尼龙纱（图 2-3）。冲洗前将材料倒入制成的滤器内，固定液漏下丢弃，加另一塑料盖，置广口瓶或培养缸内以流水冲洗（自来水龙头上套一个连接头，也是用塑料眼药瓶剪去底部，再反装在水龙头上，眼药瓶细嘴的一端，连接一个橡皮管，后将橡皮管通入装材料的瓶中，让流水徐徐从瓶底向上冲洗材料）。

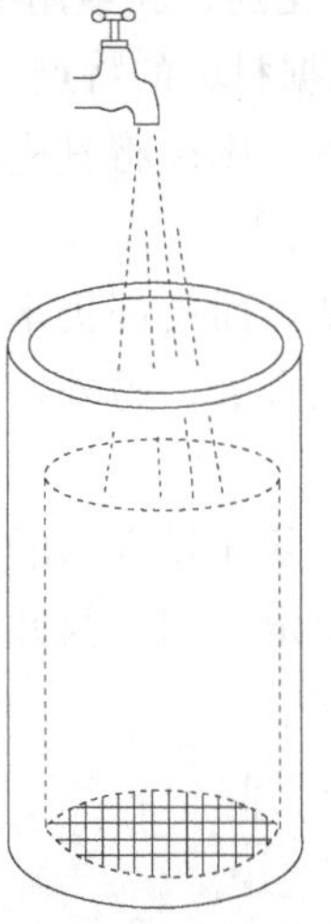

图 2-2 流冲洗法

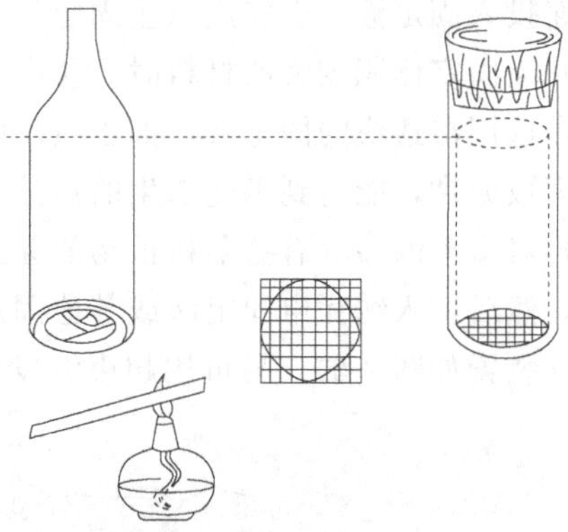

图 2-3 塑料滤网焊制法

（2）静水洗涤法（图 2-4）：不能使用流水冲的小材料（根尖、花药等）则需要定时换水清洗，每次换液只需提起滤器，倾去旧液，换进新液。这种洗涤法的优点是：不会损坏材料；省时间省药品，提高工效和经济效益。凡经水至各级乙醇脱水至70%乙醇时，材料可保存备用。固定前材料存放器皿要根据材料大小性质进行选用（图 2-5）。

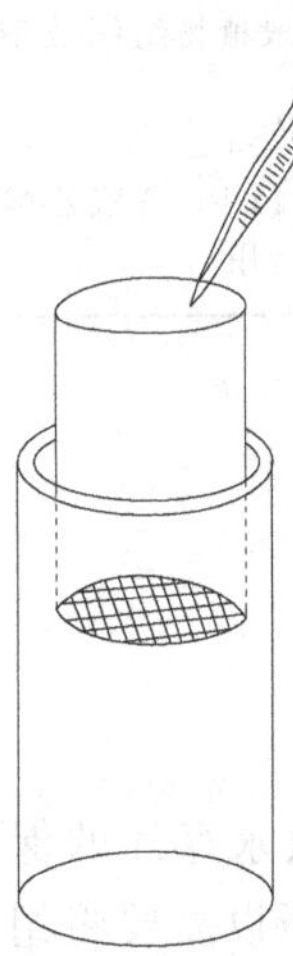

图 2-4 静水洗涤法

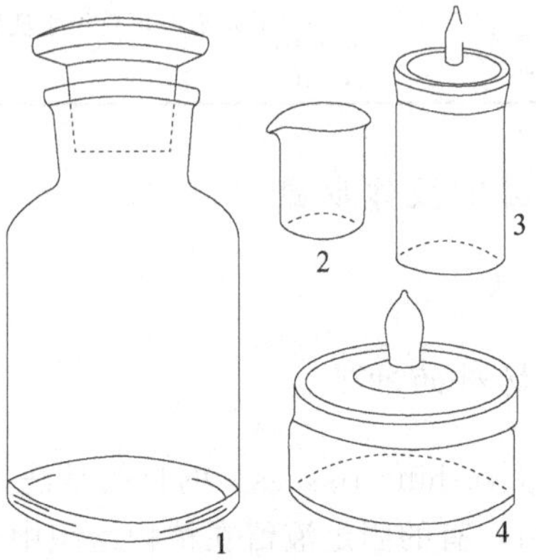

图 2-5 常用固定材料的器具

1. 广口瓶 2. 微型烧杯 3. 称量瓶 4. 称量瓶

2. 冲洗时注意事项：①用水溶液配制的固定液可用水冲洗，如铬乙酸液。②凡是经乙醇或含乙醇的固定液固定的材料，要用同浓度的乙醇冲洗，如纳瓦申固定液需用50%～70%乙醇洗涤。③有的不必冲洗，如 FAA、卡诺。

五、固定时需要注意的问题

（1）要注意固定材料本身的结构性质，以便选用适合的固定液。例如，一般根、茎、叶的组织切片用 FAA；根尖、花药压片材料用卡诺固定液；花药、胚囊用纳瓦申固定液；茎尖（根尖）用铬酸-乙酸液。另外，固定时间的长短，要根据材料的特点而增减。

（2）固定微小材料可直接投入固定液中，对于较大材料，则须将其先解剖成较小材料，迅速投入固定液，以完成杀生固定作用。

（3）当固定体积较大的材料时，会出现外部已固定过度，而内部仍未固定好，这时必须考虑选用渗透快的固定液，如乙酸乙醇或苦味酸乙醛混合液。另外，加用超声波发生器处理数分钟，能达到迅速杀生的目的。

（4）对多毛的芽（有些菊科植物的芽）或根茎固定时，须先投入乙酸乙醇液中浸泡数分钟，然后再入纳瓦申固定液或其他固定液中，完成其固定作用。与此同时，还须进行抽气（装置如图 2-6）。另可用超声波发生器进行抽气固定。

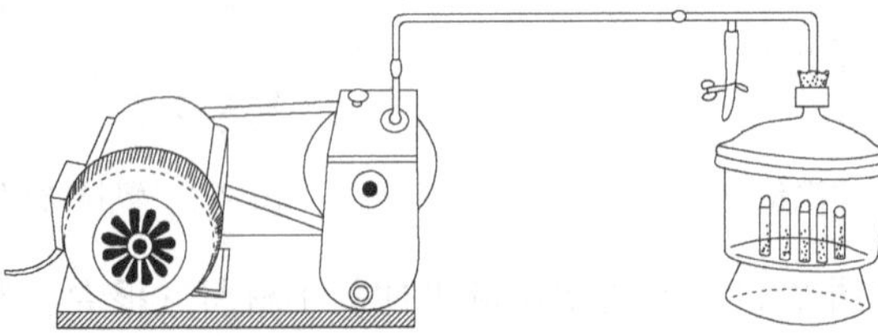

图 2-6 抽气装置

(5) 一般固定液多为酸性固定影像，盐基性固定影像较少。影像的形成并不完全按固定液的性质产生。同一种固定液，有时因材料的不同其影像有差异，因此，除考虑影像外，还应在脱水剂、渗入剂方面进行观察，适当选择，如同一种材料，用纯乙醇与二甲苯脱水透明和用叔丁醇脱水透明，两者所产生的影像是不相同的。

(6) 固定剂的浓度，也是不可忽视的条件。

(7) 固定材料的记录：固定标本瓶上，必须贴上标签，用碳素墨水（或铅笔）书写以下内容：编号、采集时间、地点、处理者的姓名简写。另外，还需记录使用固定液名称、保存液名称等内容。

六、常用器具

常用器具的准备见图 2-7。

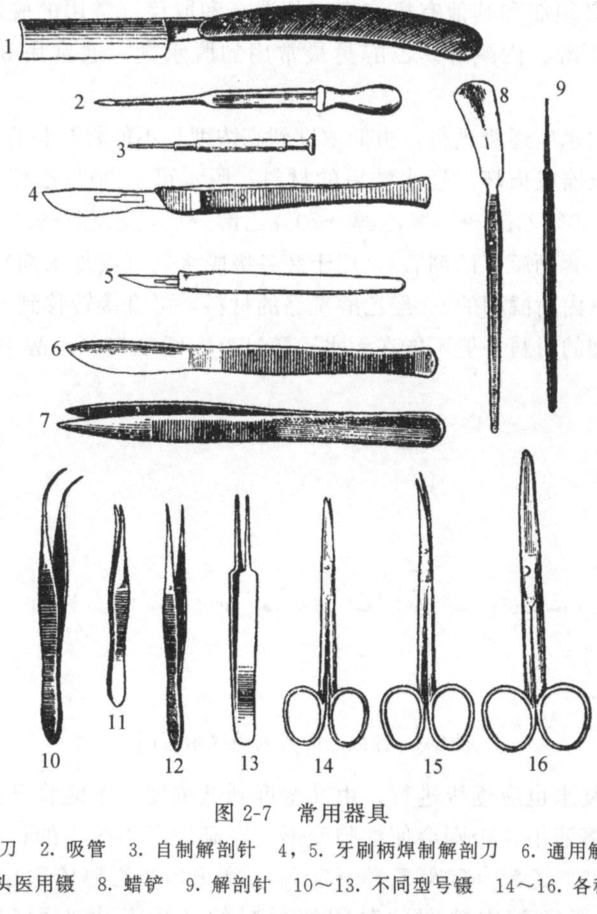

图 2-7 常用器具

1. 剃刀 2. 吸管 3. 自制解剖针 4，5. 牙刷柄焊制解剖刀 6. 通用解剖刀 7. 圆头医用镊 8. 蜡铲 9. 解剖针 10～13. 不同型号镊 14～16. 各种剪刀

第三节 脱 水

脱水（dehydration）是用脱水剂逐步取代样品中水分的过程。经固定和冲洗后的

材料一般都含有水分，因水与透明剂（氯仿）、包埋剂（石蜡）不相溶，所以不能直接进入透明和石蜡包埋，必须经过脱水过程，逐步、彻底除去样品中的水分才能进入透明、包埋。

一、脱水的目的

1. 除去组织内的水分，并使细胞、组织变硬。
2. 组织脱水后，透明剂才能进入细胞内，便于石蜡进入植物组织。
3. 脱水后的组织需要再经过透明剂（二甲苯、氯仿等）透明，透明后才能经加拿大树胶封藏，否则植物组织不透明，无法在显微镜下观察。

二、常用的脱水剂及脱水与复水方法

脱水剂应具备两个特性：一是必须亲水，能与水以任何比例混合，以便取代细胞内的所有水分。二是必须能和其他有机溶剂互相混合和取代。常用的脱水剂有乙醇、二氧六环、正丁醇、叔丁醇、丙酮等。乙醇是最常用的脱水剂，通常用95%乙醇配成不同的浓度备用。

脱水的方法：脱水应逐级进行，由低浓度到高浓度，不能将材料直接置于高浓度乙醇中，否则会使细胞收缩或损坏。经水洗后的材料，脱水可从30%乙醇开始（柔弱的材料自15%乙醇开始）：30%乙醇→50%乙醇→70%乙醇→85%乙醇→95%乙醇→无水乙醇。在脱水前最好准备一套滴瓶（试剂瓶），用于装各级脱水剂（或复水剂）（图 2-8）；另需要有材料处理瓶几套（内附滤网的）。经乙醇洗涤的材料，可直接转移到50%乙醇或70%乙醇中继续脱水。处理的材料一般不能在无水乙醇过夜，可在70%乙醇中过夜。

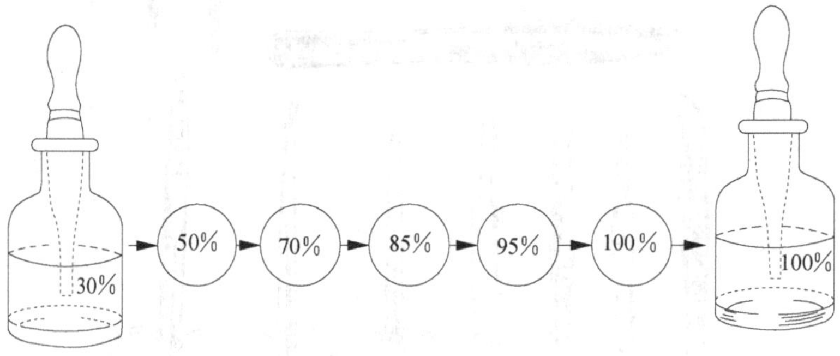

图 2-8　各级乙醇排列顺序示意图

复水的方法：复水也应逐级进行，由高浓度到低浓度，不能将已进入高浓度乙醇中的材料直接置于水溶液中，否则会使细胞变形。在高浓度乙醇中的材料复水系列：无水乙醇→95%乙醇→85%乙醇→70%乙醇→50%乙醇→30%乙醇依次递减。脱水（复水）过程中，材料在各级乙醇中停留的时间按材料的性质及大小而定，一般各级停留30 min～2 h左右，为了脱水彻底，纯乙醇要换2次，每次30 min～1 h。

三、脱水时注意事项

必须由低浓度到高浓度逐级进行；脱水时间要适度；脱水要彻底。

第四节　透　　明

透明（clearing）是脱水与浸蜡、脱水与封藏之间的桥梁。材料经各级乙醇脱水后，组织内部已没有水分，但脱水剂（乙醇）不能与石蜡相溶，所以石蜡不能进入细胞或组织，还要经过一种既能与脱水剂混合又能溶解包埋剂（如石蜡）的溶剂（如氯仿、二甲苯）来处理，便于包埋剂浸入植物组织或封藏。由于这种溶剂能使材料透明，因此这个步骤又称透明。透明在制片中很重要。如果组织不透明，表明脱水不彻底，必须重新返工，但返工效果往往不好。

一、透明的目的

（1）使组织中的脱水剂（乙醇）等被透明剂所替代，以便石蜡进入植物组织。

（2）使材料透明，能增强组织的折光系数。

（3）能与封藏剂混合，便于封藏。

二、常用的透明剂

透明剂都是石蜡溶剂，不能与水混合。常用的透明剂有二甲苯、氯仿、冬青油等。现以二甲苯及氯仿为常用透明剂，介绍常用透明剂的特性及在石蜡制片中的应用。

（1）二甲苯（xylol）是应用最广的一种透明剂，常用于切片封藏前的脱蜡和透明，不会使已染色的切片退色。其特点为透明力强而迅速，能与乙醇、封藏树胶混合，能溶解石蜡。但二甲苯易使材料收缩变硬变脆，不能与水混合；如材料脱水不干净，就会出现混浊雾状。

透明方法：为了脱水彻底又可使材料减少收缩，可逐步从纯乙醇过渡到二甲苯中。1/2 纯乙醇＋1/2 二甲苯→纯二甲苯→纯二甲苯（二甲苯应更换 2 次，以除尽乙醇）。注意：在二甲苯中的时间不宜放置过长，一般 1～3 h（视材料的大小而定），染色后的切片，经 5～10 min 即可。

（2）氯仿（三氯甲烷，chloroform）是常用的透明剂，在石蜡制片中，常用于浸蜡前的透明。特点：能与乙醇混合，溶解石蜡；不易使组织变脆；易挥发（浸蜡时渗入组织中的氯仿经高温时易于除去）。但是氯仿渗透力弱，比二甲苯透明慢；能退色，一般染色后的切片，不以氯仿处理。一般只用于浸蜡前的透明，封藏前透明仍用二甲苯。

氯仿透明的优点是：①组织材料在氯仿中浸存，收缩不显著。②易挥发，如浸蜡时，使用的氯仿经包埋前的处理即可除去。

氯仿透明的缺点有：①渗入组织内的力量较二甲苯弱、时间长。②氯仿能使染料褪色，故染色后的切片处理不宜用氯仿透明，而应用二甲苯。

三、透明的方法

如图 2-9 所示，使用氯仿透明，应逐级进行，一般用 3～5 级。简便的方法是（按材料的大小、透入的难易决定使用不同级别）在盛材料的小瓶上贴一与瓶底相平的纸条，画上 3 格或 5 格，当脱水到第二次无水乙醇后，保留瓶内无水乙醇，将瓶内的无水乙醇用吸管吸出一格，随之加入氯仿一格，以后按时每次吸出溶液一格，再加入氯仿一格，这样使瓶内氯仿含量逐渐增加，当 5 级（次）换入氯仿后，再换纯氯仿 2 次，然后按后续步骤操作。

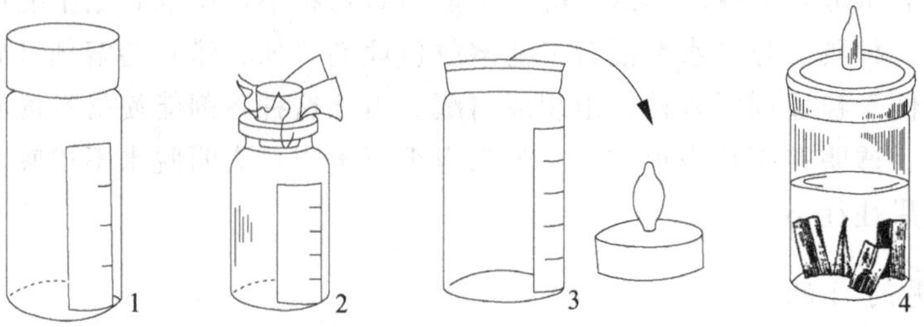

图 2-9 材料处理瓶种类

1. 同位素瓶 2. 盘尼西林（青霉素）瓶 3，4. 称量瓶

冬青油（wintergreen oil）一般用于透明法及整体制片法的制片，效果较好，但透明较慢，且有毒，用时要小心。使用方法见第四章中的整体透明法。

第五节 浸 蜡

一、浸蜡的目的

浸蜡（paraffin infiltration）是将包埋剂石蜡逐步透入植物细胞和组织取代透明剂的过程。浸蜡的目的是使石蜡以液体的状态完全浸入到细胞的每个部分，进入组织的石蜡紧贴在细胞壁的内外，成为不可分离的状态，石蜡进入植物细胞后，在熔点以下的温度条件下很快凝固成固体，凝固后的石蜡起支撑细胞和组织的作用，使切片后的细胞和组织固定在原位。经切片、展片、粘片、烤片以后再用二甲苯溶去石蜡，这样植物组织将会原位固定。浸蜡完全的材料，组织块显得十分透明。完成浸蜡的组织块，才便于包埋、切片等工作。

二、浸蜡方法和步骤

加碎蜡：在装有材料的纯氯仿瓶中，加入纯石蜡（图 2-10）。组织块在氯仿中完全透明以后，再加蜡慢慢溶于氯仿中，使溶于氯仿中的石蜡逐渐渗入到样品的细胞组织内。加蜡的方法是用单面刀片将石蜡（废蜡重新熔后过滤使用）刮成薄片，分 2～3 次加入含有材料和氯仿的小瓶中（每次吸出一格氯仿，加少许碎蜡），加入量宜先少后多，每次加碎蜡后，盖上瓶盖，集中放在铝饭盒中，盖上饭盒盖，然后放在 36 ℃温箱（图 2-11）中（第二次加碎蜡后在温箱中过夜）。

注意：浸蜡瓶放在温箱中过夜时，要注意材料不能太多，小瓶放铝盒中，盖上盖子，以免挥发。组织中浸入石蜡后，材料变得更加透明。浸蜡以后，将材料转移到各级石蜡杯中，使石蜡的浓度逐步增加，最后取代透明剂。

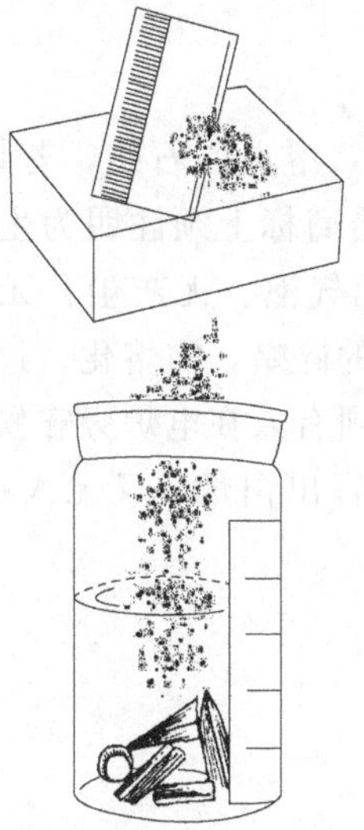

图 2-10　刮取蜡屑方法

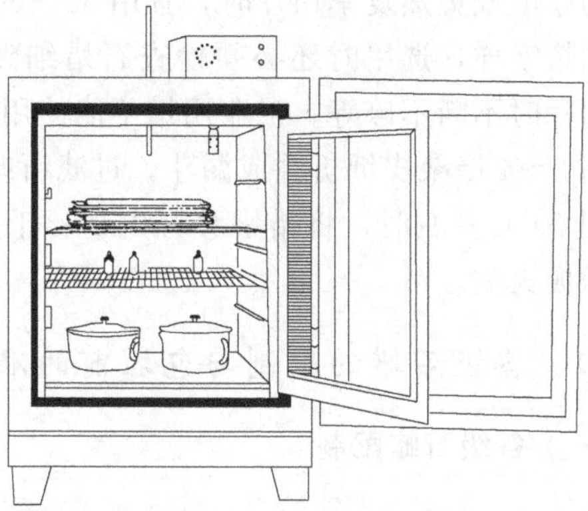

图 2-11　透蜡、包埋蜡及烘片放置位置

浸蜡一般是从低温到高温，从低浓度到高浓度，这样可以使石蜡慢慢渗入组织内，而将透明剂替代出来，如果操之过急，则石蜡浸入不彻底，而影响浸蜡效果。

第六节　包　　埋

组织浸蜡达到饱和程度以后即可包埋。包埋（embedding）是将熔解的石蜡倒入包埋盒，再将经石蜡浸透的组织放入盒中，调整材料的位置，并使之快速冷却、石蜡由液态凝固成蜡块的过程。包埋前需做以下的准备工作。

一、包埋剂

不同的制片方法使用的包埋剂不同，石蜡切片的包埋剂（embedding medium）是石蜡；半薄切片的包埋剂为树脂，如 Technovit 树脂包埋剂；冰冻切片的包埋剂为 OCT（optimal cutting temperature）。本节主要介绍石蜡制片的包埋剂。

二、石蜡的种类

植物制片用石蜡是专用的生物组织切片石蜡，目前使用的主要有以下几种：

（1）国产石蜡：后面较详细介绍。

（2）进口石蜡（paraplast，paraplast plus）：小球状、可迅速融化，熔点为 56 ℃；纯度高、可获得优质的切片，新蜡不需过滤，切片厚度 2～4 μm。

（3）低熔点蜡（steedman’s wax）：与石蜡性质相似，比石蜡软；切片方法同常规石蜡切片，适合切片厚度大于 5 μm 的连续切片。熔点为 35～37 ℃，溶于乙醇。目前，主要应用在植物细胞骨架的免疫荧光标记，对组织切片进行 DAPI 染色和荧光显微镜观察等方面。

三、石蜡的选择

按不同的要求选用不同规格的石蜡。软材料用 54～56 ℃熔点的石蜡，若切 5 μm 以下的厚度或炎热夏季切片时，宜用 58～60 ℃的石蜡。石蜡商标上须注明为生物组织切片用蜡字样，选用时还必须检查石蜡细致度，石蜡应当无气泡、无灰尘、无透明点痕、切片时不断不碎等。工业用蜡不能使用。新石蜡和用过的碎蜡，需熔化、过滤后使用（用 3～4 层桑皮纸折叠成漏斗，过滤石蜡）。熔蜡时，必须有人在电炉旁守候，待温度达到 70 ℃左右时，将蜡锅移开电炉，千万不能让熔蜡锅冒出白烟，又无人在炉边，以致酿成火灾。

四、各级石蜡的配制与包埋前的准备

（一）各级石蜡配制

将石蜡配成 50％石蜡、75％石蜡、100％石蜡三级。50％石蜡由 1/2 石蜡和 1/2 二甲苯配制而成，75％石蜡由 75％石蜡与 25％二甲苯配成。每级石蜡用大口器皿装且有盖覆盖，这样，便于多处理材料和包埋时的操作，如用牛奶锅（钢精）或医用消毒搪瓷杯、不锈钢茶杯等。每级石蜡杯外及盖上，都应注明 50％、75％、纯蜡 A、纯蜡 B、纯蜡 C 字样，以免混淆弄错（图 2-12）。

(1) 经各级石蜡处理恰当的材料，一般都沉入杯底部，如果见有材料在蜡内漂浮、色白，这类材料可能由于在抽气时空气未排出、脱水不完全、透明不彻底等环节造成，这类材料需单独包埋存放，另作处理。若材料处理数量较多，应予丢弃。

(2) 各级蜡杯温度，最好不超过蜡的熔点，温度过高材料会发生收缩变脆，温度过低，透蜡及氯仿排除不彻底，也会影响制片，因此温箱外需有温度计指示温度，蜡杯放置温箱的下层位置，可达到浸蜡包埋要求（图 2-13）。

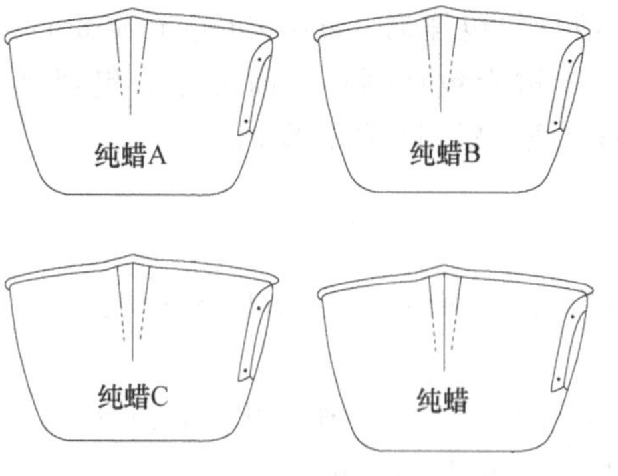

图 2-12 蜡杯式样与编码示意

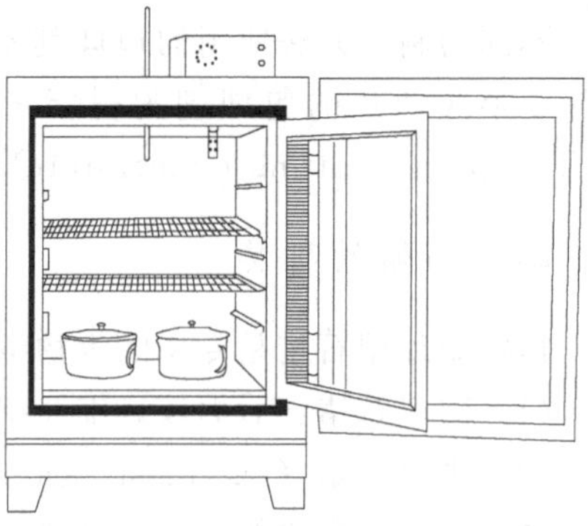

图 2-13 包埋时蜡杯放入位置图

（二）包埋前的准备

(1) 将浸蜡瓶（内装处理材料）从温箱中取出，立即倒入自制“活动铜纱底铝质盒”中，此时溶于氯仿的溶解石蜡，从网底漏入纸盒中，材料落于网底（图 2-14A、

B)。为迅速转移样品，又不损坏样品，特自制“活动铜纱底铝质盒”。在更换各级蜡杯时只需将提篮提起，漏出溶解蜡，马上即可转移至次级蜡杯，继续置温箱中处理，这样能保质、保量，在最短的时间内，处理大量的材料。

(2) 装有材料的处理盒，编号后装进铜纱提篮，再转入溶解的50%级石蜡杯中（图2-14C、D)，然后放入恒温箱内的底层，继续浸蜡并加速挥发残存氯仿，后经75%级蜡及纯蜡A、纯蜡B、纯蜡C三杯处理，纯石蜡充满细胞内外，为下一步包埋打下良好基础。在包埋前，须将包埋用纯蜡杯，熔解后置于温箱底部，为包埋进行准备工作。

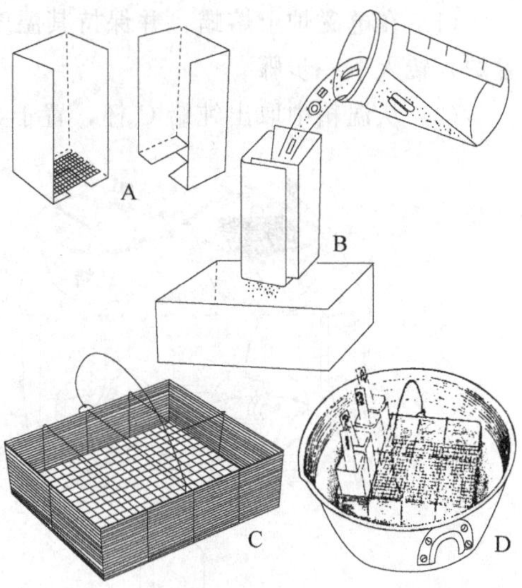

图 2-14　包埋前材料转入各级蜡杯方法

(3) 折叠纸盒（图2-15)，选用光滑、有一定硬度的白纸，纸的大小视样品而定(一般为9.5 cm×12 cm)，折叠好以后，用特种铅笔（红色为好）在纸盒底部或者侧面写上材料编号（或者实验小组号)。

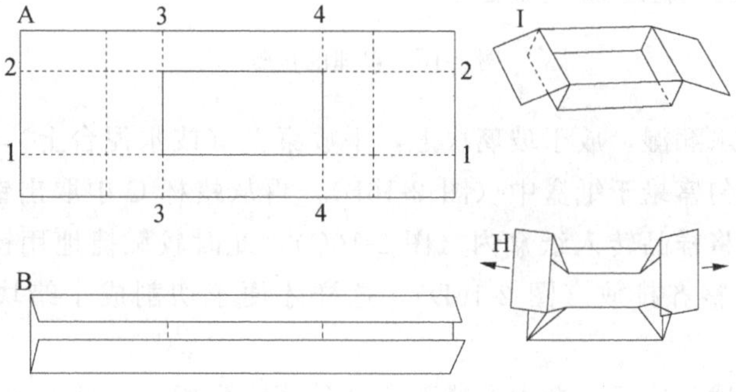

图 2-15　包埋纸盒的折叠方法

(4) 其他用具的准备。参见实验指导：实验二。

五、包埋方法

参见实验指导：实验二。

（1）在电磁炉上熔蜡，并保持其温度达 63～64 ℃，若温度太高，即将蜡锅移出电磁炉，转入下一步骤。

（2）从温箱中取出纯蜡 C 杯，置于金属台上（图 2-16A）。

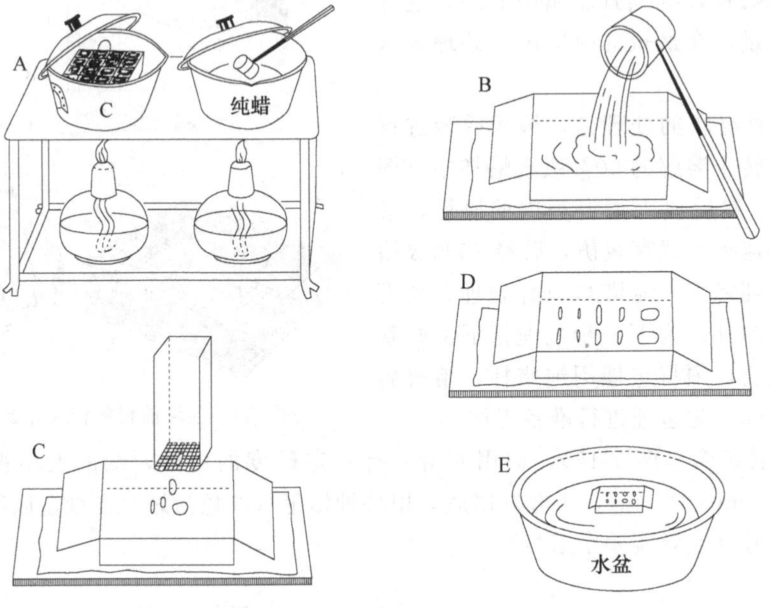

图 2-16　包埋的步骤

（3）将纸片浸水润湿，放于玻璃块上，平放桌上（或水泥台上），再放一个包埋纸盒于湿纸上。用蜡勺盛蜡于纸盒中（图 2-16B），再从蜡杯 C 中取出铝盒，随之转入有溶蜡的纸盒中，并将样品转入纸盒内（图 2-16C），此时较敏捷地用镊尖拨动材料，彼此间留一定距离并整齐排放（图 2-16D），这样才便于切割成小蜡块安放在切片机上切片。

（4）当完成上述程序后，盒内的蜡面渐渐呈薄膜凝固面，此时可用手拿起玻璃片，先平放于脸盆水中，当进入脸盆后，因玻璃较重便自行与纸片离开，纸盒也随着会漂浮于水面，这时不要搅动水或翻动蜡块，以免蜡块内的熔蜡流出，造成蜡块厚薄不均匀或蜡块内材料移动（图 2-16E）。使用过的玻璃片可以反复使用。

（5）已冷却凝固的蜡盒，可从水中捞出，盒底向上，纸干后剥去盒纸，放入已编号的纸袋中备用。包埋完毕后的用品，要整理清顺，使用后的铝质网盒，需马上在酒精灯上烘烤，除净多余石蜡，集中存放下次再用。

第七节　切　　片

切片（sectioning）是将包埋好的蜡块经分割、修整、固着，然后经旋转切片机将蜡块切成蜡带（蜡片）的过程。切片的关键：一是需要好的切片机（microtome）、切片刀（knife）；二是要有熟练的技术，才能切出符合要求的蜡带。

一、切片机、切片刀种类及应用

切片机、切片刀是切片的主要工具，其类型及应用见表 2-7。

表 2-7　切片机及切片刀的类型

名　称	型　号	切片刀	切片厚度	应　用
旋转切片机	YL3 型旋转切片机 202-1 型手摇切片机 YD-1508 旋转切片机	钢刀	石蜡切片厚度为 8～12 μm 12～15 μm	石蜡切片 用光学显微镜观察
全自动旋转薄切片机	Leica RM 2265	钢刀 玻璃刀 一次性刀片	石蜡切片厚度为 5～100 μm 半薄切片厚度为 0.25～100 μm （一般切 1～2 μm）	石蜡薄切片 半薄切片 用光学显微镜观察
冰冻切片机	Leica CM 1900	钢刀 一次性刀片	切片厚度为 0.5～300 μm 一般切片厚度为 5～10 μm 冷冻箱温度范围 0～−40 ℃	冰冻切片用光学显微镜观察
振动切片机	Vibratome 3000 系列 Vibratome 1500 系列	刀片（一般是用双面剃须刀） 玻璃刀 钻石刀	样品固定不动，刀片振动切片。一般切片厚度为 10～20 μm以上，也可切 50～100 μm 以上。其切片厚度是石蜡切片的 3～5 倍。钻石刀切片厚度可以是 1 μm	振动切片，样品不需要包埋和冰冻，保持自然状态。用于免疫定位、酶活性定位。 用光学显微镜观察
滑走切片机	Leica SM2000R	钢刀	切片厚度为 0.5～60 μm	木材或硬材料切片，用光学显微镜观察
超薄切片机	Leica	玻璃刀 钻石刀	切片厚度为 100 μm 以下 50 μm 左右	超薄切片 用电镜观察

二、切片机的组成与使用

1. 旋转切片机的组成及各部分的作用

普通石蜡切片机虽有不同型号，但其组成大致相似，主要由机身、微动装置、蜡块定位固定器、切片刀固定器等组成。以 YD1508 旋转切片机（图版ⅠA）石蜡切片机为例，各部分的作用简单介绍如下（使用步骤参见实验三：石蜡切片）。

（1）微动装置：由厚度调节器、撑牙及离合器、棘轮及推进手柄等组成。主要作用是调节切片厚度。

（2）蜡块定位固定器：由蜡块钳、三个蜡块角度调节螺旋等组成（可上下前后推进，调节蜡块表面与刀口平行）。主要作用是固定待切样品。

（3）切片刀固定器：由刀架、固定手柄、拧紧螺旋、三个切片平调螺旋等组成。主要作用是固定切片刀。

（4）机身：由手轮及手轮柄、大小拖板、停刀轧、机座等组成。主要作用是支撑和控制切片刀的前进和后退。

（5）一般切片厚度：8～15 μm。

2. Leica RM 2265 全自动旋转薄切片机组成及各部分的作用

Leica RM2265 全自动旋转薄切片机（图版Ⅰ B），是一种较新型的全自动切片机，切片时既可以选择手动控制（与常规切片一样，通过摇动手轮进行切片），也可以通过控制面板自动控制。其切片机配置有两个不同、而且可以替换的刀架，其中的一个刀架可装钢刀或一次性刀片用于做石蜡切片，另外一个刀架可以装玻璃刀用于做半薄切片，还配置了用于半薄切片的塑料刀槽，使用十分方便。主要组成及各部分的作用简单介绍如下（使用步骤参见实验五：半薄切片法）。

（1）样品定位固定器：固定包埋后的样品。

（2）切片刀固定器：固定切片刀。

（3）通用刀架底座：可适配所有刀架，钢刀刀架，一次性刀片刀架、玻璃刀刀架等。

（4）切片控制系统：①手轮：手动切片时控制手轮制动、手轮锁定。②内置的控制面板和独立的控制面板。2 种控制面板都可独立控制自动切片，可自动调节切片速度、切片厚度。控制面板液晶显示屏上有数字显示：可显示切片厚度（由设置切片厚度的按钮调节，以 μm 为单位）、切片速度（由设定切片速度的旋钮调节），切片模式（由切割模式的按钮调节）、处理模式。

（5）切片模式：可以选择人工切片模式或者自动切割模式，在五个设置之间进行选择。在人工切片模式下，可以完全使用手动手轮旋转的传统方法或者在摇动模式（ROCK）下完成操作。在自动切割模式下，可以在下属的操作模式中进行选择：CONT：连续切割；SINGLE：单次切割；STEP：切割；PROG：程序模式。

（6）安全性能好：E 型刀架带有红色护手，覆盖刀锋全长，确保安全。安全手轮有两个互相独立的锁定系统，单手操作的手轮锁可将手轮轻松锁定在上位，第二个手轮锁可将手轮锁定于任何位置。

（7）切片厚度：0.5～100 μm。

3. 冰冻切片机：图版Ⅰ E，参见第四章第二节冰冻切片法和实验七。

4. 滑走切片机：图版Ⅰ C，参见第四章滑走切片法。

5. 超薄切片机：图版Ⅰ D，参见第六章超薄切片法和半薄切片法。

三、切片刀的准备

（1）磨刀：有磨刀机磨刀和手工磨刀。全自动磨刀机可自动翻刀；半自动磨刀机需要人工翻刀。

（2）镪刀：用细致光滑的牛皮，两端钉在木板上做成镪刀皮。镪刀是为使刀刃更锋利，操作方向与磨刀相反，即刀背向前移动（刀口刃向后），如刀刃向前，就会割坏镪刀皮，并损伤刀刃。

(3) 切片刀的保养：①切片刀用完后，要用毛笔刷干净，涂上液体石蜡，及时放入盒中。②要及时磨刀、镪刀。用时稍觉粗钝，就要磨刀，切莫过于损耗，磨后用二甲苯擦干净，放回盒中。③磨刀、切片时都要十分小心，以免割伤手指，甚至将刀跌落，碰坏刀刃。④手磨的刀不能机磨，机磨的刀不能手磨。

四、蜡块的分割、修整与固着

参见实验三。

按（图 2-17A）进行蜡块的分割、修整，修整好的样品装入已编号的纸袋备用。然后将蜡块固着在台木上，进一步修整呈梯形（图 2-17B、C、D），最后置于切片机上切片。有些坚硬的材料在切片前，需将材料微露出切面（没有蜡包被着），然后置于有水的培养皿中浸泡半天到一天再安装到切片机上切片，这样能达到软化组织的作用、使切面光滑不碎裂、无刀痕。在夏季切片时，常用小冰块在蜡块面上冰冻几秒钟后，再切片效果较好。

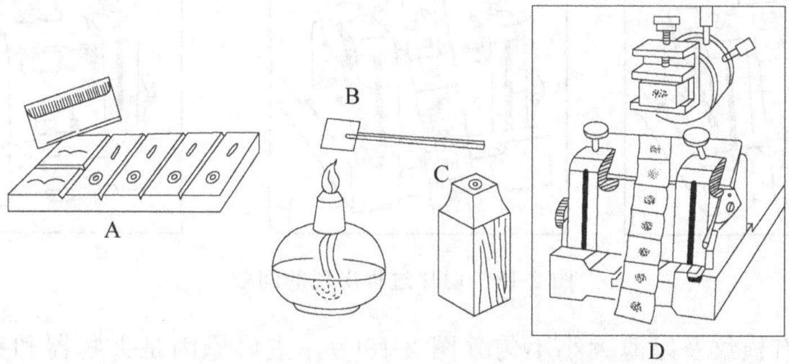

图 2-17　蜡块的分割、整修、固着

五、切片方法与步骤

具体操作参见实验三。

(1) 准备：①切片前磨刀、镪刀。②包埋蜡块。③分割、修整与固着蜡块。④配制好粘贴剂（蛋清甘油）。⑤用具（旋转切片机、切片刀、毛笔、白纸、解剖刀、眼科镊子）。

(2) 切片方法与步骤：固定蜡块→固定切片刀，调节刀的角度到 15°→调节切片厚度，一般为 8～12 μm→调节刀口与蜡块的距离、蜡块的位置→切片。

六、石蜡切片过程易出现的问题及解决的办法

(1) 蜡带纵裂或具纵条纹（图 2-18A、E）：主要原因是刀有缺口或者镪刀时间太短、组织软化不够等。可移动刀刃位置或者镪刀、软化组织后（取下台木，将蜡块倒放在有水的培养皿中浸泡半天，使组织软化）再切片。

(2) 蜡带弯曲（图 2-18B）：主要原因是蜡块切面的上下边缘不平行，将蜡块边缘修平行即可。

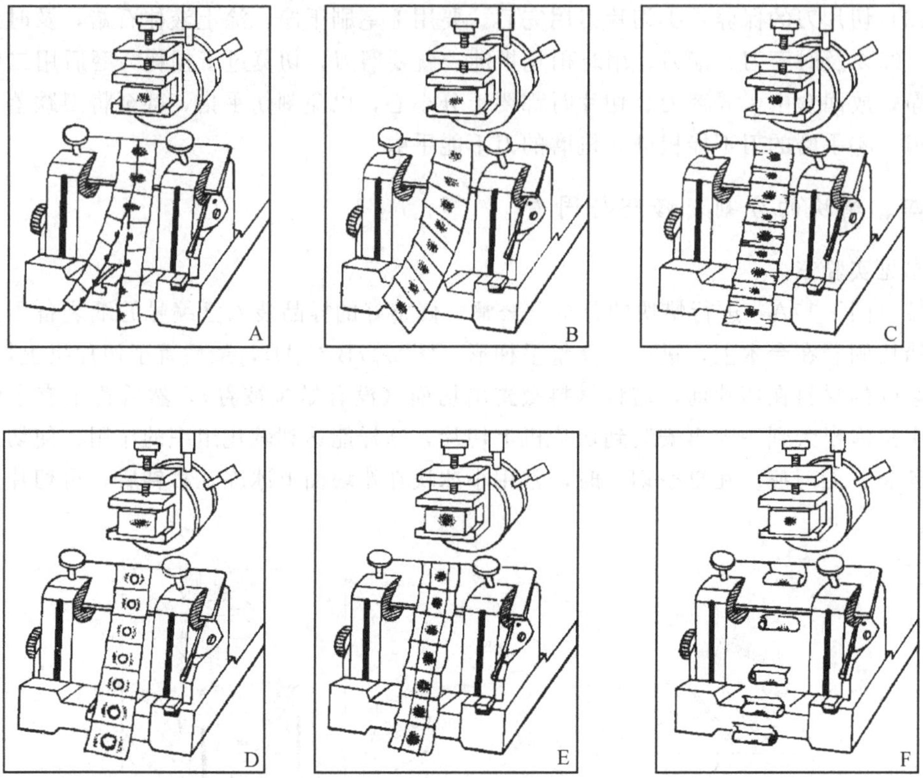

图 2-18　切片过程出现的问题

(3) 切片有横纹及厚薄大小不匀（图 2-18C）：主要原因是夹物器和夹刀器没有固定好、刀倾角过大（调小 1°～2°）、刀口上附着碎蜡。需要用二甲苯擦去刀口上的石蜡屑；蜡片厚度不匀，可能是切片机出故障，应考虑调整和维修切片机。

(4) 材料破碎，甚至整个材料由蜡带中脱离，形成空洞（图 2-18D）：主要原因是脱水不彻底，浸蜡不完全，石蜡没有完全填充植物组织而形成空洞，这种情况无法补救，必须重做。

(5) 蜡片卷起形成圆筒（图 2-18F）：主要原因是刀刃太钝、刀的倾角太大、切片太厚等。需要镪刀，调整刀的倾角。

石蜡切片全过程中，每一环节都会影响切片质量，初学者必须细致操作，及时发现问题予以解决，决不能因其中某步骤出现问题失去信心。

第八节　展片与粘片

一、展片、粘片

展片、粘片（adhesive）是在载玻片上同时完成的步骤。粘片是用粘贴剂将分割成小段的蜡带粘贴在载玻片上的过程，在粘片的同时需要借助蒸馏水的张力使蜡带完全伸展、平整地粘贴在载玻片上，方法步骤介绍于后。

二、常用粘贴剂及其配制

（一）蛋清甘油及其配制

将新鲜鸡蛋一端打开一个小孔，只让蛋白慢慢流入烧杯内。用洁净的玻璃棒充分调拌成泡沫状，然后用粗滤纸或双层纱布过滤至量筒中，经一昼夜（或更长）能滤出透明的蛋白液。再加入等量甘油及少量防腐剂（如樟脑精）振荡使其完全混合后即可应用，不用时需放低温干燥处（如4 ℃冰箱中）保存，可长期使用。在使用粘贴剂时应注意以下几点：①在教学中使用，应先分装在青霉素小瓶中，每瓶在瓶塞上附1根细竹签（粗细与火柴棒相当），用于蘸取蛋清甘油。②不要在高温天气配制粘贴剂，否则因过滤时间较长，会使蛋清腐败变质。③蘸1次蛋清甘油液，可涂抹4～5张载玻片，涂得太厚（多）会影响制片质量。蛋清甘油需提前配制、分装、放4 ℃冰箱备用。另外，蛋清甘油还有其他的配制方法，经过实践，我们认为以上的配制方法比较方便。

（二）明胶甘油的配制（表2-8）

表2-8 明胶甘油的配制

成分	用量	配制方法
明胶粉	1 g	将明胶粉徐徐溶于微温（36～40 ℃或者35～36 ℃）的蒸馏水中，待完全溶解后再加入苯酚结晶和甘油，搅拌使完全混合，然后过滤备用
微温的蒸馏水	100 mL	
苯酚结晶	2 g	
甘油	15 mL	

此剂除粘贴蜡带外，还能用于花粉及单细胞藻类的粘贴。

（三）明胶的配制（表2-9，表2-10）

明胶主要在冰冻切片和免疫标记中应用，选用制作食品的明胶不会产生沉淀，效果较好。明胶的配方有以下两种：

表2-9 10%明胶的配制

成分	用量	配制方法
明胶粉	10 g	将明胶粉溶于磷酸缓冲液中，在室温下搅拌10 min后加热至60 ℃（4～6 h）。当所有的明胶溶解后，将温度降至37 ℃，并加入叠氮化物溶液。配制好的明胶置－20 ℃冰箱保存
0.1 mol/L磷酸缓冲液	100 mL	
10%叠氮化物	200 μL	

表2-10 2%明胶的配制

成分	用量	配制方法
明胶粉	2 g	同表2-9的配制方法
0.1 mol/L磷酸缓冲液	100 mL	
10%叠氮化物	200 μL	

(四) 多聚赖氨酸及其配制

将多聚-L-赖氨酸配成 1 g/L 的溶液，分装后置－20 ℃冰箱保存（或者配制 0.01%～0.05%多聚赖氨酸水溶液），使用时将多聚-L-赖氨酸溶液滴在载玻片上并涂抹，使其均匀覆盖在载玻片上，然后置 60 ℃温箱烘烤 1 h 或室温过夜干燥装盒备用（供原位杂交和免疫定位实验用）。

三、展片、粘片方法及注意事项

参见实验三。

（1）准备展片台（图 2-19E），接通电源，打开电源开关，调节温度至 35 ℃。

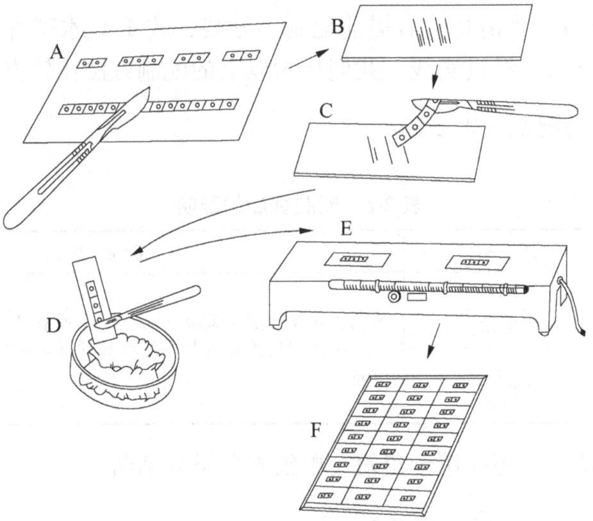

图 2-19 粘片、展片过程示意图

（2）涂粘贴剂蛋清甘油（图 2-19B）。

（3）滴加数滴蒸馏水于载玻片上，以伸展蜡带。

（4）放蜡片至有水的载玻片中部（展片）（图 2-19C）。

（5）从台上取下已展片的载玻片，略倾斜使多余水分流入培养皿中（图 2-19D）。

（6）将选中的切片继续在展片台上烘烤（图 2-19E）。

（7）将展片台上的合格切片，转移至铝制摊片盘中（图 2-19F），然后将铝制摊片盘置于 36 ℃温箱内烤数天即可烤干（或让其自然干燥，但所需时间较长）。

第九节 脱蜡与透明

一、脱蜡与透明

展片、粘片、烘片结束以后，需要用脱蜡剂溶去组织或细胞内外的石蜡（用于支撑组织和细胞的石蜡），仅剩下植物组织和细胞经粘贴后仍保持在原位，这个过程称作脱蜡（removing embedding medium）；进一步清洗已脱掉的石蜡，使细胞、组织更透明清晰的过程称为透明。

二、石蜡制片中常用的脱蜡剂与透明剂

在制片过程中用于脱蜡和透明的试剂是二甲苯。二甲苯是一种无色透明液体，其价格比其他透明剂便宜，可溶解石蜡，透明力强、速度快；能与乙醇混合，也能与树胶混合成封藏剂。其缺点是：使组织收缩变脆，故在二甲苯中不宜长时间停留，同时必须在材料完全脱水后方可使用二甲苯，若有极少量水分在组织内存在，就会出现雾状。通常在无水乙醇与二甲苯之间，用 1/2 无水乙醇＋1/2 二甲苯的混合液过渡，这样既可脱水完全，又减少材料的收缩。二甲苯易挥发，盛二甲苯的脱蜡缸（图 2-20）、透明缸带有盖子，要随手盖上盖子，以免二甲苯挥发污染室内空气。

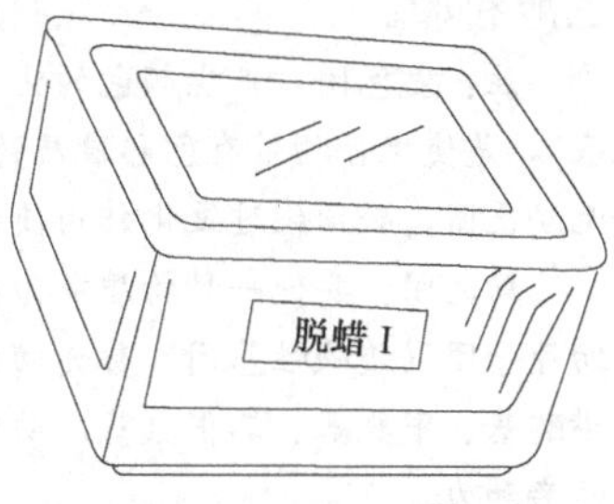

图 2-20　脱蜡缸、透明缸

三、脱蜡方法

参见实验四。

第十节　染料与染色

一、染色的目的

染色（staining and dyeing）是使植物组织染上颜色，便于观察。在植物制片中应用染色技术，可以使组织与组织之间的各部分显示出同一样颜色或不同颜色，组织各部分的细微结构更加清楚，便于观察（镜检）；经过某种染料染色以后可以显示细胞或组织内的特定化学成分，如 RNA、DNA 或内含物（淀粉、蛋白质、脂肪等，见第七章）的种类及分布。

二、染料的分类

随着科学的发展，目前在植物制片中所用的染料越来越多，根据不同的来源、化学性质、染色性能，可分为以下几类：

（一）根据染料的来源划分

（1）天然染料：由植物或动物中提取，如苏木精、洋红、地衣红等。天然染料虽然种类不多，但在生物染色中普遍使用。

（2）人工染料：由人工合成。最初的人工染料是由苯胺制成的，称为苯胺染料。目前许多人工合成染料与苯胺并无关系，也不是苯胺的衍生物。但人工合成染料均可由煤焦油中的一种或数种物质制成，故可统称为煤焦油染料。大多数染料属于此类。

（二）根据化学性质划分

（1）碱性染料：它含有碱性助色团氨基或二甲氨基，主要有色部分为阳离子。水解

后发色团带正电荷，如苏木精、番红、碱性品红等。

（2）酸性染料：它含有酸性助色团（如羟基、羧基），主要有色部分为阴离子。水解后发色团带负电荷，如固绿、伊红等，能溶于水和乙醇。

（3）中性染料：它们的阳离子和阴离子都有颜色。例如，中性红、吉姆萨，能溶于乙醇和水。

注：发色团：产生颜色的化学结构式“醌式环”称为发色团（chromophore，或称呈色基团、色基），是使化合物带有色彩性质的部分，无发色团的有机化合物是没有颜色的，如苏木精分子结构里无发色团，必须经过氧化作用使成为氧化苏木素才有颜色。

助色团：要使一种物质成为染料，除应含发色团外，还需要有一种能使化合物发生电离作用的辅助原子团（酸碱性基团）称为助色团（auxochrome，或称作用基团）；最主要的是氨基、羧基、羟基、磺酸基、甲氨基、二甲氨基。助色团的作用在于使染料分成带电荷的离子，以便加强与被染物质组织的亲和力。

（三）根据染色的性能划分

（1）核染料：能与细胞核中的染色质发生作用的染料，包括天然染料的苏木精、洋红及人工染料的番红、甲苯胺蓝、甲基绿、碱性品红等。

（2）细胞质染料：能与细胞质发生作用的染料，如伊红 Y、固绿、橘红 G、苯胺蓝、酸性品红等。

（3）细胞壁染料：能与细胞壁发生作用的染料，如番红、苯胺蓝、溴酚蓝等。

（4）组织化学染料：如苏丹Ⅲ、溴酚蓝、碱性品红、苯胺蓝黑等。

（5）荧光染料：应用含荧光色团的物质作为染料，使之与细胞中和该物质有特殊亲和力的物质相结合，即可在紫外线或短波光的照射下被激发出荧光，这类染料称为荧光染料（fluorescence dye）。专用荧光染料如 H33258、DAPI、FITC、水溶性苯胺蓝、荧光增白剂、荧光素二乙酸酯、金胺 O 等的详细介绍见荧光显微术内容。

（6）活体染料：植物中可用作细胞活体染色的染料，如中性红和许多荧光染料等。

三、几种常用染料的性质及配制

（一）苏木精（haemaloxylin）

为制片技术中最常用的染料，是从苏木中用乙醚浸制出的一种色素，其分子式为 $C_{16}H_{14}O_6$。为碱性染料，溶于乙醇、甘油及热水中，配好的苏木精溶液，必须经氧化成为氧化苏木精后才能应用。氧化苏木精的分子式为 $C_{16}H_{12}O_6$（脱掉了二个氢原子）。使用时应注意三点：①一般提前 2～4 周配染料，使之充分氧化。这个氧化过程叫作成熟。一般采用自然氧化，如急用可加入强氧化剂（如高锰酸钾）加速氧化，可随配随用。②一般要与媒染剂配合使用。氧化苏木素为弱酸性，对组织亲和力很小，不能单独使用，如与媒染剂（硫酸铝铵、硫酸铁铵、硫酸铝钾）作用后，会大大增强染色效果。③多色性：苏木精具多色性。苏木精染色后，在分色过程中，因处理的情况而异，颜色会有改变。经酸性溶液（盐酸乙醇）分色后呈现红色，水洗后仍可返蓝色；经碱性溶液（氨水）分色后为蓝色，经水洗后呈蓝黑色。苏木精为核染料，广泛应用于细胞学及胚胎学的制片工作中（根尖整体染色、子房整体染色、透明法的染色），常用的配方有以下几种：

1. 爱氏（Ehrlich's）苏木精染色液（原液）（表 2-11）

表 2-11 爱氏苏木精染色液的配制

成 分	用 量	配制方法
苏木精	2 g	①将苏木精溶于少量乙醇中，加乙酸后搅拌，加速其溶解。②加入甘油及其余乙醇。③研碎钾矾，溶于水中并加温。④将加温的钾矾溶液一滴滴地加入染色剂中，并不断搅动。⑤瓶口用双层纱布包扎，放于通风处，并经常摇动，直至颜色变为紫红时即可使用，成熟时间约需 2～4 周以至数月之久，若加 0.2 g 碘酸钠即可立即成熟。已成熟的原液，须用瓶塞密封，置低温暗处长期保存
乙酸	10 mL	
甘油	100 mL	
95%乙醇	100 mL	
蒸馏水	100 mL	
硫酸铝钾	5 g	

此染色液主要用于细胞核的染色用于整体染色效果甚好。使用时以原液 1 份加入 50%乙醇与乙酸等量混合液 1 份或 2 份。

2. 德氏（Delafield's）苏木精染色液（表 2-12）

表 2-12 德氏苏木精染色液的配制

成 分	用 量	配制方法
苏木精	4 g	①将苏木精溶于乙醇中。②将上液慢慢滴入硫酸铝铵的饱和水溶液，并用玻棒不断搅动。③用双层纱布紧扎瓶口，放在光线充足处氧化，约需 1 周。④将上液过滤，再加入甘油及甲醇。⑤继续氧化直至颜色变为蓝紫色为止，再过滤密封备用
95%乙醇	25 mL	
硫酸铝铵饱和水溶液	400 mL	
甘油	100 mL	
甲醇	100 mL	

此染色液与爱氏苏木精染色液用途相似，染色作用更强，使用时以蒸馏水 3～5 份稀释之。分色液用 0.5%或 1%盐酸乙醇（0.5 mL 或 1 mL 盐酸与 99 mL 的 70%乙醇混合而成）。

3. 海氏（Heidenhain's）苏木精染色液

海氏苏木精染色液又称铁矾苏木精染色液（表 2-13）。

表 2-13 海氏苏木精染色液的配制

甲液（媒染剂）			乙液（染色剂）		
成分	用量	配制方法	成分	用量	配制方法
硫酸铁铵（铁矾）	2～4 g	将硫酸铁铵溶于蒸馏水中	苏木精	0.5 g	①将苏木精溶于乙醇中，瓶口用双层纱布包扎，使其充分氧化。②加入蒸馏水，塞紧瓶口，置冰箱中可长期保存
			95%乙醇	10 mL	
蒸馏水	100 mL		蒸馏水	100 mL	

切片需先经甲液媒染，并充分水洗后才能以乙液染色，染色后又经水稍洗再用另一瓶甲液分色至适度。海氏苏木精染液为细胞学上染细胞核内染色质最好的染色剂，但甲液与乙液在任何情况下绝不能混合，切勿疏忽。

(二) 番红 (safranin O) (表 2-14)

为组织学上应用最广泛的一种染料，尤其对于高等植物中木质化细胞及角质化组织的染色不可缺少，对蛋白质、染色质、染色体、孢子、花粉外壁都可染成鲜艳的红色，并可与固绿、苯胺蓝等作二重染色，与结晶紫、橘红 G 作三重染色。番红为碱性染料，溶于水、乙醇。既可整染，又可片染、滴染。番红染色液为我们用于整染及滴染的重要染色液，节省时间、药品与用具，效果极好。

表 2-14　番红染色液的配制

番红水溶液		
成分	用量	配制方法
番红	1 g	将番红溶于蒸馏水中，使其完全溶解，用前过滤
蒸馏水	100 mL	
番红乙醇溶液		
成分	用量	配制方法
番红	1 g	将番红溶于乙醇中，使其完全溶解，用前过滤
50%（或 95%）乙醇	100 mL	
苯胺番红染色液		
成分	用量	配制方法
番红	5 g	将番红溶于乙醇中，使其完全溶解，然后加蒸馏水和苯胺，用前过滤
95%乙醇	50 mL	
蒸馏水	450 mL	
苯胺	20 mL	

(三) 固绿 (fast green) (表 2-15)

固绿、苏木精与番红为植物制片上三大染料，应用也很广泛，通常是与番红作二重染色，或再加入橘红 G 作三重染色，再加入结晶紫作四重染色。固绿见光不易退色，能将纤维素壁、细胞质染为鲜艳绿色。固绿为酸性染料，在水中溶解度较低，易溶于乙醇。固绿着色很快，故染色时间要很好掌握。苯胺固绿与苯胺番红染色液配合使用于滴染，即使是初学者，也易掌握，效果很好，已得到广泛应用。

表 2-15　固绿染色液的配制

固绿乙醇溶液			苯胺固绿染色液		
成分	用量	配制方法	成分	用量	配制方法
固绿	0.5 g	将固绿溶于乙醇中，使其完全溶解，用前过滤	固绿	1 g	将固绿溶于乙醇中，使其完全溶解，然后加苯胺，用前过滤
95%乙醇	100 mL		95%乙醇	40 mL	
			苯胺	10 mL	

(四) 吉姆萨染色液 (Giemsa) (表 2-16)

母液配制后放入冰箱可长期保存。新鲜配制的染料偏碱，须在室温或是 37 ℃下贮存一定时间，待染料成熟，贮存时愈久，染色效果愈好。在配方中加入甘油是防止甲醇挥发。

表 2-16　吉姆萨染色液的配制

成 分	用 量	配 制 方 法
Giemsa	1.0 g	原液：将 Giemsa 染剂溶于甘油中，研磨 2 h 后盖纸盖在烘箱中放 4 h（50 ℃），然后用无水甲醇洗涤研钵和研棒至试剂瓶中，即为 Giemsa 原液。 工作液：用 Giemsa 原液和自来水按 1∶20 的体积比配成。研钵、量筒需事先烘干，整个配制过程应保持无水
甘油	66 mL	
无水甲醇	66 mL	

（五）碱性品红（basic fuchsin）

碱性品红是强有力的核染色剂，可作为组织化学试剂使用。例如，在孚尔根反应中用于检验脱氧核糖核酸，在高碘酸-Schiff 反应中用以检验多糖物质，在一般植物组织学制片中较少使用。

1. 孚尔根（Feulgen）反应（表 2-17）

表 2-17　孚尔根反应试剂的配制

水解液（1mol/L 盐酸）		
成分	用量	配制方法
盐酸（比重 1.18）	82.5 mL	将盐酸缓缓溶于蒸馏水中
蒸馏水	917.5 mL	
Schiffs' 试剂		
成分	用量	配制方法
碱性品红	0.5 g	①将碱性品红缓缓加入煮沸离火的蒸馏水中，再继续煮 5 min，并随时搅拌。②待冷却到 50 ℃即过滤到有玻璃塞的棕色试剂瓶中。③加入盐酸。④冷却到 25 ℃时加入偏重亚硫酸钠（钾），盖紧玻璃塞，置暗处过夜。第二天即为脱色品红，过滤后，盖紧并包以黑纸在低温或冰箱中贮存
蒸馏水	100 mL	
1 mol/L 盐酸	10 mL	
偏重亚硫酸钠（钾）	1～3 g	

此液必须清澈透明，无色无沉淀，如颜色变红，可再加入少许偏重亚硫酸钠（钾），使其转为无色再用。

2. 卡宝染色液（Carbol fuchsin）（表 2-18）

表 2-18　卡宝染色液的配制

种　类	成分、用量、配制方法
A 液	取 3 g 碱性品红溶于 100 mL 70%乙醇中（可长期保存）
B 液	取 10 mL A 液加入 90 mL 5%的苯酚水溶液中（2 周内使用）
C 液	取 55 mL B 液加 6 mL 乙酸及 6 mL 福尔马林
D 液	取 C 液 20～30 mL 加 70～80 mL 45%乙酸和 1.8 g 山梨醇。配后为淡品红色，立即使用染色较淡，放置 2 周后，染色力明显增强，放置时间越久，染色效果越好

C 液可用于组织培养中核及核分裂的染色，此液中有较多甲醛，不能使组织软化。

D 液则可普遍用于组织的压片染色，效果很好。

四、染色原理简介

关于制片染色的原理，归纳起来可以有物理上的和化学上的两方面，这两方面各自都可以说明染色中的某一问题，但对有些现象仍不能作出合理的解释，还有待于进一步探讨。

（一）染色的物理作用

主张物理作用的观点认为染色现象可用物理学上的理论来解释。物理作用包括以下三种。

（1）毛细作用或渗透作用：认为被染物质是有孔隙的，染料可以因为渗透作用而进入组织的内部。

（2）吸收作用或溶液作用：组织吸收染液后牢固结合，所染颜色与溶液的颜色相同，而与干燥的染料颜色不同。例如，品红在干燥时为绿色，其溶液为红色，所染植物组织也是红色。

（3）吸附作用：当组织浸于染液内，染液中分散的色素粒子的分子引力作用，使色素粒子被组织吸附，而呈现颜色。

（二）染色的化学作用

主张化学作用的观点认为，植物细胞内的不同化学成分，对染料有不同的亲和力，因此细胞具有选择性的着色能力，使细胞的不同成分染成不同颜色。细胞中的酸性物质，易被碱性染料所染，因为它对碱性染料的亲和力很强。细胞内的碱性物质，易被酸性染料所染，即对酸性染料的亲和力强。此外，染液的 pH 对染色有很大关系，一般碱性物质（如细胞质）在低 pH（酸性）的染液内易着色，酸性物质（如细胞核）在高 pH（偏碱）的染液内易着色。

染色的机制是很复杂的，上述两种染色理论，都不能全面地说明问题，目前多数学者认为可能是由于物理与化学综合作用的结果。

五、一般的染色方法

（一）根据染色时材料是否完整而分

（1）整体染色：材料在未经切片前直接染色，常用染料为苏木精、番红及孚尔根反应。

（2）切片染色：材料经切片、展片、粘片后再染色，又可分为缸染及滴染两种方法。

（3）蜡带染色：切片后，在展片的同时进行染色，然后再烘干粘牢。

（二）根据染色时所用染料的种类而分

（1）单染：只用一种染料染色，如苏木精。

（2）双重染色：用两种染料染色，如番红-固绿、苏木精-曙红。

(3) 三重（多重）染色：用三种（多种）染料染色，如番红-固绿-橘红 G、酸性品红-苯胺蓝-橘红 G、番红-结晶紫-橘红 G。

(三) 根据染液浓淡及是否使用分色剂而分

(1) 渐进法（累积法）：染色液较淡，材料放入较长时间，使其慢慢染至合适为止。

(2) 后退法（回复法）：将材料置浓染色液中使其过度染色，然后以分色剂使其退色至适度，这种退色称分色。例如，为酸性染料，则以碱性溶液分色，反之则以酸性溶液分色。

(四) 根据是否使用媒染剂而分

(1) 直接染色：不用媒染剂就能染色。

(2) 间接染色：有的染料（如苏木精）不能直接染色，必须经过媒染作用，使染料固着于媒染剂，而媒染剂又固着于组织从而染色，称为间接染色。

(五) 根据染色时使用的染料性质而分

(1) 常规染色：一般制片的染色。

(2) 特殊染色：用特殊染料进行染色。例如，①金属沉淀染色：以金、银、锇金属染料（如硝酸银、氯化金、四氧化锇）配成稀释的溶液，使其与细胞组织的某些结构接触，然后利用有机酸（如甲酸、乙酸、草酸等）进行还原，使金属盐形成不溶性的金属或金属氯化物，沉积于结构表面使呈黑褐色，从而显示其结构。②荧光染色：以荧光染料与材料中的特殊成分结合，然后用紫外光或短波光激发，就能发出特有的荧光，从而在光学显微镜下鉴定被染物质。

(六) 媒染剂、促染剂、分色剂

(1) 媒染剂：参与染料与组织的反应，促进染色能力和生成金属离子的盐称为媒染剂。常用的媒染剂很多，一般是一种二价或三价的金属盐或氢氧化物，如铝盐、铁盐及明矾、铝铵矾等。例如，以铁矾作洋红的媒染剂，以铁矾、钾矾、铵矾作苏木精的媒染剂。

(2) 促染剂：它能使染料对组织易于着色而本身不参与反应，如番红中加苯胺、洋红中加硼砂、美蓝中加氢氧化钾、伊红内加少量的乙酸。

(3) 分色剂：分色剂是用来脱掉组织或切片过度染色的染料而使用的试剂。有以下 3 种：①酸性分色剂：多用乙酸或盐酸，其浓度一般为 0.1%～1%的水溶液或 70%乙醇溶液。盐酸分色液多用于苏木精染色后的脱色，乙酸分色液多用于合成的煤焦油染料。②媒染分色剂：铁矾苏木精染色法中使用的铁矾即为媒染分色剂。在染色前使用起媒染作用，而染色后使用则起分色作用。③氧化分色剂：如苦味酸等能将切片上所有的染色无选择地脱掉，但由于不同的组织对染料的亲和力不同，这样就将结合不牢的染料脱掉，而保留一部分颜色。

六、染色注意事项

(1) 应根据观察目的、样品的结构、性质选择适当的染色方法。

(2) 材料从某一溶液中进入染色液时，这两种溶液的浓度必须相同。

(3) 酸性染料着色速度快于碱性染料，故双重染色时，先用碱性染料染色，再用酸性染料染色。

(4) 染色宁可深一点，因染色后在水洗和脱水过程中颜色会变浅，如果使用分色剂，染色更要偏深。

(5) 使用分色剂时，要在低倍显微镜下随时观察，分色适度即彻底洗净，否则以后还会退色，并影响下一步染色。

(6) 染色的时间不是一成不变的，本书上所列的时间仅供参考，还须根据染色剂的性质、配方、切片的厚薄、材料的结构等在使用时灵活掌握。

综上内容，归纳染色方法类型如图 2-21 和常用染料如表 2-19。

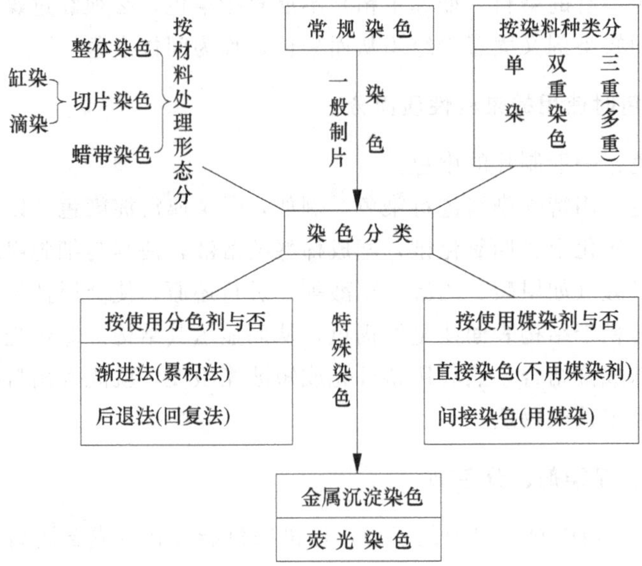

图 2-21　常用染色方法

表 2-19　常用染料及其主要用途

中文名	英文名	主要用途
苏木精	Haematoxylin	广泛用作细胞核染料
番红 O	Safranin O	木质、角质、木栓、染色体、核仁、花粉外壁
固绿	Fast green	与番红 O 双重染色中的复染
吉姆萨	Giemsa	染色体涂片
碱性品红	Basic fuchsin	孚尔根反应
洋红（胭脂红）	Carmine	经典的细胞遗传学染色
橘红 G	Orange	与苏木精双重染色中的复染
伊红（曙红）	Eosin	组织样品的定位或复染、便于制片时识别材料
甲苯胺蓝	Toluidine blue	适合塑料包埋的组织染色
间苯三酚	Phloroglucin	木化的细胞壁
苯胺蓝	Aniline blue	与番红 O 双重染色中的复染、胼胝质
苯胺蓝黑	Aniline blue black	蛋白质
苏丹Ⅲ	Sudan Ⅲ	脂肪、油滴、角质、栓质
苏丹Ⅳ	Sudan Ⅳ	树脂、蜡、角质层
考马斯亮蓝	Coomassie brilliant Blue R	蛋白质

第十一节　封　　藏

封藏（mounting）是植物制片的最后一步，如果操作不当就会前功尽弃。封藏的要求是使封藏剂均匀地、适量地布满在材料上，然后轻轻盖上干净的盖玻片，便于后续的观察和研究，封藏后的切片可以长期保存，称为永存片。

一、封藏的目的

（1）将完成制片全过程的材料用封藏剂封藏，以便长期保存。

（2）选用适合折光率的封藏剂，使切片材料更清晰，供分析、照相研究用。

二、封藏剂种类

常用的封藏剂有加拿大树胶（canada balsam）、中性树胶（neutral balsam）、达马树胶（Dammar balsam）、油派胶（euparal）等。

（1）加拿大树胶：是从北美一种冷杉（*Abies balsamea*）植物体中取得的树脂，可溶于二甲苯、苯、氯仿、叔丁醇等溶剂中，通常是溶于二甲苯中。在配制此树胶时，应掌握其浓度，如以玻璃棒蘸树胶，玻棒在末端呈小滴慢慢滴下，而不成丝状为适度。加拿大树胶的熔点为 61 ℃，但配制时不能加热，加热后会变为深褐色并酸化而影响制片效果。如果已酸化，可放一些纯大理石（为碳酸钙）在胶中，碳酸钙为弱碱性，有中和作用。加拿大树胶的折光率（1.547）与玻璃的（1.51）很相近，故透明度较佳。树胶要用专制树胶瓶盛装。

（2）中性树胶：是已配置好的液体胶，可直接使用。其折光率为 1.521 6～1.524 0。

（3）达马树胶：为松柏科植物柳安所分泌的树脂，能溶于二甲苯、苯、乙醇、氯仿，溶解后的封藏剂能长期保持中性，其折光率为 1.52，且易干，效果比加拿大树胶好。

（4）油派胶：是由樟脑-水杨酸苯脂（Camsal）（等量混合）、山达脂（Sandarac）、桉树油（Eucalyptol）、三聚乙醛（Paraldehyde）混合而成（其比例为 1∶4∶2∶1）。其折光率为 1.48，稍低于加拿大树胶。材料可在 95%乙醇脱水后取出，不经透明剂即可用此封藏剂封藏。在容易收缩的材料和染色体压片过程中，使用油派胶封片效果较好。

三、封藏方法

参见实验四。

第三章　石蜡制片实例

石蜡制片虽不属于高新技术，但因石蜡制片过程较复杂，制片环节较多，对于初学者（特别是研究生和本科生）来说，仅按各章节分别介绍的内容操作会感到有些困难。本章内容是根据我们长期工作的实验记录和经验，总结出的制片日程表，介绍了几种比较成熟的制片实例，供初学者参考（实验材料包括双子叶植物和单子叶植物的营养器官和生殖器官，如子叶、根尖、茎、叶、花芽、子房等，其中的根尖纵切片和子房纵切片、花生子叶的组织化学制片相对难度大一些）。这些制片日程并不是一成不变的，一旦初学者熟练掌握了石蜡制片的基本原理和方法，便可以在制片过程中举一反三，自己将会有所改进和创新，这也是我们所希望的。

一、根尖纵切片制片法

目的：观察根尖分区细胞的特征及细胞有丝分裂过程。

材料：洋葱根尖。

染色方法：爱氏苏木精整染。

制片步骤：

1. 取样：见第二章洋葱根尖取样。

2. 固定：用铬酸乙酸液固定 24 h。

3. 保存：经固定的根尖换入蒸馏水中浸洗，勤换水，以去尽酸液。约 24 h 后，经15%乙醇、30%乙醇、50%乙醇、70%乙醇脱水，每级 2～4 h，并保存于 70%乙醇中备用。

4. 整染：经 50%乙醇 2～4 h，转入爱氏苏木精稀释液（爱氏苏木精原液 1 份，加入 50%乙醇与乙酸等量混合液 1 份）中，整体染色 2～3 d。

5. 水洗、返蓝：蒸馏水浸洗，勤换水，至无浮色渗出，再换入自来水中，换 1～2 次，至根尖由紫色变为深蓝色为止，共约 24 h。

6. 镜检及分色：取一根尖置载玻片上用刀片切碎后，加 1 滴水，覆以盖玻片，进行镜检，要求染色体、核仁清晰。如果发现染色过度，细胞核为一团深蓝色，则需以1%盐酸或 45%乙酸分色至适度，再用水洗净。

7. 脱水：经 15%乙醇、30%乙醇、50%乙醇、70%乙醇，每级 2～4 h。

8. 透明、加碎蜡：5 级氯仿透明，每级 1 h，最后纯氯仿 2 次，每次 30 min。加碎蜡，所加石蜡的量约占透明剂的一半，然后放入 36 ℃温箱中 1 d。

9. 透蜡、包埋：经 50%蜡、75%蜡各 30 min，纯蜡 A、纯蜡 B、纯蜡 C 三杯，每杯 30 min，包埋。

10. 修蜡块、切片：根尖纵切，切片厚度为 8 μm。

11. 展片、粘片、烘干：经镜检后选取根尖中轴部位、生长点及根冠分界清晰的蜡片，如果目的是观察有丝分裂过程，则需注意所切蜡带有无分裂相，每张载玻片上放 2 个蜡片，展片后将材料平放在摊片盘上，放置 36 ℃温箱中烘干。

12. 脱蜡、透明：二甲苯脱蜡、透明各一次。

13. 封片、烘片：加拿大树胶封片。封片后将材料平放在摊片盘上，放置 36 ℃左右的温箱内烤数天即可烤干（或让其自然干燥，但所需时间较长）。

效果：核仁与染色质为深蓝色，其余浅蓝色。

综上内容，总结石蜡切片日程见表 3-1。供处理时使用，十分方便。

表 3-1　爱氏苏木精整染法

材料名称：洋葱根尖（或其他植物根尖）

固定及保存：铬乙酸液固定 24 h 后，经蒸馏水浸洗，洗去浮色后，换入自来水中返蓝（共 24 h 左右），再经 15%乙醇、30%乙醇、50%乙醇、70%乙醇各 1～2 h，并保存于 70%乙醇中备用

日期（日/月）		时　间	步　骤
第一天	/	上午 8：00 11：30	50%乙醇 爱氏苏木精稀释液（原液 1 份加 50%乙醇及乙酸等量混合液 1 份）
第四天	/	上午 8：00 下午 2：00	蒸馏水浸洗，勤换水，至水中无浮色，镜检。 如需分色则以 45%乙酸分色至适度，自来水浸洗，换水数次至根尖变蓝
第五天	/	上午 8：00 11：30 下午 2：00 5：00	蒸馏水过一遍，15%乙醇 30%乙醇 50%乙醇 70%乙醇
第六天	/	上午 8：00 9：00 10：00 11：00 11：30 下午 12：30 2：00 2：30 3：00 3：20 3：30 4：00	85%乙醇 95%乙醇 无水乙醇 无水乙醇 1/5 氯仿 2/5 氯仿 3/5 氯仿 4/5 氯仿（1/5～4/5 氯仿：每次吸出一格溶液，加入一格纯氯仿） 纯氯仿 纯氯仿（吸出瓶内全部氯仿，加入新氯仿） 加碎蜡 加碎蜡（置 36 ℃温箱中）
第七天	/	上午 8：00 9：00 9：30 10：00 10：30 11：00	50%蜡　置 40～42 ℃温箱中 75%蜡　置 48～50 ℃温箱中 纯蜡 A 杯 纯蜡 B 杯 纯蜡 C 杯（纯蜡 A～C 杯：置 56～58 ℃温箱中） 包埋

二、茎的纵、横切片制片法

目的：观察茎的结构、各种组织的特征及维管束的组成。

材料：南瓜茎、禾本科植物茎。

染色方法：苯胺番红整染—苯胺固绿复染（制片效果见图版 XIV）。

制片步骤：

1. 取样：用锋利刀片将南瓜茎切成小段，用作横切的切成 0.8 cm 长，用作纵切的切成 1 cm 长，并切去相对两侧少许，最好选择髓腔较小的样品，便于切片。

2. 固定：FAA 固定 24 h，抽气，并保存于固定液中。

3. 软化：经 70%乙醇、50%乙醇 2～4 h 降至蒸馏水，15%氢氟酸中软化 10～15 d。

4. 水洗：自来水流水冲洗 24 h，蒸馏水浸洗 6 h。

5. 整染：苯胺番红中染色 48 h。

6. 脱水：经 30%乙醇、50%乙醇、70%乙醇、85%乙醇、95%乙醇，每级 3～4 h，无水乙醇 2 次，每次 1.5～3 h。

7. 透明、加蜡：5 级氯仿透明，每级 3～4 h，纯氯仿 2 次，每次 2 h，加碎蜡数次，然后置 36 ℃温箱中约 2～4 d。

8. 透蜡、包埋：50%蜡、75%蜡各 3 h，纯蜡 A、纯蜡 B、纯蜡 C 三杯，每杯 1 h。包埋时作横切的样品竖放，作纵切的样品卧放。

9. 修蜡块、切片：横切片厚度 15 μm，纵切片厚度 20 μm。切前浸水软化。

10. 展片、粘片、烘干：每张载玻片粘 1 个蜡片，展片后将材料平放在摊片盘上，放置 36 ℃温箱中烘干。

11. 脱蜡、透明：二甲苯脱蜡、透明各 1 次。

12. 复染、脱水及透明：滴注无水乙醇、95%乙醇各 4～5 s，苯胺固绿约 0.5～1 min，再经 95%乙醇、1/2 无水乙醇+1/2 二甲苯、二甲苯（2 次）各约 4～5 s，最后置二甲苯缸中。

13. 封片、烘片：加拿大树胶封片。封片后将材料平放在摊片盘上，放置 36 ℃左右的温箱内烤数天即可烤干（或让其自然干燥，但所需时间较长）。

效果：厚壁组织、导管、细胞核红色，其余部分绿色。

石蜡切片制片日程（固定—包埋）（表 3-2）。

表 3-2　番红整染—固绿复染法

材料名称：南瓜茎、禾本科植物茎、叶等

固定及保存：FAA 固定 24 h，抽气、并保存其中

日期（日/月）		时　间	步　骤
第一天	/		样品降至水，进入 15%氢氟酸
第十一天	/		流水冲洗除酸液
第十二天	/	下午 2：00 5：00	蒸馏水换数次 苯胺番红整染
第十五天	/	下午 5：00	30%乙醇
第十六天	/	上午 8：00 11：30 下午 2：00 5：00	50%乙醇 70%乙醇 85%乙醇 95%乙醇
第十七天	/	上午 8：00 9：30 11：30 下午 2：00 5：00	无水乙醇 无水乙醇 1/5 氯仿 2/5 氯仿　每次吸出一格溶液，加入一格纯氯仿 3/5 氯仿

续表

日期（日/月）		时　间	步　骤
第十八天	/	上午8：00 11：30 下午2：00 3：30 4：30	4/5氯仿　吸出一格溶液，加入一格纯氯仿 纯氯仿　吸出瓶内全部氯仿，再加入新氯仿 纯氯仿　吸出瓶内全部氯仿，再加入新氯仿 加碎蜡 } 置36 ℃温箱中 加碎蜡 }
第二十天	/	上午8：00 11：30 下午2：00 2：50 3：40 4：30	50%蜡　置40～42 ℃温箱中 75%蜡　置48～50 ℃温箱中 纯蜡A杯 } 纯蜡B杯 } 置56～58 ℃温箱中 纯蜡C杯 } 包埋

三、叶横切片制片法（或用于一般根、茎、叶、花药、子房等切片）

目的：观察双子叶植物叶的结构。

材料：棉叶片（南瓜茎、菊芋茎也可以用此方法制片）。

染色方法：苯胺番红、苯胺固绿双重染色。

制片步骤：

1. 取样：取完全成长的棉叶，用单面刀片沿主脉两侧各5～6 mm处切开，将中央有叶脉的部分再横切成5 mm的小段。

2. 固定：FAA液中固定24 h，并保存于其中。

3. 脱水：经70%乙醇、85%乙醇，每级3～4 h，含0.5%～1%伊红的95%乙醇中3～4 h（可以过夜），无水乙醇2次，每次1～2 h。

4. 透明、加蜡：5级氯仿透明，每级3～4 h，纯氯仿2次，每次2 h，加碎蜡，然后置36 ℃温箱中1～2 d。

5. 透蜡、包埋：50%蜡、75%蜡各3 h，纯蜡A、纯蜡B、纯蜡C三杯，每杯1 h，包埋时将叶片直立。

6. 修蜡块、切片：粘蜡块时使叶片直立于台木上，并用单面刀片切除先端石蜡，浸水软化后放在切片机上作叶的横切面，切片厚度12 μm。

7. 展片、粘片、烘干：切片先经镜检，每张载玻片上放2个蜡片，展片后将材料平放在摊片盘上，放置36 ℃温箱中烘干。

8. 脱蜡、透明：二甲苯脱蜡、透明各1次。

9. 染色（番红—固绿双重染色）：在已脱蜡的材料上滴注无水乙醇、95%乙醇、85%乙醇、70%乙醇、50%乙醇、30%乙醇、蒸馏水各约4～5 s，苯胺番红染色5～10 min，用蒸馏水洗去浮色。

10. 脱水、透明：各级乙醇脱水（30%乙醇、50%乙醇、70%乙醇、85%乙醇、95%乙醇），苯胺固绿复染30～40 s，再经95%乙醇，无水乙醇、1/2无水乙醇+1/2二甲苯、二甲苯（2次）各约4～5 s，最后置二甲苯缸中。

11. 封片、烘片：加拿大树胶封片。封片后将材料平放在摊片盘上，放置36 ℃左右的温箱内烤数天即可烤干（或让其自然干燥，但所需时间较长）。

效果：厚壁组织、导管、细胞核红色，其余部分为绿色。

石蜡切片制片日程（固定—包埋）（表 3-3）。

表 3-3 常规处理法

材料名称：一般根、茎、叶、花药、子房等

固定及保存：FAA 或纳瓦申固定液、布恩固定液任选 1 种，固定 24 h 后换 70％乙醇中备用

日期（日/月）		时 间	步 骤
第一天	/	上午任何时间 下午 2：00 5：00	70％乙醇 85％乙醇 95％伊红乙醇（含伊红 1％）
第二天	/	上午 8：00 9：30 11：30 下午 2：00 5：00	无水乙醇 无水乙醇 1/5 氯仿 } 2/5 氯仿 } 每次吸出一格溶液，加入一格纯氯仿 3/5 氯仿 }
第三天	/	上午 8：00 11：30 下午 2：00 3：30 4：30	4/5 氯仿　吸出一格溶液，加入一格纯氯仿 纯氯仿　吸出瓶内全部氯仿，再加入新氯仿 纯氯仿　吸出瓶内全部氯仿，再加入新氯仿 加碎蜡 } 加碎蜡 } 置 36 ℃温箱中
第五天	/	上午 8：30 11：30 下午 2：00 2：50 3：40 4：30	50％蜡　置 40～42 ℃温箱中 75％蜡　置 48～50 ℃温箱中 纯蜡 A 杯 } 纯蜡 B 杯 } 置 56～58 ℃温箱中 纯蜡 C 杯 } 包埋

四、花芽纵切片制片法

目的：观察花芽分化过程中各期的形态特征。

材料：油菜花芽（桃花芽、拟南芥花芽也可以用此方法制片）。

染色方法：爱氏苏木精整体染色，伊红复染。

制片步骤：

1. 取样：12月至翌春 2 月采油菜苗剥除叶片，只留下极小的茎端，切取茎端约 0.5～0.6 cm长的部位，即为被小的幼叶所包裹的花芽。

2. 固定：FAA 液中固定 24 h，可保存其中备用。

3. 整染：经 70％乙醇、50％乙醇各 2～4 h，转入爱氏苏木精稀释液（爱氏苏木精原液 1 份，加入 50％乙醇及乙酸各半的混合液 1 份）中整染 2～3 d。

4. 水洗、返蓝：蒸馏水浸洗，勤换水至无浮色渗出，再转入自来水中，换 1～2 次水，至样品由紫色变为深蓝色为止，共需时约 1 d。

5. 脱水及复染：经 30％乙醇、50％乙醇、70％乙醇、85％乙醇，每级 3～4 h。含 0.5％～1％伊红的 95％乙醇中 4～6 h（可以过夜），无水乙醇 2 次，每次 2 h。

6. 透明、加蜡：5 级氯仿透明，每级 2～4 h，最后一级纯氯仿 2 次，每次 2 h，加

碎蜡，然后置 36 ℃温箱中 1 d。

7. 透蜡、包埋：经 50%蜡、75%蜡各 3 h，再经纯蜡 A、纯蜡 B、纯蜡 C 三杯各 1 h，包埋。

8. 修蜡块、切片：纵切花芽，切片厚度 8 μm。

9. 展片、粘片、烘干：镜检选取花芽中轴的蜡片进行粘片，每张载玻片上粘 1～2 个蜡片。展片后将材料平放在摊片盘上，放置 36 ℃ 温箱中烘干。

10. 脱蜡、透明：二甲苯脱蜡、透明各一次。

11. 封片、烘片：加拿大树胶封片。封片后将材料平放在摊片盘上，放置 36 ℃ 左右的温箱内烤数天即可烤干（或让其自然干燥，但所需时间较长）。

效果：核紫红色，其余浅红色。

五、子房纵切片制片法

目的：观察子房和胚珠的结构、大孢子发生、雌配子体发育、受精过程、胚和胚乳发育。

材料：蚕豆子房（油菜子房、拟南芥子房也可以用此方法制片）。

染色方法：铁矾苏木精切片染色，1%伊红乙醇复染。

制片步骤：

1. 取样：蚕豆在开花前胚囊发育成熟，开花时反足细胞退化，开花时间 1～2 d，开花后约 24 h 受精。根据教学和科研的要求将蚕豆花采回，剥除花瓣取出雌蕊，将子房两端切除，只留中部有胚珠的部分进行固定。

2. 固定：纳瓦申固定液固定 24 h。

3. 保存：经 30%乙醇、50%乙醇、70%乙醇，每级 30 min，并保存于 70%乙醇中备用。

4. 脱水：经 85%乙醇，含 0.5%～1%伊红的 95%乙醇各 3～4 h，无水乙醇二次，每次 2 h。

5. 透明、加蜡：5 级氯仿透明，每级 3～4 h，纯氯仿中二次，每次 2 h，加碎蜡，然后置 36 ℃温箱中 1～2 d。

6. 透蜡、包埋：50%蜡、75%蜡各 3 h，纯蜡 A、纯蜡 B、纯蜡 C 三杯，每杯 1 h，包埋时子房横卧，使扁平面与纸盒底部平贴。

7. 修蜡块、切片：沿子房扁平面纵切，切片厚度 12 μm。镜检、只保存切到胚囊的蜡片，其余淘汰。

8. 展片、粘片、烘片：将已镜检的蜡片按顺序粘贴于载玻片上，一张载玻片上粘贴 1～2 个蜡片（每个蜡片含一个子房或胚珠切片），展片后将材料平放在摊片盘上，放置 36 ℃ 温箱中烘干。

9. 脱蜡、透明：二甲苯脱蜡，然后透明。

10. 复水：1/2 无水乙醇+1/2 二甲苯、无水乙醇、95%乙醇、85%乙醇、70%乙醇、50%乙醇、30%乙醇、蒸馏水。

11. 媒染：4%铁矾 10 min。

12. 水洗：自来水流水洗 10 min（也可在立式染色缸中用自来水浸洗 2 次），蒸馏水过一遍。

13. 染色：0.5%苏木精 10 min。

14. 水洗：自来水流水洗 5 min（也可在立式染色缸中用自来水浸洗 2 次）。

15. 分色：2%铁矾分色至适度（镜检确定）。

16. 水洗、返蓝：自来水流水洗 10～15 min 至返蓝。

17. 脱水、复染及透明：滴注蒸馏水、30%乙醇、50%乙醇、70%乙醇、85%乙醇，含 1%伊红的 95%乙醇中复染，再经无水乙醇，1/2 无水乙醇+1/2 二甲苯、二甲苯滴注后，置二甲苯缸中。

18. 封片、烘片：加拿大树胶封片。封片后将材料平放在摊片盘上，放置 36 ℃ 左右的温箱内烤数天即可烤干（或让其自然干燥，但所需时间较长）。

效果：细胞核紫蓝色，其余部分淡红色。

综上述四、五内容，石蜡切片制片日程（固定—包埋）总结为表 3-4，供处理时使用。

表 3-4　爱氏苏木精-伊红整染法

材料名称：花芽、花药、子房等

固定及保存：FAA 固定 24 h，并保存其中备用

日期（日/月）		时　间	步　骤
第一天	/	上午 8：00 下午 2：00	50%乙醇 爱氏苏木精稀释液（原液 1 份加 50%乙醇及乙酸等量混合液 1 份）
第四天	/	上午 8：00	蒸馏水浸洗，勤换水至无浮色
第五天	/	上午 8：00 下午 5：00	自来水返蓝，换水数次，最后蒸馏水过一遍 30%乙醇
第六天	/	上午 8：30 11：30 下午 2：00 5：00	50%乙醇 70%乙醇 85%乙醇 95%伊红乙醇（含伊红 1%）
第七天	/	上午 8：00 9：30 11：30 下午 2：00 5：00	无水乙醇 同上 1/5 氯仿（吸出一格溶液，加入一格纯氯仿） 2/5 氯仿（吸出一格溶液，加入一格纯氯仿） 3/5 氯仿（吸出一格溶液，加入一格纯氯仿）
第八天	/	上午 8：00 11：30 下午 2：00 3：30 4：30	4/5 氯仿　吸出一格溶液，加入一格纯氯仿 纯氯仿　吸出瓶内全部氯仿，加入新氯仿 纯氯仿　吸出瓶内全部氯仿，加入新氯仿 加碎蜡 } 置 36 ℃温箱中 加碎蜡 }
第十天	/	上午 8：30 11：30 下午 2：00 2：50 3：40 4：30	50%蜡　置 40～42 ℃温箱中 75%蜡　置 48～50 ℃温箱中 纯蜡 A 杯 } 纯蜡 B 杯 } 置 56～58 ℃温箱中 纯蜡 C 杯 } 包埋

六、花生子叶横切片制片法（显微化学方法制片实例）

目的：用显微化学的方法，显示细胞内含物淀粉及糊粉粒。

材料：花生子叶。

染色方法：PAS 反应（高碘酸-Schiff 反应），橘红 G 复染（制片效果见图版XV）。

制片步骤：

1. 取样：用锋利刀片将花生子叶小心横切为 3～4 mm 厚的小块。

2. 固定：FAA 固定 24 h，并保存其中。

3. 脱水：经 70%乙醇、85%乙醇、95%乙醇各 3～4 h，无水乙醇 2 次，各 2 h。

4. 透明、加蜡：5 级氯仿透明，每级 3～4 h，纯氯仿中 2 次，每次 2 h，加碎蜡，然后置 36 ℃温箱中 1～2 d。

5. 透蜡、包埋：50%蜡、75%蜡各 3 h，纯蜡 A、纯蜡 B、纯蜡 C 三杯各 1 h。

6. 修蜡块、切片：切片厚度 6～8 μm。

7. 展片、粘片、烘干：每一张载玻片上粘一个蜡片，展片后将材料平放在摊片盘上，放置 36 ℃温箱中烘干。

8. 脱蜡：二甲苯脱蜡。

9. PAS 反应

(1) 复水：切片经各级乙醇降至蒸馏水。

(2) 0.5%高碘酸 10 min。

(3) 水洗：自来水洗 2～3 min，蒸馏水过一遍。

(4) 染色：Schiff 试剂 20～30 min 至由无色逐渐染为深紫红色为止，为加速反应，可以在温台上进行。见材料由无色转变为深玫瑰红色停转下步。

(5) 水洗：水洗去浮色，蒸馏水过一遍。

(6) 漂洗：漂洗液 2 次，各 5 min。

(7) 水洗：自来水洗 2～3 min，蒸馏水过一遍。

10. 脱水、复染及透明：滴注 50%乙醇、70%乙醇、85%乙醇，橘红 G 95%乙醇饱和液复染 1～2 min，再经无水乙醇，1/2 无水乙醇+1/2 二甲苯，二甲苯滴注后，置二甲苯缸中。

11. 封片：加拿大树胶封片。封片后将材料平放在摊片盘上，放置 36 ℃ 左右的温箱内烤数天即可烤干（或让其自然干燥，但所需时间较长）。

效果、细胞壁、淀粉粒紫红色，糊粉粒橘红色。

七、线粒体制片法——雷加特氏法

目的：显示细胞内的线粒体。

材料：洋葱根尖。

染色方法：海氏苏木精片染。

制片步骤：

1. 固定：用重铬酸钾-福尔马林固定液。配方：3%重铬酸钾水溶液 8 份，4%福尔马林 2 份。将根尖固定 4 d，每天换新液 2～3 次。

2. 将材料换入 3%重铬酸钾水溶液中一星期，每天换液一次。

3. 水洗去净浮色。

4. 脱水、透明至包埋（同石蜡切片）。

5. 切片、展片、粘片、脱蜡及复水（同石蜡切片）。

6. 用海氏苏木精染色。

7. 脱水、透明：各级乙醇脱水，二甲苯透明。

8. 封片、烘片：加拿大树胶封片。封片后将材料平放在摊片盘上，放置 36 ℃ 左右的温箱内烤数天即可烤干（或让其自然干燥，但所需时间较长）。

效果：线粒体染成深蓝色。

第四章　其他切片法

石蜡制片周期较长，在切片过程中经化学固定、脱水、透明、包埋等会损失细胞或组织的某些化学成分，而徒手切片、冰冻切片、滑走切片、振动切片则可进行组织活体切片，其优点是制片快速、组织可以不经化学固定、脱水、包埋（除了冰冻切片中组织被包埋到起支撑作用的基质中以外）。但研究者需要熟练的技术和技巧，才能得到符合要求的切片。以上几种切片方法可以有效地保存酶活性等，适用于组织化学、免疫定位的研究。徒手切片法还可用于对角质层、木栓质等研究。

第一节　徒手切片法

一、徒手切片概述

徒手切片法指用锋利的剃刀或双面刀片，把新鲜的或已固定的植物材料（根、茎、叶等）切成薄片，用临时装片法（染色或不染色）装片后在显微镜下观察植物内部结构的方法。其优点是不需要切片机等贵重仪器，用一片双面刀片或一把剃刀在短时间内即可完成，方法简便、制片快速，能观察到植物组织的自然色泽和活体结构，这是其他制片法所不能完成的。徒手切片法常用于研究植物解剖结构、细胞组织化学成分、植物资源鉴定等；同时也是石蜡制片前初选材料的常用简易制片方法。

徒手切片法的不足之处是对于微小、柔软、水分过多以及坚硬的材料，难以用徒手切片切成薄片；不能做成连续切片、切片厚度难以控制；初学者往往切出的切片偏厚、切片厚薄不匀、切片不完整。操作者需要掌握较熟练的技术，才能切出符合要求的切片。一些较小或较软的材料，如叶片、根尖、雄蕊、子房等，用手难以夹住，一般不适于用徒手切片的方法，如果特别需要，可以用其他支撑物将其夹住，然后做徒手切片。支撑物有胡萝卜、马铃薯等，其大小视待切材料的大小而定。

二、徒手切片实例

徒手切片可以做临时制片观察，也可制成永存片长期保存。下面以南瓜茎为例，介绍徒手切片制片的程序。

1. 取材：取发育正常的南瓜茎，将其分割成 2～3 cm 长的小段，并将切面削平，然后用 FAA 固定（或不固定）。

2. 徒手切片的步骤：①取一套小培养皿，皿内盛适量清水。②切片：将材料以左手的大拇指和食指夹住，大拇指应低于食指 2～3 mm，以免切片时切伤大拇指。材料要伸出指外约 2～3 mm，并用中指顶住材料的下端，切片时可将材料逐步顶上。左手握材料置于胸前 20 cm 处，右手平稳地拿住剃刀或刀片与材料成垂直的方向，两手可以自由活动而不要靠在身上或桌上，在刀片及材料的切面上均匀地滴上清水，以保持材料湿润减少切片阻力。切片时，刀口向内对着材料，然后用右手的臂力（不要用手腕的力）自左向右均匀地斜向后拉切，材料应一次切下一片，中途不要停顿，然后来回切片，待连续切下数片后，用毛笔蘸水轻轻地从刀口取下切片，放入盛水培养皿中。切片结束后，仔细选择符合要求（平、薄、正、结构完整）的切片备用。③用毛笔从培养皿中将挑选好的切片 1～2 片转移到载玻片上。

3. 染色与保存

（1）徒手切片制作临时装片：将选好的切片放在载玻片上，用吸水纸吸去多余水分，加 1 滴 1%番红水溶液于切片上，盖上盖玻片后即可镜检；如需短期保存切片，可在染色后的切片上加 1 滴 10%的甘油，再盖上盖玻片。加甘油的目的是使切片更透明，同时避免切片失水变干、变黑。

（2）徒手切片制作永存片（番红、固绿双重染色法）：①染色：将选好的切片转移至载玻片中央，加 1～2 滴 1%番红水溶液，染色 5～10 min 后，倒掉染色液，滴蒸馏水洗去多余的染料。②脱水：依次滴注 30%乙醇→50%乙醇→70%乙醇→80%乙醇→95%乙醇，在每次乙醇中停留 5～10 s，将废液倒入废液皿中。③复染：倾去 95%乙醇后，加 1%固绿 95%乙醇液复染 30～40 s，再滴注 95%乙醇或用无水乙醇去浮色。④脱水透明：倾去 95%乙醇，再滴注无水乙醇（2 次），然后经 1/2 无水乙醇+1/2 二甲苯→二甲苯（2 次）每次 5～10 s，使材料完全透明。滴 1 滴加拿大树胶于材料上，盖上盖玻片、镜检。将镜检合格的玻片平放于摊片盘中，然后将摊片盘置 36 ℃ 温箱中烘片。

第二节 冰冻切片法

一、冰冻切片概述

冰冻切片是将植物组织（新鲜样品立即在液态氮或其他制冷剂中直接冰冻或者经化学固定后的样品再冰冻）置于低温下迅速冻结达到一定的硬度后直接进行切片的一种方法。该方法对于水分较多且容易收缩的材料非常适合，特别节省时间。

冰冻切片不经过脱水和透明、包埋等步骤，组织不会收缩，易保持生活的原有形态，尤其在免疫组织化学染色中，能较好地保存细胞抗原的免疫性。与常规的石蜡切片相比，冰冻切片可缩短制片时间，减少对样品组织结构的损伤，更好地保存生物活性。同时，它具有快速、简便、易操作等优点，因此在组织化学、免疫组织化学、免疫定位、原位杂交及酶定位、植物微管研究中被广泛应用。但冰冻切片对切片技术、操作条件要求较高，被切细胞和形态结构亦不如石蜡切片好，切片较厚、不易得到很好的连续切片，操作时容易破碎（易破碎的样品在冰冻前可用 10%明胶或 2%琼脂糖包埋），因此冰冻切片的应用具有一定的局限性。

二、冰冻切片机

Leica CM1900 冰冻切片机（图版Ⅰ E）是德国 Leica 公司近年推出的机型，可以同时冰冻处理10个样品。该机不但可以在面板上精确设置箱温，而且专门设有标本头温控装置。除样品的冰冻、固定在机内操作外，大部分操作可在机外进行，大大方便了操作者。恒冷箱冷却系统的温度范围：−35～0 ℃（−40 ℃）；样品冷冻温度可达−50～−10 ℃。切片厚度在0～60 μm范围内调整，能适应各种组织的冰冻切片。该机性能稳定，制片快捷。

三、冰冻切片方法

冰冻切片可分为普通冰冻切片、冰冻半薄切片、冰冻超薄切片等。

(1) 普通冰冻切片，以Leica CM1900冰冻切片机为例，详细使用方法见实验指导：实验七。

(2) 冰冻半薄切片法，冰冻半薄切片需用半薄切片机和玻璃刀切片。制片的主要步骤：化学固定—蔗糖渗透—冰冻半薄切片。其优点是制片所需时间短，组织和细胞结构保存较好，切片可用荧光染色或酶显色方法标记抗原。样品的固定需要用醛类固定剂，适用于对此类固定剂不敏感的抗原。这是石蜡切片难以做到的。

冰冻半薄切片常用的固定剂有：戊二醛、多聚甲醛、高碘酸-赖氨酸-多聚甲醛(PLP)等，戊二醛的常用浓度是0.05%～1%，常与2%多聚甲醛混合使用，固定的时间是15～60 min。多聚甲醛的使用浓度是2%～8%，固定时间从1～96 h，需要在4～6 ℃冰箱中固定保存。高碘酸-赖氨酸-多聚甲醛是效果较好的固定剂，固定时间在1～3 h左右。

(3) 冰冻超薄切片法，见第六章第四节。

四、冰冻切片注意事项

(1) 速冻：样品在冻结过程中，细胞内、外的水分会形成冰晶，冻结的速度愈慢，冰晶颗粒愈大，可严重影响样品、细胞的形态结构。最好是低温、速冻（将样品投入液氮中速冻，10～20 s）。在新鲜组织冰冻时，操作的速度越快越好，避免组织和细胞降解。

(2) 切片：切片要求平整、尽可能切得薄一些，以便它们紧贴在载玻片上，因为后续的制片过程还要经过许多步骤和多种溶液的处理，切片容易脱落。除了用多聚-L-赖氨酸将细胞和组织粘在载玻片上以外（多聚赖氨酸玻片制作见第二章中的粘贴剂），还可以用明胶。做法如下：把0.5%的明胶在去离子水中加热融化，把干净的载玻片放进溶液中15 min，然后取出风干24 h。

(3) 温度：冰冻切片时，冷冻箱应保持恒温，箱内温度一般在−25～−15 ℃选择一个恒定温度。

(4) 冰冻切片的保存：根据不同的实验目的，对切片做不同的处理。如有的切片使用先冰冻后化学固定的方法保存切片，其目的是尽可能让处理的组织和细胞接近体内的原貌，将切好的冰冻切片，室温下自然晾干1～2 h后，入4 ℃丙酮中固定10 min（避免用戊二醛或多聚甲醛等强的蛋白交联剂，常用比较温和的丙酮溶液固定）中，待干燥后做免疫组织化学染色或封存于−20 ℃冰柜中。

第三节　滑走切片法

一、滑走切片法概述

滑走切片法是用滑走切片机对植物材料切片的方法，既可切新鲜的或固定的材料，也可以切石蜡包埋的材料。该方法与徒手切片很相似，只不过是借用机械操作代替手工操作。主要用于切较坚硬的材料，如乔木、灌木等植物的根、茎、枝条木质部，此法切出的切片厚薄均匀、结构完整。

二、滑走切片机组成与使用（以AO-860型切片机为例）

AO-860型滑走切片机（图版Ⅰ C）由机身、样品装置升降、手动进料手柄、样品固定器、切片刀固定器、切片手柄、切片厚度调节器、切片刀滑行轨道、接水槽部分等组成。

基本操作步骤：

1. 固定切片刀：将切片刀固定在刀固定器上，在刀放妥后，准备在滑槽上移动时，不要使刀锋与载物台上任何部分相碰，以免损伤刀刃。刀架旁的标记为掌握切片刀放置位置而设计的，并为换刀时角度不受影响提供依据。

2. 固定样品：将待切样品固定于样品固定器上。坚硬材料，可直接置于样品固定器上；较软的材料需固定在支撑物中，材料露出约0.5 cm，然后固定。

3. 调整材料的高度：使刀刃靠近材料的切面，并使材料与刀刃平行。

4. 调节切片的厚度。

5. 切片：切片时右手扶切片刀的夹刀滑行部分，向内均匀用力拉动，切片便被切下并粘附着于刀的表面。此时用毛笔蘸水将切片取下放于培养皿中，然后将刀推回。当刀向后推时，样品固定器就会按调节好的厚度上升。如此重复，便可获得许多厚度均匀的完整切片。在切片过程中，每次切片刀都要返回到滑槽的端部。自动进料（即升降控制）在刀架后部的滑槽上。须进行定位方可滑行，材料在自动进料杆的控制下垂直向上升高。切片可做临时装片染色观察。也可制成永存切片。

6. 每次切片结束后，要用软布将切片机擦拭干净，滑槽内切下的碎屑也需清除，将切片刀取下擦干净并滴注机油后放入刀盒保存。

三、滑走切片法研究木材结构注意事项

滑走切片是研究木材结构的方法之一。根据研究者的经验详细介绍了研究木材结构需要特别注意的事项。

1. 取材：要求有三个切面：横切面、径切面、弦切面。取材呈长方块，长、宽、高视材料而定，一般为1 cm×1 cm×20 cm，横切面要求至少有1个完整年轮。取材时每个样品要编号，可在每种样品上用小刀分别刻痕，以便区分。

2. 软化：软化是木材制片的关键，各种木材硬度不一，软化时间各不相同。木材软化有水煮法和化学药剂处理两类。

(1) 水煮法：是最简易的软化方法。浸泡温度以90～98 ℃为宜，用冷水交替浸泡可加速软化。质轻木材煮3～4 h即可。一般材料沉底后再泡7 d。软材应用重物把它压入水中浸泡2 d。硬材密度比水大，放在水里就沉底。此法软化效果均匀，但软化速度很慢，坚硬的木材需要几周、几个月才能达到理想效果。硬材料最好放在烘箱里浸泡1个月（温度在80 ℃以下）或2个月，将浸泡过的样品再放到丙三醇和95%乙醇（1∶1）

溶液里浸泡，直到能软化至适于切片的程度。含有大量薄壁组织的阔叶材以及具有分泌结构的针叶树材，早晚材细胞壁厚度及细胞大小相差很大的木材，软化时以薄壁细胞为依据，而不以坚硬组织（如木纤维）为依据，不可软化过度，否则薄壁细胞易破碎。对于特硬重材，用一般方法难以软化，只能采用化学药剂方法软化处理。

(2) 化学药剂法：包括甘油-乙醇法、氨水法-乙酸法、乙酸-过氧化氢法、聚乙二醇-乙酸软化法和乙二胺法等。除甘油-乙醇法外，其余处理必须在通风橱内进行。①甘油-乙醇（1∶1）法：适合于新鲜材料或硬度不大的材料，对于特别坚硬的木材不适用，现在普遍用于软化之后的保存剂。②氨水-乙酸法：将样品放入乙酸和清水各半的混合液中，煮 40 min 后取出用滴水冲洗至无气味，再放入氨水和清水各半的混合液中，煮 40 min，取出用清水冲洗至无气味后，进行切片。③乙酸-过氧化氢法：将样品放入1∶1过氧化氢和乙酸各半的混合液（或 2∶1）中，每隔 20 min 或 30 min～1 h 用镊子取出样品，流水冲洗约 10 min 后，用刀片试切一次，如手感柔软，即可投入水中冲洗一天半后切片；也可保存在甘油-乙醇各半的混合液中待用。此法软化速度一般，软化不均匀，软化时间要掌握好，否则易造成纤维离解。④聚乙二醇-乙酸软化法：将聚乙二醇（熔点 55 ℃左右）在水浴中熔融，并加入 10～15 mL 的乙酸。样品放入该溶液中水浴 30 min 后，即可切片。⑤乙二胺法：1970 年前后国外报道的一种软化新方法，效果好。这种软化剂渗透快，软化均匀，毒性小，适合于一般实验室使用。其方法是：将乙二胺用水稀释成 10%或 4%两种浓度。坚硬的木材用 10%溶液浸泡 3～5 d，松软的木材用 4%溶液浸泡 3～5 d。急需使用时，可在密闭后置于 60 ℃的恒温箱内，软化时间则大大缩短。此种溶液有氨气挥发，不宜配制太多，否则随氨气挥发，效果降低。

3. 修块：将样品在解剖镜下修出三个切面。切面的大小一般为 0.5～0.7 cm^2。修横切面时，要使切面与纵轴垂直，修弦切面和径切面时，除考虑与纵轴平行外，弦切面还应注意与木射线垂直，径切面与木射线平行。

4. 固定并调整切片刀：切片刀的刀面中线与木块之间的角度一般为 20°～30°（一般在 24°切片效果佳）。切取硬木材时，角度要小一些，切取软木材时，角度要大一些。若角度过大，切片表面毛糙，因为这时切片不易被切下，而是被刮下。若角度过小，甚至成负角时，切面与木块相挤，切出的必然是碎片。

5. 固定样品与切片：将样品固定在样品固定器上，将切片刀固定在刀固定器上，调节好材料高度，使刀刃靠近材料的切面，并使材料的切面与刀刃平行。调节切片厚度，一般为 8～16 μm。切片结束后用毛笔从切片刀上取下切片，转入盛水的培养皿中备用。

6. 染色：用 1%的番红水溶液染色，其优点为色泽鲜艳，经久不退，使已木化细胞染成红色。若与苏木精作二重染色尤为美观，苏木精经铁矾媒染剂的作用，可将未木质化的部分染成淡蓝色。番红-固绿法，则可将硬材中胶质纤维自纤维中区分开。

7. 脱水、透明、封片：切片经 50%乙醇、70%乙醇、85%乙醇、95%乙醇、无水乙醇、无水乙醇脱水，进入二甲苯。将三切面切片放在载玻片上，横切面在上，径向切面在右下，弦向切面在左下，三面成“品”字形。加 1 滴树脂胶到径面和弦面之间，轻轻盖上盖玻片，将制片平放于摊片盘后置于 37 ℃温箱烤片。

8. 贴标签：清洁烤干的切片，在载玻片左侧贴上标签。

四、滑走切片实例

仪器、用具及试剂：滑走切片机、切片刀（或一次性刀片）、单面刀片、显微镜、烘箱；载玻片、盖玻片、培养皿、烧杯、广口瓶、细口瓶、解剖针、大镊子、小镊子、树胶瓶、毛笔、剪刀、标签；番红、固绿、树脂胶、二甲苯、无水乙醇、95%乙醇、重铬酸钾、硫酸、丙三醇、聚乙二醇。

（一）实例Ⅰ：花生子叶切片（临时切片、PAS反应）

取材、固定：选择长而饱满的花生子叶（新鲜的或以FAA液固定）。

切片方法：

1. 花生子叶以棉花（或纱布）裹一部分，让切面露出，紧固夹持螺丝稳定载物台。
2. 切片步骤同本章第三节。
3. 左手握毛笔蘸水淋湿花生子叶的切面，右手握紧滑轨上的固定旋钮，用臂力使切片刀随轨道推向前方，然后再将刀顺轨滑回，这样来回切割即会切下薄片。
4. 用毛笔将切下的薄片轻轻从刀背向刀口方向刷下，将毛笔马上转动方向，将切片朝水面下沉于培养皿中，不要随便搅动水，以免材料破损。

制片方法及步骤：

1. 选材：从培养皿中选取薄而完整的切片，用毛笔转移至小培养皿的水中，将一片清洁的载玻片斜插水中，以毛笔将切片慢慢轻移至载玻片上，摆正材料使其平贴载玻片，使多余的水流出。
2. 粘片：将有材料的载片稍加烘烤，便于材料紧贴，但不能烤太久，以致材料翘起。
3. 染色：①滴注高碘酸（0.5%水溶液）约5～10 min。②流水洗5 min，蒸馏水过一遍。③Schiff试剂（无色品红）染8～10 min（可置于40 ℃温箱加速染色，材料由无色渐转变为深玫瑰红色，镜检，淀粉粒着色适度时，即停止染色，转入下一步）。④水洗去浮色（在立式染色缸中进行，蒸馏水过一遍）。⑤以滴注方式，漂洗2次（每次5 min）。⑥流水冲洗5 min，蒸馏水冲洗1次。
4. 脱水、复染及透明：①脱水：滴注蒸馏水→30%乙醇→50%乙醇→70%乙醇→85%乙醇→95%乙醇（每级各1～2 min）。②复染：经0.2%橘红G（95%乙醇配制）2 min。③透明：滴注无水乙醇→1/2无水乙醇+1/2二甲苯→二甲苯（两次）各1 min→转入二甲苯缸（卧式）中透明5 min→加拿大胶封藏。

效果：细胞壁上单纹孔清晰可见，细胞壁及细胞内淀粉粒染为红玫瑰色：糊粉粒染为橘红色。

（二）实例Ⅱ：杉木木材切片

用滑走切片机切木材，由于样品高度木质化，需要先软化再切片。例如，杉木以甘油乙醇煮沸处理，南瓜茎、禾本科茎叶用15%氢氟酸处理（软化方法另加介绍）。对于质地松软的木材，有时也先软化再石蜡包埋。木材切片主要流程如下：取材、软化、切片、染色、粘片、封片、观察。杉木的切片方法、步骤同本章第三节，这里主要介绍切片后的处理。

1. 临时装片法：用毛笔选取已切杉木切片移至载玻片的中部，吸去多余的水分；加 1 滴浓盐酸浸透材料（其作用是在酸性条件下间苯三酚才能与材料中的木质素起反应）；再在含酸的材料上加 1 滴 5%～10%的间苯三酚 95%乙醇溶液，此时木化细胞壁立即呈樱桃红色或紫红色（颜色深浅一方面随细胞壁木化强弱而定，另一方面随盐酸的加浓或滴注时间延长而减色，故不宜作为永存切片）。若要置显微镜下检查，必须盖上盖玻片，一般用肉眼和低倍镜下观察无需盖盖玻片。

2. 苯胺番红-苯胺固绿双重染色法（材料同 1，染色、制片方法不同）：①将已切材料移至表面皿中用蒸馏水清洗。②双重染色：滴苯胺番红于材料上染色 5～10 min→95%乙醇去浮色→滴苯胺固绿复染 0.5～1 s。③脱水透明：经 95%乙醇→无水乙醇→1/2 无水乙醇＋1/2 二甲苯→二甲苯（2 次），各经 5 s→将切片移至载玻片上→加拿大树胶封藏。

第五章　非切片制片法

不经过切片直接将较小的植物体或部分组织或细胞封藏的方法称非切片制片法，如压片法、涂片法、整体透明法、植物表皮整体装片、胚乳整体装片、组织细胞分离法等。

第一节　压片、涂片制片法

一、压片、涂片制片方法及在植物学研究中的应用

压片、涂片制片方法是植物细胞生物学、细胞遗传学、分子细胞生物学、细胞分类学等研究中广泛应用的一项实验操作技术，主要用于制备植物染色体和细胞核标本，进而进行染色体计数、核型分析、带型分析、基因定位、荧光原位杂交等一系列相关实验。染色体计数、核型分析、带型分析在20世纪30～40年代起步、发展，为后来的分子生物学和基因在染色体上的定位奠定了良好的基础。下面以植物染色体核型分析和基因定位为例说明压片、涂片方法在植物学研究中的应用。

(一) 压片、涂片方法在植物染色体核型分析中的应用

不同物种的染色体都有各自特定的形态结构（包括染色体的长度、着丝点位置、臂比、随体大小等）特征，它们是不同物种基因组的最简单明了的形态表现，而且这种形态特征是相对稳定的。因此，染色体核型分析是植物遗传学研究的重要内容。

染色体核型分析主要包括染色体长度、染色体臂比、着丝点位置、次缢痕等。染色体的长度差异有两种，一种是不同种、属间染色体组间相对应的染色体的绝对长度差异，一种是同一套染色体组内不同染色体的相对长度差异。

染色体核型分析需要有铺展很好的染色体标本，对制片技术要求较高。严格意义的核型分析要求必须是中期染色体，分散得开，染色体形态好，着丝点、随体清晰，易于测量长臂、短臂、总长等指标。压片法和涂片法都可以很好地完成染色体铺展，从而得到适合于做核型分析和原位杂交的染色体标本（图版X）。

(二) 压片、涂片方法在基因定位中的应用

基因定位有不同的方法，重组DNA技术的建立及其与分子杂交相结合，使得基因定位在分子水平进行研究，发展出了一系列有效方法。原位杂交就是分子杂交技术在基因定位中的应用，也是一种直接进行基因定位的方法。原位杂交的特点是在载玻片上的中期染色体标本上进行杂交，需要通过压片、涂片法制备细胞核、染色体标本。

二、压片制片法

植物压片法是指将植物材料酸解或酶解后置于载玻片上，再在载玻片上覆盖盖玻片

并施加外力，使得正在有丝分裂的材料的染色体得以铺展开进行制片的方法。这种方法比较易于学习，是学习染色体制片的首选方法。

(一) 压片法的操作步骤

1. 取材和前处理：种子在 25 ℃恒温箱中吸水萌发，待初生根生长到 1 cm 长左右，切取根尖前端约 5 mm，置于装有前处理液的指形瓶中，每个指形瓶中不多于 15 条根尖材料。前处理可根据不同植物采用不同药液，常用的有秋水仙素、8-羟基喹啉、对二氯苯、α-溴代萘，有些材料可采用低温的冰水混合物处理。处理时间依不同药液和处理时的环境温度不同，一般在 3～5 h。

2. 固定：将材料固定于乙醇∶乙酸（3∶1）固定液 0.5 h 以上。

3. 水洗：将材料用自来水浸泡、清洗 20 min 以上，期间要换水。

4. 酶解：用纤维素酶和果胶酶各 2.5%的混合酶液对材料酶解 30 min。

5. 水洗：用自来水短暂冲洗，洗去酶液。

6. 酸解：将材料用 1 mol/L HCl 在 60 ℃水浴中酸解 10 min。

7. 水洗、压片：弃去盐酸，加清水于材料中，浸泡 20 min 以上，卡宝品红染色，压片镜检。

(二) 压片法的注意事项

压片制片法看似比较简单，但实际操作起来也是必须认真对待，严格按照操作规程来做。掌握这项基本的实验技能，需要细心、耐心、静心，多实践，认真总结。一般的实验教材只侧重于对操作步骤的介绍，而对操作过程中应注意的事项未作具体说明，这样学生对各操作步骤理解不深，只能照葫芦画瓢，致使实验过程中经常出一些错误，而不能获得良好的实验结果。国内染色体研究的先驱者李懋学教授的经典著作《植物染色体研究技术》上面有许多心得体会类的注意事项，非常值得一读。

1. 取材和前处理：植物材料最好用种子萌发的根尖材料，因为萌发的根尖最易于掌握材料的生长状况。当根尖生长短于 1 cm 时取材，此时根尖分生组织活动最旺盛，易于得到正在分裂的染色体。取材时切取的根尖长度尽量短，一般小于 5 mm，这样可使得切口接近分生组织区域，利于药液尽快吸收。材料最好置于小的指形瓶中，分子生物学实验中常用的 1～1.5 mL 离心管并非首选，因为离心管基部是尖的，不利于根尖分散开来吸收药液，而指形瓶基部是平的，适于吸收。每个指形瓶中放置的根尖条数不能多于 15 条，一般 10 条左右；根尖过多时，切口产生的细胞分泌液会冲淡处理用的药液，往往达不到处理效果。取材在一天中任何时候均可，主要看植物材料的生长状态，生长状态好则随时可以取材，并不存在一个明显的细胞分裂高峰期。取材是压片和涂片法中极为重要的关键步骤，只有取材得当，后期的工作才有意义。新手往往不注意取材的情况，当根萌发过度，长于 2 cm 时仍然取材，更有甚者，将前处理的材料丢进冰箱，严重违反处理规则。

2. 前处理的药液、时间、温度：前处理可根据不同植物采用不同药液，常用的有秋水仙素、8-羟基喹啉、对二氯苯、α-溴代萘、放线菌酮等。秋水仙素、8-羟基喹啉、α-溴代萘适合离体或活体处理；对二氯苯只适合离体处理；放线菌酮只适合活体处理。

有些材料可采用低温的冰水混合物处理，尤其是一些麦类作物，如小麦、大麦、黑麦等，在 1～4 ℃低温处理 24～36 h 后，分裂相相当多，而且用其他药液处理效果一般。处理时间依不同药液和处理时的环境温度不同，一般在 3～5 h，处理时间过长，则染色体受到毒害，处理时间过短，则达不到效果。前处理的温度在 10～20 ℃，高温往往易于诱发染色体发生粘连。

3. 软化细胞壁：植物材料由于存在细胞壁，比较动物材料而言，压片制片要更困难一些。如何使得细胞壁软化，是植物制片中材料处理的关键。压片法主要采用 1 mol/L HCl 处理，60 ℃ 10 min 使得细胞壁软化，对于有些细胞壁比较坚硬的材料，如禾本科植物材料，在用盐酸软化处理前，还需要用酶液将细胞壁酶解，以保证软化的效果，所用混合酶酶解的时间可以稍短一些。软化成功的材料在压片时轻轻敲击即会呈现雾状细胞团，很容易压散开来；相反，软化不够的材料往往不易压得使细胞分散开。凡是需要大力敲击的材料，均是因为细胞壁没有软化合适，大力敲击，即使将盖玻片敲碎，也往往徒劳，得不到好的细胞分裂相，这时，应从头再来，解决好细胞壁软化问题，不要一味蛮干下去。

4. 染色：卡宝品红是很好的核染料，在压片时极易使得细胞核、染色体着色，而细胞壁、原生质不着色。新鲜配制的卡宝品红溶液染色效果往往不如放置一段时间的旧溶液，所以新配制的卡宝品红溶液需静置数月至半年效果更好。染色不需很长时间即可，如果着色差，可以在染色时用酒精灯上的火焰烤一烤，着色就会好很多。前期的水洗处理不当也在一定程度上影响着色。

三、涂片制片法

植物涂片法是指将植物材料酶解去掉细胞壁后，经低渗液处理，再用酒精灯火焰干燥使得染色体膨胀，用镊子捣碎后将材料铺展开，得到分散良好的铺展的染色体和细胞核标本，这种方法又称低渗、火焰干燥法。低渗、火焰干燥涂片法最早是在人类和哺乳动物染色体制备中采用的，后来“移植”到植物染色体研究中。南开大学陈瑞阳教授研究集体在总结前人工作的基础上，并结合自身对多种植物染色体的研究，创建了一套完善的植物染色体标本制备的酶解去壁低渗、火焰干燥法，于 1979 年和 1982 年正式发表。

（一）涂片法的操作步骤

1. 取材和前处理：同压片法。

2. 前低渗：用吸管吸去前处理药液，直接换入 0.075 mol/L 的 KCl 低渗液，25 ℃处理 30 min。

3. 酶解：吸去 KCl 溶液，加入 2.5%纤维素酶和果胶酶酶液，25 ℃处理 30 min～2 h，依据材料的软硬情况而定。酶解过程中要将材料轻轻摇动数次，以保证酶解充分。

4. 后低渗：在材料瓶中缓缓加入重蒸馏水轻洗 2～3 次，根据酶解消化的程度，低渗处理 10～30 min。

5. 染色体标本制备：将材料置于甲醇：乙酸（3：1）固定液中 0.5 h 以上，然后连同固定液一起吸出，滴在事先预冷的载玻片上，快速用镊子捣碎进行涂片，在酒精灯火焰上烤一下，使得染色体膨胀。

6. 染色：待固定液中的乙酸挥发后（约 20 min），将材料用 Giemsa 染料染色 5 min，水洗后空气干燥，镜检。

（二）涂片法的注意事项

涂片法与压片法比较而言，是将细胞壁完全去掉，使得染色体脱离细胞壁、细胞质、核膜的束缚，完全铺展开来。理论上讲，涂片法制备的染色体应铺展在一个平面上，只要分散得好，就不会出现压片中因为压得欠平整而不在一个平面上的情况，更易于识别，尤其适于观察后的拍照。另外，涂片法由于不用盖玻片，在做荧光原位杂交时就省去了压片法需要揭掉盖玻片的繁琐而容易出错的步骤，更适于做原位杂交。染色体可以依据其大小分为两种类型，一种称大型染色体（macro chromosome），如松树、蚕豆等的染色体，长度可达几个微米；另一种称小型染色体（micro chromosome），如石槲属、芦苇属植物的染色体，常呈点状，长度只有零点几个微米，难以度量。涂片法处理大型染色体时，往往铺展不开；处理小型染色体时，往往易于丢失其中一些染色体，这是应当予以注意的。关于涂片的程序，南开大学陈瑞阳教授在其系列著作《中国主要经济植物基因组染色体图谱》中有详细阐述，可以参阅。

1. 取材和前处理：这部分注意事项与压片法相同，也需予以高度重视。

2. 低渗：低渗的目的是将染色体膨胀开来，适合的低渗条件能够使得染色体分散到细胞质中而不是在细胞核中，中期染色体因为没有核膜，所以易于分散到细胞质中。这一步骤不可忽略。

3. 酶解：对于涂片法来说，酶解是使得细胞壁软化、分解的唯一步骤，也是十分重要的步骤。酶解得适时，细胞壁软化分解得好，染色体和细胞核分散得也好。如果酶解不够，细胞的完整形态依然保留，分生组织大而圆的细胞核清晰可见，且细胞核没有从细胞壁中破裂出来，一片一片的细胞团散布在载玻片上。如果酶解过度，镜检时会发现片子干净了，但染色体分裂相少了，视野中尽是些剩下的碎渣。

4. 分散良好的染色体分裂相的获得：涂片法虽然不是每次都可以做出同样出色的片子，但要想获得分散良好的染色体分裂相，仍然有一定的规律可循。制片时染色体没有得到很好地分散，或者分散过度，染色体丢失，主要是因为制片时用机械力“砸”片子使染色体散开，而不是利用低渗、加热玻片、玻片上形成的水膜产生的表面张力使然。玻片上的水与固定液形成水膜张力，据化学计算可达数百千克，这是使染色体散开的一种主要力量，故涂片时要动作迅速，不要使水膜风干，依靠水膜表明张力、冷热温差、机械外力共同起作用，使得染色体像一团花束一样胀开、散开，而又不丢失。

第二节　整体制片法

将微小的植物整体或部分组织器官经整体制成永存玻片的方法。例如，简单的绿藻类、菌类、蕨原叶体、花粉粒、花粉管和胚乳、叶表皮、子房、较小的根、小幼苗、较小的花等，都可以采用该方法制片。该方法制片快捷，其独特的特点是：能观察到石蜡切片、半薄切片、冰冻切片等切片法不能观察到的完整结构，特别是其中的整体透明法，常应用于科研中，并不断有新的改进和发展。

一、整体透明法

（一）整体透明法概述

整体透明法是植物制片常用的一种方法。该方法不需要切片，只需经透明剂透明或染色后再透明便可在显微镜下观察，免去常规石蜡切片的制片程序，可以节省时间、人力和药品。其操作过程简单、快速，尤其是在真实性、整体性、立体观察等方面具有独到的优点。特别是对于一些较小的、制作切片困难或用切片法观察效果不好的材料，用此法可快速观察到内部组织结构及发育过程。整体透明技术也有其不足之处，如在观察细微结构方面不如石蜡切片、半薄切片的效果好。可将整体透明技术与其他切片技术结合、或者用相差显微镜、微分干涉差显微镜、荧光显微镜、激光共聚焦扫描显微镜观察，效果较好。整体透明法已应用于被子植物大小孢子发生、雌雄配子体发育、成熟胚囊、胚、种子发育等，无融合生殖方式的鉴定、转基因植物基因表达的结构和发育、对拟南芥和烟草的种子致死基因的分化机理、番茄花粉管和胚珠中的组织化学定位（GUS）、筛选胚芽和胚珠突变体、裸子植物中杉木胚胎发育等方面的研究。

（二）整体透明法的原理

植物细胞和组织含有多种色素、内含物（后含物），使其变得不透明，或是半透明。透明法是选用适当的化学透明剂处理植物材料，使其不透明的植物器官和组织呈透明状，便于研究植物器官的整体结构并能观察其三维结构。

化学透明剂的作用：①利用化学试剂（如 NaOH）除去原生质的某些组分，使组织变得透明。②用化学试剂改变细胞质组分的折射率，使之透明。如果组织中含有大量的后含物（如单宁酸），透明就比较困难，可以在透明前使用漂白剂（如 Stockwell’s）漂白。

植物组织透明的步骤：固定或不固定、染色或者不染色的组织用一种或混合的透明剂（一般用冬青油、苯酚、乳酸、水合三氯乙醛、乳酚甘油、Hoyer 氏透明液、HCG 透明液、NaOH、BB-$4^{1/2}$等）处理。透明处理后还可对组织染色，对于细胞质组分的鉴别染色法，一般使用酸性染色剂（浓度从 0.1～1.0 mg/mL）。透明后的染色通常不使用碱性染色剂。番红 O 是一种常用的染色剂。

（三）整体透明法应用实例

1. 草地早熟禾、水稻子房整体透明法

目的：学习子房整体透明法，观察禾本科植物大小孢子发生及雌雄配子体发育，早期的胚和胚乳发育及无融合生殖现象。

材料：草地早熟禾子房、水稻子房。

染色方法：爱氏苏木精浅染。

制片步骤：

(1) 取样：在4～6月，取草地早熟禾花序。

(2) 固定：用甲醇∶乙酸（3∶1）固定24 h，70%甲醇保存。在70%乙醇中剥出子房备用。

(3) 染色：子房经50%乙醇下行至蒸馏水，在20 ℃条件下用爱氏苏木精稀释液浅染30～40 min。

(4) 水洗：蒸馏水洗4～5次（时间为1 d），洗去浮色。

(5) 返蓝：自来水洗2～3次（时间为1 d）。

(6) 脱水：经15%乙醇、30%乙醇、50%乙醇、70%乙醇、85%乙醇、95%乙醇各1 h，无水乙醇3次。

(7) 过渡：1/2无水乙醇+1/2冬青油混合液约1 h。

(8) 透明：用冬青油透明3次，前2次1 h至数小时，第3次1 d以上。

(9) 观察：用吸管吸取材料，滴在载玻片上，盖上盖玻片，用Olympus BH-2或万能显微镜观察。

效果：子房壁、珠被染色很浅，胚囊内的幼胚、极核、反足细胞染色较深，可清楚地显示出胚囊的完整结构（图版Ⅵ C）。

2. 拟南芥GUS染色后的整体透明

GUS染色后的整体透明，可以快速检测和分析转基因植物的表达。下面介绍整体透明法在转基因植物鉴定方面的两个应用实例。

(1) GUS染色后的拟南芥透明法：将GUS染色后的样品浸泡在透明剂：100%的水合氯醛∶90%的乳酸（2∶1，v/v）中透明，室温下透明至少24 h，然后取透明后的材料用90%的乳酸装片，在Olympus BH-2光学显微镜下观察。该方法可用于透明拟南芥完整的花、雄蕊、整个子房、传粉后的柱头、花粉粒在柱头上萌发、子房内的胚珠等，透明效果较好。

(2) GUS染色后的转基因拟南芥透明法：GUS染色后的幼苗和组织经FAA固定，在70%乙醇中过夜。然后添加乳酚甘油透明过夜（水∶甘油∶乳酸∶苯酚，1∶1∶1∶2，v/v），该方法可用于透明幼苗、根、叶、花序、花序轴、幼嫩角果、成熟种子莲座叶等。经整体透明后可观察到雌蕊内部的胚珠、根、叶、花序轴内部的维管束、花粉管和发育种子中的胚。

3. 拟南芥发育材料的整体透明

(1) 拟南芥胚珠Hoyer氏透明液整体透明法：取拟南芥胚珠经整体透明后，直接在Nomarski微分干涉光学显微镜下观察，该方法是研究胚和胚乳发育的一种有效方法。

操作步骤：①用2把镊子和1根解剖针纵向剖开长角果，取出完整的胚珠。②在玻片上放置2～3滴Hoyer氏透明液（表5-1）。③将胚珠浸入Hoyer氏透明液中。一个样品可取20～30个胚珠。④轻轻盖上盖片。⑤室温下放置15 min至过夜，根据胚珠发育时期确定放置时间。⑥在

表5-1　改良的Hoyer氏透明液配制

成　分	用　量	配制方法
阿拉伯树胶	7.5 g	将树胶、水合氯醛溶于蒸馏水中，再加入甘油，搅拌至匀，静置3～5 h或过夜，备用
水合氯醛	100 g	
甘油	5 mL	
蒸馏水	60 mL	

Nomarski 微分干涉光学显微镜下观察样品。

(2) 拟南芥根、小幼苗、花发育材料 HCG 透明液整体透明法：取拟南芥的根、小幼苗以及发育的花先整体透明，然后在 Nomarski 微分干涉显微镜下观察的技术，是一种研究其结构和发育的有效方法。该方法也可用于经过 70%乙醇脱除叶绿素的 GUS 染色材料的整体透明。

表 5-2　改良的 HCG 透明液配制

成　分	用　量	配制方法
水合氯醛	80 g	将水合氯醛溶于蒸馏水中，再加入甘油，搅拌至匀，静置 1 h
100%甘油	10 mL	
水	30 mL	

操作步骤：①放新鲜材料至 2～4 滴 HCG 透明液（表 5-2）中。②轻轻盖上盖片。③室温下放置 15 min 至过夜，根据胚珠发育时期确定放置时间（幼嫩材料透明得快些）。④在 Nomarski 微分干涉光学显微镜下观察样品。

二、蚕豆叶或鸭跖草叶表皮制片

目的：学习番红水溶液染色法，观察双子叶植物叶表皮细胞的形状及气孔的结构。

方法与步骤：

1. 取样：取新鲜无病斑的蚕豆叶或鸭跖草叶，剪去两端及两侧叶缘一小部分。

2. 固定：FAA 固定 24 h，并在其中保存。

3. 撕取表皮：用镊子将已固定的蚕豆叶下表皮轻轻撕下一小块，置培养皿的水中，然后用纸（薄道林纸）捞起叶表皮，使其平展于纸上，再用剪刀将纸和表皮剪成 3 mm×3 mm的小块，将此小块转移至另一洁净的培养皿水中，待纸与表皮分离，镊出纸块留表皮于培养皿中。

4. 染色：1%番红水溶液（或 1%龙胆紫）染色。

5. 水洗：蒸馏水洗数次，去浮色。

6. 分色：用盐酸水溶液分色（每 100 mL 水中加 1 滴浓盐酸）至适度。

7. 水洗：自来水洗数次，洗净酸液，再用蒸馏水过一遍。

8. 粘片：在洁净载片上加 1 滴蒸馏水，用细毛笔挑一块表皮转移至水滴中，然后倾去多余水分，并经各级乙醇脱水→纯乙醇→二甲苯→二甲苯透明。

9. 封藏：加拿大树胶封片。

效果：细胞核深红色，其余部分浅红色。

三、小麦叶表皮制片

目的：学习海氏苏木精染色法，观察单子叶植物叶表皮细胞的形状及气孔的结构。

方法与步骤：

1. 取样：取新鲜无病的成熟的小麦叶片，剪取叶片中上部，将其分割成 2～3 cm 的组织块。

2. 固定：以 FAA 固定 24 h，并保存其中。

3. 刮去上表皮和叶肉：将已固定的叶片转移至清水中清洗数次并浸泡以除去固定液。再将材料放于小纸片上，用刀片轻轻、均匀地刮去上表皮和部分叶肉，便于酶液彻底解离叶肉细胞，仅留下表皮组织。

4. 酶解：将留存的表皮转移置1%～4%混合酶液（果胶酶加纤维素酶各半）中，置于25～30 ℃恒温条件下（解离）30 min，待叶肉完全解离后，再将表皮移至培养皿（或表面皿）中用蒸馏水洗（此时可借助2支细毛笔刷去叶肉），换1次蒸馏水转入表面皿，镜检（适合的材料才制片）。

5. 染色：媒染：用4%铁矾染5～10 min。

6. 水洗：自来水漂洗10 min，蒸馏水过一遍。

7. 染色：0.5%苏木精染3～5 min。

8. 水洗：自来水洗约30 s。

9. 分色：2%铁矾分色（约3～4 min）适度（细胞核、细胞壁呈蓝褐色，其他部分为浅蓝灰色）。

10. 水洗：自来水漂洗10 min（在培养皿中进行），再经蒸馏水过一遍。

11. 修整表皮：在培养皿中以细毛笔将表皮刷平，然后用纸从水中捞取表皮，仍用细毛笔使材料平展，再用眼科小剪刀将表皮剪成正方形（3 mm×3 mm），去掉主脉，将小块材料（带纸的）置于盛水的培养皿中使表皮与纸片分离，并镊出纸片，最后用细毛笔将表皮移至表面皿中，立即盖上镜头纸转入下一步。

12. 脱水与透明：将上述盖有镜头纸的表面皿中的材料脱水，脱水剂与透明剂都滴注在纸上，使其慢慢浸透材料。各级乙醇脱水时间为3～5 min，无水乙醇为2次，用二甲苯透明2次（每次2 min）。二甲苯与脱水剂都不可太多，以免材料漂浮，容易卷曲。在脱水、透明工作完成后，将带有二甲苯的材料一片片轻轻地从表面皿边缘移至载玻片上，决不能一次揭开镜头纸及镊出材料。当材料转至载片中央部位后，随即滴树胶封藏。

13. 封藏：加盖片要轻放，以免产生气泡。

14. 烤片：置40 ℃温箱中烤干。

效果：细胞核蓝褐色，其他部分为浅蓝色（见图版XV C小麦叶表皮、图版XV D用同样方法制作的鸭跖草叶表皮）。

四、棉胚乳整体制片

目的：学习海氏苏木精染色法，观察核型胚乳游离核分裂与细胞壁的形成过程。

方法与步骤：

1. 取样时间与标准：在棉花盛开时采取棉幼果。当苞片长于子房时，为胚乳游离核时期；苞片长度与子房相等时，为游离核有细胞壁形成，这两种情况都是整体制片的好材料；如子房长度超过苞片，胚乳细胞明显增多不为一层时，因细胞层数太多，只能用于做石蜡切片。

2. 固定液选择：用布恩（Bouin's）固定液固定24 h，并作保存液。

3. 剥取胚乳：将固定大小适当的种子，浸洗洗去固定液，用11号尖刃手术刀片将种子纵剖为两半，以细毛笔从剖面轻轻挑出白色半透明状的胚乳，再用细毛笔尖将胚乳转移至盛有蒸馏水的小培养皿中。

4. 粘片：取一载玻片置培养皿水中，用细毛笔拨动胚乳呈平展状态时，将玻片带水斜着提起并使胚乳移至中部，然后倾去多余水分，固定材料位置，再将载玻片置30～40 ℃温台上烤干，此时胚乳便紧贴于载玻片上。

5. 媒染：将载玻片平放桌上滴注4%铁矾，媒染10 min，或放入立式染色缸中媒染。

6. 水洗：将载玻片移至冲洗架转放入搪瓷盘中，用自来水流水冲洗10 min，再经蒸馏水过一遍。

7. 染色：用0.5%苏木精染10～20 min。

8. 水洗：用自来水流水冲洗5 min。

9. 分色：2%铁矾分色至适度（镜检后确定）。

10. 水洗并返蓝：自来水流水洗约20 min至返蓝。

11. 脱水、透明：滴注蒸馏水→30%乙醇→50%乙醇→70%乙醇→85%乙醇→95%乙醇→无水乙醇2次→1/2无水乙醇+1/2二甲苯→二甲苯滴注，然后转入二甲苯透明缸中。

12. 加拿大树胶封片。

效果：染色体、核仁深蓝色，其余部分为淡蓝色。

第三节 离 析 法

在研究植物细胞结构时，为了详细研究单个细胞完整的形态结构，如单个导管分子、纤维细胞和薄壁组织细胞的形态、结构，可用一些化学药品（酸、碱、酶）将细胞与细胞之间的胞间层溶解，使细胞彼此分离成单个细胞，这种制片方法称为离析法。

一、木材解离制片

目的：观察组成木质部的单个细胞形态结构。

方法与步骤：

1. 解离：将被检查的木质部切成火柴梗粗细，长约1～2 cm的小条。解离方法常有2种，任意选择。①将切好的材料置于试管或烧杯中，加浓硝酸使材料浸没，再加入数小粒氯化钾，水浴（或酒精灯）上加热至有气泡发生并使材料变白为止（为了安全，需在通风橱内进行）。②将切好的材料置于培养皿中，加入过氧化氢-乙酸液（过氧化氢：乙酸为1：1）密闭后，放置25～30 ℃温箱（台）中，解离1～2 h，待解离适当转入下一步。

2. 水洗：用尼龙纱网滤去酸液，再换水浸泡数次，尽量除尽酸液。

3. 保存：用玻璃棒捣散组织，转入离心管中低速离心（或静置沉淀后），弃上清液，另加入50%乙醇保存备用。

4. 染色：取少量木质部解离组织，置1%番红水溶液中染5 min左右。

5. 水洗：水洗数次去浮色。

6. 粘片：用玻棒蘸取含有木质部细胞的水液，均匀涂布在载玻片上，然后将载玻片平放于摊片盘中，置36 ℃温箱中烘干。

7. 封片：二甲苯过一遍，加拿大树胶封片。

效果：解离细胞呈深红色。

二、胚囊酶法分离技术

目的：观察完整胚囊的结构，鉴定其发育时期。

(一) 酶解压片法

1. 取样：采大麦、水稻或草地早熟禾开花前后的子房。

2. 固定：用甲醇：乙酸（3：1）固定液固定 24 h，转 70%甲醇中保存，并在 70%甲醇中剥出胚珠备用。

3. 复水：取出胚珠放入微型烧杯中，经 50%乙醇→30%乙醇下行至蒸馏水，每级 30 min，在蒸馏水中过夜。

4. 酶解：用 2%崩溃酶溶液在 28 ℃下处理 3 h 左右（处理时间据材料的大小而定）。

5. 水洗与透明：将含材料的酶液转入离心管中，加蒸馏水稀释。在微型离心机中，以速率 1500 r/min 离心 5 min，静置后弃上清液，再加入蒸馏水离心 1～2 次，弃上清液，加入乳酚甘油（乳酸 20 mL，酚 20 mL，甘油 40 mL，蒸馏水 20 mL）再离心，弃乳酚甘油上清液，滴入新的乳酚甘油保存备用。

6. 制片观察：用吸管将胚珠和 1 滴乳酚甘油转移到载玻片上，盖上盖玻片，用解剖针或镊子在盖片上轻轻敲打，使胚珠的细胞分散，分离出胚囊，用相差或干涉差显微镜观察。若制半永久玻片，可在盖玻片四周用修正液封边。将半永久玻片平放于摊片盘中。酶解压片法操作简单，不需特殊的仪器和设备。酶解压片的结果见图版Ⅵ A、图版Ⅵ B。

(二) 酶解振荡法

1. 取样：根据需要选择烟草、芝麻、泡桐、金鱼草等大小适宜的花蕾。

2. 固定：取出胚珠，于 FPA 或 FAA 固定液中固定 20～24 h，然后置于 70%乙醇、4 ℃冰箱中保存备用。

3. 复水：将已固定的胚珠经 50%乙醇→30%乙醇下行至蒸馏水（换数次，最好过夜彻底脱去乙醇）。

4. 酶解：用果胶酶和纤维素酶等量混合液酶解胚珠，酶液的浓度依材料而定。烟草、芝麻：1.5%果胶酶与 1.5%纤维素酶；蚕豆、红菜薹：2.5%～3%果胶酶与 2.5%～3%纤维素酶；泡桐：3%果胶酶与 3%纤维素酶。在微型混合器的微型多孔板的小孔中加入酶液，取胚珠置于酶液中，保温在 28～30 ℃条件下连续振动约 3～5 h（或在超声波发生器中进行），使其均匀酶解，然后用带橡皮头的吸管将酶液轻轻上下吸动，促进胚珠组织的离散，以便获得完整的胚囊。

5. 水洗与透明：同酶解压片法。

6. 制片与观察：吸 1 滴含有材料的悬浮液置载玻片上，盖上盖玻片。用相差或干涉差显微镜观察。若制半永久玻片，可在盖玻片四周用修正液封边。将半永久玻片平放于摊片盘中。

（三）生活胚囊的分离

1. 取样：采集烟草较大的花蕾和即将开放但尚未传粉的花，剥出胚珠，用来分离胚囊。

2. 配制酶液：将 2%崩溃酶溶于 0.65 mol/L 甘露醇，加入 0.25%的葡聚糖硫酸钾。酶液在 3000 r/min 条件下离心 10 min 后，取上清液备用。

3. 酶解：先将新鲜子房内的胚珠连同胎座放入含有酶液的小培养皿中，然后用细解剖针轻轻将胚珠从胎座上剥离下来，去掉胎座。在 28 ℃条件下酶解 3～3.5 h。

4. 制片观察：胚珠经酶解处理后，用细吸管吸去酶液，换入 0.65 mol/L 甘露醇，更换 2～3 次以洗去酶液。用浸于甘露醇中的胚珠压片。压片的方法同酶解压片法，但敲打时要特别轻巧，以免压破胚囊。制好的压片要用石蜡封边，以免材料干掉。制片置于相差显微镜下观察。

5. 活性鉴定：用荧光素二乙酸酯（fluorescein diacetate，FDA）鉴定胚囊生活力。方法：配制 2 mg/mL FDA 丙酮溶液贮于 4 ℃冰箱中，临用前用 0.65 mol/L 甘露醇稀释 10 倍，然后与酶解后胚珠的甘露醇液等体积混合，约 5 min 后，取出含有胚珠的混合液压片，用荧光显微镜的蓝光激片（Bexcitation）观察。生活的细胞发出绿色荧光。分离的胚囊也可作各种组织化学反应（图版Ⅵ A）。

第六章　半薄切片、超薄切片与扫描电镜样品制备

半薄切片（semithin section）是一种可供光学显微镜观察的薄切片，切片厚度约在0.5～2.0 μm，比石蜡切片更薄，能较好地保存组织结构、减少人为假象，可以获得更清晰的观察效果。超薄切片（ultrathin section）制片原理和方法与半薄切片相似，不同的是切片更薄（50 nm左右），观察结构更精细，需要用电子显微镜观察。扫描电镜样品用于观察其表面结构，不需切片，制备方法不同。

第一节　半薄切片和超薄切片法常用试剂

一、几种常用固定液的配制

半薄切片和超薄切片的固定液由缓冲液（见附录5）和固定剂（见附录1）组成。下面详细介绍几种固定剂配方。

1. 戊二醛固定液

（1）戊二醛纯化：市售的戊二醛通常含有杂质，长期储存后会酸化，pH下降后会降低固定效果，因此使用时需要纯化处理。常用的处理方法有蒸馏和活性炭吸附等办法。其中活性炭纯化方法如下：25%戊二醛100 mL＋10 g活性炭，4 ℃下摇动1 h，过滤，吸附提纯2～3次，测定溶液吸收光谱的吸收值，确定纯度。此外还有碳酸钡提纯，方法如下：25%戊二醛100 mL＋2 g碳酸钡，摇动5～10 min，过滤。纯化后的戊二醛，可用以下方法测定纯度：①测定吸收光谱：1%纯戊二醛水溶液的紫外吸收峰为280 nm，含杂质的戊二醛水溶液的紫外吸收峰为235 nm。纯化后的戊二醛吸收比值$A_{235}/A_{280}<0.2$才适合使用。②测定pH：测定戊二醛水溶液pH＞4，其纯度基本符合要求。此法简单，但没有测定吸收光谱法精确。

（2）戊二醛固定液配制：戊二醛对缓冲液要求高，一般选用磷酸缓冲液或二甲胂酸盐缓冲液，不能采用乙酸-巴比妥缓冲液。缓冲液最终浓度多采用0.1 mol/L，pH 7.2～7.4。常用固定液的浓度是1%～5%。

① 磷酸缓冲的戊二醛固定液：对25%的戊二醛水溶液可按表6-1配制固定液。

表6-1　磷酸缓冲的戊二醛固定液配方

成分/mL	戊二醛最终浓度/%						配制方法
	1.0	1.5	2.0	2.5	3.0	4.0	
0.2 mol/L磷酸盐缓冲液	50	50	50	50	50	50	将磷酸盐缓冲液与戊二醛水溶液按比例混合后，再加入蒸馏水
25%戊二醛水溶液	4	6	8	10	12	16	
双蒸水用量	100	100	100	100	100	100	

当加入戊二醛后，pH 可稍有下降。如果需要的话，可在缓冲液中加蔗糖或氯化钙调节渗透压。

② 二甲胂酸盐缓冲的戊二醛固定液：按表 6-2 配制。

表 6-2 二甲胂酸盐缓冲的戊二醛固定液配方

成分/mL	戊二醛最终浓度/%					配制方法
	1.5	2.0	2.5	3.0	4.0	
0.2 mol/L 二甲胂酸盐缓冲液	50	50	50	50	50	将磷酸盐缓冲液与戊二醛水溶液按比例混合后，再加入蒸馏水
25%的戊二醛水溶液	6	8	10	12	16	
双蒸水用量	100	100	100	100	100	

固定液的 pH 由二甲胂酸盐缓冲液决定，加戊二醛时，pH 可稍微下降。固定液的最终浓度为 0.1 mol/L。

2. 甲醛固定液

甲醛固定液要用优质的不含甲醇的多聚甲醛粉剂配制。一般选用磷酸缓冲液或二甲胂酸盐缓冲液，最终浓度为 2%～4%。缓冲液浓度为 0.1 mol/L，pH 7.4。

多聚甲醛固定液配制方法有下列几种：

（1）4%多聚甲醛/0.1 mol/L 磷酸缓冲液（PB）固定液：多聚甲醛 40 g，0.1 mol/L 磷酸缓冲液加至 1 000 mL。加热至 60～70 ℃（通风橱中），溶液呈乳状，加入 1 mol/L NaOH 几滴，使溶液透明，冷却之。

（2）多聚甲醛-戊二醛固定液：①配制 10%多聚甲醛水溶液：多聚甲醛 2 g，蒸馏水 20 mL，配法同（1）。②配制固定液：0.2 mol/L 缓冲液 50 mL，10%多聚甲醛水溶液 2.5 mL。25%戊二醛水溶液 8 mL，加蒸馏水至 100 mL。此固定液含 2%多聚甲醛、2%戊二醛、缓冲液浓度 0.1 mol/L。可用蔗糖、葡萄糖或氯化钙调节固定液的渗透压。

3. 锇酸固定液

锇酸固定液可以采用乙酸-巴比妥缓冲液，磷酸缓冲液和二甲胂酸盐缓冲液配制。缓冲液最终浓度以 0.1 mol/L 最多，pH 7.2～7.4。锇酸固定液常用浓度为 1%～4%，植物组织固定时可高些。可以将锇酸固体直接溶解在一定浓度和 pH 的缓冲液中，配成所需浓度的固定液。一般是先将锇酸配制成是最终固定液浓度两倍的水溶液母液，再加入一定缓冲液及其他试剂配制而成。

（1）锇酸母液的配制（以 2%OsO_4 水溶液为例）：将盛有 0.5 g（或 1 g）OsO_4 的安瓿撕去标签，用自来水冲净，再用双蒸水冲洗几次。用玻璃钻石刀在安瓿上划一圈裂痕，然后用清洁镊子夹入事先洗净的棕色磨口试剂瓶中，加入蒸馏水 25 mL（或 50 mL）。最后用一清洁的玻璃棒击碎安瓿，盖上盖子，让 OsO_4 缓缓溶解。锇酸溶解很慢，一天以后才能溶解完。

注意：使用的器皿必须干净。锇酸母液最好是用双磨的棕色玻璃瓶封口保存；在冰箱中一般可储存数月。所有操作者必须戴手套和口罩，在通风橱中操作。

（2）乙酸-巴比妥缓冲的锇酸固定液：①Palade 乙酸-巴比妥缓冲的锇酸固定液：Palade 乙酸-巴比妥储备液 5.0 mL，2%OsO_4 水溶液 12.5 mL，0.1 mol/L HCl 5.0 mL

(约)，加蒸馏水至25.0 mL。用0.1 mol/L HCl调至所需pH。锇酸的最终浓度1%。固定液在室温下可稳定数星期。②Cautfield固定液：该固定液为适合于植物组织的Palade改良处方，用蔗糖校正固定液的低渗度。乙酸-巴比妥储备液2.0 mL，0.1mol/L HCl 2.0 mL，2% OsO_4 水溶液8.0 mL，蒸馏水4.0 mL，蔗糖0.72 g，溶液pH 7.4。锇酸的最终浓度1%。

(3) 磷酸缓冲的锇酸固定液：常用的磷酸缓冲液的浓度为0.1 mol/L，pH 7.2～7.4。0.2 mol/L磷酸缓冲液1 mL，2% OsO_4 水溶液1 mL，OsO_4 最终浓度为1%，pH由磷酸缓冲液决定。

(4) 二甲胂酸钠缓冲的锇酸固定液：通常使用浓度为0.1 mol/L，pH 7.2～7.4。在缓冲液中溶解一定量的锇酸，使其最终浓度为1%。

二、脱水剂

用得最多的脱水剂是乙醇和丙酮。为了防止脱水剂对细胞内有机物的抽提，可在低温（0～4 ℃）下脱水，可能情况下缩短脱水过程。

三、渗透剂

渗透是用渗透剂逐渐取代组织内的脱水剂，其目的是使包埋剂逐渐渗入组织和细胞内，以便与细胞外的包埋剂同时聚合，保证形成优良的包埋块，便于超薄和半薄切片。渗透液为脱水剂与包埋剂按一定比例配制而成的混合液。

四、包埋剂

包埋液一般是由包埋介质单体加上各种催化剂配制而成的。目前常用包埋剂有甲基丙烯酸酯（GMA）和环氧树脂。理想的包埋介质应具备下列条件：①在单体状态时为液态，黏度低，能迅速而均匀地渗入组织块中，无毒。②渗透过程中能完全取代脱水剂。③聚合充分、聚合温度低、聚合时收缩或膨胀系数要小。④聚合块的硬度适宜，有良好切割性能。⑤聚合块切出的超薄切片在电子轰击稳定性好，不分解和烧毁等。

目前常用的包埋剂的不足之处：①电子束损伤：有的包埋介质在电子轰击下会蒸发或分解，损伤样品的超微结构。②黏度损伤：包埋剂太黏稠很难混合均匀，搅拌时易产生气泡。③聚合损伤：聚合时组织过分膨胀，造成结构损伤。甲基丙烯酸酯包埋剂聚合损伤率达15%～20%，环氧树脂损伤仅有2%。

(一) 环氧树脂 (epoxy resins)

国际上通常采用Epon 812、SPI-PON 812或Spurr。虽然环氧树脂有黏度较大，渗透慢，包埋块较硬，切割性能较甲基丙烯酸酯差等不足，但环氧树脂保存细胞超微结构好，目前仍不失为最好的电镜包埋介质。

1. 环氧树脂聚合原理

环氧树脂是加热后变硬的含有环氧基团的脂肪族合成树脂，淡黄色，黏度较高。电镜包埋介质用的是二酚基型环氧树脂，由环氧氯丙烷与二酚基丙烷缩聚成的具有末端环氧基的甘油多聚酯。环氧树脂具有两种化学活性基团：末端环氧基团和沿链的长度隔开的氢氧基团。末端环氧基团是非常活泼的三元环，很容易打开，并与其他活泼氢原子，特别是二元胺类相结合。因此，当一个胺基附加到一个环氧树脂分子上时，环氧基开环，同时释放出能量，反应一直进行下去，最终使环氧树脂分子头尾联结，形成一个长链聚合物。中间的氢氧基团也能与其他反应物，特别是二元酸酐结合，形成树脂分子之间的横桥。当把环氧树脂、胺和酸酐的混合物一起加热时，将不可逆地发生三维聚合作用，在链的长轴和横轴方向交链，形成一种非常稳定的含有聚酯和聚醚的惰性固态物质。环氧树脂硬度和切割特性由含有氢氧根的树脂链中央的长度、二元酸酐链的长度和胺的比例决定。

2. 包埋剂辅助成分

环氧树脂能够聚合还需要添加一定比例的加速剂、固化剂和柔软剂等。①加速剂：指末端衔接交链剂，也叫催化剂，一般为强有机碱—二元胺类。通常使用的是二甲基苯胺（DMAE）及2,4,6-三（二甲氨基甲基）苯酚（DMP-30）。②固化剂：指横轴交链剂。一般选择琥珀酸酐或苯二酸酐。最常用的是十二烷基琥珀酸酐（DDSA）、甲基内次甲基四氢邻苯二甲酸酐（MNA）。③柔韧剂：增加聚合块的塑性，改善切割性能。常用邻苯二甲酸二丁酯（DBP）。环氧树脂聚合块的硬度可以用上述试剂按不同比例调节。

3. 常用的环氧树脂

（1）Epon 812 为一种甘油基脂肪族环氧树脂，溶于乙醇和丙酮，不溶于水。微黄色液体，黏度较低。渗透液和包埋液配方：

配方一：Luft（1961）用下列两种混合液的不同比例来控制包埋块的硬度。A 液：Epon 812 62 mL，DDSA 100 mL；B 液：Epon 812 100 mL，MNA 89 mL。A 液聚合后块软，B 液聚合后块硬，选择二者不同的比例，可以调节包埋块的硬度。一般冬天使用 A∶B=2∶8，夏天使用 A∶B=1∶9。A 液和 B 液按比例混合后，使用前半小时再加入混合液总量的1%～2%DMP-30 或 BDMA。催化剂的量也影响聚合块的硬度，所以用量要加得准确，边加边搅拌。A 液和 B 液可事先混合好后，分别取出一定量再混合均匀。

配方二：Hayet（1970）对 Luft 的配方加以简化，采用 A∶B=1∶1 的配方比：A 液：Epon 812 5 mL，DDSA 8 mL；B 液：Epon 812 8 mL，MNA 7 mL。最终混合液：A 液：13 mL，B 液：15 mL，DMP-30 16 滴。该配方的好处是最终混合液总量是 28 mL，一般够一次试验的用量，可以避免浪费。

配方三：有些配方更加简化，效果也好。Epon 812 28 mL，DDSA 2 mL，MNA 6 mL，DMP-30 0.4 mL。环氧树脂混合液一定要充分混合均匀。

（2）SPI-PON 812 为 Epon 812 的换代产品，具有与 Epon 812 相同的性质，但其切割性能有改善，详情见产品说明。

（3）Sprr 黏度低，渗入组织快，适合于致密组织块的渗透与包埋。配方如下：VCD(二氧乙烯环六烷)10.0 g，DER(聚丙烯乙二醇二丙基乙醚)6.0 g，NSA(十一烷基琥珀酸酐)26.0 g，DMAE(二氨基乙醇)0.4 g。配制时，在前面三种成分混合后，再加催化剂 DMAE。

(4) 水溶性环氧树脂：水溶性树脂（water-soluble resins）可以避免在脱水过程中乙醇、丙酮或环氧丙烷等对样品成分的抽提作用，完好地保存样品的成分，更适合于细胞化学的研究。以水溶性环氧树脂 Durcupan 为例说明。

Durcupan 是一种水溶性脂肪族多聚环氧树脂，包埋块较软，其一种包埋液配方为 Kushida（1964）配方：A 液：Durcupan 100 mL，DDSA 234 mL；B 液：Durcupan 100 mL，MNA 124 mL。包埋液：A 液∶B 液＝8∶2 或 7∶3，DMP-30 1.5%～2%。

下面简单介绍植物样品用 Durcupan 的脱水和包埋过程：

50%Durcupan 水溶液 15～30 min，70%Durcupan 水溶液 15～30 min，90%Durcupan 水溶液 15～30 min，100% Durcupan 30～60 min，100% Durcupan 30～60 min，Durcupan/Durcupan 渗透液（3∶1）6 h，Durcupan/Durcupan 渗透液（1∶1）6 h，Durcupan/Durcupan 渗透液（1∶3）6 h，Durcupan 渗透液 12 h，Durcupan 渗透液 12 h，包埋、聚合（50 ℃）50 h。脱水和渗透过程要在振荡器中振荡，于 20 ℃切片。

（二）丙烯酸类树脂

丙烯酸类树脂（acrylic resins）包括 Lowicryl、LR White、LR Gold 和 GMA 等，也为水溶性树脂，适于低温包埋，通常用于免疫电镜细胞化学样品制备。

Lowicryl K4M 是 Lowicryl 系列的低温包埋树脂。它含有高度交联的丙烯酸基和甲基丙烯酸基团，在低温条件下，黏滞度很低，是一种极性（亲水）树脂，需采用长波紫外线（波长 360 nm）在低温条件下聚合。LR White 并具有与 Lowicryl K4M 类似的性质，也是免疫电镜中常用的低温包埋剂。Lowicryl K4M 具体使用方法见本章冰冻超薄切片原理与方法部分。

五、常用染料

（一）半薄切片常用染料

1. 不脱环氧树脂切片染色法

(1) 甲苯胺蓝染色法：甲苯胺蓝 1 g，硼酸钠 1 g，蒸馏水 100 mL。硼酸钠先溶于水，配成 1%溶液，然后将甲苯胺蓝溶于此溶液中，制成 1%的甲苯胺蓝的 1%硼酸钠染色液。

(2) 亚甲蓝染色法：亚甲蓝 1 g，硼酸钠 1 g，蒸馏水 100 mL，染液配法同（1）。

(3) 亚甲蓝-碱性品红染色法：2%碱性品红水溶液：碱性品红 2 g，蒸馏水 100 mL。

(4) 高碘酸-Schiff/甲苯胺蓝法（PAS/TBO 法）双重染色，0.5%高碘酸溶液：0.3%硝酸配制；Schiff 试剂：见第二章第十节染料与染色。漂洗液：1 mol/L 盐酸 5 mL＋10%偏亚硫酸钠 5 mL＋蒸馏水 100 mL。0.05%甲苯胺蓝：0.1 g 甲苯胺蓝＋200 mL 苯甲酸缓冲液。

(5) 高碘酸-Schiff 反应（periodic acid-Schiff reaction，PAS）/苏丹黑 B（Sudan Black）/考马斯亮蓝（Coomassie brilliant Blue R）三重染色，0.5%高碘酸溶液，Schiff 试剂和漂洗液见上述（4）。0.3%苏丹黑：70%乙醇配制。1%考马斯亮蓝：7%乙酸配

制。PAS 用于观察组织中多糖定位；苏丹黑用于脂类定位；考马斯亮蓝用于蛋白体定位。

2. 脱环氧树脂切片染色法：甲苯胺蓝染色法（Trump 等，1961），甲苯胺蓝 0.1 g，2.5%碳酸钠水溶液 100 mL。

（二）超薄切片常用染色剂

1. 铀染色剂：铀是电镜染色剂中最重的元素。它和细胞大部分成分结合，特别对含有 DNA 的细胞结构有强烈的染色作用，对核蛋白及胶原染色效果也好。

（1）乙酸双氧铀 [$UO_2(CH_3COO)_2 \cdot 2H_2O$，UA]：乙酸双氧铀是电镜常规染色剂，也是用于块染的染色剂。乙酸双氧铀和组织是离子结合，提供双氧铀离子（UO_2^{2+}），可以和氨基、羧基、磷酰基、咪唑基和硫氢基等基团结合。常用 1%～5%乙酸双氧铀的水溶液为染色液，室温下染色 30 min～1 h。加温（40～70 ℃）可缩短染色时间 20～30 min。也常用 1%～2%乙酸双氧铀的 50%、70%或 95%乙醇溶液作染色液，这种染色液穿透切片能力较水溶液好，染色时间 20～30 min。但是，如果支持膜是火棉胶时，就不能用。乙酸双氧铀染色液不大稳定，新配的染色液有黄绿色光泽。放置时间长会分解，溶液变得混浊，发黄色光泽应弃去重配。铀是放射性元素，操作中要注意安全。

（2）硝酸铀：硝酸铀比乙酸双氧铀稳定，但是没有乙酸双氧铀染色效果好。常用配制成 2%的 70%乙醇溶液。

2. 铅染色剂：铅是用得最广泛的一种电镜染色剂。铅与含有还原锇的组织结构有较强的亲和力，使细胞的膜结构、核糖体、糖原等着色。但是铅染色液暴露在空气中，易和空气中的 CO_2 发生反应生成碳酸铅沉淀，即所谓的“铅污染”。所以操作时要尽量减少铅染液和空气接触，所用的试剂要新鲜。另外，染色操作时，要防止铅中毒。

铅染色液有多种配方：①柠檬酸铅配方（Reynold，1963）：硝酸铅 $Pb(NO_3)_2$ 1.33 g，柠檬酸钠 $Na_3(C_6H_5O_7) \cdot 2H_2O$ 1.76 g，蒸馏水 30 mL，1 mol/L NaOH 8 mL。将硝酸铅和柠檬酸钠置 50 mL 容量瓶中，加入 30 mL 煮沸后冷却的蒸馏水，用力摇晃20 min，然后放置 30 min，中间不时晃动。可见生成乳白色的柠檬酸铅粗沉淀。加入 8 mL 1 mol/L NaOH，沉淀溶解，透明无色，加蒸馏水至刻度，塞住瓶塞反复颠倒，直到沉淀完全溶解。溶液 pH 12。配好的染液应塞紧瓶口，置冰箱中可保存数月。②三铅染色液（Sato，1968）：硝酸铅 1.0 g，乙酸铅 1.0 g，柠檬酸铅 1.0 g，柠檬酸钠 2.0 g，蒸馏水 82 mL，1 mol/L NaOH 18 mL。在 100 mL 三角瓶或容量瓶中放入称取的硝酸铅、乙酸铅、柠檬酸铅和柠檬酸钠，加入新煮沸后冷却的蒸馏水 82 mL，摇动数分钟，变成细乳白色溶液。再加入 18 mL 新配制的 1 mol/L NaOH，溶液变为清亮。最终 pH 12。贮存于棕色瓶中，室温下可保存一年。这种染色液比柠檬酸铅染色效果强。

铅和铀盐都是优良染色剂，但染色特性又有不同，所以经常采用“双染色”法，即先用铀染，后用铅染。铅-铀双染色已成为超薄切片的常规染色方法。

3. 其他染色剂：①高锰酸钾：高锰酸钾是一种固定剂，亦可作染色剂。用锇酸固定的组织，再用高锰酸钾对细胞膜性结构染色，效果好。染色液为 1%的高锰酸钾水溶液，室温下染色 10 min，染色后充分水洗。高锰酸钾作染色剂时，不能使用含有 MNA 作硬化剂的环氧树脂切片，因为 MNA 和高锰酸钾起反应。②磷钨酸（PTA）：磷钨酸可以用于块染、片染和电镜负染。它对糖原、糖蛋白、胶原等染色好。染色液常用 1% 的水溶液或 70% 乙醇溶液，pH 3.0～3.5，染色 5 min 左右。

4. 负染染色剂：用于负染色技术的染色剂也是重金属的盐类，最常用的有磷钨酸和磷钨酸钾。染色液的 pH 对染色影响较大，一般用缓冲液配制染色液。

第二节　半薄切片制样方法

一、半薄切片方法简介

本节重点介绍环氧树脂 Epon 812 包埋，用超薄切片机切片制作半薄切片的过程。另外一种 Leica RM2265 薄切片机切片方法见第二章第七节及实验指导：实验五。

二、半薄切片制样步骤

（一）取样

取样是制片的关键环节。取样要有代表性、迅速、准确、及时，保证样品新鲜。样品块体积为 0.5～1 mm^3。

（二）固定

对于细胞超微结构研究来说，样品固定显得更加重要。目前常用的固定方法是化学固定法。常用的固定剂有甲醛、戊二醛、锇酸、高锰酸钾及重铬酸钾等。

1. 步骤：将切好的植物组织块用吸管或木制牙签移到盛有新鲜固定液的固定瓶中固定。固定瓶预先放在盛有冰块的玻璃缸中，或放在冰箱中预冷。室温下固定 1～4 h，固定液的体积为样品体积的 5～10 倍。植物体外培养细胞的固定最好置于 0～4 ℃的低温条件下进行。

2. 影响固定的因素：①固定液的渗透速度：各种固定液对组织的渗透速度是不同的，乙醇和甲醛的渗透速度是 4 mm/h，戊二醛约为 2 mm/h，锇酸则为（0.1～0.5）mm/h。因此，锇酸固定的组织块要切成边长不超过 1 mm。②一般组织块固定的时间是 1～4 h。过短，组织固定不好；培养细胞、分离的细胞器和细菌等材料的固定时间在 10 min～24 h 不等。③固定液的渗透压和 pH：固定液的 pH 一般在 6.0～8.0。在固定液中加入一些非电解质，如蔗糖、葡聚糖或 PVP（聚乙烯吡咯烷酮）有助于增加渗透压，减少某些胞内成分的浸出。④常规超微结构观察时，样品可在常温下固定。在做生物酶定位或免疫电镜细胞化学时，固定一般在 0～4 ℃低温下进行。

（三）脱水

1. 脱水就是除去组织和细胞中游离态水。湿样品反差低，非水溶性包埋介质不能完全渗入到组织块内部，电镜图像分辨率下降，因此需要脱水。对于水溶性包埋介质可以不经过脱水或减少脱水步骤。

2. 脱水方法：配制系列脱水剂，让组织块逐步通过这些溶液，实现逐级脱水。一般脱水剂的浓度梯度为：30%→50%→70%→80%→90%→95%→100%（3 次）。每一级脱水液中停留的时间一般为 10～20 min。在脱水过程中经常振荡装样品小瓶。脱水液用量一般要是组织块体积的 10 倍以上。

注意：将上一级的脱水液倒净或用吸管吸尽，然后迅速注入下一级新的脱水液，中间时间要短。如果当天无法完成脱水全过程，组织块可以在 70%脱水液（0～4 ℃）中过夜。

市售无水乙醇和丙酮溶液常含有微量水分（1%～2%），可在“无水”的乙醇或丙酮中加入烤干的无水硫酸铜或无水硫酸钠，吸去水分。也可将无水乙醇或丙酮重新蒸馏除去水分，以制得所谓的“绝对”乙醇或“绝对”丙酮。

一般脱水程序：30%乙醇或丙酮水溶液 10～20 min→50%乙醇或丙酮水溶液 10～20 min→70%乙醇或丙酮水溶液 10～20 min→95%乙醇或丙酮水溶液 10～20 min→“无水”乙醇或丙酮溶液（换 1 次）10～20 min→“绝对”乙醇或丙酮溶液（换 1～2 次）10～20 min。

（四）渗透

将脱完水的组织块先后经过脱水剂（或前介质）和环氧树脂渗透液，比例分别为 3∶1、1∶1、1∶3 的混合液各 30～60 min，最后进入纯环氧树脂渗透液中 3～5 h 或过夜，进行渗透。植物样品各步时间要相对延长。

（五）包埋

1. 包埋：将渗透好的样品块放到适当的模具中，灌上包埋液包埋，经加温聚合形成一种固体基质，牢固地支持组织的过程叫包埋。固体基质又叫包埋块，它应具有足够的弹性，可以切出半薄和超薄切片。

2. 包埋过程：用牙签小心地把组织块从渗透液挑出，在干净滤纸上去掉多余渗透液。再用木牙签小心地把组织块放入预先干燥的胶囊（或橡胶包埋板）。注入新的环氧树脂包埋液，直到离胶囊口缘 2 mm 处。再放入小标记纸，盖上胶囊盖子。把胶囊架移入烘箱，35 ℃下 12 h，45 ℃下 12 h，60 ℃下 24 h，使环氧树脂聚合。

聚合好 Epon 812 的包埋块一般为透明的淡黄色。将聚合好的包埋块从烘箱中取出冷却到室温，放置几天，让块“成熟”即可切片。

注意：实验中所用的一切器材必须干燥，在 60～80℃下干燥 2 h 以上。环氧树脂有毒，接触皮肤会引起皮炎，因此所有操作最好在通风橱中进行。用过的试验器皿要立即泡在废乙醇（对 Epon 812）或废丙酮中，再用热肥皂水清洗干净。

（六）半薄切片

1. 玻璃刀的制作：切片刀有不锈钢刀、钻石刀及玻璃刀（图 6-1）。不锈钢刀制作困难，易污染损坏，它在超薄切片技术发展的早期起过一定的作用。钻石刀价格昂贵，使用不普遍，但其使用寿命长，经久耐用，适宜于制作连续超薄切片和切硬材料。玻璃刀取材方便，制作简单，价格便宜，使用最普遍。玻璃刀的制作方法有手工制作法和制刀机制作法。常用的制刀机有 Leica-EM KMR2 型和 LKB-7800 型，下面重点介绍 LKB-7800 制刀机制作法。

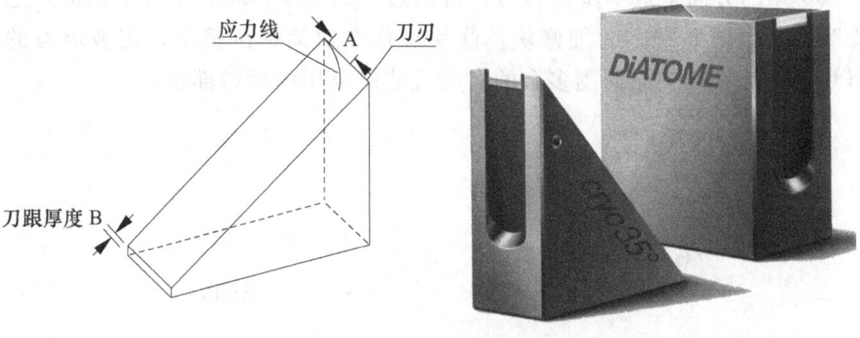

图 6-1　玻璃刀示意图（左）和钻石刀实物（右）

（1）做刀用的玻璃是宽度 25 mm(或 38 mm) 玻璃条，其内部无气泡，无杂质，含铁量低，无内应力。把选好的玻璃板用热肥皂水仔细洗干净；再用清水洗净、晾干。

（2）制作过程：先将玻璃条裁成方块（如做 45°刀），然后沿稍微偏离对角线的方向划割，在外力作用下，玻璃沿划痕断开。如果操作得当，可以一次同时制得两把三角形的玻璃刀。

（3）刀的检查：制刀机制出的不同玻璃刀在外形上有一定差异，但刀口沿长度方向都可以分成三个区域：①刀口区：为切刃，用来切制超薄切片。②褶边区域：用来细修包埋块，或用来切出光学显微镜用的厚切片。③冲角或峰区：作为修块时的“粗修”，或不用。制出的玻璃刀先用肉眼粗选。选择的标准是刀口越平越好，冲角尽可能地小，可用的切刃要长。再在双筒解剖镜下进一步检查：利用暗视场照明，将灯光照在刀口上。好的刀口呈现非常细的亮线，几乎看不见。刀口成锯齿状且产生的线越亮，切割能力越差。选好的刀保存在特制的刀盒里，放干燥器中备用。玻璃刀最好是当天做，当天用完。放置时间长了，刀刃会变钝，影响切片质量。

2. 刀槽的制备：超薄切片只有漂浮在水面或其他适当液面上，才能把它收集起来。因此，必须在玻璃刀的刀口背部装上一个不漏水的容器，叫作刀槽。目前多用市售的硬质塑料刀槽，临用时用石蜡封在刀背上。这种硬质塑料刀槽有较大的水面，对切连续切片很适用。切片时在刀槽中加满液体，以漂浮超薄切片和便于捞片。加入的液体因包埋介质的不同而不同，甲基丙烯酸酯切片一般用 10%～15%的乙醇或丙酮水溶液；环氧树脂切片可以采用双蒸水。

3. 修块：在进行切片之前，应该先将包埋块修成一定的形状和大小，这步操作叫作修块。修块的目的首先是除去组织块周围多余的包埋介质或非研究用的材料部位，仅留下所需观察的组织。其次，由于含组织块的区域与不含组织块的区域硬度不同，经过修块，尽可能地除去组织块外的空白包埋介质，使要切的部分硬度一致，保证切出好的切片。

修块可用手工和机器进行。修块机，如 LKB-11800 Pyrimitome，可以修出四周彼此精确地互相垂直（或者任何给定角度）的四面角锥体，以保证切出连续的超薄切片带。下面重点介绍手动修块技术。①选包埋块：选择聚合良好的、样品在包埋块中放置恰当的包埋块。将选好的包埋块夹牢在样品夹中，预端露出 2～5 mm。②粗修块：用新单面刀片首先横切包埋块的顶端，刚刚露出组织块。然后在组织的四周，以和包埋块轴成 40°～60°角的方向上进一步切四刀。得到边长约 0.5 mm 的正方形顶面，这样块便已“粗修”好了（图 6-2)。③细修块：修块操作在双筒解剖镜下，用玻璃刀的褶边区或双面刀片进行。修除样品周围多余的树脂或非研究用的材料部位。

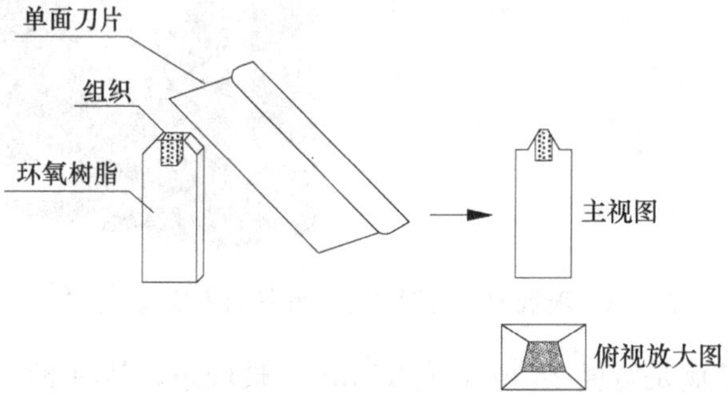

图 6-2　修块的步骤以及修成的形状

由于半薄切片一般是在光学显微镜下观察，放大倍数较小，因此能观察到植物组织的全貌，这也是半薄切片的优势所在。所以半薄切片常用于超薄切片前的初步观察和细胞定位，便于进一步制作超薄切片。为了保证组织全貌，除取样样品要小、完整外，切片前的修块特别重要。在保证能切出符合要求的半薄切片基础上，修块时尽量保证植物组织的完整性。

修块的好坏与切片的质量和效率有关，直接影响实验结果。修块时要注意以下几点：①第一刀不能修得太浅或太深。太浅，没露出组织，后面细修时费时费力；太深，包埋块深部固定不一定好，且观察的细胞结构可能已经被破坏了。因此，修顶端时，刚刚露出组织就可以，待切片时再用玻璃刀进一步细修。②包埋块顶端的形状可以是正方形、长方形或梯形，但顶端面积不宜过大。一般最后切片时的顶面约 0.5 mm×0.5 mm 为好。③修块时有组织的地方要一刀切下，不要来回锯断，以免损伤组织块。

4. 半薄切片：各种型号的切片机操作程序不同，以 LKB 超薄切片机为例，简单介绍切片过程。

（1）固定包埋块：首先将粗修好的包埋块装在超薄切片机的样品夹中，包埋块露出夹具的高度为 2～5 mm。装包埋块时不要把块夹得太紧或太松。太紧会把包埋块挤出来，移向切片刀，产生超厚切片；太松了，则在切片时包埋块会震颤。然后把样品夹插入超薄切片机样品臂顶端的样品头中，并使包埋块顶面的顶边和底边处于水平位置，固定样品夹。

（2）固定玻璃刀和调节刀前角：把封好刀槽的玻璃刀装在刀架上，安装时注意别碰到刀口。调节有关旋钮，使刀口所在的垂直面与刀的直角边的夹角，即刀前角为 3°～8°。调整玻璃刀位置的高低，使刀口与固定在样品头上样品切面的中心位置水平。

（3）选择刀口、调节组织块和刀刃的位置：选择刀口的一段褶边区，用于对组织块进行细修。把样品臂松开，在双筒显微镜下，用手转动粗调和微调手轮，将刀架向样品移动。同时上下移动样品臂，调节刀刃和组织块顶端切面的位置。最后使切面的顶边、底边和所选刀刃平行；切面与刀刃所处的垂直面平行，之间只有很小的一段距离。

(4) 加刀槽液：样品和刀刃位置调好之后，用一只注射器向刀槽逐渐注满刀槽液。液体先加过量，液面稍凸起，以浸过所有刀刃。然后用注射器慢慢抽出少量液体，直到液面凹下，在刀刃处有薄层液体并形成月形水面，在外源灯光照射下呈明亮的液面为止。

(5) 切片：前几项准备好以后，打开样品臂，先用手动粗调，后用手动微调慢慢地使切片刀向样品切面接近，直到切出 0.5～2 μm 厚的半薄切片。当在双筒显微镜下看到切片基本呈正方形，并和包埋块顶面大小差不多时，开始正式切片。仍采用手动进刀，通过手动调节微调进刀旋钮（半个刻度格或 1 个刻度）切出半薄切片。切片厚度仍通过切片在水面的干涉色进行判断。一般干涉色为蓝色或蓝绿色时较好，切片厚度约为 1 μm。

(6) 捞片和烘干：切出几片半薄切片后关样品臂，用细毛笔或金属小环把切片捞到载玻片上。放到烘片机上（50～60 ℃）烘干。放入切片盒待染色。

（七）染色

染色的方法有两种，一是脱环氧树脂后染色，另一种是不脱环氧树脂染色。

(1) 不脱环氧树脂染色法：①甲苯胺蓝染色法：在贴有切片的载玻片上加一大滴 1%的甲苯胺蓝的 1%硼酸钠染色液。载玻片放在加热板（60 ℃）上或在酒精灯上通过多次。待染色液滴边缘开始变干并呈金属绿色，用蒸馏水冲去多余染色液，再经 95%乙醇脱色和分化，空气中干燥，镜检。②亚甲蓝染色法：在贴有切片的载玻片上加 1 滴 1%硼砂溶液配制的 1%亚甲蓝溶液，载玻片在酒精灯上通过 10～15 次，小心加热，注意不要让染液煮沸。染色 10～30 s，在稍流动的热自来水中轻轻洗涤，干燥镜检。③亚甲蓝-碱性品红双重染色法：在贴有切片的载玻片上加 1 小滴 1%硼砂溶液配制的 1%亚甲蓝溶液，70 ℃下 15 s 到几分钟；热自来水洗，冷却切片；在切片上加 1 小滴 2%的碱性品红溶液，1～2 min，冷水洗，干燥，镜检。④PAS/TBO 双重染色法和 PAS/苏丹黑/考马斯亮蓝三重染色方法见“半薄切片方法在植物学研究中的应用”。PAS 用于观察组织中多糖的化学定位；苏丹黑用于脂类定位；考马斯亮蓝用于蛋白体定位。

(2) 脱去环氧树脂染色法：一般用甲苯胺蓝染色法（Trump 等，1961）：0.1 g 甲苯胺蓝溶于 100 mL 2.5%碳酸钠水溶液中，制成染液。将脱去树脂、贴有切片的载玻片浸入染液 30～120 min，至细胞染成黑色或红紫色。将载玻片在滤纸上吸去多余染液。用吸管滴自来水在载玻片上，并用滤纸吸去水。放在 90%乙醇里，很快取出，再放入无水乙醇中分色，镜检。

（八）封片

制成的半薄切片最好立即观察，拍照记录。如需长期保存，可以封片保存，请参阅相关内容。

三、半薄切片法在植物学研究中的应用

下面以单染、二重和三重染色法为例，介绍小麦样品的半薄切片制样过程。

1. 高碘酸-Schiff/苏丹黑B染色：半薄切片置于载玻片切片，在60 ℃下烘片24 h。将切片在0.5%高碘酸溶液中处理10 min，自来水洗2～3 min，Schiff试剂中染20～30 min，漂洗液（1 mol/L盐酸5 mL＋10%偏亚硫酸钠5 mL＋蒸馏水100 mL）洗3次；切片在70%乙醇中1～2 min，0.3%苏丹黑中30 min（50 ℃）；70%乙醇染色1 min，水洗。烘干，在光镜下观察，照相。从图版Ⅶ A可见，小麦颖果腹部韧皮部维管束中有多糖的地方被染成粉红色。合点细胞中有黑色脂类物质沉积。

2. 苏丹黑B染色：半薄切片置于载玻片切片，在60 ℃下烘片24 h。切片在70%乙醇中1～2 min，0.3%苏丹黑中30 min（50 ℃）；70%乙醇染色1 min，水洗。烘干，在光镜下观察，照相。从图版Ⅶ B可见，小麦颖果腹部韧皮部合点细胞液泡中有脂类物质沉积，被染成黑色。

3. 高碘酸-Schiff/甲苯胺蓝法（PAS/TBO法）染色：半薄切片置于载玻片切片，在60 ℃下烘片24 h。将切片在0.5%高碘酸溶液中处理10 min，自来水洗2～3 min，Schiff试剂中染20～30 min，漂洗液（1 mol/L盐酸5 mL＋10%偏亚硫酸钠5 mL＋蒸馏水100 mL）洗3次；0.05%甲苯胺蓝（0.1 g甲苯胺蓝＋200 mL苯甲酸缓冲液）染1～2 min（45 ℃），自来水洗，干燥。在光镜下观察，照相。从图版Ⅶ C可见，胚乳中含有多糖而被染红色；胚乳中的淀粉颗粒被染成深红色。糊粉层细胞中的原生质被染成蓝黑色。

4. 高碘酸-Schiff反应/苏丹黑B（Sudan Black）/考马斯亮蓝（Coomassie brilliant Blue R）三重染色：半薄切片置于载玻片切片，在60 ℃下烘片24 h。分步染色：①PAS染色：切片在0.5%高碘酸中10 min，自来水洗，Schiff试剂中30 min，偏亚硫酸钠洗涤3次，各2 min，水洗。②苏丹黑B染色：切片在70%乙醇中1～2 min，0.3%苏丹黑中30 min（50 ℃）；70%乙醇染色1 min，水洗。③考马斯亮蓝染色：切片在7%乙酸中1～2 min，1%考马斯亮蓝中染色20 min（60 ℃），0.1%乙酸染色，自来水洗5 min，干燥。观察拍照。从图版Ⅶ D可见，胚乳细胞已经解体，内含大量的淀粉颗粒。胚乳中的淀粉颗粒被染成深红色。细胞中少量的蛋白质被染成蓝色，脂类物质含量少，黑色不明显。

图版Ⅶ E为油菜二胞花粉粒、图版Ⅶ F为烟草成熟花粉粒。

第三节　超薄切片制样方法

电镜样品制备技术直接影响样品的结构和反差。制备高质量的超薄切片，是发挥透射电子显微镜优良性能的前提。透射电子显微镜的分辨率理论上可达到0.3 nm左右，但是由于样品制备技术的限制，分辨率很难达到理论值。对于生物样品来说，一般只能达到2 nm的水平。

高质量的超薄切片基本特征：①样品应该能耐受电子束的强烈照射，不变形和升华等。②能进行电子染色，提高反差。③在50～100 kV加速电压范围内，切片厚度在50～100 nm。④样品必须彻底干燥，以保持电镜工作状态下不损伤。

超薄切片技术包括取样、固定、脱水、渗透、包埋、超薄切片、电子染色、镜检等制样步骤。其中取样、固定、脱水、渗透、包埋等过程与半薄切片制样方法相同，下面重点介绍超薄切片的准备、超薄切片和电子染色等过程。

一、超薄切片制样步骤

(一) 超薄切片的准备

1. 铜网清洗：超薄切片要放在载网上才能进行染色等操作，并最终放到电镜中观察。载网是用无磁性金属材料做成的，厚 50 μm，直径一般为 3 mm，也有 2 mm 的。一般用铜材料，所以又叫铜网。在酶组织化学或免疫细胞化学中要用金网和镍网。如图 6-3 所示，载网有各种形状。可根据样品和实验需要，选择载网的材质、形状和孔眼的大小。铜网主要功能是承载支持膜和样品。当受到电子束照射时，支持膜不易破裂。照射到铜网网孔中的电子，穿过样品，通过透镜成像。碰到铜网载条上的电子，被传到地，不参与成像，因此铜网还有把样品上的热量传走，减少样品的热漂移。铜网要经过清洗，方可使用。目前清洗的方法主要有下列几种：①超声波清洗法：将用过的铜网放在盛有 95％乙醇的烧杯里，置于超声波清洗器（其内有水）中，在 800～1000 W 下清洗 30 min。将使用过的铜网上的支持膜及超薄切片等洗去。然后用蒸馏水清洗数次，再在 95％乙醇中清洗，最后放在垫有干净滤纸的培养皿中烘干，镜检，备用。②酸碱清洗法：将用过的铜网放在一培养皿中，倒入一些浓硫酸或浓盐酸，不断地摇动（3～5 min)，直到铜网发亮为止。然后先用自来水，后用蒸馏水洗几次，再放在 95％乙醇中清洗，最后放到垫有干净滤纸的培养皿中烘干，镜检，备用。也可将铜网放在盛有 10％NaOH 的小锥瓶或试管中煮沸数分钟，然后用水洗，干燥、镜检，备用。

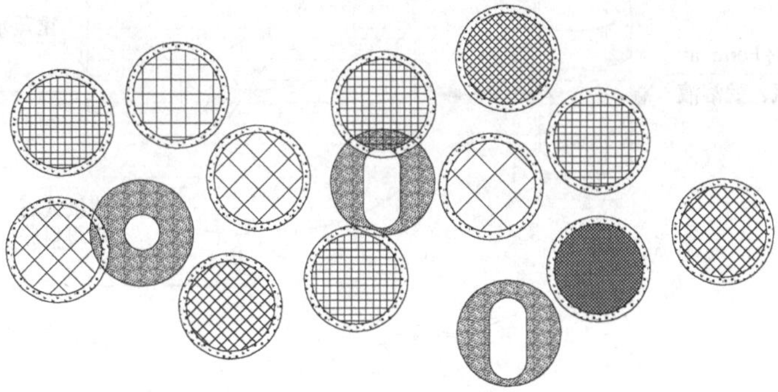

图 6-3　各种形状的载网

2. 支持膜和支持膜的制备：铜网的网孔很小，但对于放置超薄切片及其他样品来说，网孔还嫌大，不足以平坦地支持切片。所以要在铜网上覆一层透明的薄膜，这层膜叫作支持膜。支持膜要求在电子显微镜下不显示本身结构；耐高温，能经受电子束的轰击，有一定的机械强度；膜要薄，一般为 10～20 nm。制膜常用的材料分为有机材料和无机材料两类。有机材料以火棉胶和聚乙烯醇缩甲醛（Formvar)，又叫塑料膜。无机材料以碳膜最常用。

(1) 有机支持膜制备方法有多种，主要步骤是：①制作一张有机薄膜。②将这张膜浮于清洁水面上。③将水面上的有机膜粘附在载网上。制作有机膜方法分湿法制膜和干法制膜两种。下面以 Formvar 膜为例介绍湿法制膜，滤纸打捞法。

Formvar 膜的制备：①用重蒸馏过的二氯乙烯（或二氯乙烷）配成 0.2%～0.5% 的 Formvar 溶液。一般夏季用 0.2%，冬季用 0.5%。配好的溶液用双盖瓶储存，以防溶剂挥发。②把配好的溶液倒入 125 mL 广口磨瓶（或其他容器，直径略大于载玻片）中。用镊子或夹子夹住干净的载玻片，浸入溶液中数秒钟，将载玻片取出，放在无尘的地方干燥 3～5 min，此时载玻片的两面都覆上一层很薄的膜。用刀片在膜的四周各划一条划痕，划痕距载玻片边缘 1～2 mm。③在一直径为 100～150 mm 的玻璃缸中盛满蒸馏水，手持载玻片无膜一端，与水面成 30°～45°夹角，把已划痕的有膜的一端慢慢地浸入水内；这时载玻片一面的薄膜慢慢地剥离玻片，漂浮在水面上。然后将载玻片小心地拿出水面。④根据 Formvar 膜在水面上呈现的干涉色鉴别膜的厚度。一般选取颜色均匀，呈暗灰色的膜使用。⑤用镊子夹取清洁的铜网，正面朝下逐个整齐地排列在膜上。⑥在排列好铜网之后，用清洁滤纸轻盖在膜上，滤纸要比膜大，铜网在两者之间。静置片刻，待滤纸吸水全变湿时，膜及其上的铜网即紧贴于滤纸上。用镊子夹住滤纸，轻轻垂直拖出水面，使膜朝上，置培养皿中，干燥，备用（图 6-4）。

注意：膜做好应该尽快使用，久置膜易破坏。制作 Formvar 膜时，室内湿度要求较低，相对湿度要在 60%以下。

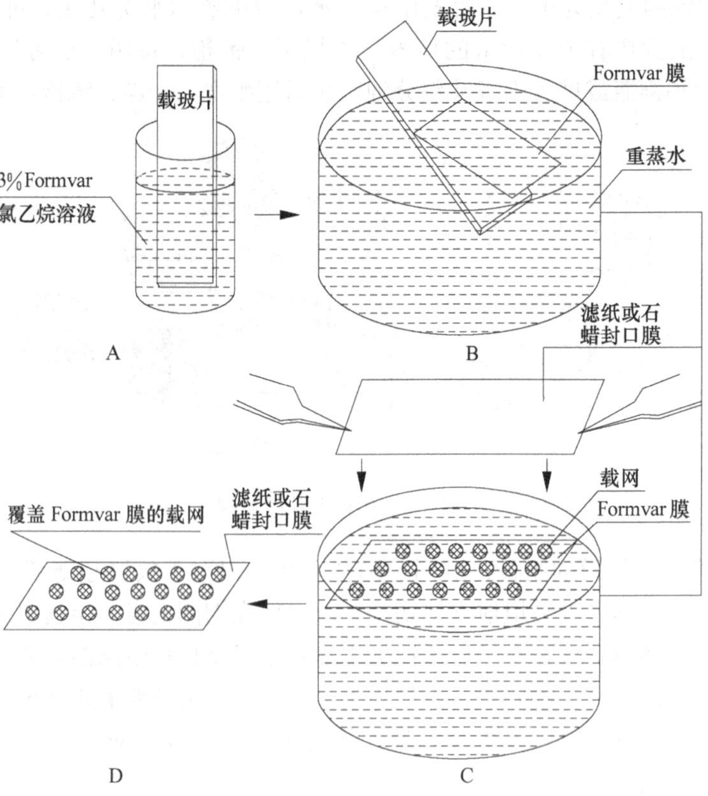

图 6-4　Formvar 膜的制备方法捞网操作示意图

（仿付洪兰，2004）

（2）塑料基底碳膜：有机膜不很牢固，在电子束轰击下常常会烧毁。如在其上面喷镀一层 3～10 nm 碳膜加强之，则成为塑料基底碳膜，如 Formvar 碳膜。这种膜耐热性好，机械强度大，化学性能稳定，但碳膜亲水性差，不易使切片粘住。制作方法：①用上述的方法先在铜网上盖上一层 Formvar 膜。②将这种载膜铜网放在干净的载玻片上，置于真空镀膜机内，喷镀一层 3～10 nm 的碳膜即成。

（3）碳膜因为碳的分子质量较低，薄的碳膜对于电子束是高度通透性的，而且碳膜稳定性高并有良好的导电性能，所以在要求高分辨率的情况下，碳膜是最常用的支持膜。制作的方法有两种：方法一：把有塑料基底碳膜的铜网，放在特制的载网支架上。再倒入相应的溶剂，Formvar 碳膜用氯仿，把有机膜溶掉，碳膜则直接覆在铜网上，碳膜铜网就做成了。方法二：将一片擦净的载玻片（或新剥开的云母片）放在镀膜机中，喷上一层 5～10 nm 的碳膜。取出载玻片（或云母片），小心地将碳膜划成小方块，并慢慢地把载玻片（或云母片）浸入一盛满蒸馏水的玻璃缸中，水面要干净。碳膜方块将浮在水面上，镊子夹取一铜网，小心地浸入水，慢慢放在碳膜方块下面，并提出水面，把碳膜捞在铜网上。如果预先把铜网浸入浓盐酸或稀硝酸中刻蚀几秒钟，则铜网与碳膜粘着更牢固。最后，把有膜的载网放在垫有干净滤纸的培养皿中干燥，备用。

3. 细修块：通过半薄切片的染色观察，进一步确定欲切片的部位。在双目放大镜下进一步细修块，使样品顶面小于 0.5 mm×0.5 mm。下一步可以进行超薄切片。

（二）超薄切片

1. 超薄切片：是用超薄切片机切出厚 50 nm 左右的超薄切片，以供透射电镜观察。切片前将样品固定于样品夹、装玻璃刀、对刀和加刀槽液等步骤与半薄切片法相同。下一步是选择好的刀刃，设置切割速度和刀量，然后打开自动切片按钮。样品臂通电加热，向前做线性匀速运动，开始超薄切片。很短时间后，在双目显微镜下看到刀槽水面有切片漂浮。由于超薄切片很薄，难以测定其厚度。可以通过日光灯下切片的干涉色来判断超薄切片的厚度（表 6-3）。通常超薄切片干涉色以淡黄为好；放大倍数高时以银灰色为好；放大倍数较低，但要求反差好的，以金黄色为好。半薄切片干涉色一般为紫色或蓝色。

表 6-3　切片颜色和厚度对应

颜　色	厚度/nm
灰色	40～50
银白色	50～70
金黄色	70～90
紫色	90～190
蓝色	190～240

超薄切片的质量决定于下列几个方面的因素：①包埋块和玻璃刀的质量。要选择刀刃锋利，角度适中的玻璃刀。包埋块的前处理要好，大小形状修得合适，块的硬度要适合于玻璃刀的硬度。②切片时，玻璃刀和包埋块均需夹紧，否则易震颤，在切片上形成条纹。③切片过程中要不断地观察刀槽液面的高低。④注意周围环境的震动；对热膨胀式超薄切片机，要注意室温和空气流的影响，应在 18～20 ℃的室温下切片。

2. 展片：由于超薄切片很薄，在切片过程中受到挤压，往往在切片长度方向上变短，发生皱褶，使样品结构重叠。所以要用展片操作使切片展开。方法：当切片浮在刀槽液上时，用一尖头镊子夹取一小片滤纸，蘸少许有机溶剂氯仿或二甲苯，置切片上方。在双目解剖镜下，缓缓向下移动到刀槽液面上方。熏 4～8 s，由于有机溶剂的作用，使切片稍稍软化，从而伸展开来。对于甲基丙烯酸酯切片，展片是必要的，而且作用显著。而环氧树脂切片比较平，一般不需要展片。

3. 捞片：切出来的超薄切片漂浮在刀槽液面上，需要收集到有支持膜的载网上，才能染色和电镜观察。切片展开之后，在双目解剖镜下用细毛笔把碎片及厚片剔除，然后把超薄切片汇集于刀槽中间。如果切片成带状，需用两根细毛笔把其分段排好，使长度稍大于载网的直径。用镊子夹住铜网边缘，使边缘稍稍弯曲，而铜网是水平的。让有膜面朝下，平移至切片上方；在双筒解剖镜下让铜网平面和切片平面平行，然后快速平行地向下移动，与切片接触，并使切片粘在铜网的中部，取出。让切片面朝上，用滤纸吸去液体，再将载网放入样品盒，置于干燥器中保存，待染色。

（三）电子染色

电子染色可在不同时期进行，在固定脱水前或脱水时进行的叫块染；在切成超薄切片后进行的叫片染。下面重点介绍片染方法。根据染色效果和成像的不同，又分为正染色和负染色。

1. 正染色：正染色是高密度的重金属染色剂和样品的微细结构成分结合，能增加样品局部的电子散射能力，而使电镜图像反差增强。在荧光屏上形成正像，又叫阳性反差染色。主要用于超薄切片法中的块染和片染。正染色最常用的染色剂是铅盐和铀盐。染色的方法有多种，对于少量载网染色一般用液滴染色法，对于较多的载网用多孔架染色法。下面只介绍液滴染色法。液滴染色法又分浸入法和漂浮法。在一培养皿中放一块牙科用蜡片，在其上加一大滴染色液。用尖镊子把铜网插入液滴中（浸入法），或切片面朝下漂浮在染液上（漂浮法）。一个液滴上可放 3～4 片铜网。在室温下或稍高于室温染一定时间后，用镊子夹出。用洗瓶水或烧杯蒸馏水漂洗，洗去多余的染料。用一小片滤纸吸去水分，用同样的方法再进行第二次染色。铅染时，要在蜡片周围放几粒 NaOH，吸收 CO_2。蒸馏水漂洗一定要充分，否则残留在切片上的染料在干燥时会形成结晶，污染切片。而镊子上残留染料，在双染中会带入第二种染液中。两染液起反应，污染染液和切片。经过双染，漂洗干净的铜网，用滤纸片吸去多余水分后，放入垫有干净滤纸的培养皿中，自然干燥，干燥后的载超薄切片铜网即可放到电子显微镜中观察。

2. 负染色：负染色是利用高密度的重金属染色剂把生物样品包绕，作为衬托，增加背景对电子散射作用，生物样品结构却相对多地通过电子，最终在荧光屏上形成暗背景下的亮像。样品精细结构的反差得到增强，又叫阴性反差染色。负染色的原理是利用密度反差。负染色技术广泛用于颗粒状物体，如病毒颗粒和细胞亚单位分子等的制样，也可用于冷冻切片的制样。其优点是：①染色本身不改变生物样品的活性，也不造成变形。②简单易行，用量少，不要求高纯度的样品制备技术。不需要繁琐的制样过程。③大大提高了样品的反差和分辨率。在染色剂颗粒大小在 0.7 nm 左右时，分辨率可达 1～1.5 nm。

负染的方法有滴样法和喷雾法。①滴样法，又叫悬滴法。先将需要观察的生物样品用生理盐水或蒸馏水制成悬浮液。悬浮液的浓度要求比较稀（病毒为 10^7～10^8 个/mL，细菌为 10^5 个/mL）。用拉长的毛细吸管把少量悬浮液滴到载膜铜网，静置数分钟，用滤纸在液滴边缘吸去多余液体。加 1 滴蒸馏水，清洗，用滤纸吸去。重复 2～3 次，以除去可溶性盐类或其他杂质。用滤纸吸去多余染液，干燥后放干燥器中，待镜检。②喷雾法：将染色液和样品悬浮液等量混合后，注入微型喷雾器内。在无菌柜或防护罩里，用压缩空气或氮气将样品混合液喷到带膜的铜网上。干燥后，待镜检。在样品干燥过程中，由于表面张力的变化，常引起生物结构的变形和破坏。因此在负染前样品最好用甲醛或戊二醛进行预固定。

（四）透射电镜观察

染色完成的样品立即上机观察，如果受时间限制，样品应放置于干燥器中防受潮。

超薄切片制样全过程如图 6-5。

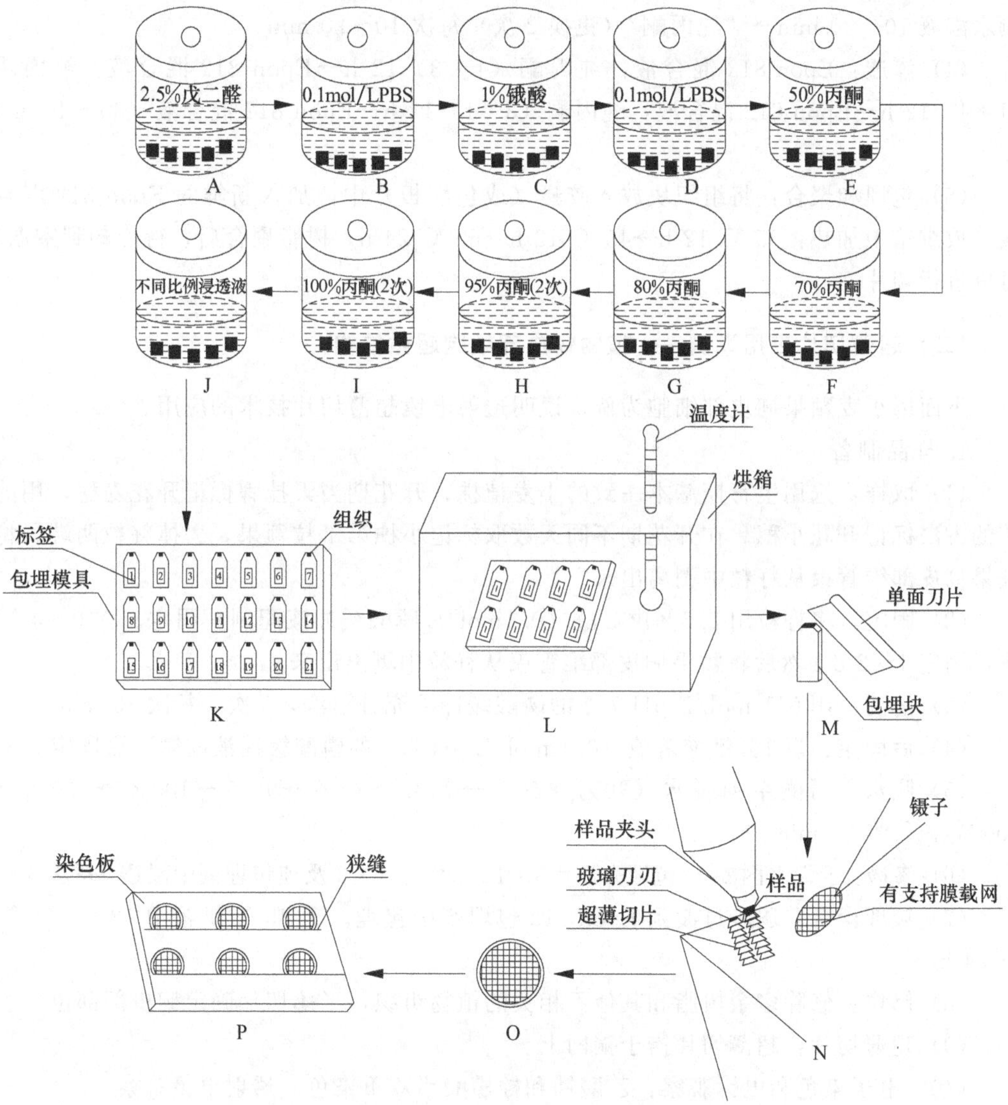

图 6-5　超薄切片制样过程示意图

（仿付洪兰，2004）

二、超薄切片法在植物学研究中的应用

（一）以 Epon 812 为包埋介质的植物组织制样流程

（1）取材：常温取样，低温保存（0～4 ℃）。

（2）固定和浸洗：1%～3%戊二醛固定液固定 2 h，最多不超过 1 周。PBS 缓冲液 20～30 min（更换 1～3 次）→1%～2% OsO_4 固定液固定 1～2 h→PBS 缓冲液 20～30 min（更换 1～3 次）。

（3）脱水：30%丙酮水溶液 10～20 min→50%丙酮水溶液 10～20 min→70%丙酮水溶液 10～20 min 或冰箱过夜→在室温条件下：90%丙酮水溶液 10～20 min→100%丙酮水溶液 10～20 min→“纯丙酮”（更换 2 次）每次 10～20 min。

（4）渗透：Epon 812 混合液：纯丙酮（1∶3）12 h→Epon 812 混合液：纯丙酮（1∶1）12 h→Epon 812 混合液：纯丙酮（3∶1）12 h→Epon 812 混合液（35～40 ℃）12 h。

（5）包埋和聚合：将组织块放入胶囊（或包埋板）中，加入新鲜的 Epon 812 混合液，放烘箱中加热：35 ℃ 12 h→45 ℃ 12 h→60 ℃ 24 h，树脂聚合后，待冷却到室温，可以进行切片。

（二）超薄切片应用举例——植物韧皮部细胞超微结构

下面以小麦颖果韧皮部细胞为例，说明透射电镜超薄切片技术的应用。

1. 样品制备

（1）取样：选用生育期基本一致的小麦植株，开花期当天挂牌标记开花麦穗，用剪芒的方法标记开花小穗。在开花期不同天数取标记小穗第 1 粒颖果，去掉籽粒两端。将颖果韧皮部维管束从籽粒中剥离出来。

（2）固定：将籽粒用 2.5%戊二醛（0.1mol/L 磷酸缓冲液配制）固定。在 0～4 ℃下，固定 1～2 d。然后将颖果韧皮部维管束从籽粒中剥离出来。

（3）清洗：用 0.1 mol/L pH 7.2 的磷酸缓冲液充分清洗，3 次，每次 30 min。

（4）后固定：以 1%锇酸溶液（0.1 mol/L pH 7.2 的磷酸缓冲液配制）后固定 2 h。

（5）脱水：丙酮系列脱水（30%→50%→70%→85%→95%→100%→100%→100%），每步 20 min。

（6）渗透：于无水丙酮∶包埋介质=3∶1、1∶1、1∶3 及纯包埋剂中浸透，每步 6 h。

（7）包埋聚合：逐步过渡到 Epon 812 包埋剂中包埋。于 45 ℃烘箱中 12 h，60 ℃下 24 h。

（8）修块：修除多余树脂和其他不相关的植物组织，半薄切片确定韧皮部部位。

（9）超薄切片：超薄切片捞于铜网上。

（10）电子染色和电镜观察：乙酸铀和柠檬酸铅双重染色。透射电镜观察。

2. 制片后观察效果

通过超薄切片制样和透射电镜观察，可以得到分辨率和放大倍数高的电镜照片，能

观察到光学显微镜看不到的一些细节，可用于韧皮部细胞结构和功能关系的深入分析。可见韧皮部厚壁筛分子中的P型质体（图版Ⅷ A）；也能观察到两个SE-CC复合体和中间细胞（图版Ⅷ B）；在韧皮薄壁细胞间以及韧皮细胞和中间细胞间有胞间连丝存在。并在薄壁细胞间形成胞间连丝区（图版Ⅷ C）；在示筛分子内壁上可见珠光壁；筛分子内有无定型丝状物和P-蛋白型（图版Ⅷ D）。

图版Ⅷ E为油菜花粉粒单核液泡期，图版Ⅷ F为油菜花粉粒—小孢子胚胎发生诱导。

第四节　扫描电子显微镜样品的制备

一、整体样品表面结构观察的制样方法

整体样品包括植物花、叶、果实表面结构。研究整体表面的超微结构，是扫描电镜样品制备技术中最常用的。

（一）常规制样方法

1. 取材：取样要准确，体积不宜过大，以减少不必要的观察量。取样时动作要轻巧，防止因挤压而损伤样品。

2. 固定：一般采用双固定法，即先用1%～3%的戊二醛/缓冲液在室温或4 ℃下前固定。一般单细胞可固定10～30 min，较大样品固定可达1～2 h，甚至更长。再用1%锇酸/缓冲液在4 ℃下固定30～60 min。

3. 清洗：对于表面凹凸不平，且粘有许多杂质的样品，在固定的前后都要进行彻底的清洗，以免影响成像的质量。一般采用缓冲液清洗法：缓冲液在4 ℃下彻底清洗3次，每次15 min。

4. 脱水和置换：用系列乙醇或丙酮逐级脱水。一般从30%→50%→70%→80%→95%→100%，每步15～20 min。用乙酸异戊酯置换100%的乙醇，在室温下，置换20 min以上。因为乙酸异戊酯与液体二氧化碳能更好地混溶，置换便于下一步用液态CO_2进行临界点干燥。

5. 干燥：样品制备过程中关键一步，直接关系成像的质量。干燥的方法有若干种，如临界点干燥、空气干燥、化学药品干燥和冷冻干燥等。临界点干燥法是一种较好的干燥方法。详情见后面内容。

6. 粘样：将干燥好的样品用导电胶或双面透明胶纸粘在样品台上，做好标记。

7. 喷涂：喷涂要在真空条件下进行，有专门的仪器，一般喷涂10～20 nm厚的金或铝，使样品有良好的导电性，能顺利释放二次电子。目前常用离子溅射法和真空喷镀法进行喷涂，具体方法后面详细介绍。喷好的样品就可以用扫描电镜观察了。如果一时不能观察，需把样品放入干燥器中保存，以防止受潮和被污染。

（二）直接观察法

这种方法比较简便、快捷，对样品的损伤也较少，虽然在分辨率上受一定的限制，

但也比较常用。

1. 固体样品直接观察法：对于含水分少，本身就比较干燥且又有一定的导电能力的固体样品，如干果、竹木以及植物的干标本等，可以直接用普通胶水或双面胶带等将样品粘到样品台上，省略喷涂就可用扫描电镜观察。要注意以下几点：样品的底面应尽量完整，以扩大与样品台的接触面，改善导电状况；图像分辨力不高，应选择较低加速电压（约 5 kV），放大倍数在几百倍为宜；为了提高图像质量，也可以用导电胶粘样品和适当喷涂。

2. 活体样品的直接观察法：对于一些体积较小，且含水分少的样品，如花粉、叶片绒毛、稻壳、小麦颖壳等，可以省略化学固定等一系列步骤，使之在生活状态下就可用扫描电镜观察，具体步骤如下：①取样：注意不要碰伤样品。②清洗：用生理盐水或 PBS 洗 1～3 次。③粘样：用双面胶带粘在样品台上。④观察：一般在低电压（2～5 kV）观察，操作要迅速，最好在 20 min 内完成观察拍照。

（三）植物悬浮细胞观察法

用扫描电镜观察悬浮和游离细胞的表面结构已相当普遍，制备样品关键技术是如何把样品粘在样品台上，具体方法很多。

1. 滤纸吸附法：用 1%戊二醛/缓冲液固定，2800 r/min 离心 10 min，去上清，将细胞的浓悬液滴在一小片滤纸上，系列乙醇脱水，临界点干燥，喷涂后观察。方法简便易行，但图像中容易混杂滤纸的纤维。

2. 玻璃片法：①金属膜法：先在玻片上镀一层金属膜（以减少放电现象），将细胞悬液（样品已离心脱水到 100%）滴在玻片上，接着放入样品笼中（笼底和笼盖都垫上滤纸），用干冰进行临界点干燥，喷涂后观察。②Formvar 膜法：把盖玻片浸入 0.3%～0.5%Formvar/氯仿液中，约 10 s 后取出，自然干燥（玻片上均匀地涂上一层膜，易吸附细胞），再按金属膜法操作。对于含水量较高的活样品也可以用环境扫描电子显微镜进行观察。

二、扫描电子显微镜制样中的关键步骤

（一）临界点干燥

1. 临界点干燥的基本原理：临界点干燥（critical point drying，CPD）是当前扫描电镜制样中最常用的一种样品干燥方法。在一定的温度和压力之下，某物质的液态和气态界面消失，由液态瞬间转化为气态，此时的温度即该物质的临界温度（critical temperature，C. T），同时也就是该物质的临界点（C. P）。物理实验证明，某物质在其气液面消失的状态下，表面张力作用消失，分子之间的内聚力等于零。物质内部结构保存完好，不变形。临界点干燥仪的设计就依据了这种物理性质。有多种物质可用作临界点干燥的干燥剂，如液体二氧化碳、干冰（固体二氧化碳）、氟利昂以及一氧化二氮等，但最常用的是液体二氧化碳。

2. 临界点干燥的操作程序：下面以日立 HCP-2 为例说明样品干燥程序。HCP-2 临

界点干燥仪可用液体二氧化碳和固态二氧化碳（干冰）作为干燥剂，以液体二氧化碳为干燥剂说明如下：①置换：把已经固定好，并脱水到100％乙醇的样品浸入乙酸异戊酯中20 min以上，室温或4 ℃。②仪器准备：打开总电源，先向HCP-2中注入少量液体二氧化碳，再用放气阀排出，以检查排放是否通畅。同时对样品室预降温，以低于室温10 ℃为宜。③准备样品：把样品笼的底和盖都垫好干净的滤纸，并滴上少许乙酸异戊酯，将样品正面朝上放入，扣牢样品笼盖。将样品笼放入样品室，用旋转棒旋紧样品室盖。④注入液体二氧化碳：打开进气阀，控制流量，使液体二氧化碳缓缓进入样品室。通过观察窗判断液面，以液面充盈样品，略高出样品笼高度为宜。压力表指示60～70 kg/cm^2。注入完毕时，将进气阀关闭。⑤调温：调节控温钮至20 ℃，保持15～20 min，使液体二氧化碳充分置换乙酸异戊酯。然后再调至35～40 ℃，使压力维持在73 kg/cm^{2}以上（不要超过110 kg/cm^2），稳定后维持5～10 min。⑥排气：在继续维持原温度的条件下，轻轻打开慢排气控制钮，控制排气量，以计量管中的小球悬在中间微微地上下跳动为宜，或使排气管在水中吐出的气泡既连续不断又可数清为宜。⑦取出样品：气压降至零后，将温度调至略高于当时的室温，打开盖，取出样品，迅速放入玻璃干燥器中（图6-6）。临界点干燥

注意：①一次干燥的样品不能过多，否则样品不易充分干燥。②注入液体二氧化碳量不能过少。③样品室密闭要好，否则导致样品室内压力不足。④夏天样品室的温度高，没有事先降温。

（二）样品的导电处理

扫描电镜的成像质量与电子束流和二次电子束流等有密切关系。但彻底干燥的生物样品是绝缘的，它阻碍电子束流的穿透，并导致放电现象，从而影响观察效果。为了使彻底干燥的样品能有良好的导电性，可用金属镀膜法和导电染色法处理样品。

1. 金属镀膜法：金属镀膜就是先把样品粘在样品台上（一般为铜块），再镀上一层很薄的、并且非常均匀的金属膜（一般镀20 nm厚的金）。因为金的化学性质比较稳定，不与样品中的化学成分反应，既不影响样品本身的结构，又能使样品具有导电性，同时经金属镀膜的样品，能产生大量的二次电子，从而提高图像的质量。另外，还能加强样品对电子束轰击的抗击力，以减少电子束对样品的损伤。有两种金属镀膜的方法，一是离子溅射法，二是真空喷镀法。

（1）离子溅射镀膜法：离子溅射镀膜法又称离子喷涂法。在低真空条件下，位于阴极的金属物质进行辉光放电时，由于空气离子的冲击作用，金属原子（或分子）出现飞散的现象——离子溅射（ions puttering）现象。溅射镀膜仪使飞散出来的金属原子（或分子）均匀地落在已粘有样品的样品台上，样品台和样品的表面就会附着一层金属薄膜。薄膜的厚度可以控制在1～100 nm，这样既不掩盖样品的表面结构，又使样品具有良好的导电性。这种镀金属膜的方法为离子溅射镀膜。以Eiko IB-5型溅射镀膜仪为例，说明离子溅射镀膜法制样过程。①样品准备：将样品充分干燥。②样品放置：样品放在靶电极的正下方，间隔2.5～3 cm。样品的个数不限，但总面积不能超过靶面积的30％，并盖好真空罩。③抽真空：达0.01托（1 Torr＝1 mm Hg＝133 Pa）。④加高压：先定时2 min，再打开高压开关，并调节放电电压（1200～1400 V），此时电流应

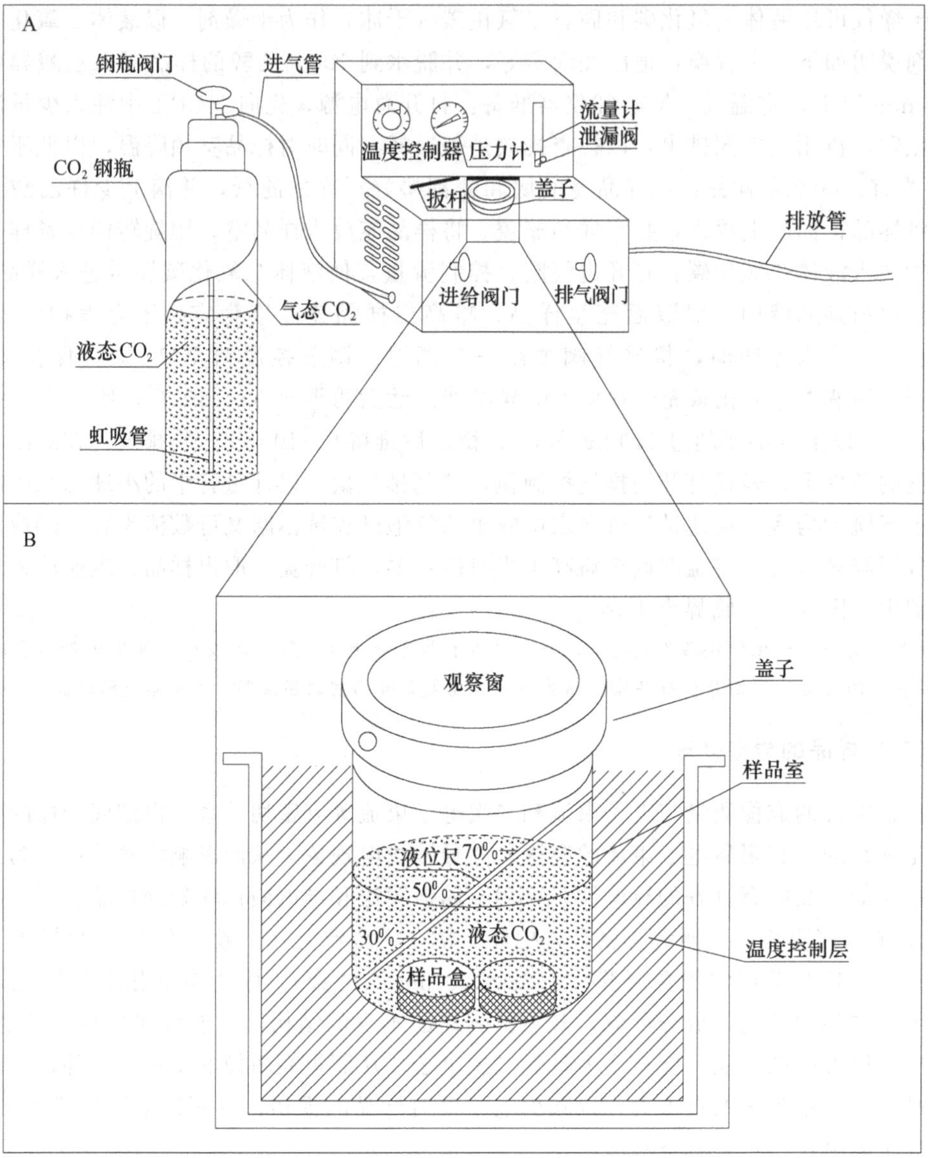

图 6-6　临界点干燥工作原理示意图（A）和放大的样品室（B）
（仿付洪兰，2004）

达 5 mA 以上。⑤镀膜：先确认电流指示已到 2 mA 以下，再慢慢打开针状阀门，将电流指示调到 7～9 mA，并保持 30 s。接着再微微关闭针状阀门，将电流指示调到 5～6 mA，镀膜，直到所定时间结束，镀膜完毕。

（2）真空喷镀镀膜法：在真空条件下，把某些金属丝加热到一定的温度时，该金属就会急剧地蒸发。此时如把样品放置在距金属丝 5 cm 左右处，蒸发的金属原子（或分子）就会喷落其表面，使其覆盖上一层金属膜。真空喷镀镀膜仪就是根据这一原理设计的。由于镀膜是在真空条件下进行的（真空度达 10^{-6}～10^{-5}托），因此，既可以防止样品受传导和对流引起的热损伤，又可以防止样品受金属氧化引起的污染。另外，这种镀膜装置的样品台可以倾斜旋转，使样品表面的镀膜均匀。真空喷镀法优点：①可以喷碳膜，但离子溅射法几乎不能喷碳。②可以选用一些较廉价的金属镀膜，如铜和铝等，而不一定非用金。基本操作程序：①把样品放在样品台上，盖好钟罩，抽真空至 10^{-6}～10^{-5}托。②慢慢打开加热器，使金-钯合金丝缓慢融化并蒸发。③打开样品台的倾斜装置，一般需要倾斜 30°～45°，或打开自动旋转装置，使样品台连同样品以大约 100 r/min 的速度旋转约 1 min，完成喷镀。一般膜厚 3～30 nm。④关闭加热器；停留若干分钟，使样品镀膜稳定，再缓缓向钟罩中放入空气，直至恢复到标准大气压后，再取出样品。两种镀膜的方法基于不同的工作原理，各有所长，可以根据实验要求加以选择。

2. 导电染色：导电染色是一种将极细的金属颗粒植入生物样品中，以增强样品导电性的电子染色过程。经导电染色的样品具有良好的导电性，在扫描电镜下能释放较多的二次电子，从而加强图像的亮度和反差。经过导电染色处理的样品，可以省略金属镀膜。常用的导电染液由缓冲液/固定液配制而成，同时具有固定作用。①单宁酸/锇酸：单宁酸对酸性和中性溶液中的蛋白质具有沉淀作用，对一些金属酸或金属盐类具有还原作用。特别是单宁酸/锇酸同时存在的情况下，单宁酸与锇酸结合，形成单宁酸-锇酸复合物，使单宁酸/锇酸混合液除具有固定作用之外，还能将金属颗粒植入生物样品之中。一般用 0.1 mol/L 的磷酸缓冲液或二甲胂酸钠缓冲液配制单宁酸/锇酸导电染液，单宁酸的浓度在 0.5%～4%，锇酸的浓度在 0.1%～1%，可以根据样品的需要进行选择。对于 3 mm^3 左右的组织块，需用导电染液在室温或 4 ℃下处理 1～2 h；单细胞只处理 15～30 min。②锇酸：常用 1%OsO_4 缓冲液作为后固定溶液，一般 4 ℃下处理 10 min～1 h。因为锇酸含金属锇颗粒，对生物样品中的某些蛋白质有亲和性，所以在固定样品的同时，向样品中植入了金属锇的微粒，因而增强了样品的导电性。③其他试剂：用氨银、柠檬酸铅、磷钨酸、高锰酸钾等含重金属盐的溶液处理生物样品，也有一定的导电性，不加喷锇，用低加速电压（如 5 kV）也可以直接用扫描电镜观察。

三、扫描电子显微镜在植物学研究中的应用

扫描电镜以其独到的特长，在生物、医学等领域日益得到广泛的应用。下面以小麦淀粉胚乳细胞发育过程中淀粉质体的发育为例，说明扫描电镜样品制备和应用。

（一）样品制备

1. 取样与固定：小麦开花不同天数，取小麦颖果，用双面刀片切去两端，再 2.5% 戊二醛（磷酸缓冲液配制）固定 3～6 h。

2. 缓冲液清洗：取固定好的颖果 3～5 粒，用双面刀片徒手横切，切块厚度 2 mm 左右。用 0.1 mol/L pH 7.2 的磷酸缓冲液充分清洗；

3. 脱水：乙醇系列脱水（30%→50%→70%→85%→95%→100%→100%→100%），每步 10～20 min；

4. 乙酸异戊酯替换：用乙醇：乙酸异戊酯比例分别为 3：1、2：1、1：1 和 0：1 的混合液逐步过渡，每步 30 min。

5. 临界点干燥：将乙酸异戊酯替换后的样品放入样品笼，在临界点干燥仪内进行干燥。

6. 离子溅射镀白金膜：将干燥后的样品用导电的双面胶粘在铜质圆形样品台上，离子溅射仪（EiKoIB-5）镀金膜（具体方法见前面论述）；

7. 观察：取出样品，直接用扫描电子显微镜，在 20 kV 加速电压下观察、拍照。

（二）植物花粉扫描电镜图片

见图版Ⅸ扫描电镜下的植物（A. 蜀葵，B. 一串红，C、D. 苹果）花粉粒的形态。

第五节　冷冻超薄切片制样方法简介

一、冷冻超薄切片原理

冷冻超薄切片技术是一种为了研究更接近于生物生活状态结构和功能而发展起来的电镜样品制备技术。它是把样品进行冷冻固定后，进行超薄切片，省去了经典超薄切片法的长时间的固定、脱水和包埋等处理。样品在切片前后，不经过强烈的化学处理，细胞结构能得到很好的保存；尤其是可溶性成分不会被抽提，使得电镜图像更接近于生物的生活状态。可用于细胞免疫化学、可溶性成分自显影、尤其在 X 射线微区成分分析等研究中。冷冻超薄切片操作在超薄切片机上加上冷冻附件就可进行。

冷冻超薄切片的制备程序可为两类：①无溶液制备法：包括取材、快速冷冻、切片、干燥、染色或不染色、镜检等几个步骤。主要用于可溶性物质的放射自显影和 X 射线微区分析。②固定样品制备法：包括取材、醛类固定、样品包埋或不包埋、冷冻保护处理、快速冷冻切片、染色及镜检等步骤。本方法适用于进行形态学、细胞化学和免疫细胞化学研究。下面以第二种方法为例，介绍冷冻超薄切片制备过程。

二、冷冻超薄切片方法

1. 取材：最理想的冷冻固定是在一瞬间，组织细胞中的每一个分子都迅速地冷冻，所含的水分形成很小的冰晶（不得超过 2～5 nm），达到所谓的玻璃态。能够冷冻又不能造成冰晶损伤的生物样品，即使在快速冷冻条件下，也只有几微米到几十微米。植物样品一般要切成边长为 0.5～1 mm^3 的小块。

2. 醛固定：对生物样品进行预固定，有利于保存超微结构和保留生物大分子和酶的活性。通常用醛类作为固定剂。戊二醛对结构保存好；甲醛渗透快，有利于保留免疫原性和抗原检测。一般用 0.1 mol/L 二甲胂酸钠缓冲（pH 7.2）的 2.5%戊二醛固定液+4%甲醛混合固定液固定 1 h。

3. 包埋：采用某些大分子量的支持介质，将组织块包埋起来，便于切出大面积的平整的切片。这些物质只进入细胞间隙而不渗透到细胞中去。常用的包埋剂有明胶、纤维蛋白原、甲基纤维素和牛血清蛋白等。具体操作：将组织块放到 30 ℃的 10%～20%的明胶溶液中，15～30 min 后放到冰箱中冷却到 4 ℃，凝固，样品被明胶包封。用纤维蛋白原时，是将组织放到含有 Ca^{2+}、Mg^{2+} 的缓冲液配制的 1%纤维蛋白原溶液，加 1 滴凝血酶溶液，纤维蛋白原转化成纤维蛋白而凝固，操作同明胶。

4. 冷冻保护处理：绝大多数生物样品都含有大量的水分。在低温冷冻的过程中这些水分可能会形成冰晶，损伤生物样品精细的超微结构，即所谓“冰晶损伤”。为了减少冰晶形成机会，要对生物样品进行冷冻保护处理。一般选用 20%甘油或 2～2.3 mol/L 的蔗糖，以及蔗糖和 PVP（聚烯吡咯烷酮）的混合液（10%PVP 的 2～2.3 mol/L 蔗糖溶液），具体操作：将组织块浸泡在 20%～30%甘油等渗透溶液中 5～30 min，或在 2～2.3 mol/L 蔗糖溶液中 30～60 min，也可在蔗糖和 PVP 混合液中浸泡 2 h。

5. 快速冷冻：生物样品冷冻时冰晶形成情况与冷冻速率有关。快速冷冻速率达到 10^2～10^4℃/s 时，结晶过程进行得太快，细胞内外的介质变得太黏稠，不能形成大的冰晶，细胞内水分几乎是均匀凝固，不对样品造成超微结构损伤。目前应用的冷冻方法有直接冷冻法、间接冷冻法、冷金属接触冷冻法、双丙烷喷气式冷冻法和高压冷冻法。下面介绍其中两种常用方法：①直接冷冻法：将样品放到样品架上，直接投到液氮中冷冻。在 1～2 s 内达到－196 ℃。但因液氮沸点低、易汽化，在样品周围会形成绝热的气体层，将样品和冷冻剂隔离开，从而减慢了样品内部的冷冻速度。可以用抽真空的方法进行改善。用液氦（－273 ℃）冷冻效果好。②冷金属接触冷冻法（冲撞冷冻法）：将一清洁磨光的铜块放入液氮中冷冻，待温度平衡后，将样品和铜块接触 0.3～0.5 s，使样品冷冻，然后把样品和铜块一起放到液氮中冷冻。由于铜块的导热性好，能将样品中的热量以最快的速度导出，故冷冻效果好。此法能够对大面积的组织实施冷冻，冷冻深度 10～15 μm。在冷冻时，样品会产生一个平整的、类似于“抛光”的表面，特别适合于进行冷冻切片。此冷冻方法是最通用的方法。

6. 切片和捞片：冷冻超薄切片是在带有冷冻附件的超薄切片机上进行。切片之前也要对组织块进行修块。可以在冷冻剂中用锐利刀片修整，也可以把样品安置到超薄切片机上用玻璃刀修块。如果在取材时就把组织块预修成一定形状，定向安置在样品台上，就可省去后来的修块操作。切片的方法有两种：①液槽法：采用液槽收集和展平切片的方法。用玻璃刀切片时，刀槽液需采用在低温下不冻结的、不与样品作用的，又能使切片浮起来的液体。可以采用二甲基亚砜、异戊烷、甘油或氟利昂。切片的温度由所选择的刀槽液而定，一般在－100～－60 ℃。超薄切片可以用常规超薄切片方法捞片，用载膜铜网与切片接触而使切片粘在铜网上。②干刀法：不用刀槽液，直接在干玻璃刀上切片的方法。干刀法捞片常用液滴法。用一细毛笔携带一滴饱和的蔗糖溶液，作收集液，先在切片机冷室中使液滴凝固，然后用这种液滴去粘取切片。再将液滴拿到冷室外面，在室温下液滴解冻，利用溶液的表面张力，使切片展开。此时便可以把切片移到载膜铜网上，用蒸馏水洗去蔗糖，然后染色。有研究表明，用蔗糖-蛋白质混合液（2%血清白蛋白的 2 mol/L 蔗糖溶液）或蔗糖-甲基纤维素混合液（2%甲基纤维素与 2.3 mol/L 蔗糖溶液 1∶1 混合液）作切片收集液，可以更有效地降低表面张力，能使易碎的切片保持平整。冷冻超薄切片的厚度可以像常规超薄切片那样用干涉色来判断。

7. 染色：冷冻超薄切片大多采用负染法染色，具有简单、快速、有利于保存结构和分辨率高等优点。常用的负染色剂有：0.2%～1%磷钨酸，pH 6.5～8.5，染色 1～

15 s；0.5%～3%乙酸双氧铀，pH 4.5～5.2，染色 1～15 s。如果用冷冻超薄切片进行免疫化学研究，那需要在将切片捞到载网上，未干燥之前进行免疫标记，然后再染色。

冷冻超薄切片技术是一门正在发展的生物样品制备技术。在生活细胞和含水生物样品的电镜制样中显示出十分诱人的优越性。

三、低温包埋技术

采用低温包埋树脂包埋生物样品，可以使冷冻固定后样品的超微结构和可溶性成分继续得到良好的保存，也可以较好地保存抗原性，因此适合免疫电镜技术。

（一）常用的低温包埋树脂

常用的低温包埋树脂有 Lowicryl K4M 和 LR White。Lowicryl K4M 包埋介质含有高度交联的丙烯酸基和甲基丙烯酸基团，是一种极性（亲水）树脂，可在－35 ℃下使用，采用长波紫外线（波长 360 nm）在低温条件下聚合。Lowicryl K4M 的亲水特性使得样品在脱水和浸透的过程中，仍然可以保存部分水合的状态，在聚合时，组织块含水的上限可达 5%(W/W)。LR White 也是一种常用的丙烯酸类树脂，并具有与 Lowicryl K4M 类似的性质。应用上述树脂包埋，可以采用以下两种样品处理程序：一是正常室温固定，随后在梯度脱水过程中逐渐降低温度，这是目前常用的方法。二是采用冷冻固定和冷冻置换方法，使样品处于低温下，直到其完全渗透和聚合，是更值得推荐的方法。

（二）制样过程

下面以 Lowicryl K4M 包埋剂为例介绍上述第一种样品处理程序。

1. 取样：样品的体积一般要小于 0.5 mm^3。植物样品中不能含有大量色素，否则影响聚合。

2. 固定：可采用戊二醛、甲醛等化学固定方法对样品进行处理。但不能使用增强反差的固定剂（如锇酸等）进行化学固定，防止这些固定剂干扰光聚合。

3. 脱水：固定后的样品在脱水过程中应逐步降低温度，同时增加脱水剂的浓度。每一步选择的温度应恰好在前一步使用脱水剂浓度的冰点之上。在脱水过程中，要不断地摇动或搅动样品瓶。具体步骤如下：

乙醇（%）	温度（℃）	时间（h）
30	0	0.5
50	－20	1.0
70	－40～－20	1.0
95	－40～－20	1.0
100	－40～－20	2.0

4. 浸透：市场上的 Lowiceyl K4M 以试剂盒的形式出售，包括三种试剂：单体（羟丙基丙烯酸酯和羟乙基丙烯酸酯）、交联剂（乙二醇丙烯酸酯）和激活剂（苯甲酸炕基乙醚）。包埋剂可按下列比例配制：单体 17.3 g；交联剂 2.7 g；激活剂 0.1 g。各种成分应称量准确，混合均匀。混合时，要用玻璃棒轻轻搅拌，避免混入空气。浸透步骤如下：

包埋剂：100%乙醇	温度（℃）	时间（h）
1∶1	－40～－20	1
2∶1	－40～－20	1
纯包埋剂	－40～－20	1
纯包埋剂	－40～－20	4～16

5. 包埋：将浸透好的组织块转入胶囊，加满新配制并经过预冷的包埋剂，盖好胶囊盖。在低温下进行。

6. 紫外聚合：样品可以按常规放入 BEEM 或明胶胶囊进行聚合。聚合容器制成深的箱型冷室，光源必须能提供 360 nm 紫外线，可以使用两只 15 W 荧光管，要求胶囊所有角度均能接受紫外线照射。胶囊应置于紫外光源下 30～40 cm 处（图 6-7）。在－50～－30 ℃的低温条件下（推荐温度为－50℃），紫外聚合至少 24 h。

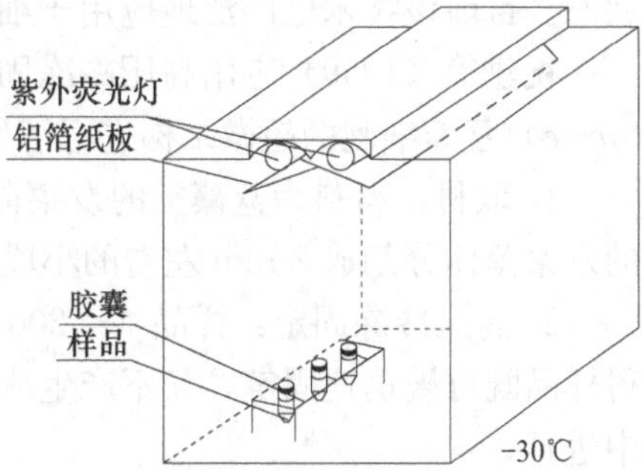

图 6-7　紫外聚合用箱型冷室示意图

将胶囊移至室温，继续紫外照射 2～3 d，聚合完成。

7. 切片与染色

为了获得好的切片结果，应先对 Lowiceyl K4M 包埋块进行修块。由于 Lowiceyl K4M 包埋块是一种高度交联的甲基丙烯酸，当其具有合适的硬度时，采用钻石刀或玻璃刀切片，均可获得较好的切片效果。

图 6-8　莱卡 AFS-2 型低温包埋仪

Lowiceyl K4M 是一种亲水树脂，在切片时应保证切面不被弄潮，这可以通过适当降低水槽中的液面来实现。当切片切完后，应尽快收集。切片速度最好控制在 2～5 mm/s。染色方法：首先用乙酸铀饱和水溶液染色，染 5～10 min，然后用乙酸铅染色。由于 Lowicryl K4M 是亲水树脂，所以切片、染色时孵育在液滴中的时间应尽可能短。铀染和铅染之间的清洗应彻底，铅染时和铅染后的清洗应防止 CO_2 污染。

8. 低温包埋制样需注意的问题：①配制包埋剂时应该在通风橱内配制，应使用橡胶手套保护。②树脂混合时要防过度的搅拌，氧气进入会干扰聚合。③硬度可由调节树脂中交联剂的含量来改变。④低温的维持是低温包埋技术成功的关键。难以达到或维持一系列不同的低温条件常常影响包埋效果。最好使用低温包埋仪进行包埋（图 6-8），可以实现脱水、浸透、包埋、紫外聚合的自动化操作，非常方便。

四、冷冻超薄切片在植物学研究中的应用

低温电镜技术是应用冷冻（物理）方法制备生物样品。与常规电镜技术（化学方法）比较，可使样品既符合电镜分析的要求，又最大程度地维持样品在其生活时的生理状态。目前该技术已广泛地应用于细胞和分子水平的科学研究中。

祝建等（1999）应用高压冷冻固定和冷冻超薄切片技术对发菜（*Nostoc flagelliforme*）营养细胞的超微结构进行了研究。其制样技术如下：

1. 取材：材料为蓝藻类的发菜藻体。将藻体放在蒸馏水中约 10 min，然后将吸胀的发菜藻体分割成 2 mm 左右的小段。

2. 高压冷冻固定：样品（$<200\ \mu m$）在高压（2100 Pa）的压力下降低了冰点，使得样品既可被迅速固定，又不产生冰晶损伤细胞。高压冷冻固定在高压冷冻机（M010）中进行。

3. 冷冻超薄切片：固定后的样品在莱卡低温超薄切片机制片。温度控制在－170～－130 ℃，切片厚度约为 60 nm。

4. 捞片：切片捞至铜网，将切片置于二亚砜∶水（1∶1）（V/V）液滴表面 30～60 s。然后经水洗 3 次，每次 2 min。

5. 染色：用 2%钼酸氨-水溶液染色，约 30 s 染色。

6. 观察：透射电子显微镜中观察（室温）。

应用高压冷冻和冷冻超薄切片（未经脱水和包埋）技术制备的发菜藻丝超薄切片，能清晰显示了发菜胶质鞘、细胞和细胞内各种具膜和不具膜的结构及其他内含物。其超微结构与高压冷冻及低温脱水技术制备的样品较为接近；比常规电镜制样技术有明显的优点。

第七章 原位杂交与组织化学

原位杂交（*in situ* hybridization，ISH）是指在组织或细胞内进行分子杂交的技术，是分子生物学和组织化学相结合的技术。该技术在1969年由John、Gall和Pardue等人创立，近年来发展很快，已广泛应用于动植物基因的物理作图、单个基因的定位、功能表达、杂种中供体基因组的识别、染色体易位互换的鉴别、内外源基因在转录、翻译水平上的特异性研究、基因组空间分布以及系统进化和亲缘关系等研究。

该技术的原理是根据核酸分子碱基互补配对原则，首先制备染色体或细胞核制片或植物组织制片，然后将制片和经标记的探针变性为单链，二者复性，成为杂合双链核酸，再通过一定检测手段将外源核酸在染色体或细胞核或细胞组织上的位置快速、直观、准确地显示出来。其主要步骤包括：样品处理及固定→样品的制备和预处理→探针的制备和预杂交→探针及样品的变性→杂交温育→检测杂交信号→进行结果分析。

第一节 原位杂交技术

原位杂交技术可以分为DNA原位杂交和RNA原位杂交。DNA原位杂交中以染色体原位杂交（chromosome *in situ* hybridization，CISH）为主，也可用各种时期各种形态的DNA[如间期细胞核、DNA纤维（DNA fiber）]为杂交靶对象。RNA原位杂交则是用标记的探针对组织细胞中的RNA进行原位定位。

一、植物染色体原位杂交技术

植物染色体原位杂交技术杂交的靶对象是染色体。20世纪80年代末，出现了利用荧光素标记或检测的原位杂交即FISH（fluorescent *in situ* hybridization）技术，它将荧光信号的高灵敏度、安全性与荧光信号的直观性和原位杂交的高准确性结合起来，通过荧光标记的DNA探针与待测样本的DNA进行原位杂交，在荧光显微镜下对荧光信号进行观察和记录，从而对细胞核及染色体的特异DNA序列进行检测，是一种直接、简便的研究基因定位和表达的方法。随着组织化学和分子生物学的进一步发展，染色体原位杂交技术不断改进和完善，在方法上放射性同位素标记已逐渐被分辨率高、安全、节时的非放射性标记［如生物素（biotin）、荧光素、地高辛（Digoxigenin，DIG）等］所取代，形成了从化学显色检测向荧光检测、再向多色荧光检测的发展格局，灵敏度和分辨率也大幅度提高。

（一）染色体制片技术（参见本书第五章第一节）

1. 中期染色体制片

染色体原位杂交技术通常采用根尖或花粉母细胞中期染色体作为靶DNA的载体。中期染色体具有良好的形态结构，容易辨认，但由于中期染色体受染色体结构高度浓缩的影响，其分辨率只能达到1～3 Mb的水平，难以满足构建高分辨率的DNA物理图谱的需要。利用减数分裂的粗线期染色体和DNA纤维可达到更高的分辨率。

2. 花粉母细胞减数分裂制片法

花粉母细胞减数分裂制片法获得伸展的粗线期染色体为在染色体上用FISH技术定位基因和构建物理图谱提供了方便。减数分裂的粗线期染色体具有可识别的结构特征，包括着丝粒位置、短臂和长臂的比例、异染色质和常染色质的形态，而且其浓缩程度较中期染色体大为降低。粗线期染色体的线性长度约为中期染色体的5～30倍，分辨率可达100 kb，可识别的DNA片段长度大于100 kb。另外，粗线期同源染色体配对提供了两个目标点使目标区域增加了一倍，以上这些特点说明了粗线期染色体适用于原位杂交。目前已在黑麦、番茄粗线期染色体上成功地进行了重复序列的定位研究，其分辨率能够达到100 kb。

3. DNA纤维伸展法

近年来，在DNA纤维（extended DNA fiber）上进行原位杂交技术，在1 Mb的范围内，FISH定位的分辨率能达到1～3 kb。现在DNA纤维制备技术所产生的染色体纤维的分辨率接近游离态DNA双螺旋，DNA纤维的伸展程度达到了2.5～3.5 kb/μL，这一数值与Walson-Crick建立的DNA双螺旋模型中B-DNA分子的理论值2.97 kb/μL十分接近。

利用这一技术，可以展开YAC、BAC、噬菌体和质粒DNA克隆在DNA纤维上的线性排列顺序并准确地构建出DNA物理图谱。目前，这一技术在拟南芥、番茄等植物基因组研究中得到了广泛的应用。

（二）探针及其标记

探针标记物有放射性同位素和非放射性标记物两种。原位杂交技术最早建立时是使用放射性同位素标记探针，其灵敏度较高，但是难以分析杂交信号，同时存在放射性污染问题，现已较少使用。20世纪80年代以来相继发展了生物素标记检测系统、DIG标记检测和荧光素标记检测等非放射性标记和检测系统。目前在植物染色体原位杂交研究中，生物素、DIG与荧光素标记探针应用较多。其中荧光素标记不仅操作简便，而且可在同一材料上同时标记两种以上不同颜色；DIG标记和检测具有安全、高效、制片可以长期保存等优势，在分子杂交等生物学实验中广泛应用。

探针的制备主要采用切口平移法、随机引物法或末端标记、PCR法标记等方法。

（三）与其他技术的结合

原位杂交与其他技术结合主要有五种：①显带-原位杂交（sequential banding ISH）。②PRINS（primed *in situ*）。③PCR-ISH。④与电镜技术相结合。⑤与染色体微切割技术结合。

显带与ISH相结合使探针定位更加准确。原位PCR与ISH技术的结合，其灵敏度比常规ISH高2个数量级，且可以在PCR底物中加入标记好的核苷酸，扩增后直接检测，省去杂交程序。电镜技术的发展，将使ISH技术研究的靶序列从kbp级向bp级发展，DNA 序列定量分析将更为精确，ISH 技术的效率也会大幅度提高。ISH 结合染色体切割技术，对构建特定染色体或染色体区域 DNA 文库、基因图谱等方面将大大缩短时间，节约人力资金。

（四）染色体原位杂交技术的应用

染色体原位杂交技术现已广泛应用于植物外源染色质（体）、多种染色体畸变的检测，植物染色体物理图谱的构建，物种起源进化及物种间亲缘关系的探讨、植物基因工程及基因表达研究、比较基因组分析等研究中，展示了其广阔的应用前景。

（五）染色体原位杂交技术的基本步骤

1. 制片的基本要求：染色体原位杂交要求高质量的细胞学制片，因而需要最好的细胞分裂相；细胞分裂相应尽可能干净，没有细胞壁和细胞质的干扰；用 RNA 酶除去细胞质中的 RNA，避免其与探针 DNA 杂交；用蛋白酶 K 酶解以增大材料的渗透性并除去与 DNA 粘连且抑制探针杂交的蛋白。

2. 杂交液的配制：杂交液所含成分除大约 2.5 ng/μL 的标记探针 DNA 外，还包括：①50%甲酰胺，是解双螺旋的分子，会破坏氢键的形成，促进 DNA 和探针变性后，进行杂交。②硫酸葡聚糖，是一种高分子惰性聚合物，由于它在杂交液中占据一定的溶液体积并将大分子 DNA 排除于外，从而提高了探针 DNA 的有效浓度，可提高杂交的反应速度 10 倍以上，但不影响探针的洗脱强度；杂交时常用浓度为 5%～10%，浓度高时会使溶液的黏度增大，不利杂交探针的渗透。③0.1%SDS，有助于探针的渗透。④2×SSC，作为调节探针洗脱强度的缓冲液。⑤封阻 DNA：浓度通常为探针 DNA 的 1～100 倍，作用是杂交掉探针中的相似序列，阻止探针 DNA 与非目标 DNA 的粘连，即用于阻止探针与非特异位点或非目标 DNA 杂交。

3. 变性及杂交：①制片 DNA 变性：一般用 70%去离子甲酰胺于 70%下变性 2 min 即可。②杂交探针变性：置于 70～90 ℃下变性 10 min。③共变性：在将探针 DNA 加到待检测的制片上后需于 80～90 ℃下共变性 10 min。

注意：每次变性之后立即置于冰上，以保持变性后单链状态。杂交一般是在探针温度大约在 Tm－25 ℃（基因组原位杂交一般是 37 ℃）、避光、恒温条件下进行，持续时间可以是 12～20 h，在此期间，要注意保湿。

4. 洗脱：洗脱的目的是去掉杂交弱的探针，减少杂交背景，有利于信号的检测。一般用 2×SSC 洗 3 次，每次 5～10 min，其中第一次和第二次用 42 ℃，第三次用室温洗。在第二次洗的 2×SSC 中含有 50%甲酰胺。原位杂交实验最初的洗脱强度应该低一些，有助于探针与目标 DNA 形成专一性结合。增大洗脱强度可以除去非专一性杂交阻止部分或全部交叉杂交的作用，减少杂交背景，但可能会减少信号的强度。

5. 检测：可利用酶催化显色反应识别，荧光显微镜观察杂交信号。

（六）染色体原位杂交实验操作步骤

1. 原位杂交染色体的准备：①28 ℃或室温下，在培养皿中湿润的滤纸上萌发种子。收集1～2 cm长的根尖，放进装有水的小玻璃瓶中。将玻璃瓶放置在装有碎冰和水(冰水混合物可以保持0 ℃)的盒子中，4 ℃冰箱中储存22～24 h。②根尖在3∶1的95%乙醇/乙酸混合物中固定1～7 d。③根尖在1%的伊红中染色10 min～1 h。不要染色过久。④用压片法或涂片法制作染色体标本。⑤在－70 ℃冰箱中贮藏载玻片。载玻片可贮藏几年而不至影像N-显带和原位杂交。

2. 探针制备：随机引物法或缺口平移法用生物素/DIG标记质粒和基因组DNA。

3. 探针纯化：视标记情况而定是否做探针纯化。

4. 探针与染色体杂交

(1) 染色体标本(如果是压片法制备的染色体标本，－80 ℃冻存后用刀片去掉载玻片上的盖玻片)经镜检，确认染色体铺展良好后，乙醇(室温→70%→95%→100%各5 min)脱水、干燥。

(2) 准备杂交混合物：去离子甲酰胺10 μL，20×SSC 2 μL，剪切的鲑鱼精DNA (10 mg/mL) 2 μL，探针DNA 1～2 μL，H_2O x μL(补齐到20 μL)，50%硫酸葡聚糖4 μL，总体积20 μL。

注：用H_2O调整总体积至20 μL，需确保溶液混合完全。

(3) 杂交：①80 ℃热变性5 min，之后立即将混合物置于冰上，使之保持单链状态；②在干燥的玻片上加150 μL 70%甲酰胺的2×SSC溶液，盖上Parafilm膜。将玻片放在保湿盒中，80 ℃烘箱1.5 min。(10 mL 70%甲酰胺2×SSC封阻液：7 mL甲酰胺，1 mL 20×SSC，2 mL H_2O)；③去掉Parafilm膜，立即浸没在冷却的梯度乙醇(70%→95%→100%，－20 ℃各5 min)中，空气干燥；④每张玻片点10 μL杂交混合物，盖上Parafilm膜，置于湿润的保湿盒中。

5. 荧光素检测ISH信号

(1) 将玻片浸没在装有2×SSC的染色缸中。小心摇动染色缸Parafilm膜从玻片上分离。

(2) 按下列步骤洗涤玻片：2×SSC，室温，5 min→2×SSC，42 ℃，10 min→2×SSC，室温，5 min→1×PBS，室温，5 min。适当增加2×SSC洗涤的温度和时间可减少杂交背景。

(3) 保持玻片湿润，在材料上滴加100 μL FITC(或罗丹明)结合的抗生物素(或抗地高辛)抗体(依不同公司的产品在1∶50至1∶200范围内稀释)，盖上Parafilm膜，37 ℃孵育30 min。

(4) 倾斜玻片或浸泡在装有1×PBS的烧杯中，去掉Parafilm膜。室温下在1×PBS中洗涤3次，每次5 min。可改变洗涤的温度和时间来调整杂交的严谨度。

(5) 在材料上滴加50 μL含1 μg/mL PI或DAPI的防荧光淬灭溶液(一般购自Vector公司或Sigma公司)，盖上盖玻片。

(6) 荧光显微镜下检查原位杂交结果。FITC检测的杂交信号为黄绿色。罗丹明检测的杂交信号为红色。

(七) GISH技术的操作步骤

GISH是在染色体原位杂交和染色体原位抑制杂交(chromosome *in situ* suppression)

的基础上建立和发展的一项技术。具体操作步骤如下：

1. 探针和封阻DNA的制备：一般用CTAB法分离基因组DNA。①在准备好的基因组DNA（0.1～1 μg/μL）中加入10 mol/L NaOH，使NaOH浓度达0.4 mol/L。②开水煮沸40～45 min，以打断基因组DNA。封阻基因组DNA的打断也可用其他方法，如高温灭菌、用注射器反复吹吸或小针头搅拌、剧烈的漩涡震荡或用超声波处理等。开水煮沸的方法优点是：容易控制DNA片段的大小为100 bp～1 kb；由于反复沉淀，得到的样品很干净。③冰上放置，加入等体积3 mol/L乙酸钠（NaAc，pH 4.6）和2倍体积的无水乙醇，混匀。④12 000 r/min离心10 min。去上清液。70%乙醇洗涤，吹干。⑤加入适量体积TE，1/10体积3 mol/L乙酸钠（NaAc，pH 4.6），2倍体积无水乙醇混匀。⑥如上离心，并用70%乙醇洗涤，吹干。⑦溶入适量体积TE。

注：探针基因组DNA的标记方法最好用切口平移法，因为其产生的片段长度在300～600 bp。但在标记之前，还需对基因组DNA进行机械打断，使其长度适合于DNase I/DNA I作用的大小，打断方法同上。也可在切口平移中增加DNase I到浓度。

2. 杂交液的配制（冰上配制杂交液）

杂交液成分/μL	制片数目				
	1	2	3	4	6
FDA（100%）	25.0	50.0	75.0	100.0	150.0
硫酸葡聚糖（50%）	10.0	20.0	30.0	40.0	60.0
20×SSC	5.0	10.0	15.0	20.0	30.0
SDS（10%）	2.5	5.0	7.5	10.0	15.0
sssDNA（10 mg/mL）	0.5	1.0	1.5	2.0	3.0
Probe DNA（labeled）	3.5	7.0	10.5	14.0	21.0
Blocking DNA	3.5	7.0	10.5	14.0	21.0

注：探针DNA与封阻DNA的浓度比是决定GISH成败的关键之一。要得到合适的浓度，需要进行多次实验。在检测小麦外源附加系中的外源染色体时，封阻基因组DNA是探针的50～300倍。

3. Cot-1 DNA准备：当基因组DNA克隆，如黏粒克隆、P1克隆、BAC克隆或YAC克隆，作为原位杂交探针时，来自同一植物物种的Cot-1 DNA，作为插入基因组克隆，应包括在杂交液中。①将基因组DNA剪切成平均长度为400 bp的片段（琼脂糖电泳显示为300～600 kb）。②开水煮沸DNA使之变性。③转移至65 ℃水浴3～4 min，加入65 ℃ NaCl使终浓度为0.3 mol/L，DNA退火至Cot 1（如1 mg/mL的溶液，变性时间为5.9 min；0.5 mg/mL的溶液，变性时间为11.8 min）。④加入等体积冰冷的2×S1核酸酶缓冲液［0.5 mol/L NaCl，2 mmol/L $ZnSO_4$，0.06 mol/L NaAc（pH 4.2），10%甘油］，加入S1核酸酶（1 unit/mg），37 ℃，30 min。⑤依次等体积苯酚∶氯仿（1∶1），氯仿∶异戊醇（24∶1）抽提，室温下离心10 min。⑥1/2体积7.5 mol/L乙酸铵（NH_4Ac），2倍体积的无水乙醇沉淀，70%乙醇小心洗涤，干燥，溶于适量TE。接着探针标记与染色体杂交，以及荧光色素检测ISH信号同前面一般染色体原位杂交步骤。

决定GISH成败的因素主要有以下几点：①探针的片段长度。由于采用基因组DNA为探针，必须在杂交前将其打断成300～600 bp的小片段，以利于探针的渗透。

②封阻 DNA 与探针 DNA 的混合比。依供试材料亲缘关系远近不同而不同。③洗脱严谨性。依据供试材料之间的亲缘关系远近进行调节。

二、RNA 原位杂交技术（组织化学原位杂交）

RNA 原位杂交（RNA *in situ* hybridization，RISH）又称 RNA 原位杂交组织化学（RNA *in situ* hybridization histochemistry）或 RNA 原位核酸杂交（RNA nucleic acid hybridization *in situ*）。该技术是运用 cRNA、cDNA 或寡核苷酸等探针来检测细胞和组织内 RNA 的表达。

（一）RNA 探针

RNA 探针是指带有标记的、能与组织内相对应的核苷酸序列互补结合的一段单链 cDNA 或 cRNA 分子。

1. RNA 探针的种类：RNA 杂交中所用的探针依其来源可分为 3 种：①特异性 cDNA。②cRNA 探针。③人工合成寡核苷酸探针。因为 cRNA 与 RNA 之间形成的杂交体比 cDNA-RNA 杂交体稳定，且 cRNA-RNA 之间形成的杂交体不受 RNA 酶的影响。因此杂交反应后可用 RNA 酶处理，以除去未结合的探针，所以 cRNA 探针在原位杂交中应用广泛。

2. 探针的标记：探针标记法有酶反应法和化学反应法。用于 RNA 探针的酶反应法主要为末端标记法与体外转录法。一般 cRNA 探针用体外转录法标记。

体外转录法是一种制备与克隆片段序列相同的单链 RNA 探针的方法。进行体外转录时，先将靶核苷酸序列克隆到包含 T3、T7 或 SP6 RNA 聚合酶的转录载体（如 pBluescript，STRATAGENE）中，然后在 RNA 聚合酶的作用下，以 DNA 为模板，以含有标记的三磷酸核糖核苷为原料，对启动子下游的序列转录成 RNA。

常用非同位素标记技术有生物素、DIG、碱性磷酸酶、辣根过氧化酶和荧光素。一般以 DIG 标记，抗 DIG 的碱性磷酸酶检测，再显色观察。

3. 探针的纯化：探针标记后必须经纯化方可使用。这是因为在探针标记过程中，反应液中仍存在一些未被结合到探针中去的剩余 dNTP 等小分子。常使用乙醇沉淀法或酚/氯仿抽提法进行纯化。

（二）杂交前准备

1. 载玻片和盖玻片的处理：为防止外源性 RNA 酶的污染，杂交用的载玻片和盖玻片需要 180 ℃烘烤处理。为防止组织或细胞标本在杂交过程中漂起或脱落，载玻片应涂以黏附剂，如明胶粘附剂、多聚左旋赖氨酸或硅烷粘附剂。

注：载玻片的黏附剂及涂片制备，以组织切片或细胞不脱落、不干扰杂交信号、低背景、经济及制备方便为原则。多聚左旋赖氨酸溶液的溶度可按实际应用效果调整，并应注意有效期限，制备载玻片应尽快使用，防止赖氨酸解聚而失效。

2. 杂交样品制备：杂交样品一般采用石蜡切片或冰冻切片制备。准备 RNA 原位杂交制片的全过程应严防 RNA 酶的污染。制备过程中所使用的容器、Z 刀具等均经高压消毒或清洁后，再用 0.1%焦碳酸二乙酯（diethyl pyrocarbonate，DEPC）水清洗。

（三）原位杂交和检测流程

1. 杂交前探针的选择：RNA 探针的长度以 50～150 bp 为佳，探针易进入细胞，杂交率高，杂交时间短。500 bp 的探针杂交时间约需 20 h。如超过 500 bp 的 RNA 探针，则在杂交前用有限碱基水解法控制其长度。探针浓度按其种类而略有不同，放射性标记 cRNA 探针的浓度为 0.5 ng/μL，而非放射性标记 cRNA 探针的浓度1.0 ng/μL。杂交液的量要适当，每张切片以 30～50 μL 为宜。

2. 杂交的温度和时间：设置和调整杂交温度是 RNA 原位杂交的重要环节。杂交温度应低于解链或熔解温度（melting temperature，Tm）20～30℃。多数 RNA 原位杂交 Tm 为 95 ℃，由于这一温度对保存组织形态完整和组织切片的粘附将产生不利影响，为此在杂交液中常以增加甲酰胺浓度来降低 Tm 值，因为每增加 1%甲酰胺浓度可降低 0.72 ℃。另外杂交体中 GC 的百分比、杂交体长度以及杂交液中 Na^+ 的浓度也与 Tm 呈正相关。杂交反应的时间可随探针浓度的增加而缩短，杂交时间过短会造成杂交不完全，杂交时间过长会增加非特异性着色。一般 RNA 原位杂交采用杂交孵育过夜，在黑暗环境下进行。总之，RNA 原位杂交操作需要注意以下几点：①有效制止组织和细胞内 RNA 降解。②实验流程中严防 RNA 酶污染。③对杂交信号有效的放大和显色技巧。④阳性结果判别，需要严格设置阳性和阴性对照，一般用已知染色模式的探针作为阳性对照，转录正义 RNA 链探针作为阴性对照，有利于保证观察到的实验染色不是假象。

（四）水稻根尖 mRNA 原位杂交操作步骤

1. 材料的固定、包埋：①固定：种子消毒，剥去种壳，播种于方皿，28 ℃培养。待根长至 1～2 cm 左右，取根尖浸入 20 倍于材料的 FAA 固定液中，抽气除去材料表面附着的气泡直至材料沉于容器底部，换新鲜固定液 4 ℃过夜。100 mL FAA 固定液包含：乙醇（50 mL），乙酸（5 mL），37%甲醛溶液（10 mL），DEPC-H_2O(35 mL)。②脱水：材料依次经 50%乙醇→70%乙醇→80%乙醇→90%乙醇→95%乙醇（含 1%伊红)→100%乙醇→100%乙醇→100%乙醇脱水，每级 30 min。其中用 1%伊红乙醇，是为了使样品显示红色，便于清楚地识别材料的位置和方向。③透明：依次经 25%二甲苯+75%乙醇→50%二甲苯+50%乙醇→75%二甲苯+25%乙醇→90%二甲苯+10%氯仿→90%二甲苯+10%氯仿→90%二甲苯+10%氯仿，每级 30 min。④浸蜡：50%石蜡+50%二甲苯，42℃ 4～16 h，重复一次，移入 60 ℃温箱，更换为 100%石蜡，60 ℃保温 2 d，期间更换 4 次纯石蜡。⑤包埋：固化前在 60 ℃保温 30 min 以除气泡，包埋。

注：石蜡包埋块 4 ℃可以存一年以上。

2. 切片：①准备带多聚赖氨酸的载玻片。②切片、展片：DEPC 水展片，42 ℃粘片 24 h 以上，4 ℃保存。

3. 探针标记

（1）转录模板线性化：①调整质粒终浓度为 1 μg/μL，加入合适的内切酶及缓冲液（200 μL 酶切体系），在合适的温度下保温（如 37 ℃，2 h），电泳检测是否酶切完全。

酶切后加入等体积的水（200 μL），以减少后面抽提时的损失。（注：此时应该以混合后体积作为一倍体积）。②酶切后，加入等体积的酚（200 μL）：氯仿（200 μL）（先加酚，振荡，再加氯仿，振荡）抽提，12 000 r/min 离心，5 min，取上清液置于 Eppendorf 管中。再加入等体积的氯仿（400 μL）抽提，12 000 r/min 离心，5 min，取上清液到 Eppendorf 管中。再重复一次氯仿抽提，取上清。③在上述水相中加入 3 mol/L 的乙酸钠（中和磷酸基团，有助于沉淀 DNA），使终浓度达到 0.3 mol/L(由最终所得的上清液的体积决定)。约 1.5 min 后再加入 2 倍冰预冷的无水乙醇，置冰上 1 h 至过夜。④样品取出，冷冻离心，12 000 r/min，10 min。弃上清，加入 400 μL 70%乙醇，颠倒混匀后再冷冻离心，12 000 r/min 离心，10 min。残液吸尽后，干燥，加水，使质粒线性化后浓度为 1 μg/μL，−20 ℃保存。

（2）转录反应（20 μL 体系）：线性化模板 x μL(1 μg)，5×转录缓冲液（含标记底物等）4 μL，RNA 聚合酶 2 μL，加 DEPC-水至 20 μL，42 ℃转录 2 h。

（3）去除模板：加 2 μL 无 Rnase 的 DNase 于 37 ℃消化 15 min，0.8 μL 500 mmol/L EDTA 终止反应。

（4）收集探针，20 μL 标记体系中加入 10 mg/mL tRNA 1 μL；4 mol/L LiCl 2.5 μL；100%乙醇 75 μL，−20 ℃ 1 h 以上，4 ℃ 13 000 r/min 离心，弃上清，70%乙醇洗 2 次，重悬于 100 μL DEPC-水中。注：为使探针溶解彻底可在 60 ℃保温 15 min。

（5）碱水解调整探针长度，50 μL RNA 溶液中加入 200 mmol/L $NaHCO_3$ 20 μL，200 mmol/L Na_2CO_3 30 μL，60 ℃水解 T min。10 μL 的 1 mol/L pH 4.7 NaAc 缓冲液终止反应，加入 1 μL 20 mg/mL 糖原、10 μL 4 mol/L 氯化锂（LiCl）、300 μL 乙醇，−20 ℃ 1 h 以上，4 ℃ 13 000 r/min，弃上清，用 70%乙醇洗 2 次，重悬于 100 μL DEPC-水中。注：水解时间（T min）：$T=(l_0-l_f)/(0.11\times l_0\times l_f)$。$NaHCO_3$、$Na_2CO_3$ 用 DEPC 水临时配用。

（6）检测探针浓度：不同稀释倍数的探针和标准样（Roche 公司 DIG 转录标记试剂盒含有）点同样体积于尼龙膜，按照试剂盒说明书显色。

4. 切片脱蜡、消化、乙酰化：以下的操作要在无 RNA 酶的条件下进行，容器、溶液和工具均要灭菌。

（1）脱蜡复水：依次经 100%二甲苯 20 min→100%二甲苯 20 min，进行脱蜡，接着复水，75%二甲苯＋25%乙醇→25%二甲苯＋75%乙醇→100%乙醇→100%乙醇→95%乙醇→85%乙醇→70%乙醇→50%乙醇→30%乙醇→15%乙醇→H_2O→H_2O，每级 2 min。

（2）蛋白酶消化：蛋白酶 K 缓冲液 200 mL：1 mol/L pH 7.5 Tris-HCl（20 mL），500 mmol/L EDTA pH 7.5（20 mL），DEPC-H_2O（160 mL）。37 ℃预热蛋白酶 K 缓冲液后加入蛋白酶 K 至 5 μg/mL，37 ℃处理载片 30 min，无菌 DEPC 水洗 3 次。

（3）乙酰化：快速搅拌 100 mmol/L pH 8.0 三乙醇胺溶液的同时加入乙酸酐至终浓度 0.25%（250 μl/100 mL），5 s 之后放入载片 5 min，室温。

（4）脱水：依次 2×SSC 5 min→2×SSC 5 min，接着 15%乙醇→30%乙醇→50%乙醇→70%乙醇→85%乙醇→95%乙醇→100%乙醇→100%乙醇，每级 1～2 min。乙

醇脱水后干燥，−20 ℃存放备杂交用。

5. 杂交

(1) 预杂交：取 150 μL 预杂交液加于玻片上，盖上 Parafilm 膜。42 ℃预杂交 3 h。①配制预杂交液（10 mL）（现配现用，不能产生气泡）：DEPC H_2O 1.85 mL；甲酰胺 5 mL；10×Hybridization salts 1 mL；50%硫酸葡聚糖 1 mL；10×Blocking solution 1 mL（用前摇匀）；10 mg/mL tRNA 0.15 mL。②配制 10×Hybridization salts（1 mL）：1 mol/L Tris（pH 7.5）100 μL；0.5 mol/L EDTA 20 μL；5 mol/L NaCl 600 μL；DEPC-H_2O 280 μL。

(2) 杂交：在预杂交液中加入探针，即为杂交液。一般探针用量 400 ng/mL。每张玻片所需杂交液为 150 μL。置于杂交盒（垫有 0.3 mol/L NaCl-50%甲酰胺饱和的吸水纸）中 42 ℃杂交过夜。

6. 洗片：①洗去杂交液：40 mL 4×SSC 室温，5～10 min，重复 4 次。②RNase 处理：预热 37 ℃ RNase 缓冲液，加 RNase A 溶液到终浓度 25 μg/mL，放入切片 37 ℃保温 30 min。③RNase 缓冲液洗 3 次，每次 10 min。④低严谨洗：2×SSC 800 mL 室温洗 2 次每次 15～30 min。⑤高严谨洗：0.1×SSC 60 ℃ 15～30 min。

7. 显色检测：①1×PBT（pH 7.5）洗，5min。②5%封阻液（blocking reagent）于 PBT 中 30～60 min。③1×PBT 1 min。④抗体结合 30 min。⑤洗去未结合抗体，在 1×PBT 中洗 2 次，每次 20 min。⑥1×TNM50 洗 5 min。⑦加底物（每张载片约需 150 μL）显色，室温下避光 30 min～12 h。依据基因表达量确定显色时间。以正义链出现很淡的颜色为准终止显色反应。⑧镜检照相。⑨系列乙醇脱水。⑩二甲苯透明封片保存。

主要试剂配置：

(1) 配制 10×PBT 200 mL：Tween 20 2 mL；$Na_2HPO_4 \cdot 12H_2O$ 5.8 g；$NaH_2PO_4 \cdot 2H_2O$ 0.6 g；NaCl 15.2 g；KCl 0.04 g。

(2) 配制 2.5 U/mL 抗体溶液：1×PBT 135 μL；10 mg/mL BSA 15 μL；Anti-DIG-AP 加至 5 U/mL。

(3) 配制 TNM50：1 mol/L Tris pH 9.5 0.5 mL；1 mol/L $MgCl_2$ 0.25 mL；5 mol/L NaCl 0.1 mL；dH_2O 4.15 mL。

（五）植物 mRNA 整体原位杂交

整体原位杂交（whole-mount *in situ* hybridization，WISH）具有易操作、周期短、整体效果明显等特点，是一种较新的 RNA 组织原位杂交方法。WISH 方法比传统的利用组织切片的方法更快更灵敏，但它只局限于小的植株或解剖器官。

拟南芥的幼苗组织，包括胚胎、根、下胚轴和幼小的基生叶以及其他植物相应的组织适合整体 mRNA 原位杂交，用来快速有效地定位基因的表达。在实验操作中与前面常规 mRNA 原位杂交不同的是需要注意植物材料固定、材料中叶绿素的去除和杂交前材料组织的通透化（permeabilisation）处理，探针的标记、杂交及检测同前面常规 mRNA 原位杂交技术。在材料固定时一般用庚烷处理，乙醇处理除去叶绿素和其他色素。

拟南芥幼苗组织材料的固定、叶绿素去除及杂交前组织的通透化处理操作步骤如下：

1. 植物材料固定和叶绿素去除：①室温下，用 1∶1 固定剂（固定剂配方：4%多聚甲醛，15%DMSO，含 0.1%Tween-20 的 PBS）和庚烷混合物在摇床上固定完整幼苗 45 min。在使用之前，用力摇动上述混合物 15 min。其他组织的固定时间必须优化。如果是检测拟南芥胚，必须在无庚烷的固定剂中将胚从胚珠中剥离出，真空中固定 1～3 h。固定后将胚转到 40 mm Falcon 细胞过滤器的滤网上。固定必须在材料切割下来后立即进行，避免分析的植物组织上 mRNA 降解和离开原位。②甲醇中孵育 5 min 2 次，乙醇中 5 min 3 次，去除叶绿素。③－20 ℃下在 100%乙醇中储存过夜。该条件下材料可储存几天。

2. 杂交前植物材料组织的通透化：①无水乙醇洗涤固定过的材料一次，1∶1 乙醇/二甲苯混合液孵育 30 min。注：原位杂交之前的组织通透处理非常关键，为了获得更好的结果可以采用纯二甲苯。②将样品转移至细胞过滤器，无水乙醇洗涤 2 次各5 min，无水甲醇 2 次各 5 min。③1∶1 甲醇/PBT 混合液冲洗 5 min。④含 5%甲醛的 PBT 中后固定样品 30 min。⑤PBT 漂洗 2 次。⑥室温下用 40 μg/mL 蛋白酶 K 在 PBT 中孵育材料 10～15 min。

第二节　组织切片原位 PCR

一、原位 PCR 技术的基本原理

原位 PCR 是将 PCR 技术与原位杂交结合，从而在组织原位检测单拷贝或低拷贝的特定 DNA 或 RNA 序列。原位 PCR 技术的标本一般先经固定，以保持组织细胞的良好形态结构。由于细胞膜和核膜均具有一定的通透性，当进行 PCR 扩增时，各种成分（如引物、DNA 聚合酶、核苷酸等）均可进入细胞内或细胞核内，以固定在细胞内或细胞核内的 RNA 或 DNA 为模板，于原位进行扩增。扩增的产物一般分子较大、或互相交织，不易穿过细胞膜或在膜内外弥散，从而被保留在原位。这样原有的细胞内单拷贝或低拷贝的特定 DNA 或 RNA 序列在原位以呈指数级扩增，扩增的产物就可以被原位杂交技术检测出来。

二、基本类型

根据在扩增反应中所用的三磷酸核苷原料或引物是否标记，原位 PCR 技术可分为直接法和间接法两大类。此外，还有反转录原位 PCR 技术等。

1. 直接法原位 PCR 技术

直接法原位 PCR 技术是将扩增的产物直接携带标记分子，即使用标记的三磷酸腺苷或引物片断。当标本进行 PCR 扩增时，标记的分子就掺入到扩增的产物中，显示标记物，就能将特定的 DNA 或 RNA 在标本（原位）中显现出来。常用的标记物有放射

性同位素、生物素和DIG，用放射性自显影的方法或用亲和组织化学及免疫组织化学的方法去显示标记物所在位置。

直接法原位PCR技术的优点是操作简便、流程短、省时。缺点是特异性较差，易出现假阳性，扩增效率也较低，特别是在石蜡切片上，上述缺点更为突出。因为在制片过程中，无论是固定、脱水、包埋，都会导致DNA的损害，而受损的DNA可利用反应体系中的标记三磷酸核苷进行修复，这样标记物就会掺入到DNA的非靶序列中，造成假阳性。若用标记引物的方法进行直接法原位PCR，其扩增的效率比不标记更低。

2. 间接法原位PCR技术

间接法原位PCR技术是在细胞内进行特定DNA或RNA扩增，再用标记的探针进行原位杂交，明显提高了特异性，是目前应用最为广泛的原位PCR技术。

间接法原位PCR与直接法不同的是，反应体系与常规PCR相同，所用的引物或三磷酸腺苷均不带任何标记物。先实现扩增的目的，然后用原位杂交技术去检测细胞内已扩增的特定的DNA产物。因此，实际上是将PCR技术和原位杂交技术结合起来的一种新技术，故又称之为PCR原位杂交（PCR *in situ* hybridization，PISH）。间接法PCR技术的优点是特异性较高，扩增效率也较高。缺点是操作步骤较直接法繁琐。

3. 原位反转录PCR技术

原位反转录PCR(*in situ* reverse transcription PCR，*in situ* RT-PCR）是将液相的RT-PCR技术应用到组织细胞标本中的一种新技术，与RT-PCR（液相）不同点在于：进行原位反转录PCR反应之前，组织标本要先用DNA酶处理，以破坏组织中的DNA酶，这样才能保证扩增的模板是从mRNA反转录合成的cDNA，而不是细胞中原有的DNA。其他基本步骤与液相的RT-PCR相似。

三、原位PCR基本步骤

原位PCR基本步骤包括标本的制备、原位扩增（PCR）及原位检测等基本环节。石蜡切片是原位PCR中常用的制片技术，其优点主要是适合各种植物组织的制片，切片的厚薄易于控制，并能够制成连续切片，切片易于保存。原位扩增的PCR反应程序与常规PCR相同，只是需要在原位PCR仪上扩增。原位检测程序同常规原位杂交技术。下面介绍间接法原位PCR的一般操作步骤。

1. 预处理：①石蜡切片常规脱蜡。②0.2 mol/L HCl处理10 min。③加5 μg/mL蛋白酶K，37 ℃，10 min。④加RNase，37 ℃，30 min。⑤梯度乙醇脱水，室温干燥。

2. 原位扩增：①滴加已混合好的PCR扩增反应液30 μL至切片上，覆盖硅化盖玻片，石蜡油封边。②PCR热循环：94 ℃，1 min；55 ℃，1 min；72 ℃，1.5 min，共25～30个循环，72 ℃延伸10 min。③氯仿洗去盖玻片，4%多聚甲醛后固定10 min，梯度乙醇脱水，干燥。

3. 原位杂交：①加DIG标记探针的杂交液，98 ℃变性10 min，－20℃退火5 min，42 ℃杂交过夜。②杂交后用2×SSC洗涤10 min 3次，1×SSC洗涤10 min 3次。③缓冲液洗涤10 min 3次。④加碱性磷酸酶标记的羊抗DIG抗体复合物，37 ℃，2 h。⑤缓冲液洗涤5 min 3次。⑥NBT、BCIP暗处显色，镜检合适，终止显色。⑦常规脱水：

透明、封固。

第三节　植物组织化学

植物组织化学是应用化学反应或染色与化学反应相结合的方法，将组织或细胞内的某种化学成分在组织切片内原位显示（如细胞内的核酸、蛋白质、脂肪、淀粉粒、角质、栓质、果胶质纤维素、木质素、微管等）。用于研究和测定植物的器官、组织及细胞中的化学组成、内含物的种类、化学性质、含量和分布。组织化学与前面介绍的选用不同染料染色是不同的，组织化学染色的特点是利用已知的化学反应原理，选用特定的试剂使植物体内特定的化学成分呈现出特定的颜色。组织化学法还可以与染色法结合，使植物组织呈现出不同的颜色，如花生子叶经石蜡切片→PAS 反应后，再用橘红 G 染色，切片上可显示红色、黄色两种鲜艳的颜色（图版ⅩⅤF）。组织化学法已在植物学研究、农林科研上广泛应用。下面介绍的几种方法中有的方法制片较简便、快捷，是野外调查和室内鉴定的好方法。

一、核酸的测定

甲基绿-派洛宁显示 DNA 和 RNA 法

甲基绿（methyl green）和派洛宁（吡咯红 pyronin）均为碱性染料，它们能分别与细胞内的 DNA 和 RNA 结合而呈现不同颜色。当甲基绿和派洛宁作为混合染料时，甲基绿和染色质中的 DNA 选择性结合显示绿色；派洛宁和核仁、细胞质中 RNA 选择结合显示红色。其原因可能是两种染料的混合染液中有竞争作用，同时两种核酸分子都是多聚体，而其聚合程度有所不同。甲基绿易与聚合程度高的 DNA 结合呈现绿色，而派洛宁则与聚合程度较低的 RNA 结合呈现红色。甲基绿-派洛宁法已广泛用于细胞学和胚胎学的研究。

1. 染色液配方

A 液：5%派洛宁水溶液 17.5 mL，2%甲基绿水溶液 10 mL，蒸馏水 250 mL。

B 液：0.2 mol/L 乙酸缓冲液 pH 4.8

0.2 mol/L 乙酸钠（相对分子质量为 136.07）2.721 4 g 置容量瓶中加蒸馏水至 100 mL。

0.2 mol/L 乙酸：乙酸 1.12 mL 加蒸馏水至 100 mL。

0.2 mol/L 乙酸钠 20 mL＋0.2 mol/L 乙酸 30 mL 配成 pH 4.8，用两种基液（0.2 mol/L 乙酸钠，0.2 mol/L 乙酸）调节 pH。

在使用前将 A 液、B 液等体积混合，混合液可保存一周。

甲基绿常混有甲基紫，应先除去甲基紫。其法为将甲基绿配成 2%的水溶液，装入分液漏斗，加入适量的氯仿，充分摇荡。然后静置待甲基紫溶于氯仿而呈紫色时，弃去氯仿部分，保留水溶性部分，甲基绿按此法连续用氯仿处理，直至氯仿中不再有紫色为止。然后将甲基绿溶液保存在冰箱中备用。派洛宁（Y）也有化学杂质，也可用氯仿处理，派洛宁（G）较纯，不必处理。

2. 方法：①将已脱蜡的切片复水：由100%乙醇→95%乙醇→85%乙醇→70%乙醇→蒸馏水，在蒸馏水中洗3次。②染色：将甲基绿-派洛宁混合液滴1～3滴于切片上，染色10～30 min。③水洗去浮色（必须迅速，否则染色会脱掉）；用纱布或吸水纸吸去残余的水分。④分色：纯丙酮分色30 s，取出吸干。⑤1/2丙酮＋1/2二甲苯1 min。⑥丙酮1份＋二甲苯9份，30 s。⑦二甲苯换两次。⑧加拿大树胶封片。

效果：DNA呈绿色，RNA呈红色。

二、细胞内含物的测定

(一) 碳水化合物的测定

1. 淀粉：为了鉴别小颗粒的淀粉或少量的淀粉（如叶绿体中的淀粉），常采用碘-碘化钾测定法，这是一种检验淀粉的典型显微化学反应。碘与淀粉作用，形成碘化淀粉，呈蓝色反应。

配方：碘化钾2 g；碘1 g；蒸馏水300 mL。

先将碘化钾加热溶于5 mL蒸馏水中，然后加入碘，待其溶化后再将溶液稀释至300 mL。

测定时，取一滴配好的溶液滴在切片材料上，盖上盖玻片置显微镜下观察，如有淀粉存在即呈现蓝色反应。

2. 多糖：高碘酸-Schiff反应对显多糖存在是一有效指示剂，其基本原理是利用高碘酸（氧化剂）破坏多糖分子中的C—C键，变为醛基，醛基与Schiff试剂相结合，生成一种红色的反应物。高碘酸对C—C键的作用和其他氧化剂$KMnO_4$、$HCrO_4$及H_2O_2之不同在于它不能继续氧化新形成的醛基，而充分给予Schiff试剂与新醛基化合成为红色物质的机会。方法详见第三章花生子叶横切片（PAS反应法）。

3. 葡萄糖、果糖、麦芽糖、蔗糖：糖类以溶解状态存在生活细胞中，不易看到结晶状态。对于糖的测定，没有特别的染色反应，常用苯肼试剂。

配方：A液：盐酸苯肼1 g；甘油10 mL；B液：乙酸钠1 g；甘油10 mL。将A液、B液两液分别装在棕色瓶中贮存备用。

方法：①取A液、B液各1滴，于载玻片上混合。②置切片于载玻片的混合液中，盖上盖玻片，切片中的糖使苯肼产生黄色。约1 h，果糖最早析出黄红成束的针状结晶，一天或几天以后，葡萄糖才开始析出黄色成束针状结晶。麦芽糖形成扇形的针状结晶。在室温下，蔗糖不产生结晶，只有当切片在石棉网上或水浴上加热煮沸30～60 min后，蔗糖水解后才能产生和葡萄糖一样的结晶。

4. 菊糖：菊糖能溶于水，而不溶于乙醇和甘油，并在乙醇中能形成结晶，因此在观察前，可先将材料浸泡在95%乙醇中过夜，菊糖则形成扇形或圆形的结晶。如再用水合氯醛（10 g水合氯醛＋4 mL蒸馏水）处理，结晶出现明亮发光辐射状结构和同心层纹理。

菊糖的呈色反应：①将切片置载玻片上。②加1滴2%α-苯酚95%乙醇溶液，盖上盖玻片。③从盖玻片边缘加1滴浓硫酸，呈现紫色反应，如果用15%～20%麝香草酚

乙醇溶液代替 α-苯酚，则菊糖呈红色反应。

（二）蛋白质的测定

1. 汞-溴酚蓝（mercury-bromophenol blue）法显示蛋白质

配方：氯化汞 1 g；溴酚蓝 0.05 g；2％乙酸水溶液 100 mL。

方法：①材料用卡诺、乙醇、甲醛、FAA 等固定液固定（避免用锇酸）。②将已脱蜡的切片复水，由 100％乙醇→95％乙醇→85％乙醇→70％乙醇→蒸馏水。③染色：将切片浸入汞-溴酚蓝染色液中，室温 2 h。④0.5％乙酸水溶液洗 5 min，以除去附着的染料。⑤流水冲洗。⑥叔丁醇脱水，二甲苯透明效果，加拿大树胶封片。

效果：蛋白质染成鲜蓝色。

2. 碘-碘化钾测定法

配方：碘化钾 3 g；碘 1 g；蒸馏水 100 mL。

方法：将切片材料置载玻片上，加 1 滴碘-碘化钾溶液，盖上盖玻片，在显微镜下观察，含有蛋白质的细胞内呈现黄色。例如，观察花生子叶中的蛋白质，用此液染色后，蛋白质和淀粉同时染色，蛋白质呈黄色，淀粒呈蓝色。如果在染色前将切片材料先用水洗去液泡中所含的其他物质，则可保证染色反应更准确。

3. 米隆试剂（Millon）测定法

配方：硫酸汞 10 g；10％硫酸 100 mL。加热直至溶解，然后加蒸馏水，使最后体积至 200 mL。冷却后，加入 20 mL 0.25％亚硝酸钠。

方法：①材料用 FAA 固定液固定。②切片经 50％乙醇至蒸馏水。③切片放入盛有试剂的小烧杯中，加热至沸。④停止加热，使溶液冷至室温。⑤取出切片，用蒸馏水洗 3 次（每次洗 2 min）。⑥甘油胶封片，或转入下步。⑦脱水、透明、封片。

效果：含有酪氨酸的蛋白质染为红色。

此法是测定蛋白质较古老的方法。由于汞是剧毒剂，在配制时要十分谨慎小心，一定要在通风橱中进行操作，以免中毒。

4. 伊红-乙醇苦味酸法

配方：伊红 1 g；95％乙醇的苦味酸饱和溶液 50 mL。

方法：①将切片置载玻片上。②加 1 滴伊红-乙醇苦味酸饱和溶液，置显微镜下观察，糊粉粒的基质呈蓝色。③从盖玻片边缘加入数滴纯乙醇，此时，球蛋白成为无色，蛋白质结晶呈现黄绿色。④透明、封片：用吸水纸吸去残余的乙醇，用丁香油透明，加拿大树胶封片。

效果：蛋白质结晶呈现黄色，球蛋白呈现粉红色，基质成为暗红色。

5. 硝酸脱黄反应法

此法测定蛋白质可靠，凡含有酪氨酸的蛋白质，则呈现黄色反应，方法较简便，即在切片上加 1 滴浓硝酸，含有酪氨酸的复合蛋白质即成鲜黄色反应，如吸去部分硝酸，加入氨液，则使黄色加深成深黄或棕黄色。

6. 高碘酸-无色碱性品红-苯胺蓝黑（aniline blue black）

此方法专为观察总碳水化合物和蛋白质。染液配制见第二章第十节孚尔根反应试剂的配制。

方法：①固定：任意一种植物学上的固定液。②切片放入水中。③切片放入0.5%高碘酸水溶液中20 min。④流水冲洗10 min后用蒸馏水浸一下。⑤无色品红染色20 min。⑥漂洗切片，放入2%亚硫酸氢钠中1～2 min。⑦流动自来水冲洗5～10 min。⑧用1%苯胺蓝黑的7%乙酸溶液染色。⑨短暂浸入7%乙酸。⑩用含5%乙酸的甘油封片，凡士林蜡混溶剂封边。

效果：多糖呈红色，蛋白质呈黑色。

（三）脂肪的测定

在植物学中测定脂肪最常用的是苏丹Ⅲ（Sudan Ⅲ）或苏丹Ⅳ的乙醇溶液，其配方有以下两种：配方一：苏丹Ⅲ（或苏丹Ⅳ）0.1 g；95%乙醇50 mL；甘油50 mL。配方二：苏丹Ⅲ（或苏丹Ⅳ）0.5 g；70%乙醇100 mL。

方法：①将切片材料放在载玻片上。②加1滴苏丹Ⅲ溶液，30 min到1 h。微微加热可加速染色时间。③用50%的乙醇迅速洗去多余的染料。④用甘油封片。

效果：脂肪被染成淡黄色至红色。

三、细胞壁物质的测定

（一）纤维素的测定

植物细胞壁最主要的成分是纤维素，测定的方法如下：

1. 氯化锌-碘液法

配方：A液：碘化钾1 g；碘0.5 g；蒸馏水20 mL；B液：氯化锌20 g；蒸馏水8.5 mL。

配制时先将B液微加热溶解后，冷却，再将A液一滴滴加入B液中，加以振荡，至显出碘的沉淀物为止。

方法：①将切片置载玻片上。②在切片上加1滴氯化锌-碘混合液，纤维素的细胞壁即显出蓝紫色反应。测定纸浆纤维素，也可采用此法，但药剂的配制略有差异。

A液：碘化钾42 g；碘2 g；蒸馏水100 mL；B液：氯化锌200 g；蒸馏水100 mL。

B液稍加热使氯化锌溶解后冷却，将A液、B液混合，过夜，留上清液备用。

2. 碘-磷酸法

配方：碘化钾0.5 g；碘（结晶）少许；浓磷酸25 mL。

将上液微加热使其全部溶解。将此液滴在材料上，凡是含有纤维素的部分，则显出深紫色的反应。

（二）木质素的测定

1. 间苯三酚反应法：已在滑走切片机切片法中作过介绍（略）。

2. 苯胺反应法

配方：硫酸苯胺2份；乙酸4份；50%乙醇194份。

方法：①将切片置载玻片上。②染色：加1滴上述染色液，木化的细胞壁即呈现鲜黄色反应。③脱水透明：经各级乙醇脱水，二甲苯透明，50%乙醇→70%乙醇→85%乙醇→95%乙醇→100%乙醇→1/2无水乙醇+1/2二甲苯→二甲苯（2次）。④加拿大树胶封片。

（三）角质和栓质的测定

1. 苏丹Ⅲ（或苏丹Ⅳ）染色法

配方：将苏丹Ⅲ或（或苏丹Ⅳ）溶于70%乙醇中，制成饱和溶液即可使用。

方法：①在切片上加1滴苏丹Ⅲ（或苏丹Ⅳ）的70%乙醇饱和液，新鲜材料经20 min染色。②用50%乙醇去浮色。③临时观察可在切片上加1滴甘油，在显微镜下观察，角质或木栓质呈红色反应。

2. 碘-氯化锌染色法

配方：见纤维素的测定（一）

方法：①将切片置小烧杯中，滴入浓氢氧化钠浸泡数小时，其栓质和木质变成黄色，加热使栓质膨胀，黄色变浓，再加温煮沸，木栓酸钾颗粒物出现，冷却后用水洗净。②将切片置载玻片上，加1滴碘-氯化锌，木栓酸钾很快呈现紫红色反应。

（四）皮昂涅兹氏测定

配方：孔雀绿0.5 g；酸性品红0.1 g；马尔契乌斯黄0.01 g；95%乙醇50 mL；蒸馏水150 mL。

方法：以上配制的试剂是数种染料的混合液，可以测定细胞壁的多种化学性质。将此液滴于切片上，能产生如下反应：木质化细胞壁呈绿色，纤维素细胞壁呈玫瑰红色，木栓化细胞壁无色（不起反应）。

（五）果胶质的测定

钌红染色法：①钌红染色液配制：将钌红结晶溶于蒸馏水中配成0.02%～0.05%的水溶液（避光贮存）。②切片置载玻片上，滴1～3滴钌红水溶液，染色30 min。③水洗去浮色，蒸馏水过一遍。④脱水透明：各级乙醇脱水，二甲苯透明：50%乙醇→70%乙醇→85%乙醇→95%乙醇→100%乙醇→1/2无水乙醇+1/2二甲苯→二甲苯（2次）。⑤加拿大树胶封片。

效果：胞间层染成红色。

第四节　GUS及荧光检测

一、GUS组织化学染色

来自*E. coli*的*uidA*（或*gusA*）基因编码β-葡萄糖苷酸酶，是植物分子生物学研究中运用最广的报告基因。GUS 的定性、定量分析是检测启动子活性和基因在细胞、组织和器官中表达专一性的一种强有力手段。GUS 组织化学测定需要生色底物，如 5-溴-4-氯-3-吲哚-β-D-葡萄糖苷酸（X-Gluc）。

1. GUS 染液配方：1 mol/L NaH_2PO_4 2.1 mL；1 mol/L Na_2HPO_4 2.9 mL；0.5 mol/L EDTA，pH 8.0 2.0 mL；0.1 mol/L $KFe(CN)_3$ 1.0 mL；0.1 mol/L $KFe(CN)_2$ 1.0 mL；50 mg/mL 氯霉素 0.2 mL；曲拉通（TritonX-100）0.1 mL；甲醇 20 mL；X-Gluc 0.1 g。以上药品加入蒸馏水定容至 100 mL，4 ℃避光保存。

2. 待染色的植物组织置于 GUS 染液中，37 ℃温育若干小时，75％乙醇洗涤，光学显微镜观察。

二、免疫组织化学检测

利用抗原与抗体特异性结合的原理，通过化学反应使标记抗体的显色剂（荧光素、酶、金属离子、同位素）显色来确定组织细胞内抗原（多肽和蛋白质），对其进行定位、定性及定量的研究，称为免疫组织化学。常用石蜡切片制作组织细胞标本。

三、非免疫荧光标记

荧光蛋白的应用改变了传统观察植物细胞的方法。目前，随着分子生物学和植物功能基因组学的发展，绿色荧光蛋白（green fluorescent protein，GFP）及其衍生的几种荧光蛋白在生物学研究中应用越来越广泛。GFP 不仅与 GUS 一样是重要的报告基因标记的蛋白，同时也是一种很好的植物细胞结构标记的非免疫荧光方法，可以实现实时、动态地观察植物活细胞的结构和发育。

GFP 是源于海洋生物多管水母属（*Aequoria victoria*）的一种发光小蛋白，只有 238 个氨基酸，能够自身催化形成生色团并在蓝光或紫外光激发下发出绿色荧光。由于 GFP 能在活细胞内稳定、自主表达，没有细胞种类、位置和种属的特异性，对光漂白、氧化剂、还原剂、酸、碱以及其他许多化学试剂具有极强的稳定性，检测方便；同时，GFP 对受体细胞无毒性，对目的基因没有影响，可以对活体进行观察，因此它不仅作为报告基因用来监测转基因的表达、信号转导、蛋白运输与定位等，还与一些特异表达的基因或其启动子融合用来标记植物活体细胞组织结构。由于以上特点，GFP 分子标记方法比免疫组织化学方法具有更高的灵敏度和分辨率。

绿色荧光蛋白连接各种细胞内定位序列（localization sequence）后，在活体中可直接观察各种亚细胞、细胞结构及其生活动态。已有大量文献报道 GFP 可定位到细胞核、线粒体、内质网、质膜及高尔基体等亚细胞结构中，也可以定位到植物的细胞、组织中，如细胞核常用的分子标记是组成核小体的四种组蛋白之一——H2B，可与荧光蛋白融合后作为细胞核的标记，还可以标记根尖静止中心细胞、根内皮层细胞、茎端分生组织、小孢子母细胞等。与绿色荧光蛋白同源的荧光蛋白还有红色荧光蛋白（RFP）、黄色荧光蛋白（YFP）、蓝绿色荧光蛋白（CFP）等几种同源荧光蛋白（表 7-1）。但在荧光蛋白的标记应用中，其最大的缺点就是没有放大作用，不能像酶那样可以结合无数的底物分子而将信号放大。因而一般都需强启动子以驱动荧光蛋白基因在细胞内足量的表达，如在应用时多采用增强型绿色荧光蛋白（enhanced green fluorescent protein，EGFP)、增强型黄色荧光蛋白（EYFP)、蓝绿色荧光蛋白（ECFP）等，有公司开发RFP的商业化产品——DsRed。也可以采用亚细胞分辨率的显微成像系统检测基因产物，靶入的基因被限制于一个细胞器内，其浓度则相对提高了许多倍。不过显微观察过程中需要注意区分植物的自发荧光现象，以免造成假象。另外，应用荧光蛋白分子标记技术需要该种植物已建立成熟的转化体系，需要研究开发出更多的亚细胞器及各种细胞、组织器官等特异表达的分子标记。所以目前只在部分植物研究中得到应用。相信随着生物技术和分子生物学的飞速发展，各种植物的转化平台不再是瓶颈，非免疫的荧光分子标记显微技术也将得到长足发展。

表 7-1 几种荧光蛋白及其激发、发射波长

荧光蛋白	激发波长/nm	发射波长/nm	荧光蛋白	激发波长/nm	发射波长/nm
GFP0	488	507	YFP	514	527
CFP	433	476	BFP	380	440
RFP	558	583			

第二篇　显微镜与显微摄影技术

第八章　显微镜
第九章　显微摄影成像装置
第十章　显微摄影技术
第十一章　显微图像分析处理

第八章　显　微　镜

显微镜是研究植物显微结构和超微结构的必备和精密仪器。15 世纪开始，人们在简单的放大镜基础上设计出了单透视型显微镜，后来又研制出第二次放大图像的复式显微镜。现在各种显微镜的基本结构形式虽属相似，但随着科学技术的发展对显微镜的性能要求较为广泛，自动化程度越来越高，各种显微镜的配套零部件也日臻完善。在某种意义上讲，随着显微镜新功能的不断推出，极大地推动了生命科学研究向着探索微观生命奥秘的深度发展。

显微镜由光学部分（包括照明）、机械部分、摄影装置（见第九章）等组成，各部分在显微镜观察中相互配合发挥出其独特功能。

第一节　显微镜基本知识

一、显微镜的种类

回顾显微镜的发展历程，大体可分为三个阶段，并沿着这三个方面发展着：肉眼观察的解剖水平；光学显微镜观察的显微结构水平；电子显微镜观察的超微结构水平。这三个阶段是密切联系，互相促进的，其发展有越来越快、功能越来越完善的趋势。目前应用的激光共聚焦显微镜已发展到可以进行立体、活体和动态等观察。

根据属性来划分，显微镜可分为以下几种类型：

- 显微镜
  - 光学显微镜
    - 单式显微镜
      - 扩大镜
      - 双目解剖显微镜
    - 复式显微镜
      - 研究用显微镜
      - 实验用显微镜
      - 教学用显微镜
      - 旅行微型显微镜
    - 特式显微镜
      - 红外显微镜
      - 荧光显微镜
      - 离心显微镜
      - 比较显微镜
      - 落射显微镜
      - 偏光显微镜
      - 相差显微镜
      - 干涉差显微镜
      - 摄影显微镜
      - 读数显微镜
  - 非光学显微镜
    - 电子显微镜
    - 电视录像显微镜
    - 超声波显微镜

按显微镜的用途分：

- 显微镜
  - 生物显微镜
    - 普通生物显微镜
    - 研究型生物显微镜
    - 照相显微镜
    - 联合观察显微镜
    - 相差显微镜
    - 暗视野显微镜
    - 荧光显微镜
    - 投影显微镜
    - 倒置显微镜
    - 电视录像显微镜
    - 微分干涉差显微镜
    - 激光共聚焦显微镜
  - 体视显微镜
    - 普通体视显微镜
    - 体视摄影显微镜
  - 偏光显微镜
    - 透射式偏光显微镜
    - 反射式偏光显微镜
  - 电子显微镜
    - 透射电子显微镜
    - 扫描电子显微镜
  - 特种显微镜
    - 显微光度计
    - 扫描显微光度计

二、透镜成像的基本知识

放大镜是较简单的一种光学仪器，它是由一片正透镜或是几片正透镜组成。图 8-1 的上图是不用放大镜时物体 G 离人眼 25 cm 的成像情况。可以看到，G 在视网膜上的成像 G_1 很小，因此物体的很多细节人的眼睛看不清楚。而下图是经放大镜放大后的情况，物体 G 与透镜的距离小于放大镜的焦距，因此在明视距离（约 25 cm）附近形成一个放大的虚像 G_2，在人眼的视网膜上的成像 G_1 比上图大得多。所以借助放大镜人们能看清物体上更多的细节。

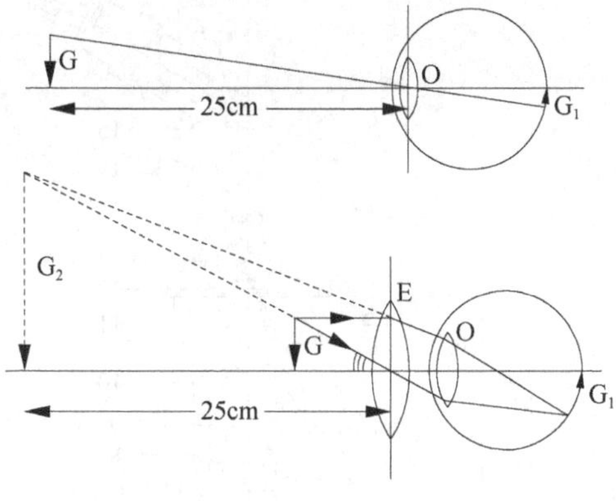

图 8-1　放大镜原理

上图为不用放大镜时，下图为用放大镜时。E 为放大镜，O 为人眼水晶体

放大镜的倍数 $M=d/F$，d 为人眼的明视距离，F 为放大镜焦距。从这个公式推算，似乎只要尽量缩短放大镜的焦距 F，就可以获得极高的放大倍数，但实际上有很大的困难。要缩短 F，必须使用凸度很大的透镜，这种透镜的球差和色差特别严重，不能形成清晰的像，因此高倍放大镜常用多级透镜组合而成，以消除像差，使成像清晰。另外，放大镜焦距太短也无法使用。例如，欲得到 100 倍的放大图像，其放大镜的焦距应为 2.5 mm，观察时物体与放大镜距离必须短于 2.5 mm，在这么近的距离使用手持放大镜观察就比较困难。所以要得到高倍放大的图像就必须借助显微镜。

显微镜放大是采用将凸透镜和凹透镜按照放大倍率的不同组装起来，以求高倍放大。如图 8-2 下半部是显微镜的成像原理模式。图式表述的是：标本→物镜→目镜→眼睛，其中 AB 为标本→物镜 Lo→目镜 Le→眼睛。A″B″和 Le 的距离为显微镜的明视距离，它的成像原理是：标本 AB 的像经过 Lo（物镜）后到 A′B′处成为一个放大的实像，*F* 为 Lo 的后焦点。当光线传递到 Le（目镜）时，A′B′的实像在 A″B″处被放大成一个倒立的虚像，然后传递到视网膜 A‴B‴上，标本 AB 就被放大了，人眼看到是 AB 被放大后的虚像 A″B″。

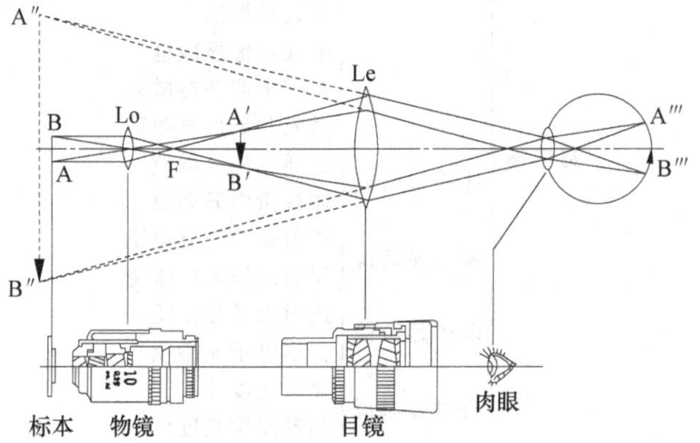

图 8-2　显微镜的成像原理模式图

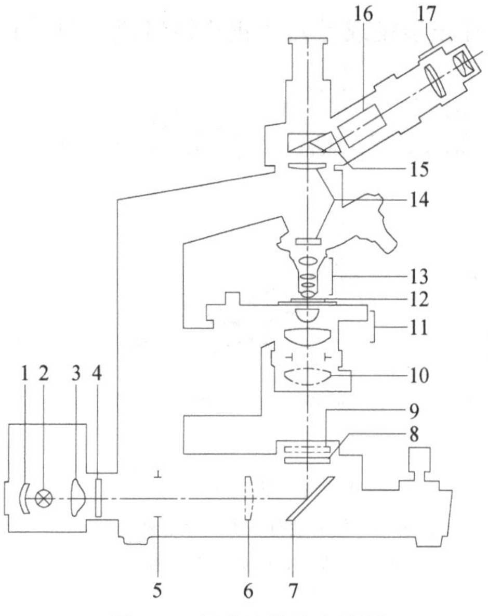

图 8-3　复式显微镜光路图

1. 凹面反射镜　2. 12V50W 钨卤素灯　3. 聚光镜　4. 毛玻璃　5. 视场光栏　6. 透镜　7. 反光镜　8. 保护玻璃　9. 滤色片　10. 附加透镜　11. 聚光镜　12. 标本　13. 物镜　14. 补偿透镜　15. 分光棱镜　16. 棱镜　17. 目镜

三、光路简介

显微镜的光路见图 8-3，复式显微镜的光学系统中光路一般是用灯泡 2 作为光源，由隔热源滤色透镜将灯泡散出的热量吸收后散发到空中，光束经过聚光镜 3、反光镜 7、视场光栏 5 和聚光镜 11，形成聚光束。聚光束经过孔径光栏和被观察标本 12，进入物镜 13，再传递到目镜筒分光棱镜 15 后，光路则分成两路，一路光供目镜 17 再次放大给使用者观察，另一路光垂直向上供照相记录标本的图像。

四、复式显微镜结构原理

普通光学显微镜中最常用的是正置显微镜，主要有单式和复式两种。单式显微镜只由一个透镜组成，结构简单，在科研中极少应用。平时所说的显微镜主要是指复式显微镜，它的结构较为复杂，可由多组透镜组成，放大倍率在10～1500倍，在科学研究中有着极其广泛的应用范围。本节重点介绍复式显微镜。

（一）成像原理（图8-2）

需要注意的是，从显微镜的聚光镜开始至人眼处的距离为明视距离，它的全长为250 mm，这是在显微镜观察中物像最适宜的工作距离。无论是选用弯臂或直筒显微镜，这个明视距离是统一规定的标准长度。

（二）光学筒长

显微镜的第一组透镜由于靠近被观察的物体而被称为物镜。这组透镜把一个放大的像投影于一个固定位置。在这个距离内所产生的放大量叫作“放大倍数”。物镜的放大倍数可分为5×、10×、20×、40×、100×等多种规格。初级像的投影是在镜筒内进行。第二组透镜位于镜筒中的初级像之上。这组透镜叫作“目镜”，它使物像在显微镜内形成第二级进一步放大的图像。目镜与物镜一样，其放大倍数可分为5×、10×、20×、25×等。由物镜的上焦平面到目镜的下焦平面的距离，称为“光学镜筒长度”。显微镜的透镜焦距都比较短，在一定的像距内，焦距愈短，放大倍数愈大。在显微镜中，高倍的两级放大都是用这种焦距的透镜通过相当短的光径而取得的。

（三）机械筒长

从物镜转换器到镜筒尾端的距离称为机械筒长。按规定，这个长度一般为160 mm。由于物镜和制造关系，个别显微镜也有使用机械筒长为170 mm的。使用时应注意，不然会影响放大率。

在显微镜中，图像的放大倍数可从目镜与物镜各自放大倍数的乘积中求得。例如，选用10×的目镜与40×的物镜，它的光学放大倍数为400×。在显微观察中，标本的细微结构必须靠物镜来分辨。因此，物镜的质量高才能分辨出细微结构并产生有效的初级图像。目镜的主要作用是将物镜形成的像进一步放大，此图像可因低质量的目镜而降低质量，但就分辨率来说，目镜质量无论如何好都不能提高成像的质量。

五、显微镜的参数

（一）放大倍数

显微镜的放大倍数等于物镜放大倍数与目镜放大倍数的乘积。当目镜把显微图像投射出时，这一放大倍数在目镜出射光瞳之上的250 mm处再现，如果距离大于250 mm，放大倍数则按比例增大，如果距离小于250 mm，放大倍数则按比例减小。例如，物镜为20×，目镜为10×，则在显微镜中的目镜放大倍数为200倍。如果图像被投射目镜之上500 mm的毛玻璃上，则放大倍数为400倍，如果投射距离为125 mm，则放大倍数为100倍。当目镜放大倍数不清楚时，可用镜台测微尺来测量。镜台测微尺以1/10为间隔画有精确的线条（单位为mm）。通过毛玻璃上线条的间隔与原来载玻片上的间隔进行比较，放大倍数就可计算出来。

由目镜和物镜任意组合而得到的放大倍数，其有效极限取决于物镜的数值孔径。一个焦距为 6 mm 的消色差物镜，其数值孔径为 1.00。数值孔径是物镜分辨率的标志。

物镜的数值孔径可用来计算最大的有效放大倍数。虽然不精确，但足以接近实用的目的，即用数值孔径乘以 1000 的得数。如一个数值孔径为 0.65 的物镜可以有高达 650×的有效放大倍数。如果需要更大的放大倍数及更好的分辨率，那就要用更高数值孔径的透镜（表 8-1）。

表 8-1　一些普通物镜的有效放大倍数

普通物镜	初始放大倍数	数值孔径	工作距离/mm	有效放大倍数
消色差（40 mm）	3×	0.12	35	120×
消色差（16 mm）	10×	0.25	16	250×
消色差（8 mm）	20×	0.65	0.7	650×
消色差（4 mm）	40×	0.95	0.12	1000×
消色差（2 mm）	90×	1.30	0.11	2000×

（二）分辨率

分辨率是物镜所能分辨两个点的最短距离。例如，用某物镜观察时，能够把距离为 0.5 μm 的两个点分辨开，如果再近一点，如 0.4 μm 时，此物镜不能再分辨出来，看到像是一个点，那么 0.5 μm 就是此物镜的分辨率。物镜的分辨率就是显微镜的分辨率，目镜与显微镜的分辨率无关。

物镜的分辨率与光的波长有密切关系，根据光的衍射理论，可以求出物镜的分辨率，方法如下式：

$$L = 0.16 \times \frac{\lambda}{N \times \sin\alpha} = 0.61 \times \frac{\lambda}{N \cdot A}$$

式中，L 为分辨率；λ 为观察时所用光的波长；N 为物镜前透镜与玻片之间介质的折射率；α 为物镜的半孔径角。其中 $N \cdot \sin\alpha$ 叫作物镜的“数值孔径”，常用符号 $N \cdot A$ 表示。当用白光观察时，又大致可用人眼最敏感的 λ=550 nm 的黄绿光代表。

分辨率随数值孔径的变化而变化，数值孔径（镜口率）愈大，分辨率也愈高，物镜的价值也就愈大，因此数值孔径是衡量显微镜质量优劣的主要依据。

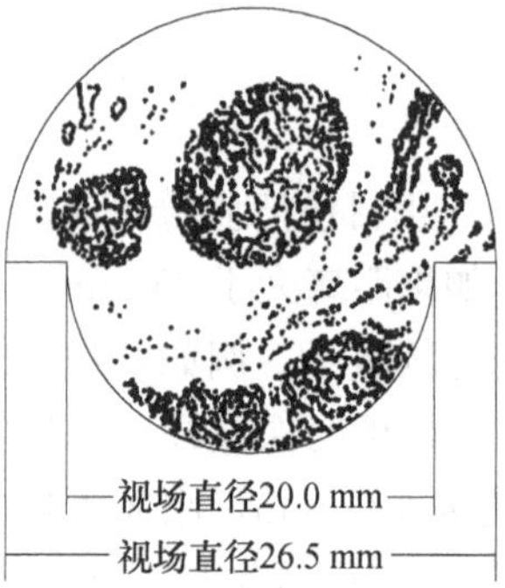

图 8-4　视场直径

（三）视场

显微镜的视场是由视场光栏所限制的。光栏一般安装在物镜的像平面上。镜检时，若发现某部分物像质量不理想时，则可切去那一部分，保留其中像质较好的部分以供分析观察（图 8-4）。

视场光栏的大小，决定了视场的范围，也就是在视场里看到的物体像范围。由以下公式可算出成像的直径：

$$n = \frac{n'}{\beta}$$

式中，n'为物镜成像的直径，它受视场光栏的限制。β为显微镜的放大倍数。如果用10×的目镜，它的视场直径14 mm，使用的物镜是40×，那么视场只有$n=14/40=0.35$(mm)，这样小范围的视场当然是不够用的，所以就要运用载物台上的推进器将标本移动，选择需要观察的部分再观察。

（四）景深

景深是指在焦点所及范围内主题的最近部分到最远部分的距离。在显微镜中，图像的尺寸比标本的要大得多，景深极短，以微米计。放大倍数愈大，数值孔径愈高，景深就愈短，表8-2所示为不同数值孔径的干燥物镜的景深近似值。景深是随波长的减小而减小的。这里只以绿光波长来计算。

表 8-2　数值孔径与景深的变化表

数值孔径	景深/μm
0.25	8.00
0.30	5.50
0.50	2.00
0.65	1.00
0.85	0.25
0.95	0.10

非常明显，表中数值孔径高的物镜其景深极小。用数值孔径高的物镜对一个像的焦点要求很严格，只要轻轻一触显微镜上的微调（参见本章第二节）就会造成像的焦点不准。当标本厚度超过所用物镜的景深值时，则标本内就有些地方失焦，就会引起所通过的光弥散，影响显微镜摄影所拍摄图像的质量。因此，标本的厚度不要超过所用物镜的有效景深。

（五）亮度和清晰度

图像的亮度指通过显微镜观察的明暗程度，这对显微摄影和投影具有特别意义。如果投影屏上的图像亮度不够，就会影响观察和摄影效果。

从显微镜光学参量角度来说，图像的亮度和物镜的数值孔径的平方成正比，和显微镜放大倍数的平方成反比，在使用高倍物镜时要特别注意。

显微镜图像清晰度的好坏，除了设计、制造条件外，还与选择的盖玻片和载玻片的材料质量有关。选用K_9玻璃（厚度0.17～0.18 mm）制作的盖玻片与高倍物镜配合使用，效果较好。

（六）物镜的工作距离

物镜的前透镜与标本盖玻片表面之间的距离叫作物镜的工作距离。物镜在光学上是按所用盖玻片的标准厚度（一般为0.17～0.18 mm）来设计的。当使用某一物镜时，盖玻片厚度的任何像差都会引起球差，从而影响图像的清晰度。盖玻片过厚会引起对球差的过度校正，相反，过薄的又会造成对球差校正不足。这种影响在使用高数值孔径的物镜时最为明显。

工作距离与物镜在取得标本图像的临界焦点时可允许的移动有直接关系，它随着距离的缩短而急剧减少。对油浸物镜来说，其工作距离以零点几个毫米计算。就球差而言，由于油与玻片的折射率相同，盖玻片的厚度并不重要，但是一个浸液物镜所能允许的移动则受到了盖玻片厚度的影响。当盖玻片的厚度薄于规定或不用（如血液涂片）时，可获得较大的工作距，较厚的盖玻片将减低工作距离，有的厚度可达到使物镜无法取得标本焦点的程度。对于浸液物镜来说，影响工作距离的其他因素主要有油的黏度以及盖玻片与标本之间固封介质的铺展厚度，这些因素的影响虽小，但加上盖玻片时，就使得工作距离趋于减低了。

第二节　显微镜的结构和性能

显微镜是一种精密的光学仪器。从第一台显微镜问世而成为商品到现在，其发展已有 300 多年的历史。最初使用的显微镜是用两片凸透镜制作的放大镜，放大率只有十余倍。在科学技术高度发展的今天，不仅能制造精密的、多功能的和放大率为一千多倍的光学显微镜和几十万倍的电子显微镜，而且用途广泛，品种繁多。这里就常用的一般显微镜的光学系统和机械部件介绍如下。

一、光学系统

显微镜的光学系统包括目镜、物镜和聚光器或反光镜、光源（照明装置）。

（一）物镜

显微镜的物镜（objective）通常是按其放大倍数、机械筒长、数值孔径以及光学校正程度（消色差、复消色差或萤石型）等透镜来分类的。这类的资料以及焦距一般刻在物镜外壳上（图 8-5）。

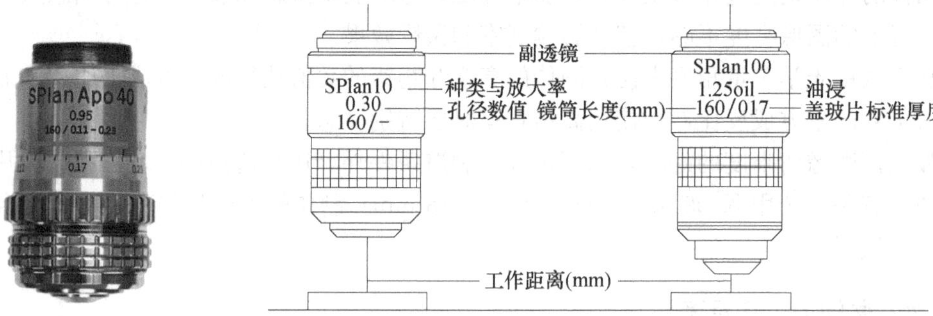

图 8-5　物镜

1. 按照消色差性能分类，物镜可分为消色差物镜（achromatic objective 或 Plan，S Plan），复消色差物镜（apochromatic objective 或 S Plan Apo）和萤石物镜（半复消色差物镜，Flvorite 或 S Plan FL）。

此类物镜主要用于高级显微镜上，能提高显微镜的性能。Olympus 的 S Plan 物镜有较大的数值口径和较长的工作距离，以提高使用效能。此类物镜可使红、蓝两种光焦点重合，校正黄色、绿色的球面差。还有 D Plan 字样的消色差物镜适用于医学检查应用。

复消色差物镜，也称为高度消色差物镜，对于可视波长范围内的三种色像差有补偿作用，可消除红色、绿色、蓝色相差，又可消除红、绿球面像差，这种既可校正球面差，又可校正像差的透镜称为复消色差透镜。此透镜的优点在于从视野中心到外缘的整个视野中都可得到好的解像能力与图像清晰度，这个特性对显微摄影很重要。使用时须具备相配的补偿目镜。

萤石物镜对色像差补偿性能好，图像的平坦性能极佳。

2. 按照物镜所用介质的不同可分为两类：①干燥系物镜：是用空气做介质。②浸液系物镜：是把物镜的前端浸在油或水溶液中，以此做介质。

3. 按照放大倍率的不同可分为三类：①低倍物镜：放大率为5×、10×、25×，数值孔径为0.15～0.40。②高倍物镜：放大率为25×、40×、45×、65×，数值孔径为0.35～0.85。③油浸物镜：放大率为90×、95×、100×，数值孔径为1.2～1.35。这类物镜的外壳上标注有“oil”或“IL”或“HL”。

4. 平场物镜：这种物镜在制造时，增加了弯月透镜。它可以校正物镜的像面弯曲。如平场消色差物镜、平场复消色差物镜，它们特别适用于大视野观察或显微摄影。平场物镜只有与补偿目镜或与专为它们设计的目镜结合使用，才能使视野的物像比较清晰。

另外，要注意使用的盖玻片厚度。盖玻片一般都选用按我国统一规定牌号为K_9的光学玻璃，厚度为0.17～0.18 mm。只有使用标准厚度的盖玻片，才能校正物镜的球面差，偏离这一厚度会导致球面差的过度校正或校正不足，特别是干燥系高数值孔径的物镜。

5. 目前还有一种新型的物镜，其特点是：能直接在该物镜上调节焦距，并在镜头外壳上刻有数据值（图8-5，左）。例如，以0.17的刻度作为初对焦的起点，当镜检者观察标本的图像时，如果看到图像不清晰，可旋转镜头上的滚花调节环进行调焦。具体方法简介如下。

(1) 在物镜刻度为0.17的位置开始对焦，进行检查，如果图像不十分清晰时则可往任意方向转动2～3个刻度（即在数值上补偿0.02～0.03），然后检查图像显示情况。如果比前较好，则在同方向进一步旋转1～2个刻度，直至达到图像最清晰。

(2) 如果对焦效果不好，则向相反方向旋转1～2个刻度，进行对焦并检查图像质量。

(3) 校正环的旋转量要逐渐变小，然后重复前面(1)、(2)的顺序，找出图像最好的位置。只要转动了校正环，则每次都必须重新对焦。

（二）目镜

在复式显微镜中，目镜（eyepiece，ocular lens）的作用就是放大由物镜所产生的初级图像，并且使之在显微镜中复制一可见的虚像，或将其“实”像投影以便记录。

在用显微镜观察时，可用任何目镜。最普遍的目镜是“惠更斯”式和“广视野”式。显微摄影中惠更斯式目镜可配合低倍及中等倍数的消色差物镜使用，但如果用来作高倍的显微摄影便会出现色晕及低质量的图像。广视野式目镜的主要优点是在镜检时可以观察到整个图像，以便寻找适当的视野和物像作观察和摄影。

复消色差物镜必须配用惠更斯补偿目镜，平场物镜也是如此。对于复消色差物镜本身产生的所谓“放大中央的色差”，补偿目镜可以作过度校正，产生无色差缺陷的图像。这类目镜也能有效地与半复消色差物镜和高倍消色差物镜配合使用。

(三) 聚光镜、反光镜和光源

1. 聚光镜（condenser）：聚光镜是显微镜光学系统中重要的组成部件。它的功用是收集（聚集）从光源射出的光线，聚成光束，以增加光度，供给观察时所需的充足的光量，使物像获得明亮清晰的效果。

用两块凸镜组成的聚光镜称为两片式聚光镜，一般用在使用小数值孔径的低倍物镜的显微镜上，通常采用自然光。而用数值孔径高的物镜时，则运用三片式和齐明聚光镜，其优点是使高倍物镜和油浸式物镜能获得充足的光量，提高数值孔径照度（图 8-6）。

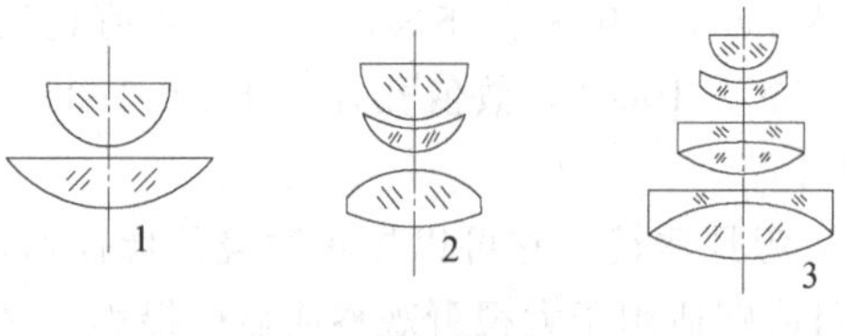

图 8-6　聚光镜的类型

1. 两片式聚光镜　2. 三片式聚光镜　3. 齐明聚光镜

使用聚光镜时，应注意把聚光镜的焦点落在载物台的通光孔正中，使整个光照中轴成一直线。用聚光镜上的调节器可以调节聚光镜位置的高低，使其焦点落在被检标本上，但载玻片不能太厚（约 0.9～1.3 mm），否则会影响镜检的光量。

2. 反光镜（mirror）：反光镜是由两个面（平面与凹面）组成。在镜检时，常用的照明法是使光线（日光或灯光）投射到反光镜上，然后反射经过载物台的通光孔，再经过透明的物体。

在调节反光镜方向时，要一边看视野，一边调整反光镜方向，以便找到视野最明亮，光线最均匀的位置。无聚光镜的显微镜在使用低倍物镜时可用平面镜，用高倍物镜时则用凹面镜。如有聚光镜一般都要用平面镜，使用油浸系物镜时更应如此。但也有例外，在微弱光线下，有时不得不使用凹面镜。总之，反光镜是整个光学系统中一个重要的组成部分，它承担着传递光线的作用。

3. 光源

被研究的物体，绝大多数为非自身发光的。用显微镜观察时必须另有光源照明。因此，在显微观察中配置专用照明装置具有重要作用。

照明用的灯具和各种光学透镜是组成光源的部件。为了提高照明效率，人们研究出多种照明方法。

(1) 临界照明（critical illumination）：这种光源发出的光束经过聚光镜落焦在标本的平面上（图 8-7），物镜成像的数值孔径值是由聚光镜的像方孔径角 μ 来决定的。为了使物镜的数值孔径得到充分地利用，聚光镜的数值孔径应该是等于物镜的数值孔径，或稍大一点。

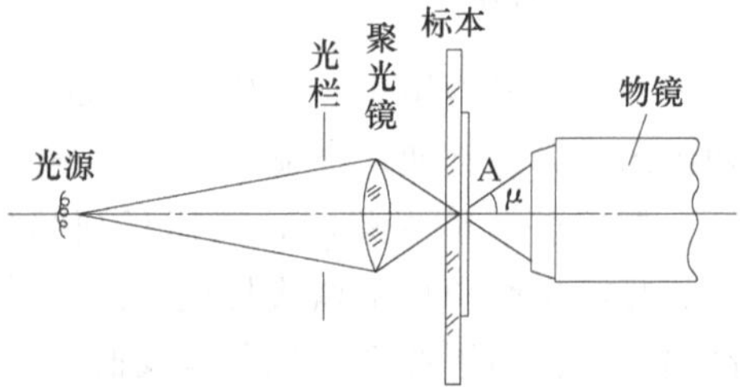

图 8-7　临界照明

在聚光镜的物方焦平面附近放一个可变光栏，用来限制进入聚光镜的光束大小。在更换物镜时，可以改变可变光栏孔的大小，这样就改变了射入物镜的光束孔径角，使它与物镜的数值孔径相适应。如果聚光镜的数值孔径小于物镜的数值孔径，则物镜的数值孔径不能充分发挥作用，就会降低显微镜的分辨率，但过分地大于物镜的数值孔径也是不必要的，甚至会妨碍观察，两者之间配合要恰当。

(2) 柯勒照明（Kohler illumination）：柯勒照明能消除临界照明中像面亮度不均匀的缺陷（图 8-8）。它的光路是，光源发出的光束，依次经过聚光镜 1、反射镜、孔径光栏、聚光镜 2 进入物镜。所以光源亮度均匀，还减少了杂光的侵入。

这种照明方式的视场应用于细微结构的标本图像分析是比较好的。

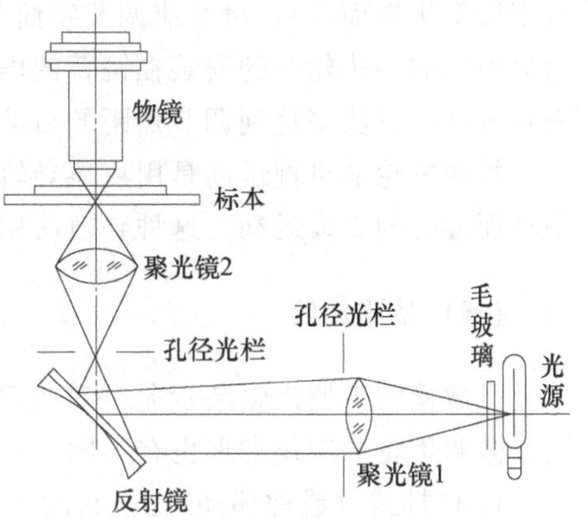

图 8-8　柯勒照明

二、机械部件

机械部件是整个显微镜装配的骨架，是安装光学部件的基座，是完成显微分析工作的重要组成部分。主要包括有以下部件：镜座与镜臂、载物台、物镜转换器（换物镜转盘）、镜体（控制镜检时的距离一般为 250 mm）等。各部件的功能、要求和使用简述如下。

（一）镜座与镜臂

镜座是机械部分的主要部件，是安装目镜、物镜、聚光镜和反光镜等光学部件的基座。而镜臂则是承担上述零件运动的主要支架，是组成整个镜体的骨干支座。

（二）镜筒

镜筒是中空的圆筒，镜筒的长度一般为 160 mm，其上端是装目镜的位置，下端与物镜转换器相连。有的显微镜只有一个镜筒，其目镜装在单个镜筒的上端；有的显微镜有两个镜筒，每个镜筒上端都装有目镜，称为双目显微镜，可两眼同时观察。

（三）载物台

载物台是放置被观察样品（载玻片）的工作台。载物台正中央有一个圆形的通光孔。其作用是让光线透过，进入到被镜检的样品上。载物台上还有压夹和推进器，用于固定和移动标本。由于科学技术的发展，制造厂商根据用户的要求已制造出各种载物台。

常用的载物台有 BH_2-SH 型附带水平驱动调节钮的方形机械式载物台和 BH_2-SRG 型旋转式圆形载物台。后者可用簧片和驱动式两种片夹，还可根据操镜者观察物像的要求，任意将圆盘定在某一位置上，然后再旋转螺钉即可固定，故又称为“活动载物台”。

镜检者可根据工作需要来选用合适的载物台。

(四) 粗调焦轮

显微镜调焦轮的作用是调节物镜与标本之间的距离，使其能清晰观察物像。根据调节幅度大小的不同，可分为粗调焦轮和微调焦轮。显微镜的粗调焦轮升降幅度较大（相对于微调焦轮而言），可快速调节镜筒的升降，达到调节焦距的目的。目前国内外生产的显微镜的调焦轮有的安装在镜臂的内侧，有的安装在镜臂的外侧，它们都是采取控制镜台升降的方法来达到调节焦距的目的。

粗调焦轮的机械运动是用燕尾导轨做精密的导向运动，使附在镜臂上的光学部件做平稳而准确的直线运动。这种导轨所用的材料是铜合金或硬度高的铝合金。

(五) 微调焦轮

显微镜的微调焦轮装置是一种升降幅度较小的可调焦手轮。根据显微镜的机型不同，微调焦轮的制作类型也有不同。一般来说，大致可分为以下几种：

1. 杠杆式（或称移动式）：它的形状是鱼尾形。其末端有一弯形的钢制条，它附在螺杆上做往返运动，推动镜臂达到微调的目的。

2. 齿轮式：这种结构的特点是用扇形齿条上下运动来达到准确调焦的目的。它的手轮（钮）上刻制了手轮转动的数据，以便使用者能较明确地知道调节的数值，便于快速重复运用。目前质量高的显微镜均采用这种微调机械。

3. 同轴式粗、微调焦轮：这种合二为一的装置机械，操作起来比较方便。目前国内外的高级显微镜一般都采用粗调焦轮、微调焦轮合轴装置。它的特点是：两种手轮调节作用互相独立，又同在一条水平线上。当转动粗调焦手轮时，轴齿套与宽齿条齿合转动实现粗调焦，微调焦手轮在粗调焦手轮外端，套在齿杆的两端。齿杆安装在齿套内孔中，转动小手轮（微调焦轮）的时候，安装在齿套内的齿杆就带动一个齿轮式微动装置转动，达到微调焦的目的。当调节轮转动到一定程度时，就有止紧螺钉控制，保护微调焦轮的技术性能。

(六) 物镜转换器

物镜转换器是转换、安装物镜、转换不同放大倍数物镜的圆盘，是显微镜光路极其重要的组成部分。它分为内定位式和外定位式两种，均由转换上蝶和下蝶组成一个完整机械装置。内定位式，它的定位安装在上蝶臂内。当转动下蝶时，下蝶定位钉栓刚好落在定位弹簧凹面中。与此相反的是外定位式，其定位器是在转换器上蝶安装定位簧片。

物镜转换器除上述两种外，还有一种滚球式转换器，它的优点是旋转时非常灵活、平稳，落位准确。高级显微镜中，德国莱卡（Leica）与蔡司（Zeiss）公司的产品采用此种转换器。

三、推进器和显微测微尺

(一) 推进器

在高级显微镜的载物台上附有推进器。用于固定、移动和定位载玻片。使用推进器，可以很方便地上下左右移动被观察的载玻片。

1. 推进器的功能

(1) 运用高倍物镜时，可慢慢推动标本，最为准确。

(2) 推进器上有刻度值，兼可测量标本大小。

(3) 可对标本进行较全面地细致检查，不致遗漏。

(4) 观察标本时如需要标记其位置，可记录纵横坐标刻度数值，下次重复检查时，可快速找到待观察的物像。

2. 游标尺的用法：游标尺由主标尺与副标尺两个部分组成。主标尺刻有 1 mm 的刻度，读数为 1 mm，副标尺刻有 0～10 刻度，读数为 0.1 mm。

副标尺的刻度为主标尺的 9/10，用时首先看副标尺 0 点位置，如在 12～13 mm，然后看副标尺与主标尺的一致点，如副标尺的 8 与主标尺的 20 完全一致，就可得知标尺所表示的读数值为 12.8 mm。

(二) 显微测微尺 (显微测量)

显微测量的主要工具为显微测微尺（简称测微尺）和显微镜。其中的测微尺是用来测定显微镜下被镜检物体长度、面积和体积大小的量具。常用的有镜台测微尺（简称台尺）和目镜测微尺（简称目尺）两种，用时必须两者互相配合，才能完成其功能。

1. 镜台测微尺（台尺）：台尺为一种特制的载玻片，其外形图见图 8-9 左下图，载玻片（台尺）中央粘有一个具有刻度标尺的小圆形盖玻片（图 8-9 右上图）。台尺中的标尺全长为 1 mm，划分为 10 大格，每一格又分为 10 小格，共 100 小格，每小格为 0.01 mm (10 μm)。有的台尺全长为 2 mm，分成 200 小格，但每小格长度不变。在标尺的外围有一小黑环，便于找到标尺的位置，这个标尺像封片一样，是用加拿大树胶滴在上面，用圆形盖玻片把它封起来的，所以在使用台尺前后，只可以用擦镜纸蘸极少量的二甲苯清除表面污染灰尘。一定不要使用过量二甲苯浸入盖玻片中，以免过多的二甲苯稀释树胶，使盖玻片滑动或脱落，台尺即报废。

图 8-9 镜台测微尺（右上为台尺中标尺放大）

2. 目镜测微尺（目尺）：目尺是放入目镜内光圈板上的一种有刻度标尺的圆形玻片。直径为 20～21 mm，上面有刻度标尺：一种为直线式标尺，一般简称直尺（图 8-10A），我们用的直尺长度为 5 mm，分为 5 大格，每格又分成 10 小格，共计 50 小格。也有用同样的长度分成 100 小格的。另一种为多格式的网状测微尺，一般简称网尺（图 8-10B），其上有方格的网状标尺，方格的大小和数目各有不同，有 25 格、36 格、49 格，也有在一个正方形大格中划分 100 个小方格的。测量长度时用直线式目尺，测量数目和物体面积时用网式目尺。测量步骤与方法如下。

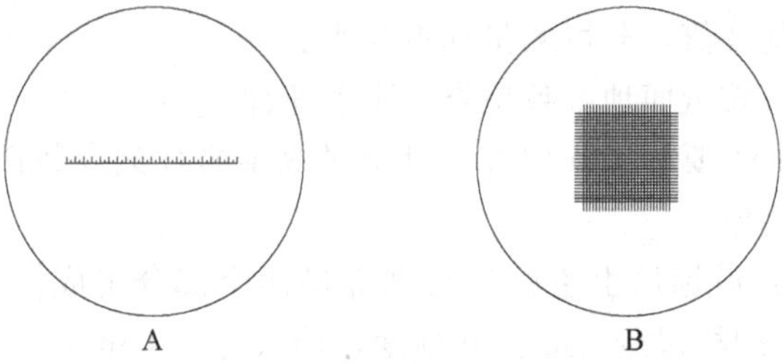

图 8-10　目镜测微尺

A. 直尺　B. 网尺

步骤：

（1）确定使用有推进器的显微镜，记下显微镜的编号与使用倍率。

（2）将物镜对准载物台上的通光孔，并使光线在视野中照射均匀，强弱适中。

（3）取台尺将中心置于载物台上的通光孔中心位置，然后调焦使台尺上的刻线清楚，无双影。

（4）将目镜的接目镜片（目镜上盖）取下，再将目尺置于目镜光栏上（注意将有刻度的一面向下方，如果将刻度面向上，则聚焦不清晰），然后旋上接目镜片，再将目镜装回镜筒中即可开始测量。

方法：

（1）物体长度的测量（以目尺与台尺配合使用）：一般需要测 5～10 次，取平均数为 A。

① 调准台尺和目尺的位置：按上述方法将台尺放在载物台上，目尺放在目镜光栏上以后，通过显微镜观察，边观察边移动载物台上的台尺或转动目镜光栏上的目尺，使目尺和台尺重叠在一起，找出完全重叠的刻度线，从完全重叠的刻度线开始数台尺和目尺各自的格数（图 8-11）。

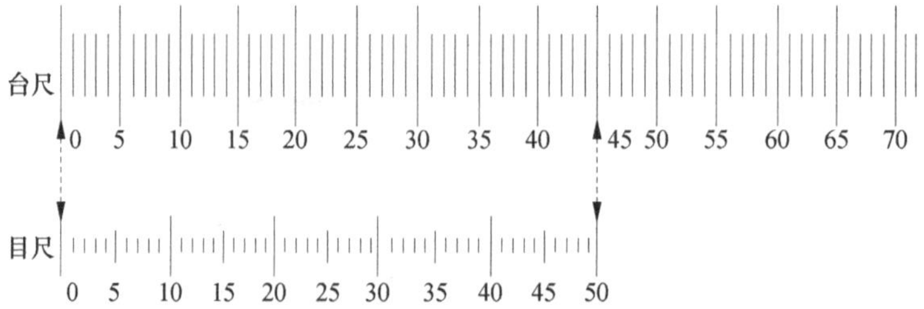

图 8-11　镜台测微尺和目镜测微尺的刻度相重叠

② 求出待测物体的长度为目尺的多少小格，以 A 表示。

③ 求出目尺每一小格的长度（μm），以 B 表示，即 $B=\dfrac{\text{台尺格数}\times 10\mu\text{m}}{\text{目尺格数}}$

④ 求出所测物体的长度（μm），以 C 表示，即 $C=A\times B$。

（2）求每平方毫米里，某物体的数量

① 求出目尺每 100 小格内的物体数，以 A 表示。

② 求出目尺每小格的长度，以 B 表示，即 $B=\dfrac{\text{台尺格数}\times 10\ \mu\text{m}}{\text{目尺格数}\times 1000}$

③ 求出目尺 100 小格的面积（mm^2），以 C 表示，即 $C=B^2\times 100$。

④ 求出每 1 mm^2 内的物体数，以 D 表示，即 $D=A/C$。

⑤ 使用网尺时，为避免同一物体重复计数，凡物体落在方格四边细线上的，每格只计算下边和右边的，其余方向的则计算在另一格。

使用测微尺时应注意：

① 目尺的格间距离，因显微镜放大倍数及镜筒的长短而不同，因此须用台尺来标定。当使用放大倍数不同的目镜和物镜时，需重新按操作步骤进行计算，若用固定的显微镜测量，最好一次计算出目镜和物镜重叠时，目尺每一小格的数值（μm），并将此数值贴在显微镜的镜箱上，下次使用时，不必再计算。

② 因测微尺很小，特别是目尺，所以在使用后的保存时要仔细，若不细心则会损坏测微尺。在保存前，要将测微尺擦干净。

四、显微镜的保养（显微镜灰尘和油污的清除）

1. 镜检光学部件上的灰尘油污时，需转动各透镜调试光源，以确定其所存在位置。照相透镜和自动曝光相机棱镜上往往也有尘埃需清除，故使用显微镜和照相机之前，都必须检查清洁。

2. 清洁用具的准备：吹风球 1 个，刷子 1～2 个，乙醚与无水乙醇混合液，眼科镊子、棉棒、纱布、擦镜纸、放大镜（或用目镜反向观察代用）。

3. 对于污脏的地方，用吹风球先吹去，有的地方用刷子除尘，在透镜上有污脏的部分，用清洁液（无水乙醇 3 份和乙醚 7 份混合）蘸在绸布或镜头纸上，由透镜的中心向外轻拭，直到清除为止（图 8-12）。如有霉雾积存镜片，可用本书光学部件疵病诊断和维护章节办法处理，效果较好。

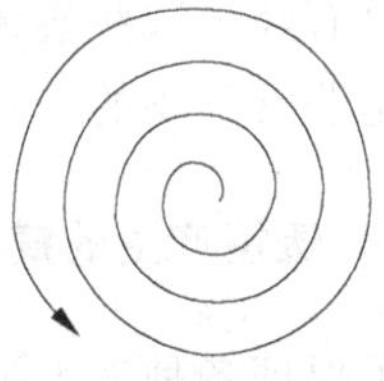

图 8-12　轻拭透镜的方法示意图

4. 用观察目镜倒向观察高倍率物镜玷污部位及污物清除情况图 8-13A。

5. 用木棒外裹镜头纸蘸清洁液，清洁目镜和物镜图 8-13B、C。

6. 用吹风球吹去浮尘，并刷去污物图 8-13D。

7. 用拭镜纸清洁聚光器上透镜污物图 8-13E。

8. 用镜头纸拭滤光器示意图 8-13F。

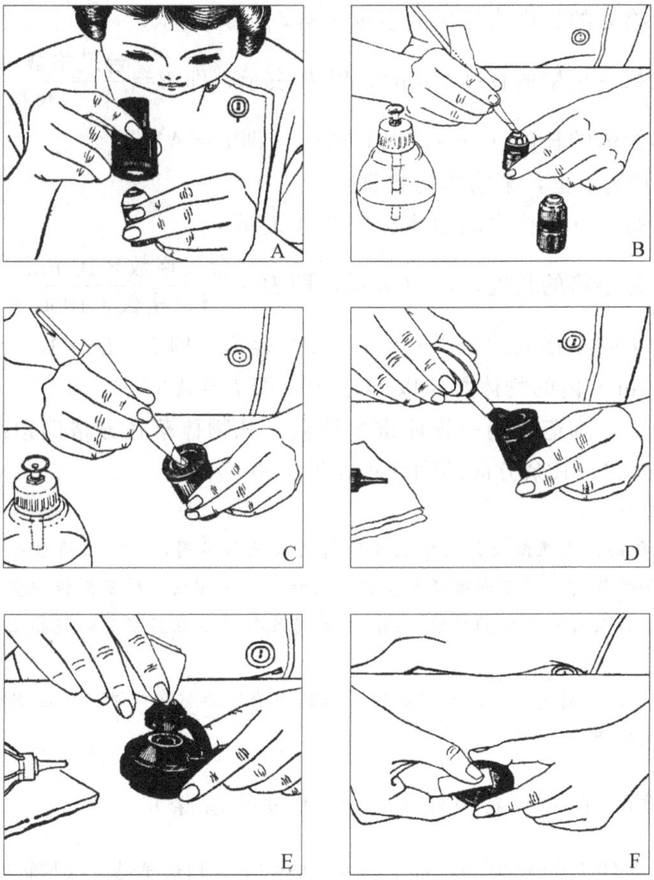

图 8-13　显微镜灰尘和油污的清除方法

五、显微镜的维护

显微镜除机械部分外，还有由各种型号的玻璃制作的各种形状的透镜所组成的透镜部分。只有经过这些透镜的综合作用，人眼才能清晰地看到物质的微观结构。所以，保护透镜是非常重要的。

（一）透镜产生的疵病及主要原因

为了保证各种光学镜片的质量和将透镜正确地安装在稳定洁净的支撑物体上，要严防潮湿和有害气体的侵蚀以及尘埃的侵入，还要注意搬动时的安全和使用安全，防止震动、撞击和在恶劣气候的影响下，使透镜产生疵病和损伤。对产生疵病的光学镜片应进行及时的诊断和维护。

下面介绍透镜产生的疵病及主要原因。

1. 生霉：在装配透镜时，由于用了未经处理的生霉材料，如纸垫、软木垫片、含有某些被霉菌污染的涂料和油料等，很容易使透镜生霉。图 8-14 显示是使用了生霉的压簧及垫片引起生霉的图像。

在工作过程中，手指最容易受到污染，并将污染物与分泌物带到光学透镜上，使整个透镜生霉（图 8-15A）。空气中的灰尘，污物落到透镜上，以及仪器本身密封不好也容易使透镜受到破坏。例如，进去了小虫，特别是螨虫类，这些虫类的尸体是霉菌生长的营养来源之一，如图 8-15B 中央部分所示。

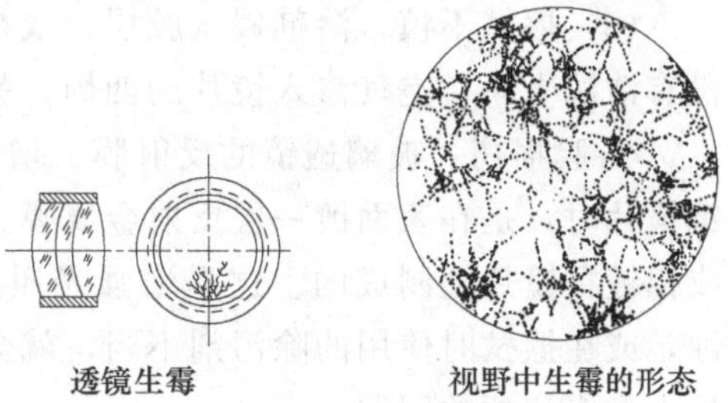

图 8-14　生霉图像

2. 起雾：光学透镜除上述易生霉外，还有比生霉更难防止的“起雾”现象。这种现象对透镜的危害也很大。所谓“雾”，就是透镜抛光面上呈现出“露点”似的物质。其中，由油质点构成的称为“油雾”（图 8-15C），有的则是水珠与玻璃起化学反应形成的水性雾（图 8-15D）。这两种雾都以“露水”状或干的堆积物存在于玻璃表面上，这些统称为光学仪器的“雾”。

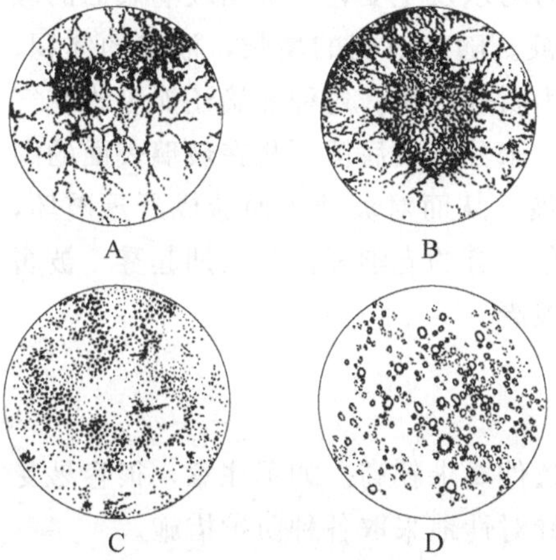

图 8-15　透镜生霉、起雾后的形态

A、B. 生霉镜片的形态　C. 镜片上油雾形态　D. 镜片上水雾形态

（1）因油脂污染而产生的油性雾，是由于擦拭光学透镜时所用的材料含油脂量较高引起的。例如，棉花、布块和所用工具上带有油脂，以及用手指取光学零件时，都会引起油雾。

（2）在湿度大、温度高、温差大的情况下，在透镜表面易形成水性雾。另外，由于霉菌生长，在菌丝体周围产生的分泌物也会形成水雾。

光学零件起雾后，由于雾滴以曲率半径极小的球状布于零件表面，因而使入射光线产生散射现象。这样，除了降低仪器的有效透光率外，还会使成像的质量降低，影响观察。

3. 脱胶：光学零件的脱层裂开称为脱胶。透镜如果脱胶将会降低成像质量，严重的将导致物像的破坏，甚至无法使用。脱胶的原因大致归纳为以下几种。

（1）由于玻璃与胶质的性能不同，膨胀系数不一致，当温度剧烈变化时引起脱胶。如图 8-16A 所示的橡叶斑是空气侵入透镜的脱胶处产生的亮点。

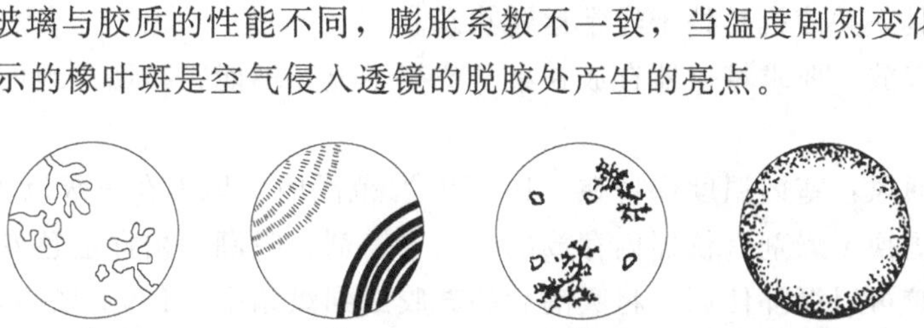

图 8-16　透镜脱胶现象

A. 橡叶斑　B. 霓虹斑　C. 星形斑枞叶斑　D. 群点斑

（2）胶合透镜由于局部受力，同时又受到外力的震动，使胶层裂开，产生了霓虹斑似的红蓝彩带和星形斑枞叶斑（图 8-16B、C）。

(3) 擦拭不慎，溶剂侵入胶层，或是光学零件在胶合过程中没粘牢或镜片周围余胶没有清洗干净，空气渗入镜片的四周，就会形成群星斑点（图 8-16D）。

4. 膜损伤：玻璃透镜的反射膜、增透膜和分光膜损伤的主要原因是：在制作反射镜镜片时，是在表面镀一层反射金属膜。这种金属膜是在真空条件下，用化学方法将银或铝镀在镜片上制成的。这是增强光照度的一种有效措施，倘若受到腐蚀性气体的侵蚀，或在擦拭时使用的除污剂不当，就会损坏反射膜，使镀膜脱落。这是镜检工作和维护人员应注意的问题。

5. 光学玻璃损伤：油性物质与玻璃有很强的亲合力，能被玻璃表面紧紧地吸附着，形成单分子层或多分子层。它能与玻璃成分起化学反应生成化合物，特别是其中油性酸可能与玻璃中的阳离子发生反应。所以，用简单的擦拭方法难以擦净。当然，玻璃的成分不同，其影响程度也不同。

光学玻璃中的氧化钠和氧化钾等碱金属离子极易与水发生变化。开始玻璃表面的碱金属氧化物会溶解在凝结的细水点中，成为稀碱溶液。随着时间的增长，液滴的体积、浓度都随着增大，成为高浓度的碱溶液，对玻璃产生腐蚀作用。这种液滴还能吸收空气中的酸性气体二氧化碳生成碱酸盐。当空气干燥时，水分蒸发后留下积在玻璃表面的碳酸盐等微晶，在空气潮湿时又重新吸收水分继续发展，从而对玻璃表面造成严重破坏，使其表面形成一层擦不掉的斑点，呈凸凹不平的现象，有的光学零件因长期起雾，被腐蚀的玻璃表面形成很多微孔，严重时会使光学零件报废。

（二）光学部件的防霉和防雾措施

显微镜是常用的精密光学仪器，对使用和保管条件要求较高。如不注意，很容易受损，特别是光学部件。因此，在使用和保管时应有针对性地采取各种防护措施。

1. 管理措施

(1) 显微镜在使用和保存时，应注意防潮、防霉、防化学腐蚀性气体的侵蚀，还应注意防震动和防撞击等。①保持仪器良好的密封性，防止霉菌孢子及霉菌生长的营养物和结雾尘埃的侵入。②防止阳光曝晒、火烤和在严寒环境中使用，严格按照物镜转换器的操作规程来使用，镜筒上部一定要有目镜罩，防止落入尘埃。③保持仪器的干燥，配备防潮除湿机具，并使机具处于经常运转状态。

(2) 正确存放：要求将仪器存放在桌子或架子上，不能在靠墙、地面以及靠近热源的环境里堆放。

(3) 适时通风：室内温度保持在－10～36 ℃范围内，风力在三级以下。

(4) 及时更换干燥剂：仪器内存放的硅胶干燥剂，吸潮后由深蓝色变成浅红色，应及时更换。硅胶可以循环使用，将吸潮后的硅胶放到烘箱中（105～120℃）烘干后可再用。当硅胶吸潮性能变弱时，应予更换。

(5) 仪器应定期干燥：在南方的雨季之前，用毕后的光学部件（目镜、物镜、聚光镜等）应取下来，用白纸包扎后，存放在盛有干燥剂的干燥器中，保持干燥状态。

(6) 药物灭菌：化学药物灭菌是目前使用较普遍的方法，价廉且杀菌效果较好。①熏蒸杀菌法：采用 2,5-二甲酚和硝基苯甲醛混合的气体杀死孢子。②接触性灭菌：

是将五氯酚苯汞（乙酸苯汞）和二甲噻二嗪拌在涂料里，涂在透镜容器的内壁中。当孢子或菌丝接触时就可被杀死，这样可以抑制霉菌的蔓延。

2. 保护方法

使用显微镜时应注意下列事项：

(1) 应防止震动和暴力，否则会造成光学系统光轴的偏斜而影响观察，以致看不清物像。搬动显微镜时，应一手提镜臂，一手托镜座。观察时，显微镜应放在离桌边10 cm处。

(2) 标本推进器必须移动顺利灵活。如果发现推动时有阻滞现象，应在滑动部分涂抹一些优等润滑油（如钟表油、石油醚），使之恢复原样。

(3) 粗、微调焦轮必须经常保持转动顺利灵活。如果注入的润滑剂过多，就会使轴承粘住，转动不灵活。同时，应避免灰尘侵入。如果发现对准焦点后，不久影像又模糊不清，这就说明镜筒有下滑现象，应立即检修。

(4) 化学试剂很容易玷污光学玻璃，使它晦暗变色。有些化学试剂的蒸气也易氧化镜头。所以，应将光学透镜保护好，避免和化学试剂或药品靠近与接触，切不可用手指触及透镜。

(5) 镜头在用过后可用拭镜纸蘸二甲苯少许擦拭外面。但不能用得太多，因镜头中的透镜是由树胶粘合的，二甲苯浸入后，树胶就容易溶化。

(6) 在使用油浸系物镜前，必须先用低倍镜找到被检物后再换高倍镜，调整焦点，并将被检物移到视野中心，然后再换油浸系物镜。此时绝不能用粗调焦轮，只能用微调焦轮调整焦点。如果盖玻片过厚则不会聚焦，应注意不要一味调焦，否则容易压碎标本，使镜头也遭到破坏。

(7) 载物台下的照明装置向下旋时，不要过度。因为有些聚光镜没有防止下滑的装置，过度下旋会使聚光镜等滑下来。同时，也不要升得太高，致使聚光镜与载玻片接触。特别是在使用油浸系物镜时，要防止三者（聚光镜、载玻片和油镜头）碰撞而造成损伤。

第三节 几种常用显微镜简介

一、复式显微镜的原理、结构与使用

（一）复式显微镜的原理：参见本章第一节。

（二）复式显微镜的结构（以日本 Olympus BH2 为例）

Olympus BH2 是日本 Olympus 公司生产的一款经典的复式显微镜（compound microscope）（图 8-17）。BH2 型显微镜属于正置万用型显微镜，可作明场、相差、荧光等观察，由于问世时间较早（1981 年），荧光功能等已显落后，Olympus 公司早已经推出很多后继型号来取代它，如 BX51、BX61 等，但这款较为经典的显微镜在 20 世纪 80 年代中期作为研究型显微镜我国曾大量进口，是当时比较有代表性的机型，目前仍在一些

大专院校、科研院所有着较大的保有量，而其作为普通光学显微镜使用的功能因 Olympus 显微镜镜头出色的光学性能得以延伸，直至今日仍在教学、科研、医疗等方面发挥作用，堪称显微镜中的常青树。

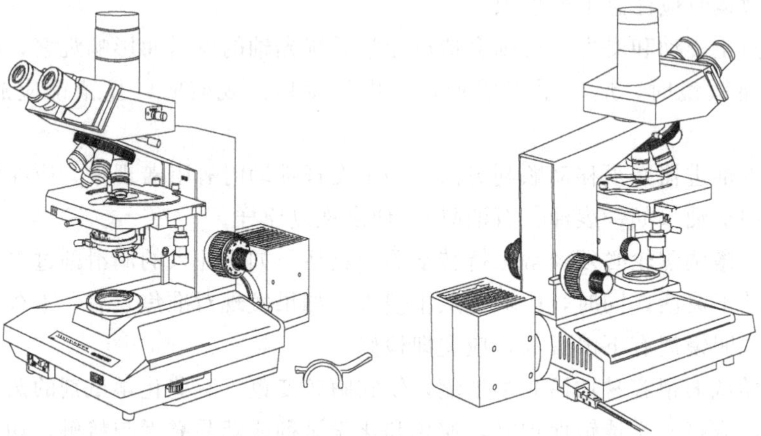

图 8-17　Olympus BH2 显微镜正面（左）和背面（右）图

Olympus BH2 显微镜主要由两个部分组成：机械系统和光学系统。

1. 机械系统：包括底座（base）、镜台（microscope stand）、观察筒（observation tube）三大部分。

（1）底座（图 8-18）：Olympus BH2 显微镜底座较大，近似长方形，造型经典、沉稳大方，表面为灰白相间的亚光漆。其前部底侧为电源主开关，ON/OFF 显示清晰。在前部正中央的上方，有电压表，可以指示电压强度。右侧面底部为电压调节滑杆，可持续调节光的强度。底座中央前部为灯丝光源，其外圈为视场光栏调节环，根据其开闭指示，可以改变光栏孔径的大小。底座中央后部连接直立的镜台。

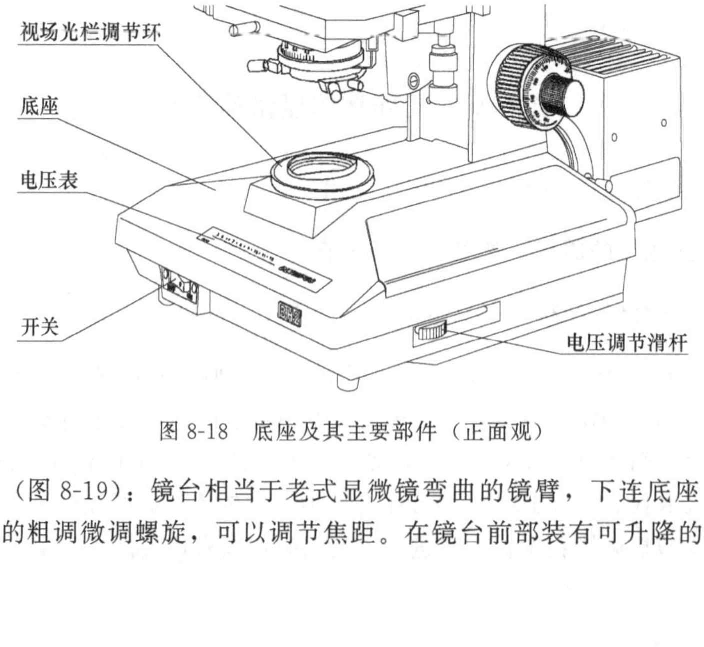

图 8-18　底座及其主要部件（正面观）

（2）镜台（图 8-19）：镜台相当于老式显微镜弯曲的镜臂，下连底座。其左右两侧装有具同心轴的粗调微调螺旋，可以调节焦距。在镜台前部装有可升降的载物台和聚光器，聚光器固定于载物台下方，用于汇聚光线，左侧有一旋钮可调节升降，其上方装有虹彩光圈，由刻有数值孔径刻度的光圈调节柄调节。载物台呈方形，中间留有椭圆形通光孔，载物台上固定有标本推进器，右侧下方是推进器推柄，分上下两部分，可以前后左右移动标本。标本推进器上刻有标尺，方便使用者在必要时使用。载物台分为上下两层，上层可以转动，并能调整方向，以便于拍照。镜台弯曲的端部装有物镜转换器，其上可以安装不同倍率的物镜。

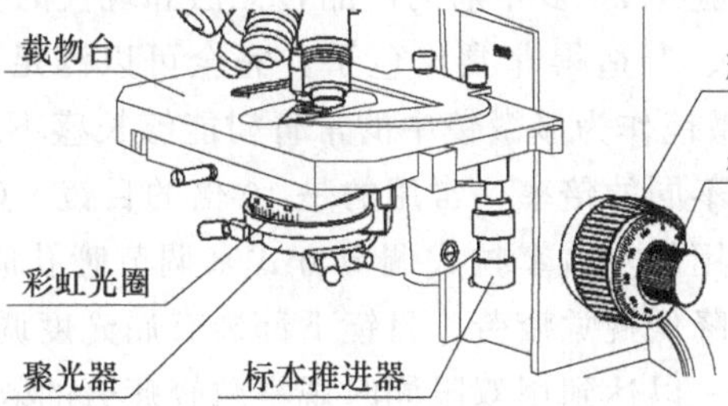

图 8-19 镜台正面观

（3）观察筒：观察筒又称棱镜室，连在镜台上，其内装有一组棱镜，用来反射物镜的光线（图 8-20）。棱镜室前部装有两个目镜，上方为一连接环（adapter，图 8-20），可以直接连接相机或经其他连接环连接到合适卡口的相机进行拍照。为调整观察用光和拍照用光，棱镜室右侧装有一光程转换拉杆，拉杆完全推进去时光线100%进入物镜，只能用来观察而不能拍摄；拉杆完全拉出来时光线100%进入连接环，只能用来拍摄而不能用来观察；拉杆部分推进去时光线20%进入物镜和80%进入连接环，既能用来观察又能拍摄，但观察和拍摄所用的光线都较暗弱，曝光时应予以校正（图 8-20）。三个阶段的转换光程见表 8-3。

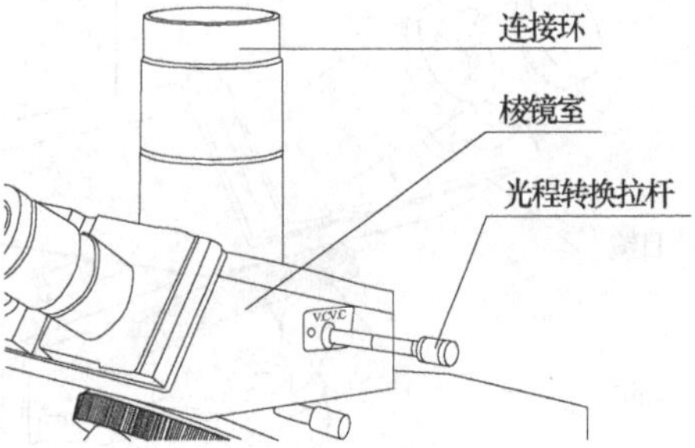

图 8-20 观察筒

表 8-3 三个阶段光程转换表

阶 段	光 程	用 途
推（V）	100%双筒部	交叉偏光镜观察
中间（CV）	20%进入双筒部 80%进入照片直筒部	普通观察 照相摄影（由双筒部对焦）
全部拉出（C）	100%进入照片直筒部	照相摄影

注：在光程转换拉杆的拉出口，有概括上表的表示板，可边看边操作。V：viewer 白色文字，CV：camera & viewer 绿色文字，C：camera 红色文字，文字的颜色与光程转换拉杆轴的颜色对应

2. 光学系统：光学系统包括物镜、目镜、聚光器、光源等。

（1）物镜：物镜是显微镜最重要的光学部件，由于它控制着显微镜的分辨率，其技术指标成为高、中、低端显微镜划分的主要依据。Olympus B 型显微镜定位于研究型显微镜，共有6种不同放大倍率的物镜供选择，分别是：S Plan 1×、S Plan 4×、S Plan 10×、S Plan 20×、S Plan 40 Apo×、S Plan Apo 100×（图版Ⅺ A)。所有镜头均采用消色差（S Plan）设计、其中S Plan Apo 40×、S Plan Apo 100×镜头更是采用了复消色差设计，为高级研究用镜头，可以有效地降低色差。

这些镜头都是比较经典的设计，采用了当时光学影像学的先进技术，具有较大的数值孔径和较高的光学分辨率，图像清晰，色彩还原准确；但与现在正在使用的主流物镜比较，显得镜头镀膜稍差，毕竟是20多年前的产品，无法和现代的多层镀膜镜头相比。但就这些镜头而言，已经设计、制造得非常出色了，完全可以满足科研工作的一般要求，这也是Olympus BH2显微镜作为显微镜中的常青树能够长盛不衰的主要原因。

（2）目镜：目镜系列具有不同的倍率，常用的是10倍的目镜。Olympus BH2目镜采用普通研究型显微镜普遍采用的左右牵拉式调节方式来调节瞳孔间距（图8-21)，将左右眼的图像合并在一起，以降低视觉疲劳。目镜下部装有屈光度调节环，方便两只眼睛近视程度不同的操作者使用，以达到用双眼同时观察减轻疲劳的效果。

（3）光源：普通光照明采用100 W卤素灯（带聚光镜、滤色镜架）透射光照明，灯的外侧装有灯架（图8-22)，可以较好地保护灯泡并散热，附近的底座上还有电源断路器，在调光电路发生故障（如短路）或过电流时切断电源。

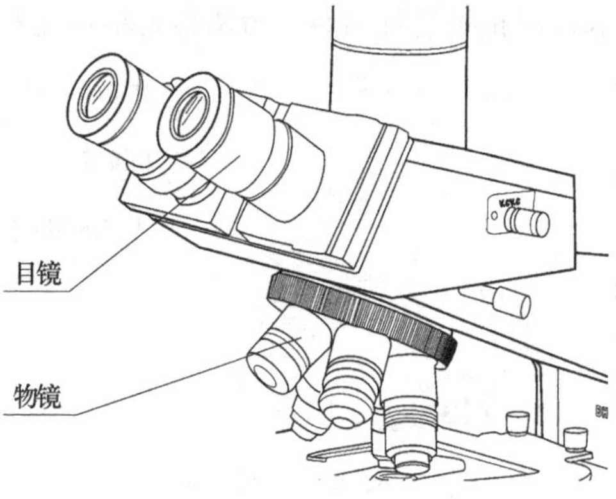

图8-21　目镜、物镜

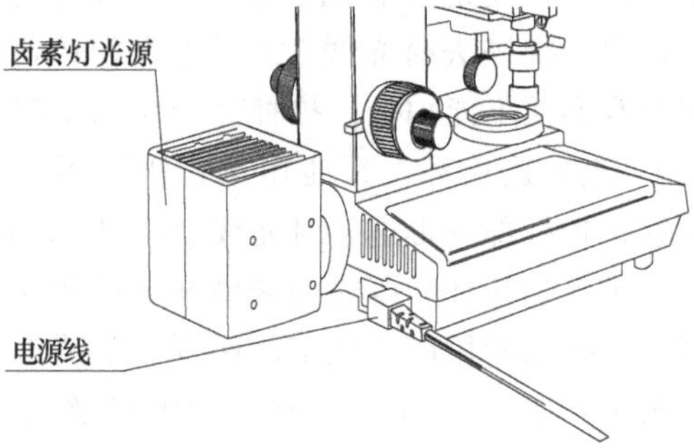

图8-22　灯架

（三）复式显微镜的使用（以日本Olympus BH2为例）

Olympus BH2显微镜与普通正置显微镜使用方法完全相同，作为研究型显微镜，增加了一些特殊装置，设计上更加人性化，操作简单明了，界面友好。下面仅就明场观察做一简单介绍，相差、荧光等部分参见本书相关章节。

1. 打开电源开关：先确认底座右边的电压调节滑杆处于前面（低电压方向），然后打开主开关。把电压调节滑杆向后面推动，照明度能增强，反之照明度则减弱。电压表可显示灯的电压，左边的2个LED灯在0～6 V的范围内点亮，右边的12个LED则在6.5～12 V的范围时隔0.5 V点亮。调节光源至合适。

2. 放置玻片材料：用拇指和中指移动物镜转换器（切忌手持物镜移动），使低倍物镜（4×）对准载物台的通光孔（当转动听到碰叩声时，说明物镜光轴已对准镜筒中心）。打开光圈，上升聚光器，玻片材料固定于载物台中央的标本移动器中，旋转标本移动器螺旋，将所要观察的部位调到通光孔的正中。

3. 调节焦距，低倍镜观察：按逆时针方向转动粗调焦螺旋，使载物台缓慢地上升至物镜距标本玻片约 5 mm 处，在上升载物台时应注意，切勿在目镜上观察。在左侧的调焦螺旋内，装有一个限位器，可以防止镜台上升过度，造成镜头或标本的损坏。然后，双眼同时在目镜上观察，可根据个人情况适当调节瞳间距，向相反方向缓慢转动粗调焦螺旋，使载物台缓慢下降，直到视野中出现清晰的物像为止。如果视野内的亮度不合适，可通过升降聚光器的位置或开闭光圈的大小来调节；如果在调节焦距时，载物台下降过大而未见到物像，说明此次操作失败，则应重新操作，此时盲目地上升载物台是徒劳的。

4. 高倍镜的使用

（1）选好目标：一定要先在低倍镜下把需进一步观察的部位调到中心，同时把物像调节到最清晰的程度，才能进行高倍镜的观察。操作时按照 10×、20×、40×循序渐进观察。直接利用高倍镜来观察是不明智的，而且往往浪费许多时间也找不到材料。

（2）转换高倍镜：转动物镜转换器，将高倍镜对准通光孔，转换高倍镜时转动速度要慢，并从侧面观察（防止高倍镜头碰撞玻片），如高倍镜头碰到玻片，说明低倍镜的焦距没有调好，应重新调节，这种情况常常是由于载玻片过厚或将玻片放反导致的。

（3）调节焦距：转换高倍镜后，光线会变暗，可通过加大电压、上升聚光器或打开光圈来调节，此时一般能见到一个不太清楚的物像，可将微调焦螺旋进行细微调节，即可获得清晰的物像，需要更换玻片材料时，应先下降载物台，然后取下玻片材料。

5. 油镜的使用方法

（1）使用油镜前，需先经低、高倍镜观察，然后将需进一步放大的部分移到视野的中心。

（2）调整光线至最强。

（3）转动物镜转换器，使高倍镜头离开通光孔，在需观察部位的玻片上加 1 滴香柏油，然后慢慢转动油镜，在转换油镜时，应从侧面水平注视镜头与玻片的距离，使镜头浸入油中而又不压破载玻片为宜。

（4）观察目镜，并慢慢转动微调焦螺旋至物像清晰为止。

（5）油镜使用完毕，先用粗调焦螺旋下降载物台，使油镜脱离油滴，然后将油镜头转离玻片，用擦镜纸将镜头上和标本上的香柏油擦干净。切忌直接转换油镜头，尤其不得直接将高倍镜转向玻片材料，以免油玷污镜头。

二、体视显微镜的原理、结构与使用

（一）体式显微镜的原理

体视显微镜（stereomicroscope）又称实体显微镜或解剖镜，是一种具有正像立体感的目视仪器。其光学结构原理是由一个共用的初级物镜采集图像，对实物成像后，两个光束被两组中间物镜亦称变焦镜分开，并组成一定的角度称为体视角，一般为 12°～15°，再经各自的目镜成像，它的倍率变化是由改变中间镜组之间的距离而获得，利用双通道光路，双目镜筒中的左右两光束不是平行，而是具有一定的夹角，所以可为左右两眼提供一个具有立体感的图像。体视显微镜主要目的是观察标本的三维状态，因此其光路必为双光路，便于人们从两个视角来观察标本。它实质上是两个单镜筒显微镜并列放置，两个镜筒的光轴构成相当于人们用双目观察一个物体时所形成的视角，以此形成三维空间的立体视觉图像。其特点为：视场直径大、焦深大，这样便于观察被检测物体的全部层面；虽然放大率不如常规显微镜，但其工作距离很长，便于实际操作。根据实际的使用要求，目前的体视显微镜可选配丰富的附件。例如，若想得到更大的放大倍数可选配放大倍率更高的物镜和目镜，可通过各种数码接口和数码相机、摄像头、电子目镜和图像分析软件组成数码成像系统接入计算机进行分析处理，照明系统也有反射光、透射光照明，光源有卤素灯、环形灯、荧光灯、冷光源等。体视显微镜这些光学原理和特点决定了它在工业生产和科学研究中具有极其广泛的应用。例如，在生物、医学领域用于切片操作和显微外科手术；在工业中用于微小零件和集成电路的观测、装配、检查等工作。

体视显微镜在生命科学研究中扮演着越来越重要、越来越有价值的角色。无论用在何处、用于何用途，它对各种样品提供始终如一的清晰高效的观察成像。这就是系统灵活性变得至关重要的原因——以充足的工作空间，超宽的变倍范围，真实的图像还原和人机工程学设计，为使用者提供简易、舒适的工作方式。在显微技术研究领域，体式显微镜能够在介于放大镜和普通显微镜的放大倍率之间观察实物并成像，而且立体效果突出，在动物学、植物学、细胞生物学、遗传学等经典学科研究中起着不可替代的作用，结合现代分子生物学的发展，在基因诊断、转基因动植物鉴定、分子进化系统学等研究领域也发挥着越来越大的作用。

（二）体视显微镜的结构（以日本 Olympus SZX16 为例）

Olympus SZX16 型解剖镜（图 8-23）属于 SZX2 系列解剖镜的一种，可以加装荧光附件，所以既能实现普通解剖镜的全部功能，又可实现荧光镜的功能。该系列是建立在其前期 SZX 系列的基础上的新型解剖镜，采用伽利略光学系统的光学设计提供完美的图像效果，并且能够保证与各种图像设备的兼容。Olympus SZX16 型解剖镜主要特点如下：

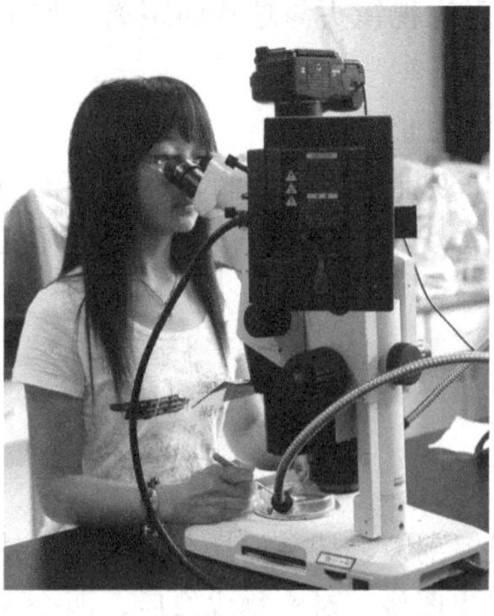

图 8-23 Olympus SZX16 型解剖镜工作图

（1）高变倍比——16.4∶1，可实现 230× 放大倍数（10×目镜下）。

（2）出色的分辨率——900 LP/mm（line pair/millimeter）。

（3）全新的高数值孔径物镜系列——最高达 0.3。

（4）提高像散纠正能力——焦点平面上下的散焦图像不会改变形状。

（5）高强度机体。

（6）人机工程学设计——观察舒适，不易疲劳。

（7）全新的 LED 透射光照明底座。

（8）万能照明方式。

解剖镜的结构历经多年发展、完善，基本框架并没有大的变化。Olympus SZX16 型解剖镜为研究用解剖镜，仍然主要由两个部分组成：机械系统和光学系统（图 8-24）。

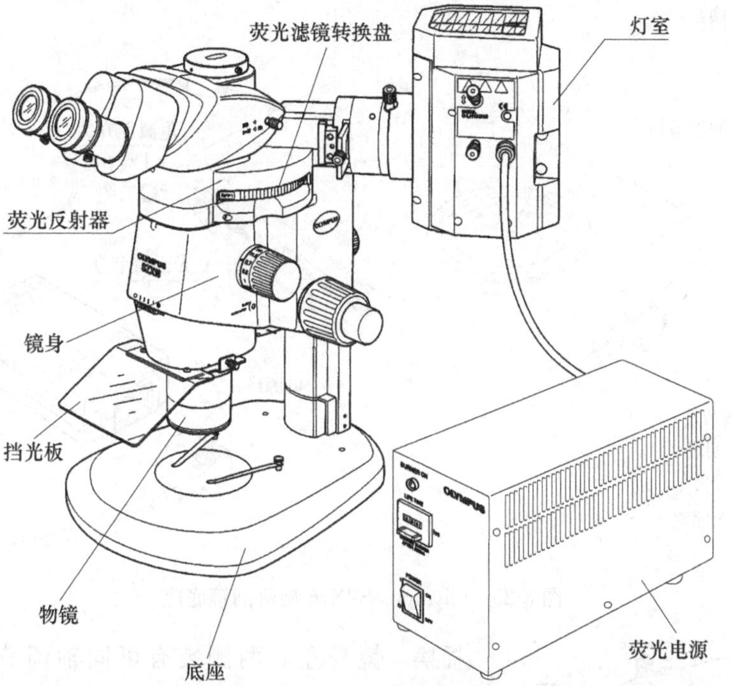

图 8-24　Olympus SZX16 型解剖镜示意图

1. 机械系统：包括底座、镜身两大部分。

（1）底座（图 8-25）：Olympus SZX16 解剖镜底座较大，近似长方形，中央装有可更换型镜台转换盘（stage plate），当用于透射光和反射光观察时，转动底座侧面基部的黑色照明调节环（illumination selector turret），可以更换不同的背景照明方式，用户可以选择明场（bright field，BF）、暗场（dark field，DF）、斜射明场（oblique bright-field）、无照明等不同的照明方式，开启不同的背景光源；当选择斜射明场照明时，向内按压并旋转位于底座正前方的斜射明场照明调节钮（oblique illumination adjustment knob），可以得到不同光照度的斜射照明。底座右侧前端的转盘为光强调节盘（light intensity control dial），其后方是主电源开关（main switch），上有国际电工通用标识，“I”示打开，“O”示关闭。底座后方有电源连线。底座上放置标本时需将标本置于培养皿或载玻片上，以免玷污镜台转换盘。当使用荧光照明时，为获得最大反差，镜台转换盘应更换为全黑色不反光的荧光专用转换盘。

（2）镜身：镜身通过在一立柱（pillar）上安装镜臂（arm）连接在底座上，镜臂后方有一镜臂固定钮（focusing assembly clamping knob）用以固定镜臂，防止镜身左右

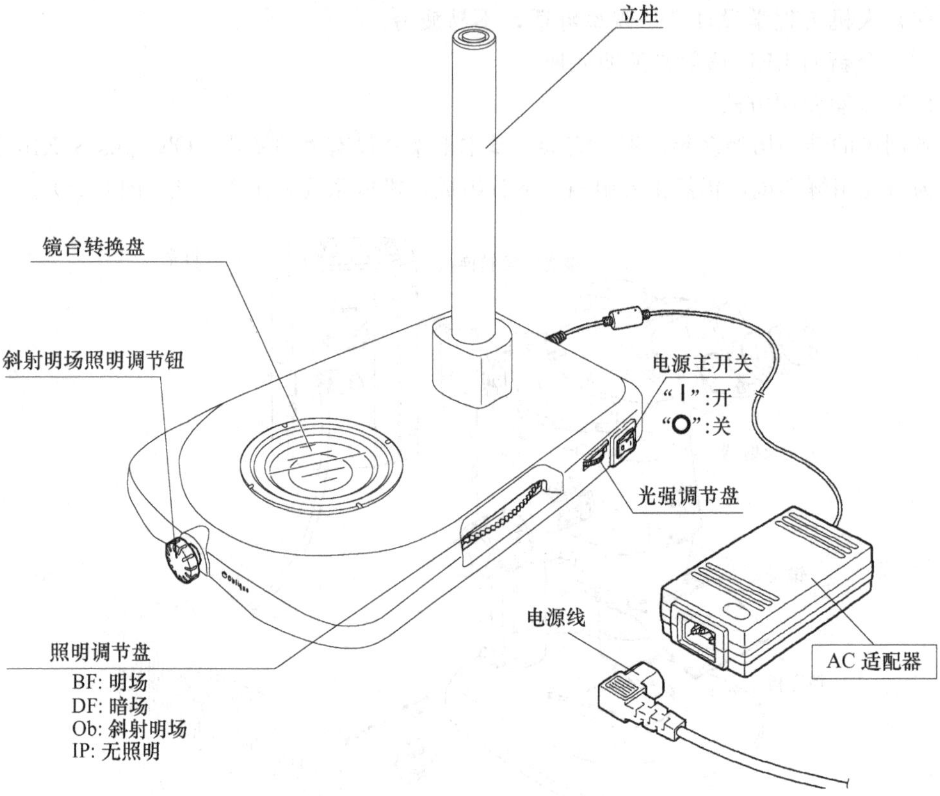

图 8-25　Olympus SZX16 型解剖镜底座

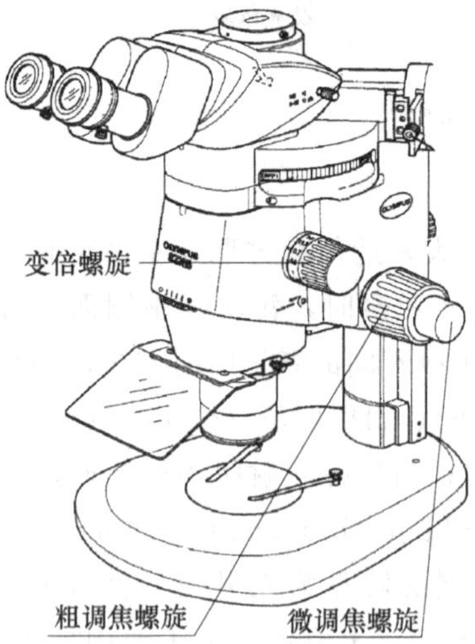

图 8-26　镜身上的调焦和变倍装置

摇摆。镜身左右两侧装有可同轴调节的调焦螺旋（下）和变倍螺旋（zooming knob，上），调焦螺旋可分为外圈的粗调焦螺旋和内圈的微调焦螺旋，与国际通用规则相同（图 8-26），右侧变倍螺旋上刻有变倍倍率指示（zooming magnification indication），可实现从 0.7 倍到 11.5 倍连续变焦（图 8-26）。在由透镜组组成的镜身下方，安装有两个物镜接圈，可以在其上安装两个物镜，通过前后旋转即可以方便地转换不同放大倍率的物镜。Olympus SZX16 型解剖镜共有 6 个不同放大倍率的物镜供选择，分别是：0.3×、0.5×、0.8×、1×、1.6×、2×。一般实验室配备 3 个，为 0.3×、1×、1.6×，可同时在镜身上安装双物镜，实现不同放大倍率下观察的转换。

当作普通解剖镜使用时，镜身上方是一观察筒（observation tube），其内装有三筒棱镜，供光源折射和反射，棱镜室前方有可变光栏（图 8-27），使用时移动其把柄，可控制透镜的通光量，用以调节光的强度。观察筒上方连接目镜，右侧为与 BH2 相当的光程转换器拉杆（参见显微摄影部分）。当做荧光镜使用时，镜身结构在做普通解剖镜使用的基础上又增加了一些新附件。在棱镜室和镜身之间装有荧光反射器（reflected fluorescence illuminator)，其中装有荧光滤镜转换盘（filter changer)，转换盘中可以安装不同的滤镜模块，如紫外（UV)、绿色荧光蛋白（GFP)、红色荧光蛋白（RFP）等。在滤镜转换盘的右后方连接有一大型荧光灯室（lamp housing)，可以激发荧光。滤镜转换盘与荧光灯室之间安装有一挡光板（shutter slider)，其中两个滤光孔，一个装有滤光片，用于透过部分荧光；另一个为通光孔，用于透过全部荧光。挡光板的另一端为黑色的挡光部分，不能透过荧光。当挡光板完全抽出时，荧光被挡住；当挡光板置于中间时，可以透过部分荧光；当挡光板完全推进时，可以透过全部荧光。挡光板安装后可以控制荧光的开启和照度大小，便于荧光观察，当不需要荧光观察而只用可见光观察时，可以暂时挡住荧光而无需关闭激发的荧光，当小照度荧光可以满足荧光观察时，就可以只让部分荧光透过而避免因过度荧光照射造成的荧光淬灭。为防止在荧光观察时造成的荧光损失，在棱镜室前方安装有一防护盘（antiglare plate）（图 8-28）。荧光灯室外接一稳压电源（power supply unit)，其内置 100 W 汞灯（mercury burner)，具备计时器，当汞灯达到使用寿命时应及时更换。

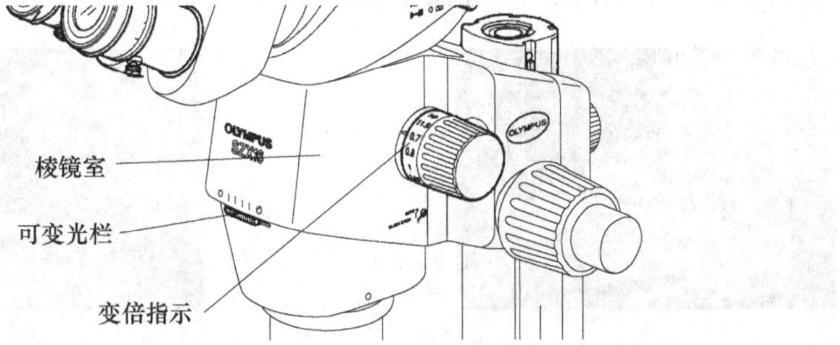

图 8-27 变倍指示

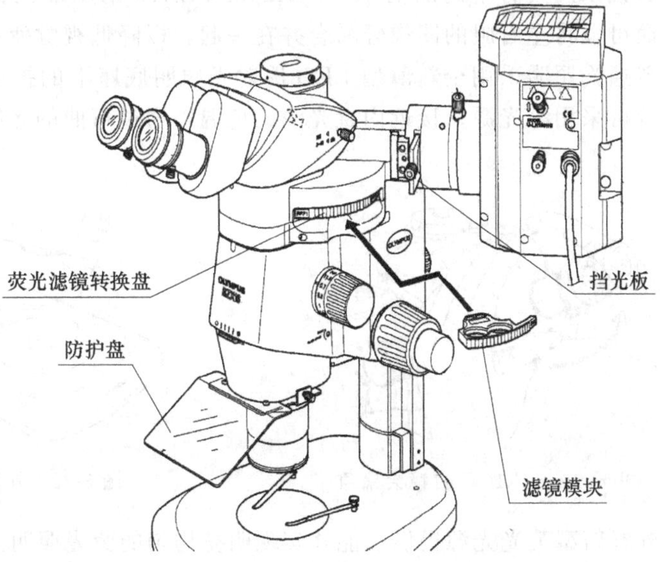

图 8-28 镜身荧光结构

2. 光学系统：光学系统包括物镜、目镜、棱镜组、光源等。

(1) 物镜：物镜是进行图像采集并将之有效放大的主要部件，它控制着解剖镜的分辨率。Olympus SZX16 型解剖镜共有 6 个不同放大倍率的物镜供选择，分别是：SDF PLFL 0.3×、SDF PLAPO 0.5×PF、SDF PLAPO 0.8×PF、SDF PLAPO 1×PF、SDF PLAPO 1.6×PF、SDF PLAPO 2×PF。这些镜头均采用平场、复消色差设计，为高级研究用镜头，可以有效地降低色散。经过全新设计，这些镜头具有如下结构特点：

① 超长焦深：全新 SDF 超级焦深系列物镜，多波长消像散设计，使离焦图像在整个视野范围内无像散现象，可舒适地观察到不同 Z 轴位置的多个点。

② 更高的分辨率，图像更清晰分明；更高数值孔径，其中 1×物镜 SDF PLAPO 1×PF 可达 0.15 数值孔径。高数值孔径的同时保持更长的工作距离——最长工作距离 141 mm (0.3×物镜)，在 1×物镜下，达到 0.15 的数值孔径同时，还能达到 60 mm 的长工作距离 (图 8-29)。

③ 更大的进样角度：全新设计的物镜具有更大的进样角度，意味着即使在使用高倍物镜时也有更大的工作空间，让操作更方便 (图 8-30)。

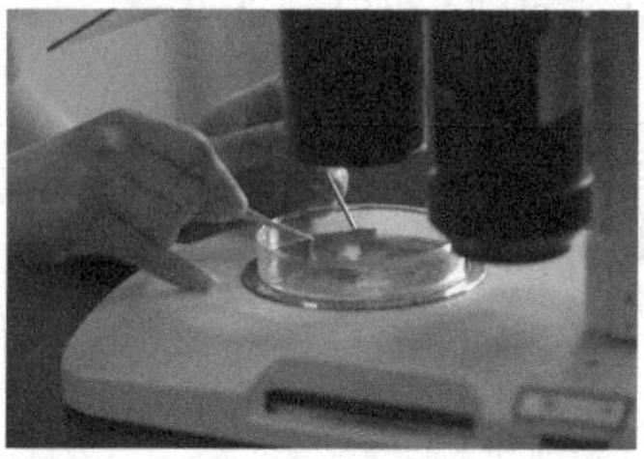

图 8-29　1×物镜下的工作距离

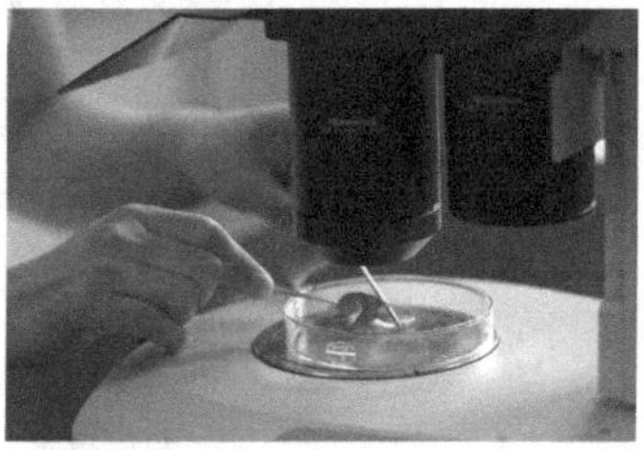

图 8-30　高倍物镜下的工作空间

(2) 目镜：目镜系列具有不同的倍率，Olympus SZX16 采用最佳目镜会聚角，带有会聚角的观察筒可以将左右眼的图像轻易合并在一起，以降低视觉疲劳 (图 8-31)。

(3) 光源：普通光照明采用全新薄型 LED 透射光照明底座下的投射光源，所需的功率小。外接电源可采用冷光源，接近内置光源的色温，通过弯曲的光纤调节照明角度 (图 8-32)。

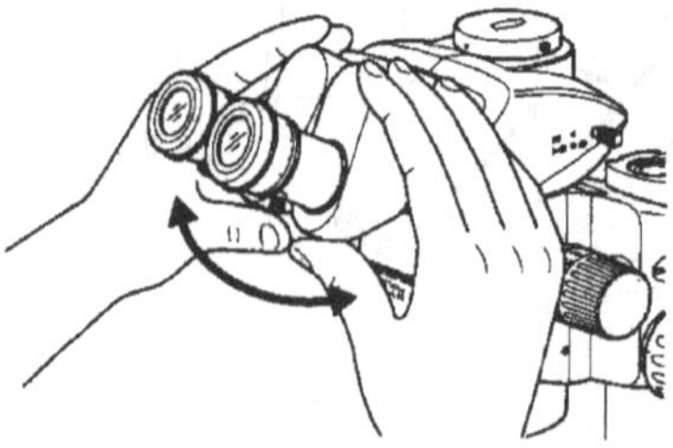

图 8-31　Olympus SZX16 双目镜会聚角

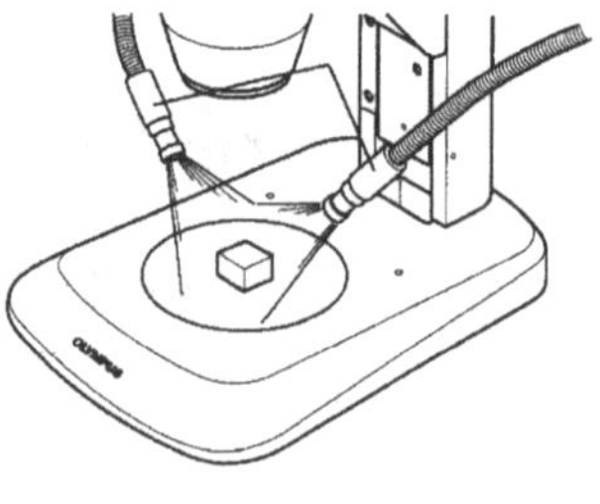

图 8-32　外置冷光源

荧光照明由外置新型荧光光源提供，能够实现明亮均匀的荧光照明。由于采用近垂直照明，通过近垂直方式得到均匀的荧光照明，效果比普通的同轴照明更均匀，图像四周无黑边，高数值孔径的物镜系列保证了在变倍过程中保持高亮度的荧光照明。

（三）体视显微镜的使用（以日本 Olympus SZX16 为例）

各种解剖镜的使用方法大同小异，下面结合 Olympus SZX16 的特点加以简要说明。

1. 普通光照明观察

（1）材料照明：在普通光照明时，打开电源开关，调整光强大小至合适程度，将所需观察的材料放在培养皿中，置于工作台上，转动照明调节环，更换不同的背景照明方式，同时配备有外置冷光源照明供选用。选择时注意背景和材料的反差要大，以便观察。外置冷光源由柔软可弯曲的光纤连接，可以自由调节照射角度以达到最佳照明效果。

（2）调焦：综合运用粗调微调螺旋调焦，在使用粗调焦螺旋时应格外注意工作距离的变化，因为解剖镜没有设置调焦限位器，镜头过度下降时有可能会碰到材料，打碎培养皿，甚至划破镜头。

（3）观察：调焦合适后在目镜下观察材料，观察时尽量选择最佳光圈，注意调整变倍螺旋以改变变倍比，选择合适的放大倍率；也可以利用双物镜的优势依靠选择不同放大倍率的物镜来实现放大倍率的改变。

（4）拍摄：见显微摄影部分。

2. 荧光观察：荧光照明、观察需要高亮度均匀照明，Olympus SZX16 在此方面表现不错。

（1）照明：打开荧光电源开关，更换全黑色不反光的荧光专用转换盘。将所需观察的材料放在培养皿中，置于工作台上。注意激发荧光要在 15 min 后才能达到稳定，不要急于观察以防影响效果。

（2）调焦：由于荧光信号极其微弱，应注意先在镜下用粗调焦螺旋找到焦平面，极可能是先看到大块儿的杂质发荧光，然后再精细调焦找到所需观察的细胞结构。

（3）观察：调焦合适后在目镜下观察材料，观察时尽量选择最佳光圈，应注意尽快完成观察、拍照，因为材料上的荧光信号在激发光照射下容易产生荧光淬灭。

（4）拍摄：见显微摄影部分。

三、荧光显微镜（fluorescence microscope）的原理、结构与使用

（一）荧光显微镜的原理

组成物质的分子都含有电子，电子在不断运动着，运动着的电子可以处于一系列不连续的能量状态（能级）中。在一定的条件下，电子可吸收能量（如光能、热能、电能、机械能等）跃迁到较高能量级（激发态），这个过程叫激发。处于激发态的电子是不稳定的，它总是要再回到基态，并将多余的能量释放出来，这个过程叫发射。因此，有些物质，当用短波长的光照射时，它会吸收短波光的能量，然后发射出多余的能量，产生各种颜色和不同强度的长波光，这种光即为荧光（fluorescence）。由于物质的分子结构不同，所吸收的光和所发射的荧光波长也不同。被这些物质吸收的光为激发光，产

生的发射光为荧光。荧光的波长比吸收光线的波长要长些，所以吸收的光多为紫外光、蓝紫光，而荧光的颜色多为红、蓝、绿或黄等（图 8-33，图 8-34）。

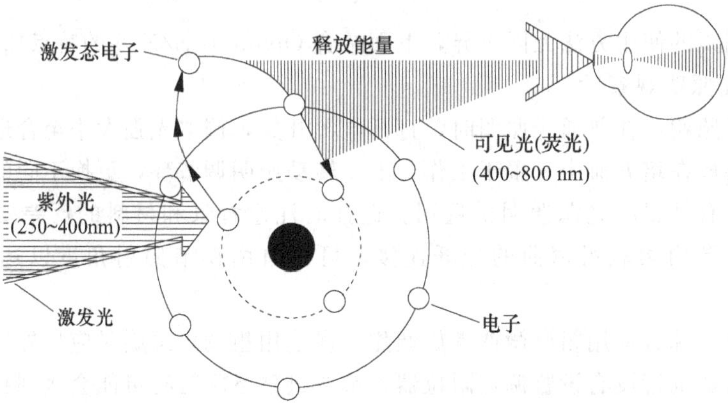

图 8-33　荧光的产生过程

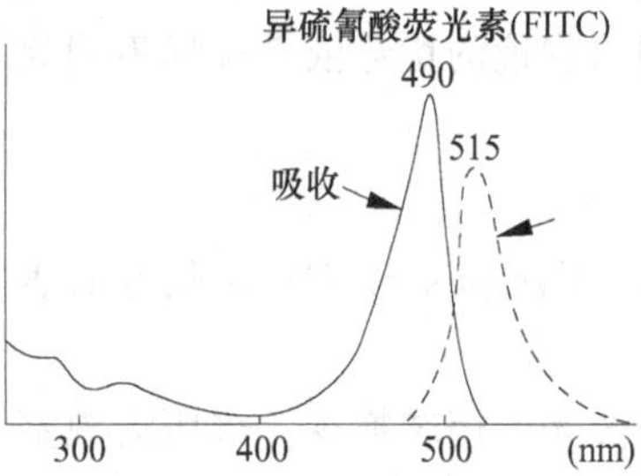

图 8-34　荧光产生的原理

荧光显微镜就是利用荧光的这种性质，以特殊的照明装置发出较短波长的激发光，通过物镜作用在样品上，样品上的荧光基团受到激发光激发，产生较长波长的荧光，再由目镜观察到肉眼可见的荧光。

物质的荧光有两种，一种是自发性荧光，即在短波长光照射下自行发射出的荧光。组织中的蛋白质和脂类在紫外光照射下能发射出微弱的淡蓝色荧光，显微镜擦镜纸中的纤维在紫外光照射下也能发射出微弱的淡蓝色荧光。另一种荧光是诱发荧光，即组织与荧光色素结合后，经一定波长的光线照射后发出的荧光。常用的是诱发荧光，能产生荧光的生物染色剂称为荧光染料（或称荧光色素），详细情况参见下节荧光显微术。

荧光显微镜成像对比强烈、色彩鲜艳、分辨率高，可以观察到普通显微镜不可见的物质（如 DNA/RNA 等分子）的分布情况，在生物学研究中广泛应用于细胞生物学、免疫学和基因芯片技术等方面。

（二）荧光显微镜的结构（以日本 Olympus BX61 为例）

Olympus BX61 显微镜主要结构如图 8-35 所示。

Olympus BX61 是研究型正置显微镜，集多种功能于一体，可以方便地用于透射光明场/暗场观察、微分干涉差（DIC）观察、反射光明场观察以及反射光荧光观察。其中，透射光明场观察方法同 Olympus BH2 显微镜明场观察；微分干涉差观察方法见本章第四节，在这里仅介绍其荧光结构和功能。

Olympus BX61 显微镜有两个独特的特点：一是采用了 UIS2（universal infinity system 2）即无限远校正光学系统，该系统在观察筒内部带有一个接像透镜，即使光路中加入了其他光学元件或设备，也能独立校正像差，从而保证了图像质量。UIS2 的灵

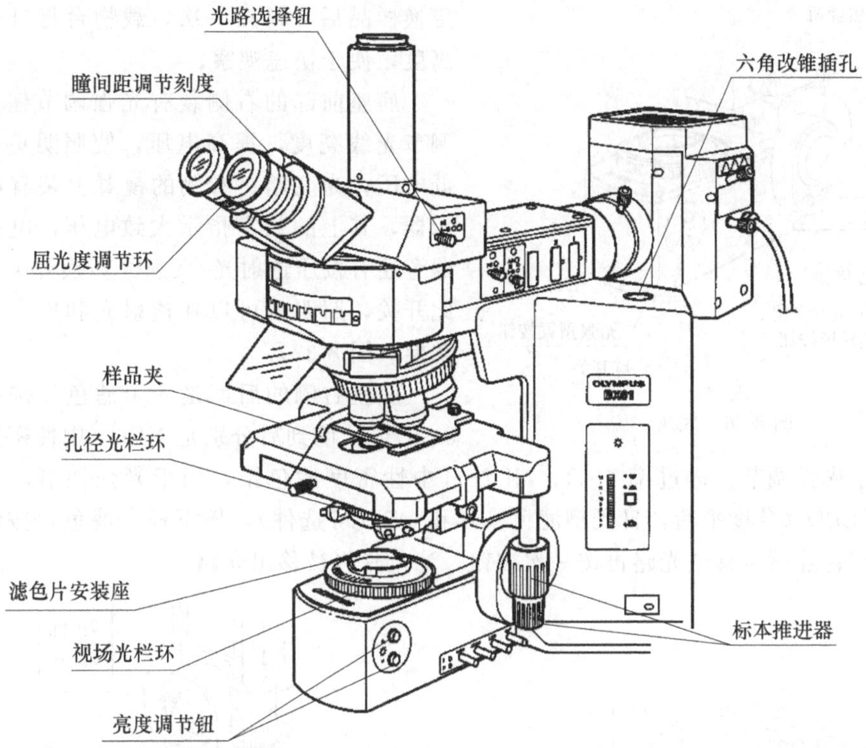

图 8-35 Olympus BX61 显微镜的结构示意图

活性也给系统结构提供了更大的自由度，能够允许同时叠加两层元件。二是显微镜操作系统主要是电动装置，如电动载物台、电动六孔物镜转盘（带有 DIC 用插板槽）、电动式荧光照明器、电动式滤光片转轮等，电动系统可以为使用带来高效率。

主要结构特点是：配置有荧光蛋白专用的高质量荧光激发块，具有很高的信噪比；配置有荧光成像用高数值孔径（*N. A* 为 1.42）的物镜，用于高灵敏度荧光成像；在很宽的波谱范围内具有高透过率：由可见光区至近红外区透过率都得到改善；可以进行近红外区色差校正。

主要结构仍然是机械系统和光学系统两大部分。

1. 机械系统：包括底座、镜身、观察筒三部分。

（1）底座：与普通复式显微镜宽大的方形底座不同，Olympus BX61 底座前端呈狭长的长方形，宽度仅与视场光栅环直径相当，但是比较厚；底座的后部直接连接左右两侧的宽大镜身，整体呈三角形平稳支撑（图 8-35）。底座前部的左侧装有光强预置按钮，能够预先设置合适的光强，其下方是灯开关，控制透射光源的开关。后面是调焦旋钮，其下为电动粗（course，C）微（fine，F）调焦转换按钮（F/C 按钮）和载物台退出按钮（图 8-36）。F/C 按钮可将载物台升高/降低按钮在微调（F）和粗调（C）之间转换。每按一下 F/C 按钮，就在粗调和微调之间交替转换一次，载物台微调行程为每转 0.1 mm，载物台粗调行程为每转 1 mm。为了安全，打开主开关的时候，F/C 按钮自动设在 F 位置。欲更换样品时按下载物台退出按钮，载物台就会在 1 s 内降低 5 mm，

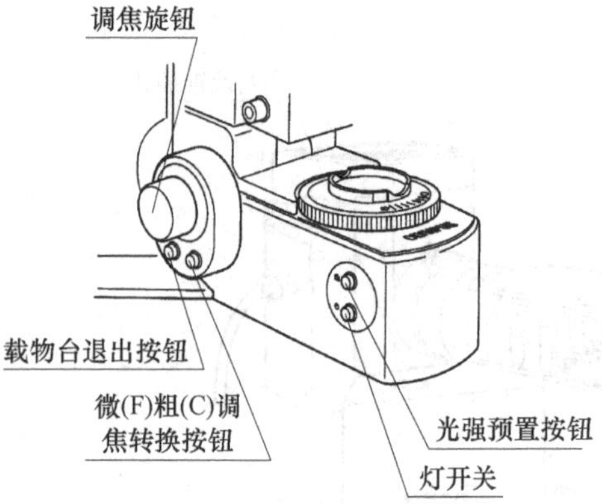

图 8-36　底座

更换样品后，再按一次，载物台将升回原来高度，便于快速观察。

底座前部的右侧装有光强调节钮，用于调节光线亮度，提高电压，使照明更亮，降低电压，光变暗；右侧的镜臂上装有电压指示器，其上的数字指示大致电压，电压指示器旁还有按压透射光/反射光转换开关，按动此开关，照明就可以在透射光和反射光之间转换（图 8-37）。

底座右侧的后面是 4 个滤色片按钮（图 8-38），从前到后分别是 ND6（中性密度滤色镜，用于光强调节，透过率 6%）、ND25（中性密度滤色镜，用于光强调节，透过率 25%）、LBD（色度平衡，日光型滤色镜）和 OP（可选件），按下任一滤色片按钮，所对应的滤色片就被移进光路再按一次按钮，滤色片将被移出光路。

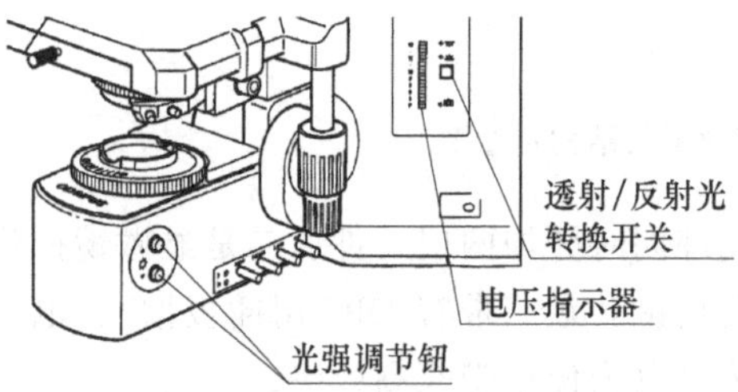

图 8-37　底座和镜身上的部分开关

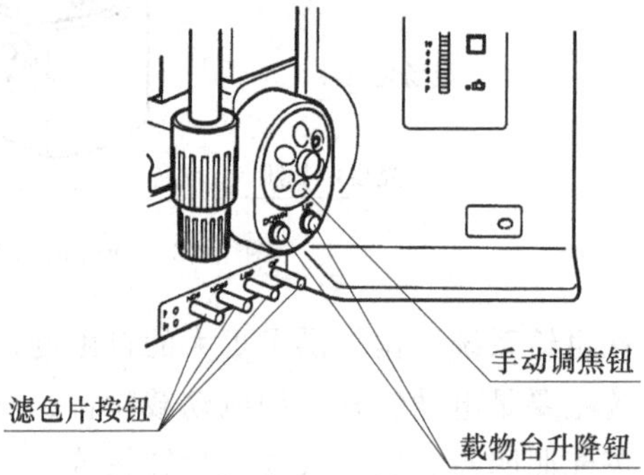

图 8-38　底座上的滤色片按钮

滤色片按钮上方为调焦装置，上部黑色的圆盘为调焦旋钮圆盘，可用手指尖或手指面操作，进行手动调焦。下方为载物台升高/降低按钮，按下后可分别升高或降低载物台。移动的快慢取决于 F/C 转换按钮，即 F/C 按钮处在 F（微调）状态时，按下载物台升高或降低按钮，载物台的升高或降低就慢；当再次按下 F/C 按钮后，F/C 按钮处在 C（粗调）状态，再按下载物台升高或降低按钮，载物台的升高或降低就快。F/C 按钮和载物台升高/降低按钮联合使用来完成电动调焦（图 8-38）。

（2）镜身：Olympus BX61 镜身非常宽大，除在左侧装有电压指示器、透射光/反射光转换开关、照相指示灯外（如前述），在其后部留有 UCB 接口（图 8-39），用于连接控制盒（图 8-40），通过手动控制器（图 8-41）操控显微镜的电动装置。

镜身前部装有大型载物台，为陶瓷涂层，增加了耐磨性；通过钢丝传动，与以往的齿轮传动相比改进了安全性能，不会因载物台移动过程中齿轮超出台面而造成操作者的人身伤害。根据操作者的操作习惯，载物台分右手操作和左手操作两种类型。聚光器和虹彩光圈固定于载物台下方。镜身上方设计有六角改锥插孔，可以放置六角改锥，方便使用者进行聚光镜对中、升降、装卸等日常操作。

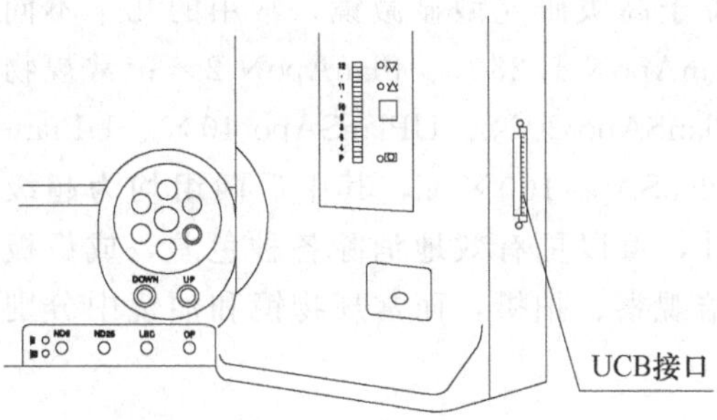

图 8-39 镜身上的 UCB 接口

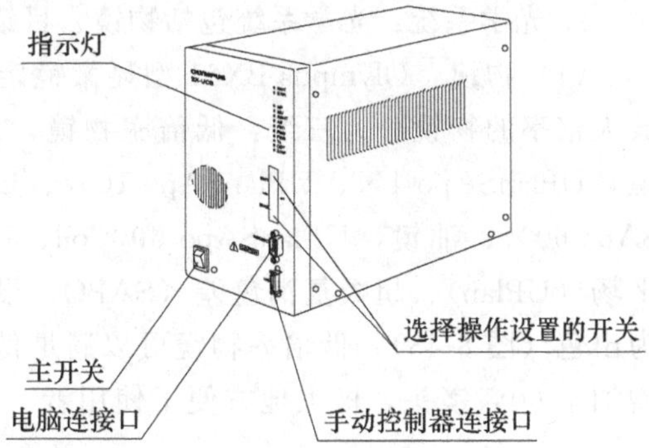

图 8-40 控制盒

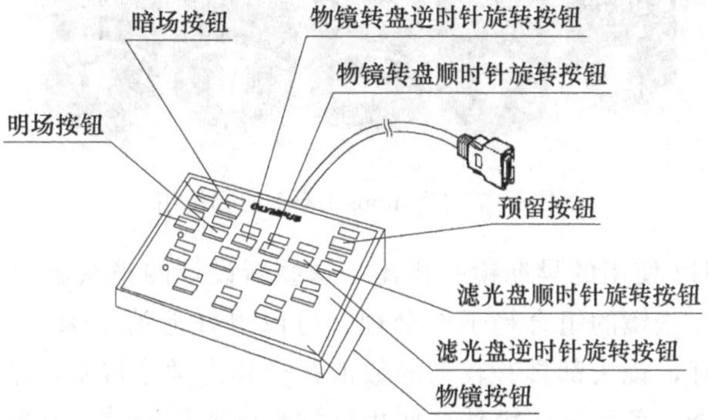

图 8-41 手动控制器

(3) 观察筒：观察筒位于镜身上方，如果有荧光部件，则安装在荧光照明柱上方。观察筒分为双目和三目两种：双目观察筒不能接照相装置；三目观察筒上则配有照相装置接口，可以接数码相机和 CCD，在观察筒上还配有用于光路切换的拉杆（与 BH2 型显微镜的拉杆使用相当，参见 BH2 相关部分）。观察筒还带有瞳距调节和屈光度调节的功能。

配有荧光观察方式的 BX61 显微镜，在机身和观察筒之间是荧光观察部件，包括荧光照明支柱、荧光激发滤色块转盘和汞灯光源。通过激发滤色块的电动转换可以实现不同颜色的荧光观察。荧光滤镜转换盘的下方装有电动的物镜转换器，可以通过手动控制器实现电动操作，完成不同倍率物镜的转换（图 8-42）。

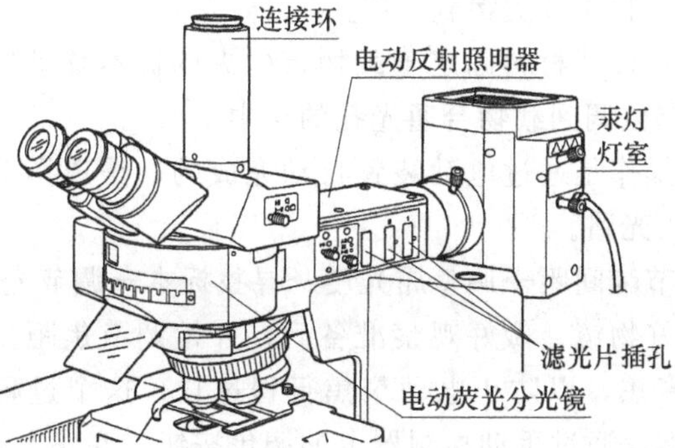

图 8-42 荧光观察配件

2. 光学系统：光学系统包括物镜、目镜、聚光器、光源等。

(1) 物镜：Olympus BX61 型显微镜定位于高级研究型显微镜，常用的几个不同放大倍率的物镜分为三组：低倍率物镜，PlanApoN 1.25×、PlanApoN 2×；常规物镜，UPlanSApo 4×、UPlanSApo 10×、UPlanSApo 20×、UPlanSApo 40×、UPlanSApo 60×；油镜，UPlanSApo 60×oil、UPlanSApo 100×oil，其中后两组均为超级平场（UPlan）、超级复消色差（SAPO）设计，可以更有效地消除各种色差，成像极为出色（图 8-43）。低倍率物镜可以满足低倍观察、拍摄，而常规物镜和油镜中分别增加了 60×镜头，极大地方便了使用者。

图 8-43　Olympus BX61 的物镜组

与 Olympus BH2 使用的早期镜头相比，这些新设计的镜头融合入最新的光学设计和光学影像学技术，透镜的组合趋于更合理，可以更好地消除像差、色散等光学畸变，荧光观察也表现良好，镜头都具有较高的数值孔径和光学分辨率，结合先进的多层镀膜技术，图像更为清晰，色彩还原极佳。使用这类显微镜做研究，观察到比较满意的图像应该不难，而记录到与观察的图像一致的结果可能不易，换句话说，此时制约记录完美图像的因素可能是相机而不是显微镜了。

(2) 目镜、聚光器、光源：Olympus BX61 光学系统中这几部分与 Olympus BH2 中基本相同，如目镜屈光度调节、高眼点设计等，可参阅相关部分。

(三) 荧光显微镜的使用（以日本 Olympus BX61 为例）

1. 明场观察

(1) 准备工作：柯勒照明光轴中心调节（新显微镜首次观察前须进行该调试）。

(2) 操作步骤

① 打开电源开关，将主开关拨到“I”。

② 放置玻片材料：玻片材料固定于载物台中央的标本移动器中，旋转标本移动器螺旋，将所要观察的部位调到载物台通光孔的正中。

③ 选择物镜：该操作是通过电动装置自动完成的，需选择手动控制器上的物镜选择钮，将合适物镜移入光路。

④ 标本定位：调节瞳间距→调整屈光度→寻找标本→调节光照亮度。

⑤ 调焦观察：选好物镜、做好观察准备后，开始调节焦距。在工作距离较大的情况下，一般先用手动聚焦，以防止电动聚焦行程过长，这个过程相当于粗调焦距。然后，双眼在目镜上观察，通过手动控制器上的调焦按钮、底座上的微调焦按钮或电脑软件来电动控制进行微细调焦，直到看到清晰的图像。

⑥ 图像采集。

2. 荧光观察

(1) 准备工作：高压汞灯对中（新显微镜首次观察前须进行该调试，更换汞灯后需要再调试）。

(2) 操作步骤

① 打开电源开关，将主开关拨到“I”。

② 选择目镜观察光路，将三目观察筒选择杆拨至最内；手动控制盒聚光镜选择CD+或CD−钮，聚光镜选择明场；起偏镜、检偏镜移出光路；移动载物台、标本夹，放标本于载物台。

③ 通过手动控制器物镜选择钮选择合适物镜进入光路。

④ 标本定位：调节瞳间距→调整屈光度→寻找标本→调节光照亮度。

⑤ 调焦观察：明场条件下调焦至观察到清晰的图像。

⑥ 调整机身架、光强调节按钮，将卤素灯电源调至最暗。

⑦ 打开汞灯电源供电器，将主开关拨到“I”；通过手动控制盒荧光激发块选择按钮选择合适的荧光激发块；通过手动控制盒按钮打开光闸。

⑧ 荧光观察：通过手动控制盒上的物镜选择按钮选择合适的物镜；调节汞灯透镜聚焦旋钮使视场亮度均一；在荧光反射照明器上ND片插槽中选用合适的ND滤色片；调节视场光阑和孔径光栏改善反差。

⑨ 图像采集。

3. 微分干涉差（DIC）观察

(1) 准备工作：正交尼柯尔调节（新显微镜首次观察前须进行该调试）。

(2) 操作步骤

① 打开电源开关，将主开关拨到“I”。

② 选择目镜观察光路：将三目观察筒选择杆拨至最内；起偏镜、检偏镜移进光路；移动载物台、标本夹，放标本于载物台。

③ 选择手动控制器上的物镜选择钮，将合适物镜移入光路；通过手动控制器上的聚光镜CD+或CD−选择钮，选择与物镜匹配的DIC棱镜进入光路。

④ 调焦观察：调节瞳间距→调整屈光度→寻找标本→调节光照亮度→调焦至清晰并观察。注意观察过程中要确保DIC棱镜与物镜匹配使用。

⑤ 图像采集。

四、倒置显微镜的原理、结构与使用

（一）倒置显微镜的原理

普通正置显微镜的物镜镜头方向向下接近标本，照明系统在载物台之下，而倒置显微镜的物镜的工作状态是向上并处于标本和载物台的下方，光源处于标本的上方，从结构上正好与正置显微镜相反，故称之为倒置显微镜（inverted microscope）。正置显微镜受物镜工作距离的限制，不能用于培养皿/培养瓶培养的活细胞观察；倒置显微镜物镜在载物台下方，培养器皿放在载物台上方，所以有充足的空间，适合培养皿/培养瓶培养的活细胞观察。倒置显微镜的物镜镜头处于垂直向上的位置，因此其目镜和镜筒的纵轴与物镜的纵轴呈45°，便于显微操作。载物台面积较大，在载物台上方装有长焦距聚光镜和照明光源，这样，具有长工作距离的物镜和聚光器可装配位相显微镜的附件。倒置显微镜物镜的最大放大倍率为100×。

倒置显微镜和放大镜起着相同的作用，即将近处的微小物体成一放大的像，以供观察。只是显微镜比放大镜可以具有更高的放大倍率。物体位于物镜前方，离开物镜的距离大于物镜的焦距，但小于两倍物镜焦距，因此物体经物镜以后形成一个倒立的放大的实像。该实像再经目镜放大为虚像后供观察。目镜的作用与放大镜一样，不同的只是眼睛通过目镜所看到的不是物体本身，而是物体被物镜所成的已经放大了一次的像。

一般倒置显微镜多用于组织培养瓶和培养皿直接放在载物台上，进行不染色新鲜标本及活体、细胞的形态、数量和动态显微观察。也可装配偏振光、微分干涉差、荧光附件进行观察。另外，倒置显微镜还是显微操作的基础平台。在倒置显微镜上，配置显微操作器可以进行各种活细胞应用实验，如显微注射、细胞培养、显微切割等。

（二）倒置显微镜的结构（以日本 Olympus IX71 为例）

日本 Olympus IX71 倒置显微镜与 Olympus BX61 正置显微镜一样采用了无限远校正光学系统，具有以下特点：信噪比高，能够得到高清晰度原始图像；高数值孔径物镜，利于荧光成像；在更宽波长范围内拥有高透光率；有效消除直到近红外范围的色差；双层光学设计同时兼容近红外，提高了近红外透过率；V 形光路，降低光线损失；镜体高度稳定、小巧，便于操作。

Olympus IX71 为研究型倒置显微镜，采用手动控制系统，手动调焦、手动转换物镜，其构造和其他类型显微镜一样，主要分为两大部分：机械系统和光学系统（图 8-44）。下面结合其使用特点，并与普通正置显微镜对比简要说明其结构组成。

1. 机械系统：机械系统由底座和显微镜镜架组成。

（1）底座：与普通复式显微镜宽大的方形底座不同，Olympus IX71 底座呈狭长的长方盒形，宽度较窄，高度较高，底座中设置了一些按钮，如前控制面板上部的大型照明光路选择杆、下部的光强调节旋钮、透射光开关按钮等。前控制面板两侧装有粗调和微调焦旋钮，通用型内外环设计，左右同轴，便于操作，转动时通过物镜升降来调节焦距，左侧粗调焦螺旋外设计有粗调焦限位杆，能够确保物镜不碰撞样品，简化聚焦。右侧调焦螺旋旁是放大倍率选择拉杆，拉出时，放大倍率为1.6×，推进时，放大倍率为1×。

（2）显微镜镜架：镜架位于底座后方，与底座相连，为一柱状结构，近下方为载物台，其下装有物镜转换盘，手动转动以选择不同倍率的物镜，聚光镜在载物台上方，与物镜一样均为倒置。镜架最上方是卤素灯室和滤色片座，光线从上方照射到聚光镜中。

2. 光学系统

（1）目镜观察筒：装于底座最前方，瞳间距和屈光度的调节等与其他显微镜方法相同。

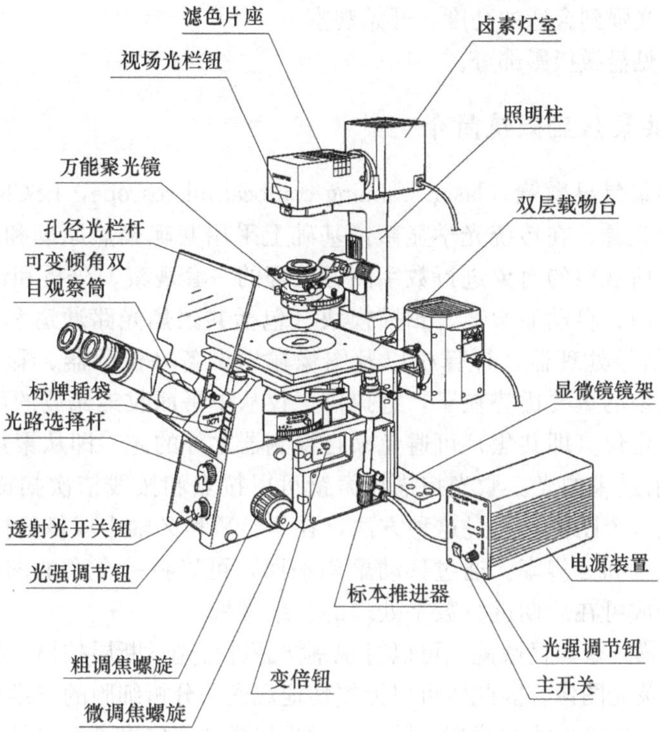

图 8-44 Olympus ⅨX71 研究型倒置显微镜结构示意图

(2) 物镜：Olympus ⅨX71 显微镜可配置长工作距离的物镜，可以方便地观察培养皿或培养瓶中的样品。根据所用玻璃培养皿和塑料培养皿材质的不同，物镜前部可装上一个校正帽，使物镜达到最佳光学效果，而使用物镜的调节校正环可以校正培养皿的底部厚度值，获得最佳图像位置。由于物镜倒置，使用油镜时，在其前端装上防油帽可以避免浸油，使物镜保持良好性能。

(三) 倒置显微镜的使用

这里以 Olympus ⅨX71 为例，介绍倒置显微镜的透射光明场观察时的操作步骤，也是该型显微镜的基本观察方法。具体操作方法如下：

(1) 开机和照明：将电源主开关拨到“Ⅰ”(开)。通过光强控制钮将光强调至最弱后，将灯开关打开，从光路中移开 DIC 滑板和检偏器，以及滤色片架中除毛玻璃以外的滤色片。用光路选择杆选择观察光路。

(2) 样品放置和调焦：将样品放到载物台上，通过 X 轴和 Y 轴调节钮移动载物台找到样品。先用旋转物镜转换器将 10× 物镜转进光路。调节粗/微调焦钮对样品聚焦。

(3) 光路调节：旋转光强调节钮调节光强，并调节瞳间距和屈光度至合适，调节聚光镜高度调节钮和对中旋钮，使光路合轴、对中。

(4) 观察：旋转物镜转换器选择合适观察物镜转进光路，再通过粗/细调焦旋钮对样品聚焦。再通过孔径光栏调节杆和视场光栏调节杆分别调节孔径光栏和视场光栏，一般在暗场观察时，需要打开这两个光栏。然后在滤色片插槽中插入所需滤色片，再通过光强调节钮调节光强到合适的亮度，开始观察。

（5）拍摄：见显微摄影部分。

五、激光共聚焦显微镜简介

激光扫描共聚焦显微镜（laser scanning confocal microscope，LSCM）（图版Ⅺ D）是采用激光作为光源，在传统光学显微镜基础上采用共轭聚焦原理和激光扫描装置，并利用计算机对所观察的对象进行数字图像处理的一套观察、分析和输出系统。主要系统包括激光光源、自动显微镜、扫描模块（包括共聚焦光路通道和针孔、扫描镜、检测器）、数字信号处理器、计算机以及图像输出设备（显示器、彩色打印机）等。激光共聚焦显微镜的重要优势在于，它提供了仅从单平面收集光波的可能性。与聚焦平面共轭的针孔定位（即共焦）可避免来自检测器之外的光，即从聚焦平面以外的其他地方反射/发射过来的光。激光扫描显微镜可以按点和按线依次扫描样本，然后将像素信息组合成一个图像。通过这种方法，在 X、Y 和 Z 轴中成像的样本光学切片可具有很高的对比度和分辨率。通过移动聚焦平面，可以将一个个的图像（光学切片）合并起来，组合成可在后期进行数字处理的三维堆栈。

通过激光扫描共聚焦显微镜，可以对观察样品进行光学断层扫描，得到细胞或组织内部微细结构的荧光图像。因此，可以无损伤地观察和分析细胞的三维空间结构，观察细胞的形态变化或生理功能的改变。同时，激光扫描共聚焦显微镜也是活细胞的动态观察、多重免疫荧光标记和离子荧光标记观察的有力研究工具，在形态学、分子细胞生物学、神经科学、药理学和遗传学等领域中得到广泛应用。

激光共聚焦显微镜的使用应在技术人员指导下进行，操作方法见相关说明书。

六、电子显微镜的原理、结构与使用

（一）透射电子显微镜（transmission electron microscope，TEM）

1. 透射电子显微镜成像原理

光学显微镜一般采用可见光照明，可见光波长较长（390～760 nm），因此光学显微镜的分辨率有限，无法看清小于 0.2 μm 的细微结构。这些分辨率小于 0.2 μm 结构只有通过电子显微镜进行观察，称为亚显微结构（sub microscopic structures）或超微结构（ultrastructure）。要想看清这些结构，必须选择波长更短的光源，以提高显微镜的分辨率。

表 8-4 不同照明源的波长对照表

光 源	波长/nm
可见光	390～760
紫外光	13～390
X 射线	0.05～13
α 射线	0.005～1
电子束（50 kV）	0.0053
电子束（1000 kV）	0.0009

1932 年 Ruska 发明了以电子束为光源的透射电子显微镜。透射电子显微镜（图版Ⅺ C）与光学显微镜的成像原理基本一样，所不同的是前者用电子束作光源，用电磁场作透镜。由于电子束的波长要比可见光和紫外光短得多（表 8-4），并且电子束的波长与发射电子束的电压平方根成反比，也就是说透射电子显微镜加速电压越高，照明电子束波长越短，透射电子

显微镜的分辨率越高。目前高级的 TEM 分辨力可达 0.2 nm，放大倍数最大可达百万倍。

2. 提高生物样品反差的方法

（1）反差概念：反差（contrast）又叫对比度、衬度，为底片上相邻两部分亮度比。也就是样品的像与其背景在亮度上的差别。它与经样品散射后，通过物镜光栏的电子数目有关。眼睛要看到电镜图像，图像本身必须要有一定的反差，即图像各细节之间光强度的差别，能为眼睛所识别。

（2）提高生物样品的反差方法：

① 加入物镜光栏：从样品各物点被散射的电子如果被重新聚集在像平面上各点，那就无法区分出散射多或散射少的各物点，物像就没有反差。但加上物镜光栏后可以拦截部分大角度散射电子，使散射强的部位变暗，就可形成振幅反差。故物镜光栏又叫反差光栏。

② 提高样品中某些部分的原子序数 Z：生物样品超薄切片很薄，另外生物样品的组成元素 H、C、N、O 和 P 多是小原子序数，因此能提供的反差小。可以通过电子染色等措施来提高样品中元素的 Z 值，达到提高生物样品反差的目的。主要的方法有两种，一种是用重金属盐染色，利用某些重金属元素，如铀、锇等的盐类与生物样品的某些结构结合，或重金属盐把生物样品衬托出来，以增加样品各部分对电子散射能力的差别，提高反差，这种染色方法叫电子染色；另一种是重金属投影喷涂法，用金、铂喷涂，提高电子散射能力，增强反差。

③ 选用较低的加速电压：降低加速电压可以降低电子速度，增大弹性散射，提高反差。但加速电压低时，电子波长变长，速度低，易受杂散电磁场干扰；同时导致色差加大，大大降低分辨率。因此，低加速电压一般只用于低放大倍数。

④ 暗场显微法：前面所讨论的是用直接透过样品的电子和部分散射电子成像，这种方法叫亮场照明，所成的像为亮场像。暗场像则是利用样品的散射电子所成的像。该像的明暗和亮场像相反。暗场像的反差高，但强度却很低。

⑤ 适当的切片厚度：对生物样品而言，切片厚度同时影响反差和分辨率，并且高反差、高分辨率通常是一对矛盾。综合考虑反差和分辨率两种因素，样品切片厚度要恰当。在 50～60 kV 低加速电压下，生物切片最适合的厚度是 40～60 nm；在 80～100 kV高加速电压下，适合厚度是 90～100 nm。

3. 透射电子显微镜的结构

电镜的结构与光学显微镜相似，只是光源用电子枪代替，玻璃透镜用磁透镜代替，观察和记录系统相似。透射电子显微镜由电子照明系统、电磁透镜成像系统、真空系统、记录系统、电源系统 5 部分构成。透射电镜在原理上由镜筒、真空系统和电子学系统三个主要部分组成。

（1）镜筒：镜筒是电镜的电子光学部分。镜筒按功能可分成三个系统：

① 照明系统：由电子枪和聚光镜组成。

A 电子枪：是电镜的照明源，用于产生和加速电子，以照明样品。

通常采用的典型电子枪是发夹式钨丝阴极三极电子枪。它由阴极、栅极和阳极组

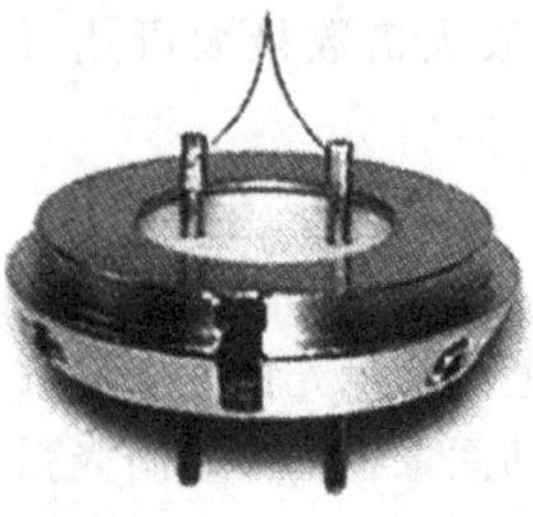

图 8-45　发夹式灯丝

成。阴极即灯丝是用钨丝做成，通常做成发卡形状（图 8-45）；当通以电流加热至 2200～2500 K 时，灯丝便产生热电子发射，为电子源。

阳极对阴极有一加速电压，对电子起加速作用。一般采用负高压，即阳极是地电位，阴极负高压。高压由高压发生器产生，通过高压电缆输送给灯丝。常用的加速电压 50 kV、75 kV 和 100 kV，超高压电镜可达 3000 kV。

栅极，又叫控制极，是一个中央有小孔的圆筒，故又称栅极帽。相对于阴极有一负电压一般是 100～500 V。栅极控制阴极发射出电子射线束的形状和发射强度，对电子发射起限制和稳定作用。

热电子发射在很大程度上取决于温度，在一般的工作温度 2600 K，温度增加 100 K，即 4%，会引起 2 倍的电子发射。因此，必须设法稳定阴极发射，否则像的亮度会随温度的微小变化而有很大的波动。灯丝的寿命决定于工作温度，在从 2600 K 增加到2800 K 时，寿命减少 40 倍。在正常工作情况下，灯丝平均寿命 20～25 h，如果工作不当，很容易烧断。

为了提高电子枪的亮度和寿命，高性能的电镜采用六硼化镧阴极电子枪或场发射电子枪。

B 聚光镜：聚光镜的作用是将电子枪所发出的电子束会聚到样品平面上，并调节样品平面处电子束的孔径角、电子束的电流密度和照明光斑的大小。

早期电镜和现在简单的电镜只装有一个聚光镜。单聚光镜其放大倍数为 1 左右。现代电镜都有“双聚光镜”，在电子枪和原聚光镜之间再加一个透镜，为第一聚光镜，原来的为第二聚光镜。双聚光镜因有利于提高照明效率，同时照明光斑可调，使样品观察面积和照明面积相同，避免观察区域以外样品的电子束损伤，减少了样品受热而引起的热漂移和镜筒的污染。

② 换样品装置和成像系统

A 换样品装置：该装置是放置要观察的样品及样品与电子作用产生各种信号的场所，又称样品室。由样品载体、样品架、样品台和样品移动机构组成。

样品载体：样品通常是放在直径为 3 mm 的电沉积铜圆片，又叫铜网。在圆片上有许多方形、圆形或其他形状的小孔，通常是 200～300 目。载网上支持有很薄的火棉胶或 Formvar 膜，有时也蒸发有碳膜。铜网能很快地散热，防止样品在电子轰击下，由于热膨胀而发生漂移。

样品架：固定载网的装置。一般为筒状，故又叫样品筒。样品由它装到镜筒内，并可使样品散热。因样品架落入物镜中的方式不同，有顶落式和斜插式两种。

样品台：它在移动装置控制下，可以带着样品架移动。

样品移动机构：是控制样品台移动的，装在镜筒外面，用手调节。有的电镜还有旋转装置（侧角台）、倾斜装置（倾斜台）、样品加热和冷却装置、拉伸和压缩装置、扫描附件及元素分析用附件，以适应不同研究样品的需要。

样品室还要有气锁装置。在换样品时，可以只允许最少量的空气进入镜筒，以便在最短的时间内恢复工作真空。

B 成像系统：成像系统的作用是对样品成像和放大。由物镜、中间镜和投影镜等成像透镜和消像散器组成。成像透镜的数目一般由所需的最大电子光学放大倍数所决定。一般采用三级或四级成像系统也有五级的。

物镜：满足高分辨本领，球差、色差和像散最小。物镜的放大倍数 100 倍左右。物镜有物镜光栏，其尽可能地靠近样品，可挡住散射电子，提高图像的反差，故又叫“反差光栏”。光栏上有几个光栏片，根据需要可以选择不同直径的光栏片。

中间镜：是一个可变倍率的弱透镜，用来控制图像的总放大倍数。它是以物镜的像为物，在投影镜或第三透镜的物平面上形成第二个像。一般能放大 1～20 倍。高分辨本领电镜有两个中间镜。

投影镜：最后一级放大镜。其放大倍数是可变的或固定的。通常最大放大倍数为 100 倍左右。

中间镜和投影镜也有各种光栏。

C 消像散器：由于加工精度和材料不同，磁场很难严格地轴对称分布。这造成透镜本身固有的像散，影响透镜分辨本领。为了减少像散，常采用消像散器。物镜一定要有消像散器，有时在聚光镜和中间镜下面也有消像散器。消像散器为一附加可调的电场或磁场，以补偿透镜磁场的轴不对称性。

③ 像的观察和记录系统

位于投影镜的下部，包括观察室和摄影室。观察室内有一荧光屏，上涂有荧光物质，在电子束照射下，可呈现最终像。观察窗口玻璃为铅玻璃，防辐射。在主观察窗外有 1 个双目观察光学显微镜，以对图像精确聚焦和观察，可以把图像放大 3～10 倍。

摄影室在观察室的下方，把选择好的像记录在涂有电子感光乳胶的胶卷上。近年来生产的透射电子显微镜装有高分辨率的数码摄像机，直接将观察结果拍成数码照片，储存于电脑中，并能进行图片排版，直接输出结果，省去了胶片拍照后期的暗室处理等。为了保险起见，有的透射电子显微镜同时安装了普通摄影和数码摄影两套装置。

在观察室和摄影室之间装有气锁装置，使得在装卸底片时，能够不破坏镜筒高真空。换完后，又能迅速恢复到工作真空。

(2) 真空系统：电镜的真空系统用于从镜筒中排除空气和其他气体，提供工作真空。

电镜要求在高真空下进行工作，其原因为：气体分子和白炽灯丝相互作用，会不断腐蚀灯丝，减少灯丝使用寿命，甚至烧断；电子在平均自由程内，应该不与任何粒子碰撞，不被散射，电子枪内如果存在气体，会产生电离和放电；残余气体聚集到样品和光栏上会污染样品，增加像散。

镜筒所需要的高真空度，目前的真空技术水平还不可能一步达到。必须采用两级串联抽真空，超高真空要三级串联抽真空。

① 前置泵：前置泵是用以获得低真空的泵，一般采用简单的旋片式机械泵。旋片

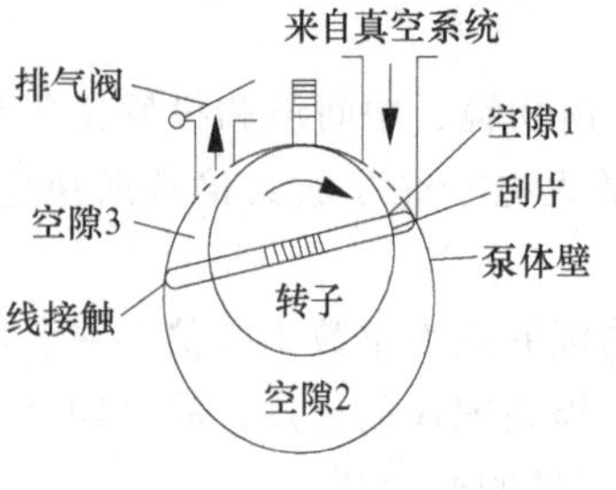

图 8-46　旋片式机械泵工作原理图

式机械泵工作原理如图 8-46。泵体内有一圆柱形转子，位置与泵体腔偏心。马达带动转子转动，转子带动一对刮片运动；由于刮片与泵体壁相切、线接触，所以在转动过程中，将气体吸入空隙 1，过渡到空隙 2，最后由空隙 3 排出，循环不断。最终达到所需要的真空度。泵体里充满机械泵油，以密封真空和润滑泵体。可达真空度 10^{-3} 托。

② 油扩散泵：用以从低真空获得高真空的真空泵（图 8-47）。它利用快速运动的油（或水银）重分子的动能把镜筒中较轻的空气分子或水蒸气分子带到前置泵里，使镜筒逐渐达到高真空。在油分子通过泵体内环形空间时，都要碰撞泵壳，会被冷却水冷却成液体，在重力作用下回到沸腾器，同时将空气带回到前置泵。油（或水银）再被加热成蒸气，如此循环工作，最终达到所需真空度。油扩散泵工作时一定要有一定流量的水，否则油蒸气多，会扩散到镜筒中，污染镜筒。同样，在前置泵工作一段时间后才能开启油扩散泵。可达真空度 10^{-7}～10^{-3}托。在场发射电子枪中，还要有第三级泵，即在电子枪附近装有离子泵。离子泵有很多种，如高真空钛泵、陶瓷筛吸附泵等。

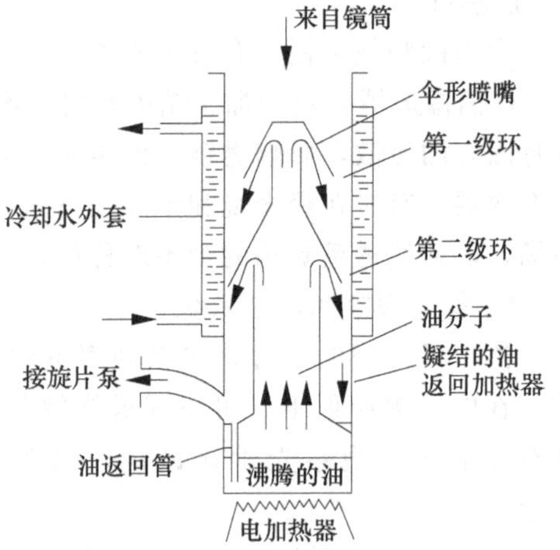

图 8-47　典型的两级高真空油扩散泵的截面图

现代电镜的抽气系统控制是自动的，只要按下启动按钮，系统就自动地按一定程序动作，达到所需的真空状态。真空抽气系统除有水压保护外，还要有停电保护。

(3) 电子学系统：主要指各种电源供给系统。包括以下 4 个部分：①高压电源系统：该部分供给使电子加速的加速电压。常用的加速电压是 50 kV、75 kV、100 kV、120 kV，现在电镜的最高加速电压已高达 3000 kV。生物用透射电子显微镜加速电压一般 120 kV 以下较好，否则容易烧毁样品。②透镜电源系统：该系统供给使电子束聚集与成像的各个磁透镜的激磁电流。加速电压和透镜电流的不稳定，都会引起像差，影响仪器分辨本领。③真空系统电源：供给各真空装置电源。④辅助电源：供给仪器各辅助设备所需的电源，如电子枪灯丝加热电源，照相装置电路等。

4. 日立 7650 的特点和技术性能介绍

(1) 日立 H-7650 主要特点：日立 H-7650 是日本日立公司推出的一款新型透射电子显微镜。具有如下特点：①电子光学系统采用专利的双夹缝物镜设计，使得 H-7650 的物镜是高反差与高分辨两种模式合一的 TEM，可满足不同研究目的，适合不同样品。②成像质量高：由于 H-7650 的物镜设计的优点，使物镜光栏孔一直处于物镜后焦面的最佳位置。这样可以最大限度地遮挡杂散电子，因此可以增加视野范围，提高成像质量。H-7650 可以在低倍率时大视野，高质量成像。③在连续放大模式下，放大倍率为

200×～600 000×，可以在一个模式下从极低倍到高倍下观察，也可以代替光学显微镜的功能。④采用 RP-DP 的真空系统，抽真空速度快，真空效果好。⑤H-7650 采用 6 级电磁透镜成像系统，改变放大倍率时图像无旋转，全倍率范围控制在±50 之内，改善了以往由于放大倍数改变，视野中心也随之改变的问题。⑥图像旋转系统：为寻找最佳记录方式，H-7650 具有图像旋转功能，转 150 为一步，最大±900 范围内。⑦全电脑控制，操作简便。

(2) 仪器的使用和维护：见相关说明。

5. 透射电镜在植物学研究中的应用

参见第一篇“超薄切片方法在植物学研究中的应用”中的相关内容。

(二) 扫描电子显微镜 (scanning electron microscope，SEM)

1. 扫描电镜的原理

扫描电子显微镜（图版Ⅺ B）简称扫描电镜。其设计思想和工作原理早在 1935 年便已被提出来了。后来经过各国科学工作者的努力，尤其是随着电子工业技术水平的不断发展，到 1956 年开始商业生产。数十年来，扫描电镜已广泛地应用在生物学、医学、冶金学等学科的领域中。

(1) 工作原理：从电子枪阴极发出的高能电子束，受到阴阳极之间加速电压的作用，射向镜筒，再经过聚光镜及物镜的会聚作用，缩小成直径约几纳米的电子探针。在物镜上部的扫描线圈的作用下，电子探针在样品表面作光栅状扫描，激发出多种电子信号。这些电子信号被相应的检测器检测，经过放大、转换，变成电压信号，最后被送到显像管的栅极上并且调制显像管的亮度。显像管中的电子束在荧光屏上也作光栅状扫描，并且这种扫描运动与样品表面的电子束的扫描运动严格同步，这样即获得衬度与所接收信号强度相对应的扫描电子像，这种图像反映了样品表面的形貌特征。

另外，电子探针作用于样品表面，也可激发出特征 X 射线。对样品发出的特征 X 射线波长（或能量）进行分析，可以对分析区域所含化学元素作定性和定量分析。以特征 X 射线波长进行分光，一般称波长色散法（WDX)，所用仪器叫 X 射线光谱仪。用半导体检测器对特征 X 射线能量进行分光，称能量色散法（EDX)，所用仪器叫 X 射线能谱仪。目前多功能的扫描电镜，都配有光谱仪或能谱仪，有的同时配有两种谱仪。

(2) 扫描电镜的特点：①能够直接和多角度观察样品表面的结构。②样品制备过程简单，不用切成薄片。③景深大，图像富有立体感。④图像的放大范围广，分辨率也比较高。可放大十几倍到几十万倍，它基本上包括了从放大镜、光学显微镜直到透射电镜的放大范围。分辨率介于光学显微镜与透射电镜之间，最高可达 3 nm。⑤在观察形貌的同时，还可利用从样品发出的其他信号作微区成分分析。

2. 扫描电镜的结构

(1) 电子光学系统：电子光学系统分为电子枪、电磁透镜、扫描系统和样品室等几个部分。其作用是产生很细的电子束（直径约几个 nm)，并且使该电子束在样品表面扫描，同时激发出各种信号。

（2）电子信号的收集与处理系统：在样品室中，扫描电子束与样品发生相互作用后产生多种信号，其中包括二次电子、背散射电子、X 射线、吸收电子、俄歇（Auger）电子等。其中最主要的是二次电子，它是被入射电子所激发出来的样品原子中的外层电子，其产生率主要取决于样品的形貌和成分。通常所说的扫描电镜像指的就是二次电子像，它是研究样品表面形貌的最有用的电子信号。

检测二次电子的检测器的探头是一个闪烁体，当电子打到闪烁体上时则发光，这种光被光导管传送到光电倍增管，光信号即被转变成电流信号，再经前置放大及视频放大，电流信号转变成电压信号，最后被送到显像管的栅极，显示图像。

（3）电子信号的显示与记录系统：扫描电镜的图像显示在阴极射线管（显像管）上，并由照相机拍照记录。显像管有两个，一个用来观察，分辨率较低；另一个用来照相记录，分辨率较高。

（4）真空系统及电源系统：扫描电镜的真空系统由机械泵与油扩散泵组成，其作用是使镜筒内达到 10^{-5}～10^{-4}托的真空度。电源系统供给各部件所需的特定的电源。

3. 扫描电子显微镜 JSM-6390 特点和技术性能

该仪器由主机（包括真空系统、电子光学系统、样品室和样品台、电子探测器、背散射电子探头）、真空泵、冷却循环水系统、自动稳压器、专用工具、计算机、操作软件及附件组成。主要用于材料科学、化学化工、生命科学以及相关领域的研究工作，并能对样品化学成分进行能谱分析。

（1）JSM-6390 特点：①最高分辨率 3.0 nm。②最新电子光学技术，在加速电压小于 10 kV 的条件下，还可以达到 5×～7×，用来观察整体形貌。③大型样品室配制高精度全方位标准样品台，可以观察最大直径 152 mm 的大型样品。④可选配能谱分析仪，能在短时间内对所测样品进行元素分布分析，并得到其谱图。⑤全新功能丰富的用户界面，能根据要求提供简单快捷的操作，达到最好的图像观察。有功能丰富、使用方便的图像编辑和处理系统。

（2）仪器的使用和维护见相关说明书。

第四节　几种显微技术的应用

自显微镜问世以来，显微技术被广泛地运用于生物学的研究中，为了提高分辨率，往往需要对观察标本进行染色。但染色会引起一些标本变形，活体标本死亡。而有些无色透明的标本不易染色，普通显微镜的明视场无法看清其结构。为了解决这些问题，多种显微术相继产生，其中以荧光显微术、相位差显微术、微分干涉显微术、偏光显微术、暗视野显微术最为突出。

荧光显微镜是用来观察研究物质固有的性质；无色透明的标本，用相位差显微镜可获得较清晰的图像；偏光显微镜可用作物质的鉴别，根据有关物质所具有的偏光性，进行定性、定量的测定；微分干涉显微术是利用偏光干涉原理，将无色透明样品转换为有明暗和颜色变化的图像，图像立体感强，效果逼真。这几种显微术对生物学研究手段的改进有较好的推动作用。

一、荧光显微术

（一）荧光显微镜的使用及原理

参见本章第三节荧光显微镜。

（二）荧光染料种类与选用

在荧光显微术中，可用的荧光染料种类很多，我们常用的主要有以下几类：①专用荧光染料，如H33258、DAPI、FITC。②Schiff型，如吖黄素、碱性品红、BAO等。③兼用型，如曙红、刚果红、碱性品红。④能显示多种荧光色的染料，如吖啶橙，与DNA分子结合呈绿色荧光，与RNA、酸性多糖分子结合，则为红色荧光。⑤活材料荧光染料，如H33258（染色对象为染色质）、ANS（8-anilino-1-naphthalene sulphonic acid，染色对象为蛋白质与核仁）、DASMPI（dimethylaminostyryl methyl pyridiniumiodine，染色对象为线粒体）。

（三）荧光染色剂应用实例

1. 脱色水溶性苯胺蓝

（1）材料：泡桐授粉后的雌蕊（柱头与花柱），花粉粒在柱头上萌发。

（2）固定液：卡诺固定液。

（3）制样与观察：①将材料采集后经卡诺固定液固定。②转入70%乙醇中。③水洗（或移入乳酸1∶乙醇2，浸泡1夜）。④水洗30 min。⑤用脱色水溶性苯胺蓝染色（配方见下表）（压片）观察。⑥用荧光显微镜观察。

效果：花粉管为黄绿色荧光。

药品配制：

磷酸盐缓冲液（pH 8.2）			0.01%的脱色苯胺蓝染液		
成分	用量	配制方法	成分	用量	配制方法
K_2HPO_4	26 g	将K_2HPO_4溶于蒸馏水中	水溶性苯胺蓝	10 mg	将水溶性苯胺蓝溶于磷酸盐缓冲液中，然后加甘油，染液静放，褪成无色后使用
			磷酸盐缓冲液（pH 8.2）	100 mL	
蒸馏水	1 000 mL		甘油	10%～20%	

2. H 33258：是一种与DNA有很好的亲和力的荧光染料。

（1）材料：根尖、表皮、胚囊、柱头、培养细胞等。

（2）固定液：卡诺固定液。

（3）缓冲液：柠檬酸-磷酸盐缓冲液（配方见下表）。

溶液名称		成分及用量	配制方法
A液	0.1 mol/L柠檬酸溶液	柠檬酸 21 g 蒸馏水 1000 mL	将柠檬酸溶于蒸馏水中
B液	0.2 mol/L $Na_2HPO_4 \cdot 12H_2O$溶液	$Na_2HPO_4 \cdot 12H_2O$ 72 g 蒸馏水 1000 mL	将$Na_2HPO_4 \cdot 12H_2O$溶于蒸馏水中
A液＋B液	柠檬酸-磷酸盐缓冲液	A液 48.5 mL B液 51.5 mL 调整 pH 5	将A液与B液混合后，调整pH 5

（4）贮备液：称 H33258　1 mg 溶于 1 mL 蒸馏水中（宜在 4℃黑暗条件下贮存数日）。

（5）染液：用缓冲液来稀释贮备液 50～1000 倍（1～20 μg/mL 溶液），注意：在配制缓冲液时温度不能过低，否则染料会沉淀。

（6）制样与观察：①卡诺固定液固定后转入 70%乙醇中保存。②自来水彻底洗去多余固定液。③柠檬酸-磷酸盐缓冲液浸泡（时间以材料大小决定）。④H33258（1 μg/mL）染色时间：不同组织染色时间长短不同，如组织块可染几小时；悬浮细胞 30～60 min；切片 10～30 min。⑤加等量甘油透明并封片。⑥荧光观察。

效果：细胞核染色质、染色体呈绿色荧光。

3. 荧光素二乙酸酯（FDA）：FDA 是鉴定细胞生活力的很好荧光染料。在细胞失去酶活力及细胞膜破坏时不呈现荧光，故此染料被用于检测花粉、体细胞及原生质体的生活力。

（1）材料：花粉、荧光素二乙酸酯。

（2）FDA 贮备液制备（将 5 mg/mL FDA 的丙酮液贮于 4℃冰箱）：用 0.5 mol/L 蔗糖溶液将 FDA 贮备液稀释 50～500 倍，随配随用，此液为 FDA 染液。

（3）步骤：①在载玻片上加滴少量 FDA 染液，后加撒花粉于染液上。②转入培养皿中（培养皿内存放湿纱布）几分钟，再加盖片，置荧光镜镜检。

效果：活细胞呈绿色荧光，死细胞无荧光反应，在 1 h 内荧光有所强化。

4. 荧光增白剂：此类染料与植物纤维素有亲和力，国外产有 Calcofluor white ST 及 Calcofluor white M2R 两种类型，曾用于下述工作。

ST：①用于细菌、真菌、放线菌细胞壁研究。②用于高等植物原生质体的再生壁方面研究。

M2R：①用于细胞壁纤维素与胼胝质的成分分析及 GMA 半薄切片。②用于研究花柱中花粉管、原生质体壁再生、活染等。

5. 4′,6-二脒基-2-苯基吲哚（4′,6-diamidino-2-phenylindole，DAPI）：是一种能够与 DNA 强力结合的荧光染料，可以穿透细胞膜，发蓝色荧光。和双链 DNA 结合后可以产生比 DAPI 自身强 20 多倍的荧光。和溴化乙锭（ethidium bromide，EB）相比，对双链 DNA 的染色灵敏度要高很多倍。

DAPI 染色常用于细胞凋亡检测，染色后用荧光显微镜观察或流式细胞仪检测。DAPI 也常用于普通的细胞核染色以及某些特定情况下的双链 DNA 染色。

DAPI 的最大激发波长为 340 nm，最大发射波长为 488 nm；DAPI 和双链 DNA 结合后最大激发波长为 364 nm，最大发射波长为 454 nm。DAPI 溶液一般用水配制。用于细胞核染色时，其工作浓度为 0.5～10 μg/mL。

6. 碘化丙啶（propidine iodide，PI）：是一种核酸荧光染料，发红色荧光。与溴化乙锭为同类物质，PI 嵌入 DNA 双螺旋中，可使荧光强度增加约 20 倍，PI 的荧光强度约为溴化乙锭染色的 1.8 倍，以 488 nm 波长激发，DNA/PI 复合物最大的发射波长约为 615 nm。

PI 不能透过完整的细胞膜，因此不能用于染活细胞。但 PI 能够透过不完整的细胞膜，将凋亡中晚期的细胞或死细胞的细胞核染成红色。因此，Hoechst 和 PI 双染可用来检测细胞凋亡。Hoechst-PI 双染后，经紫外光激发，在荧光显微镜下可见 4 种细胞形态：活细胞染成蓝色，核呈正常结构；早期凋亡细胞染成蓝色，核呈固缩状或圆珠状；晚期凋亡细胞被染成红色，可见明显的染色质凝集；非凋亡的死细胞染成红色，核呈正常结构。

7. 细胞器膜的特异荧光染料：DiOC6（3）、NBD ceramide、Rhodamine 123，这三种荧光染料对内质网膜、高尔基体膜、线粒体膜特异染色。

（四）荧光标本制作中的要求

（1）在标本制作（切片）时，应当了解使用荧光染料的性质，尽可能避免使荧光性质发生改变的某些处理（染料是否有毒性；固定剂是否有自发荧光或抑制荧光发生，若用乙醇、甲醛固定，不能长时间经甲醛处理等）。

（2）配制荧光染料时，宜用缓冲液配制。因为荧光染色要求较稳定的 pH。

（3）蛋白质粘贴剂、石蜡、加拿大树胶等都能发生荧光，一般不采用，可用甘油胶、糖浆，阿拉伯树胶，Euparal 胶等封藏。

（4）载、盖玻片上的有机物必须擦净，否则会干扰荧光。

（五）使用荧光显微镜注意事项

（1）使用暗视场聚光镜时，应特别注意光轴中心的调整。

（2）最好在黑暗房间观察荧光镜。

（3）高压汞灯安装必须按说明书操作，汞灯启动后需等 15 min 左右，使其达到稳定最大亮度后再使用，开启工作后，宜在 1 h 以上单元时间内工作，若开启次数多、每次使用时间短、会使汞灯寿命大大缩短，管理与使用人员必须严格遵守操作规程。

（4）在观察与镜检时，宜先用普通明视野观察，当找到待检查的物像时，再转换荧光镜检，这样可减轻荧光消退现象（fluorescence fading）。

（5）观察与摄影尽量争取短时间内完成。

（6）油浸系物镜所用的油，须用低荧光油。

（7）研究者应根据被检物质呈现荧光的情况，选择恰当的滤光镜。

（8）光源紫外线易伤害人的视觉，必须避免直视灯光。

（9）光源附近不可放置易燃品。

（10）镜检完毕，对显微镜需做清洁工作，方可离开工作室。

二、相差显微术

一般显微镜之所以能看见样品的细节，是因为物体上反射出来的光线的波长（颜色）和振幅（亮度，包括它本身各部分细节与细节周围不同物质对光的吸收或反射程度）不同造成明暗的对比而形成的。而观察无色透明的物体及其细节则较困难了，因为细节与背景一样亮。一般是对物体进行染色后再观察。但是有些样品一经染色就容易变形，甚至导致活体样品的死亡。通过加强明暗对比（或将聚光镜遮掉一部分，造成偏斜照明），虽可看到物体但不能充分利用物镜的数值孔径，分辨率低，且亮度大减。利用暗视野照明，虽可看到物体表面的反射光，但看不见内部细节及结构，利用荧光显微术可以看到活体，但只限于能发射荧光的物体。在这种情况下，可用相差显微镜来有效地观察透明无色的标本（细菌、细胞等生物活体），甚至还可以根据观察者的目的及标本的光学厚度来选择合适的反差。这是相差显微术的突出特点。

（一）相差显微术的原理和成像的特性

相差显微术的原理主要来源于相差法。所谓相差法，即利用两个不同光程（optical path）的光波互相干扰，产生干涉现象，使肉眼能看见未染色的组织结构。

因为当光线透射透明的厚度和折射率与周围介质折射率不同的物体（相位物体）时，虽然相位也发生变化，但振幅（明，暗）和波长不变，所以不能用眼睛识别出来。而相差显微镜则是靠装在物镜内的相位板使直射光和绕射光发生干涉，使相位差转换成振幅差（明暗差），使观察者能从显微镜中看清标本。

相位差分为两种情况：①正反差（暗反差），明中之暗（标本比背景暗）。②负反差（明反差）：暗中之明（标本比背景明亮）。

（二）操作方法与注意事项

1. 照明：因为相位板上有吸光物质，使光线强度减弱，因此所用的光源要强，为了避免影响活体标本的生理状态，最好用低热光源。

滤色镜：因为相位的变化与照明光的波长有关，因此要使相差获得良好效果，最好用波长范围狭小的，近于单色的光线。通常是用绿色滤色镜。因为它既能调整波长，又能吸收红光，兼有吸热作用。

2. 要准确地进行环状狭缝的中心调节：如果环状狭缝产生的环状光从相差板泄出，相位差效果将显著下降。

3. 短筒物镜和长筒物镜必须分别使用专用聚光镜，不能通用。

4. 调焦：①换上物镜与聚光镜后，应先用明视野调焦。在临界照明或柯勒照明下，用低倍相差物镜对焦。如果是透明标本，应将光圈暂时缩小，以便比较清楚地看到标本。②开足聚光镜的孔径光栏，转入选用的物镜以及相适应的环状光栏，如为油镜，再在物镜与盖玻片之间加油。

5. 合轴调整：合轴调整是要使环状光栏的中心与物镜的光轴完全在一直线上。这是使用相差显微镜时很重要的一点。调节的方法是，先取出目镜，插入合轴调整望远镜。然后一边向镜内观察，一边转动外壳，使其升降，当它对准焦点时可看到一个清晰的亮环和相位板的圆环（图 8-48A）。如果两者是分离的，说明不合轴。明亮的圆环是从环状光栏来的光。利用聚光镜的中心调钮，移动聚光镜可以使亮环移动，使它重合在相位板的圆环上（图 8-48B）。如果两者大小不一，重合不密，可以上下调节聚光镜。如果亮环比圆圈小，将聚光镜降低，反之则升高聚光镜。但如果聚光镜已升高到最高点或最低点而仍不能矫正，这就说明载玻片太厚了，应更换。

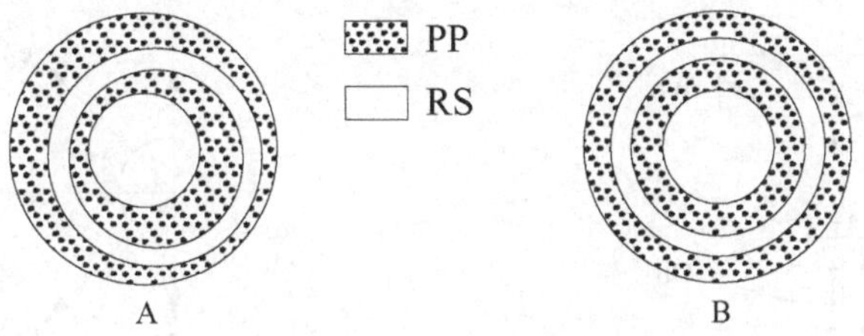

图 8-48 亮环和相位板圆环示意

A. PP·RS偏心 B. 调中好

合轴调整后，去掉调节中心望远镜，换上目镜（可用惠更斯式目镜）进行观察。

当更换另一只物镜时，必须同时重新进行相适应的环形光栏合轴调整。

三、微分干涉术

微分干涉差（DIC）显微镜是利用诺曼尔斯基（Nomarski）法的原理和一对作为光束分裂器的双折射晶体棱镜。由于光束分裂器的两干涉光束之间的分裂量小于显微镜所用物镜的分辨率极限，所以观察不到双像。

奥林巴斯BH系列和VANOX型万能研究显微镜配合使用的微分干涉差附件，可用于检测非染色透明样品的细微厚度差和内部折射率的变化。通过操作装在中间镜筒中的双折射晶体棱镜，按用途和样品选择最合适的相衬颜色。背景的颜色可按黑、黄、紫、红到蓝的次序或相反次序连续变化，可以观察到在普通视场中看不见的无色透明物体，能观察细菌、细胞等活体，在视场中的影像呈现较强的立体感。因此能取得逼真的效果。

如果背景变成暗黑色，则可进行暗视场观察，背景如变成灰色（敏锐色）时，则可进行灵敏度最好的观察。微分干涉显微镜是目前比较新颖的检测分析工具，是教学和科研工作中一种理想的显微镜。

（一）诺曼尔斯基（Nomarski）法的原理和干涉相衬像（图 8-49）

微分干涉差显微镜是利用偏光干涉原理的一种显微镜。从起偏镜出来的直线偏振光通过渥拉斯顿棱镜后，分成互相垂直振动的两种直线偏振光（e_1、e_2），经聚光镜折射后射向标本并发生切变（横向偏移 Δ）。两种光通过物镜后，与第二组渥拉斯顿棱镜相吻合，由检偏镜发生干涉（图 8-50）。

与相差显微镜相似，它是把无色透明的标本转换为明暗和颜色的变化，而增强反差的另一种显微镜。

（二）诺尔曼斯基式微分干涉差显微镜操作

1. 标准配套（表 8-5）。

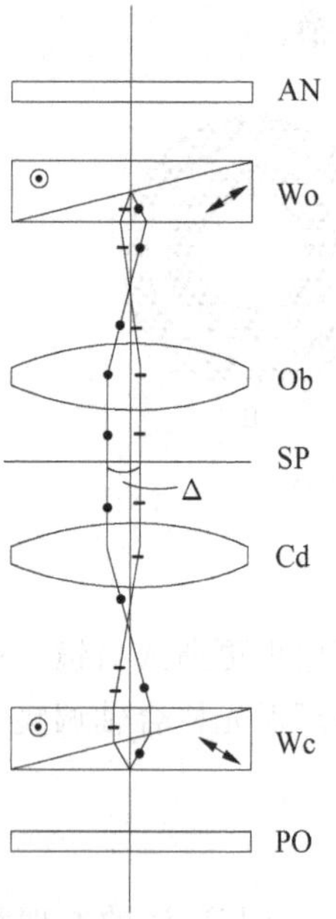

图 8-49　诺曼尔斯基（Nomarski）法的原理

PO：起偏镜（偏振器）

Wc：Cd 侧渥拉斯顿棱镜（Cd Wollaston Prism）

Wo：Ob 侧渥拉斯顿棱镜（Ob Wollaston Prism）

AN：检偏镜（检偏器）

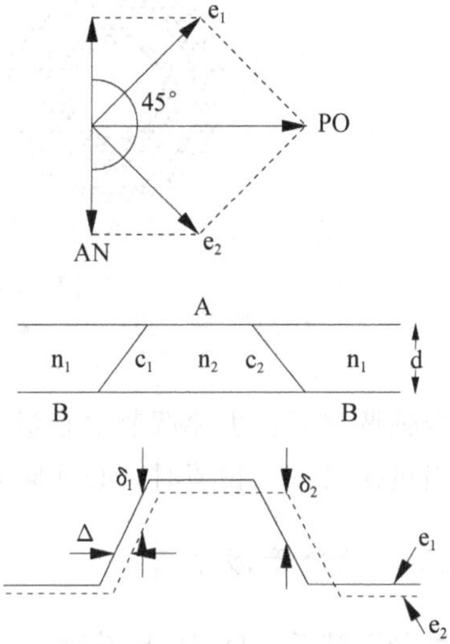

图 8-50　由检偏镜发生干涉

表 8-5　诺曼尔斯技术参数

诺曼尔斯基微分干涉管	BH_2-NA
诺曼尔斯基聚光镜	BH_2-NC
相差相衬物镜	P_{CD} Ach 10×－PL P_{CD} Ach 40×－PL（弹簧承载）
科研用平场消色差物镜 （SPlan achromatic）	SPlan 10×（弹簧承载）
	SPlan 20×（弹簧承载）
	SPlan 40×（弹簧承载）
	SPlan 100×（弹簧承载）
对中望远镜	CT-5
滤光片	431F-550-W45
中轴扳手	

2. 诺曼尔斯基式特性和用途

（1）特性：①一般来说相差技术比较大的缺陷是在连续观察时显著出现多色环的毛病，而诺曼尔斯基法没有这一缺陷。因此，获得图像细节的轮廓更为清晰。②诺曼尔斯基方法允许充分发挥物镜数值孔径的分辨率。这样获得的明亮的影像效果与分析光环几乎重叠的相差显微镜一样。③微分干涉差的相衬比相差镜的相衬焦深小。这就避免了如相衬法中所遇到的离焦影响，从而可逐层地观察标本。④干涉差彩色或灰色的细微的区分，能将标本微细部分从差异中看清楚。出现多彩色相差相衬有助于决定一个标本细节的高或低的折射指数，这取决于使用物镜的相衬是正或负。⑤因剪切方向限于渥拉斯顿棱镜的滑动方向，最好用旋转的载物台，把样品置于能够达到的最佳分辨率的方向。⑥在观察各异向的物体时，用相衬法而不是干涉相衬法，可获得更好的效果。

（2）用途：干涉相衬法可产生边缘清晰具浮雕状的、干涉色丰富、相衬极佳的像。此法可用来观察相衬法中的非染色透明物体。在组织学、细胞生物学、解剖学等方面的观察中都得到应用。

3. 技术数据

（1）干涉相衬中间镜筒：镜筒放大率为 1.25×，内装有可移动的改进式渥拉斯顿棱镜和带有消偏振的检偏镜。

（2）干涉相衬聚光镜：消色差/消球差的聚光镜 *N.A* 为 1.40。

七孔的相衬和干涉相衬回转头，其中包括一个明视场用的通光孔，三个改进式渥拉斯顿棱镜，以及 10×、40×、100×物镜用的三个光环，可用对中心螺钉调中心。

内装有可转动可装卸的起偏镜。

内装有指示孔径大小的标尺的可变光栏。

4. 使用方法

（1）聚光镜对中心：①松开干涉相衬棱镜滑板的固定螺钉，拉出滑板。②捏住起偏镜，插入手柄，从光路中退出起偏镜。③转动回转头，把“O”字对准白色三角标记，然后把可变光阑孔径开至最大。④将样品放在载物台上，把 10×物镜转入光路，并对样品聚焦。如果显微镜有高/低倍放大倍数选择，就要使它与 10×物镜相匹配。⑤用显微镜上的辊花调节圈，缩小可变视场光栏。⑥通过目镜同时用聚光镜高度调节轮，上下移动聚光镜对视场光栏的像聚焦。⑦逐渐增大可变光栏直径，同时操纵聚光镜对中心手轮把光栏像调到视场中心（图 8-51）。当可变光栏多角的像内接于视场时可慢慢增大视场可变光栏的直径，到刚好超出视场为宜。

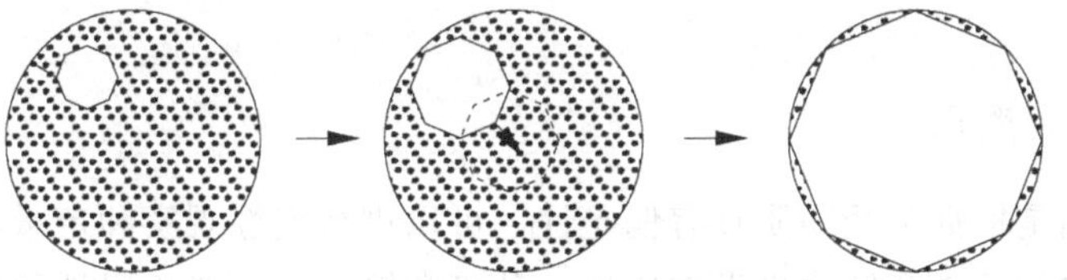

图 8-51　可变光栏调整法

（2）起偏镜（偏振器）中心调节：①把棱镜滑板推到底并上紧。②转动回转头把白色三角标记（Δ）与“O”字对齐。③把棱镜调节螺钉旋到头。④把偏振器推入光路中。⑤将 10×物镜转入光路，并且用对中心管镜 CT 代替目镜。⑥通过对中心管镜 CT 观察，转动偏振器旋转圈，直到黑色条纹出现。当条纹最清晰时，偏振器就在正确位置上（图 8-52）。

图 8-52　偏振器正确位置示意

（3）光路选择：参见表 8-6 所示各镜所在位置。

表 8-6 光路的选择

观察方式	物 镜	聚光镜回转头的位置	起偏镜	棱镜滑板
明视场	10×～100×	0	出	出
干涉相衬	Plan 10× Plan 40× Plan 100×	10（红） 40（红） 100（红）	进	进
相衬	PCPL Plan 10× PCPL Plan 40× PCPL Plan 100×	10（白） 40（白） 100（白）	出	出

注：除上述物镜外，任何其他物镜均不能用于干涉相衬或相衬的观察

（4）干涉相衬：把起偏镜调到出现黑色干涉条纹最佳以后，就进行下列步骤。①旋转棱镜调节螺钉在0级（黑色）至第二级（蓝色）（或0～700 mm）的范围内选择最合适的相衬颜色。在暗背景下可进行暗视场式的观察。背景呈灰色时，由于图像呈浮雕状，观察微小光程差的视觉灵敏度最高。当背景呈品红色时，由于光程差的变化，反映为颜色的变化，检测起来最为容易。由于微差颜色相衬的灵敏度极高，即使是最少量的污垢也能显露出来。②因为仅当被观察的细节的方向平行于棱镜分解的光的方向时，才能达到最佳分辨率，所以最好用旋转载物台（型号 BH-SRG）。

背景颜色改变次序为：黑→灰→黄→红→蓝→紫，并可倒逆转。

（5）相衬的调节：从光路中移出棱镜滑板和起偏镜。①把相衬物镜装到转换器上。②使光环对中。③把目镜插入目镜筒后，即可使用相衬显微镜。④所附的绿色滤光片可装到显微镜的滤光镜座上，在进行观察或单色显微摄影时，可用绿色滤光镜提高相衬度。

（6）明视场：在明视场观察前，取下棱镜滑板和起偏镜，转动相衬回转头，把“0”字对准三角标记。

（7）观察和显微摄影的放大倍率：观察放大倍率＝物镜放大倍率×目镜放大倍率×1.25。

四、偏光显微术

偏光显微镜是根据某些物质具有偏光性，可以进行定性观察和定量测定的原理而设计的。它是鉴定物质细微结构光学性质的一种显微镜。具有双折射性的物质，在偏光显微镜下能分辨得很清楚。

（一）偏光显微镜的特点

偏光显微的特点是将普通光改变为偏振光用来进行镜检，以鉴别某一物质是单折射性（各向同性）的，还是双折射性（各向异性）的。

双折射性是晶体的基本特征。生物中许多物质结构都具有双折射性，在观察这些物质时，一般利用偏光显微镜。例如，对纤维、染色体、纺锤丝、淀粉粒、细胞壁与细胞间质，以及植物组织中是否含有晶体等进行各向异性的光学特性检查。

利用偏光显微镜镜检的方法一般有两种：①正像镜检（图 8-53A），其特点是使用低倍物镜而不用伯特兰透镜，检查光学的各向异性，同时为使照明数值孔径（*N. A*）变小，可以推开聚光镜（Cd）的顶镜。②锥光镜检（图 8-53B），又称干涉像镜检，使用高倍物镜，利用标本所产生的干涉，以伯特兰透镜将后侧焦点上形成的干涉像在像面上成像，并将此像再次放大后观察。将 *N. A* 增大，旋入聚光镜顶镜。

正像镜检一般用于鉴别偏光性（双折射性）有无、推迟的测定和折射率的测定（贝克法）等镜检目的；而锥光镜检一般用于结晶轴性（单、双轴性）的观察和鉴别。

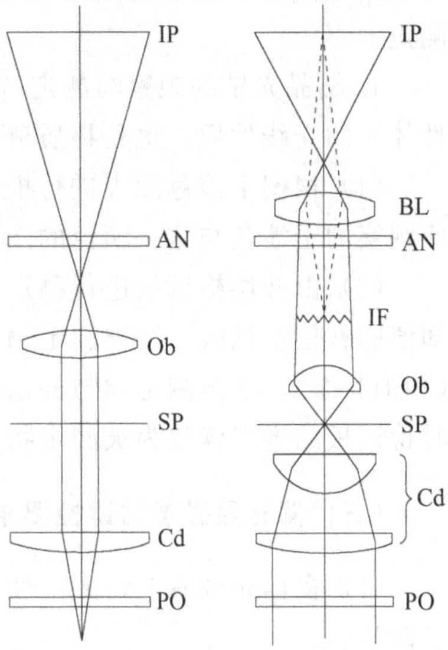

图 8-53　偏光镜光学原理

IF. 干涉图像

BL：伯特兰透镜（Bertrand lens）

（二）各种观察目的镜检法

1. 偏光性（双折射性）有无的鉴别（正像镜检）：将起偏镜和检偏镜分别置于 0°的正交偏光位置。在观察各向异性的标本时，旋转载物台，就出现明暗反复的变化，每隔 90°有消光位置。从这位置再旋转 45°的位置上，就出现明亮的对角位置，也就是说在旋转 360°中每隔 90°共有 4 次的消光位置和对角位置。如果进一步加入 530 nm 的补偿试板（敏锐色板），背景就变为红紫色，而标本则依据其方向出现加相差、减相差的状态，并由于背景和标本的颜色差异能鉴别微小的变化。

2. 推迟的测定：双折射性的状态用推迟来表示，即直线偏光射入到具有双折射性的物质中，则分成互相垂直的两束光线。这两束光线在其物质中的折射率是不同的，其差异表现在每束光的超前和推迟上，这种差异便是推迟的原因。进一步依不同的物质厚度，这种差异也要表现出来，综合的推迟是由物质的双折射性和厚度的乘积（即光程差）而决定的。在观察时能看见的颜色是图中 o、e 两束光线通过检偏镜后产生的干涉色，是两束光线的合成波（图 8-54）。

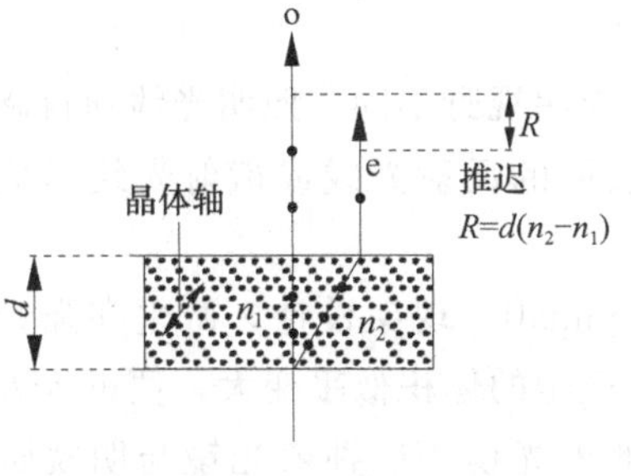

图 8-54　干涉色形成

一：振动方向

•：直角的振动方向（垂直于纸面的方向）

o：正常光线

e：异常光线

▩：双折射性物质（水晶）

3. 折射率测定的正像镜检：在光路上卸下检偏镜或起偏镜的单偏光情况下，如果对于介质有不同折射率的物质，能够鉴别其物质内侧或外侧光的反射光线，通常把这种线称之为贝克线。如果慢慢地改变介质的折射率，有时贝克线有消失的现象，这种现象是由于介质和物质的折射率几乎一致的原因。此时，如果已知介质的折射率，就可以间接地知道被测物质的折射率，这种方法称之为贝克法。此法特别适用于普通折射率测定法难于测定的粉末状物质折射率的测定。

4. 结晶光轴的观察与测定（锥光镜检）：从各个方向检测具有双折射结晶（各向异性体）的光线性质，也是物质测定的方法之一。

（1）根据干涉色图表进行推迟的概测：与延迟相对应的颜色的变化表示在图表上。所观察的干涉色与这一颜色的图表相对比则可以测出大概的推迟。

（2）由补偿检试板进行测定：①预先准备已知推迟量的检试板，再分别准备具有已知值的补偿检试板。②被测定物和补偿检试板组合在一起，使其处于互相消失推迟状态（相消状态）。③被测定物与补偿检试板组合的推迟，通过调整试板，使其推迟为o，此时检试板的推迟读数为被测定物的推迟值。

（三）偏光显微镜的镜检要求

（1）在偏光观察上，方向性是重要的因素。起偏镜、检偏镜和目镜十字线必须要认真调整。

（2）正像镜检和锥光镜检要正确地分开使用，特别要注意聚光镜的顶镜推开或拖入光路的方法。

（3）光轴与镜台的中心调节：除光轴调节外镜台中心也必须调正，否则旋转镜台时，被检物体就偏离视野中心，甚至移到视野之外而影响镜检。

（4）聚焦后使两个尼科尔棱镜（或偏振光）处于正交状态：在习惯上，通常使偏光器的振动方向与目镜内的十字线的纵线一致，而使检光器的振动方向与十字线的横线一致。

（5）标本不宜切得过薄，否则微弱的双折射性就易消失。同时应先以新鲜状态及时进行观察，因为固定、脱水、染色等处理，可使折射性加强或消失。

五、暗视野显微术

（一）原理和结构特点

暗视野显微镜是利用暗视野进行观察，它的特点与明视野不同，照明光线通过暗视野聚光镜后，光线不是直接进入物镜，而是由标本表面的反射光线或衍射光线形成图像，结果背景变暗，标本发亮。

暗视野显微镜的原理是根据光学上的丁达尔（Tyndall）现象设计，微尘在强光直射时不为人眼所见，若将光线斜射，由于光的反射，微尘的体积似乎变大，便可为人眼看见。暗视野暗观察便是利用这种现象，使用特别的聚光镜。这种聚光镜与明视野不同，不让光束由下至上地通过被检物体，而是将光线改变途径，使其斜向射向被检物体，不使光线直接进入物镜和目镜，利用被检物体表面反射或衍射光而形成明亮的像，因此在暗视野观察时，只能观察到物体的存在和运动，而不能分辨内部的结构。

暗视野的优越性在于能观察到极其微小的物体，这是普通显微镜难以达到的。普通显微镜即使在高倍油浸镜下观察，其最大分辨率也仅为 0.4 μm，但在暗视野照明下，分辨率可高达 0.004 μm，分辨力可提高 100 倍。生物学研究中，暗视野显微镜已被广泛应用，通常不用于观察染色的组织切片，可以用来观察明视野所看不到的微小颗粒，观察活的标本，不需要固定和染色。

（二）暗视野显微镜的使用

使用暗视野显微镜时，首先必须调整好光轴，并在聚光镜的上透镜和载玻片之间加 1 滴香柏油，把标本放好，然后上升聚光镜，使油与载玻片接触，经调焦后即可观察。

第九章　显微摄影成像装置

显微摄影技术（microscopic photography）是借助特殊的显微摄影成像装置——照相机对所观察、研究的实验材料进行记录的一种常用技术，是现代生物学研究领域记录和展示实验结果的主要方法。广义的显微摄影技术除了对各种显微镜下观察的材料进行摄影之外，还包括小物体（微距）摄影、实物摄影、图片翻拍等。显微摄影的目的是将所观察的材料、实验结果真实、清晰、富有表现力地记录下来，以便生动、形象、直观地展示出来。各种显微摄影都离不开成像装置——照相机，本章将介绍其原理和结构，为更好地掌握其特点和使用方法打下基础。

第一节　摄影和照相机的发展历史

摄影术发明以前，和记录人类的社会、历史活动一样，记录人类对自然界的观察、认识的手段也是绘图技术。虽然以点线图为主的绘图技术在描绘动、植物的形态、结构、发育等方面具有独特的优势，至今在结构植物学、植物分类学等方面还发挥着不可替代的重要作用，但是这种方法对精细结构的表现力不够，尤其是不能忠实地记录实验结果，使得其局限性很大。在摄影术发明后，实验生物学的结果主要依靠摄影图片记录，而绘图术主要用于教科书中的说明。

一、摄影术的含义和发明

摄影术（photography）一词源自希腊语 photos（“光”）和 graphein（“捕获”）的意思之和，最初是英国天文学家约翰·赫雪尔爵士（Sir John Herschel）在 1839 年开始使用的，指利用光或其他介质在一种敏感的材料上记录影像的方法。

在摄影诞生的漫长历史进程中，有无数先驱做出了不懈的努力。据现存文字记载，人类对摄影术的探求在史前就开始了。值得我们骄傲的是，中国对光和影像的研究，有着十分悠久的历史。早在公元前四百多年，哲学家墨子（公元前 476～前 390 年）就观察到了许多光学成像的现象，在《墨经》一书中详细记载了光的直线前进、光的反射，以及平面镜、凹面镜、凸面镜的成像现象。摄影史学界的权威人士一致认为墨子是人类历史上最早探索光学理论的人。到了宋代，沈括（1031～1095 年）在《梦溪笔谈》一书中，详细叙述了“小孔成像匣”的原理。在 16 世纪文艺复兴时期，欧洲出现了供绘画用的“成像暗箱”。

早期摄影史上最重要的两位人物是法国人涅普斯（Niépce）和达盖尔（Daguerre）。早在 1827 年，涅普斯就通过长达 8 h 的曝光首次获得了固定的影像。几乎与此同时，达盖尔开始研究如何捕获影像，经过多年实验，于 1837 年发明了方便、有效的方法，把曝光时间减少到 30 min 以下，并保证得到的图像能够固定住而不消失，首次成功地发明了实用摄影术，他把这种方法称作达盖尔摄影术（即银版摄影术），这标志着现代摄影术的开端。1839 年，达盖尔把他的技术公布于世。

摄影术发明后，被广泛地运用于工业、军事、航天、科技等各个研究领域。由于摄影能够忠实地记载观察所得，在自然科学研究中发挥着不可替代的作用。

二、照相机的发明和发展

照相机就是一个不透光的盒子，不需要的光线不能进入，需要的光线通过盒子前由光学透镜组成的镜头有控制地进入。从实用的角度讲，照相机是用感光介质（胶片、光感应器）拍摄图片的摄影器材，它的发明经历了漫长的岁月。

1839 年达盖尔发明“达盖尔银版摄影术”，产生了世界上第一台可携式木箱照相机。这是世界上第一台真正意义上的实用相机。随后，1841 年光学家沃哥兰德（Voigtländer）发明了第一台全金属机身的照相机。1845 年德国人马腾斯（Martens）发明了世界上第一台可摇摄 150 度的转机，为全景相机（panorama camera）最早的雏形。1849 年英国物理学家布鲁司特（Brewster）发明了立体照相机和双镜头的立体观片镜。1861 年英国物理学家马克斯韦尔（Maxwell）采用三原色加色法（红、绿、蓝分别摄影再重叠放映的色彩）发明了世界上第一张彩色照片。1866 年德国化学家肖特（Schott）与光学家阿贝（Abbe）在蔡司（Zeiss）公司发明了使用光学玻璃的摄影镜头。1888 年美国柯达（Kodak）公司生产出了新型感光材料——柔软、可缠绕的“胶卷”，实现了感光材料制造的一个飞跃。同年，柯达公司发明了世界上第一台安装胶卷的可携式方箱照相机。

20 世纪前期的数十年间，德国人借助精密的机械加工水平和出色的光学成像设计，设计制造出以莱兹（Leitz）和禄莱（Rollei）公司为代表的小体积、铝合金机身双镜头及单镜头反光照相机（品牌分别为莱卡和禄莱，图 9-1）及以蔡司镜头为代表的高精度、成像极为出色的镜头。至今，这些老牌传统相机的机械加工和镜头的成像质量依然无人能敌，牢牢地占据着高端消费市场。在此阶段，照相机的性能逐步提高和完善，光学式取景器、测距器、自拍机等被广泛采用，机械快门的调节范围不断扩大。相机制造业开始大批量生产照相机。

图 9-1　莱卡和禄莱的标识

20 世纪 50 年代初至 90 年代中末期，日本人把电子技术带入摄影领域，推动了照相机朝着自动化方向飞速发展。此阶段逐步实现了相机的自动调焦和自动曝光功能，相机的微电子元件趋于完善，各项指标的灵敏性均极大提高。这些革命性的进步也造就了以最著名的五大厂商为代表的日本照相机产业，这五大厂商分别是：尼康（Nikon）公司、佳能（Canon）公司、奥林巴斯（Olympus）公司、宾得（Pentax）公司、美能达（Minolta）公司（图 9-2）。

图 9-2　日本照相机产业五大主要厂商的标识

进入21世纪，随着数字化时代的到来，数码相机在摄影领域逐步占据了绝对优势，从业余到专业摄影，数码取代胶片已成必然。这期间，各大传统胶片相机厂商纷纷推出自己的数码系列产品，一些原来与影像或电子产品相关的跨国公司，如柯达、索尼（Sony）、富士（Fuji）、松下（Panasonic）、卡西欧（Casio）、三星（Samsung）等，也开始生产数码相机及相关产品，从消费型数码相机到专业数码单反相机，从数码成像传感器到数码存储介质，从电子化元器件到图片输出设备，短短几年时间，方方面面的技术进步，给摄影世界带来了很大的变化，相机在高度自动化、小型、轻便、高成像质量、快速存储等方面都有了快速发展。柯达公司曾经有一句很有名的广告词："你只需按下快门，其他的我们来做（You shoot，we do everything best）。"

第二节　照相机的类型和结构

一、照相机的类型

胶片相机依据底片的画幅尺寸可分为大型照相机、中型照相机和小型照相机。大型照相机也称座架式照相机（图9-3A），这是一种在座架上使用的大型机背取景照相机，特点是使用散页胶片，面积为4英寸×5英寸、8英寸×10英寸（1英寸＝2.54 cm），一般用于照相馆拍摄人像或专业摄影师拍摄大幅广告，优点是底片尺寸大，影像在大幅尺寸下成像优异；缺点是体积大，分量重，不易移动，只能在座架上使用，且价格极其昂贵，在普通摄影中应用很少，显微摄影中不予使用。第二种类型是中型照相机，中型照相机特点是使用所谓120型胶卷，这是美国柯达公司生产的一种规格的胶卷的商品编号，并无特殊意义，而120照相机也因此得名。相机所用底片画幅尺寸为6 cm×4.5 cm、6 cm×6 cm、6 cm×7 cm、6 cm×8 cm、6 cm×9cm等，主要用于拍摄尺寸较大的风光人像广告等题材，其优点是底片画幅尺寸较大，放大同样面积图片要比小型相机的成像出色，影调细腻；缺点是体积相对较大，分量重，不利于携带。按取景方式可分为单镜头反光式［由一只镜头完成取景和拍照，且镜头可拆卸，如瑞典产哈苏系列（Hasselblad）（图9-3B）、德国产禄莱系列（Rolleiflex）等］、双镜头反光式（由二只镜头分别完成取景和拍照，镜头不可拆卸，如国产海鸥4A）和平视旁轴取景式（由一只镜头完成拍照，由机顶视窗取景，镜头大多不可拆卸，如日本产富士GA645）。这类相机在显微摄影中很少使用。

A　　B　　C　　D

图9-3　不同幅面的照相机类型

A. 大型照相机（德国产林哈夫Linhof）；B. 中型照相机（瑞典产哈苏Hasselblad）的代表；C. 传统胶片小型单反照相机（日本产尼康FM2）；D. 旁轴取景式照相机（日本产尼康Zoom400）（A、B、C引自色影无忌网站www.xitek.com）

第三种类型是小型照相机，也称 135 照相机或 35 mm 照相机，使用柯达公司生产的另一种规格的胶卷，即商品编号为 135 的胶卷，电影胶片也采用这种型号，标准画幅尺寸为 24 mm×36 mm。这种机型适用范围广泛，拍摄题材较广，是目前应用最为广泛的机种，优点是体积小，分量轻，便于携带；缺点是底片尺寸小，经不起大倍率放大。同样根据镜头和取景器的特点分为单镜头反光式（图 9-3C）（单反）和旁轴取景式（图 9-3D，傻瓜机）两种类型。这是摄影中最常用的主力机型。显微摄影也主要采用这种机型。

数码相机以数码的方式记录影像，与胶片机的主要区别是底片的功能被传感器和记忆卡取代。数码相机的类型与胶片相机相似，最普遍的是由单镜头反光数码相机（图 9-4）和袖珍数码相机（图 9-5）组成的小型机，只是它们的传感器面积要比胶片的面积小（全幅单镜头反光数码相机除外）。数码相机也有相当于胶片机的中画幅类型，它们采用新型数码后背作传感器，传感器面积比小型机的要大，像素也高得多，这些都是专业性和专用性极强的机器，造价极其昂贵，主要用于风光和户外广告摄影。目前数码相机中还没有类似胶片相机中的大画幅机类型。

图 9-4 小型单反数码相机（尼康 D200）

图 9-5 袖珍数码相机（佳能 Ixus 70）

各类相机常有交叉类型，如单镜头反光相机和旁轴相机都可以是胶片或数码的。

常用照相机的类型、特点和适用范围见表 9-1。

表 9-1 常用相机类型和特点

划分依据	类 型	特 点	弱 点	适用范围
相机画幅	大型照相机	画幅大，结构简单，影像细节、层次丰富、细腻	体积笨重，不便于携带	风光、建筑、商业摄影等专业领域
	中型照相机	画幅适宜，成像质量好	体积相对较大	风光、建筑、商业摄影等专业领域
	小型照相机	体积小巧，便于携带	高倍率放大时成像质量受限制	旅游、风光、人像摄影等
相机结构	单镜头反光相机	可以更换不同焦距的镜头；取景无视差；具有丰富的附件系统，机动性和可扩展性高	价格较贵，反光镜升起时可引起振动	范围广泛，如新闻、旅游、风光、科技摄影等
	双镜头反光相机	结构相对简单、坚固，不易损坏	体积较大，不能更换镜头，机动性差	只用于少数专业领域

续表

划分依据	类 型	特 点	弱 点	适用范围
相机结构	旁轴取景（傻瓜）相机	体积小巧，取景器明亮，拍摄时快门声音轻	取景存在视差，不能更换镜头。成像质量一般	适合抓拍
记录影像方式	胶片相机	使用胶片拍摄	需要冲洗、扩印，较为繁琐	大众化应用于各个方面
	数码相机	使用感光原件（CCD）拍摄，数码图片，即拍即得，可以电脑观察、网络传递、打印扩印，非常方便	耗电量大	大众化应用于各个方面
相机用途	航空相机	特种相机		航空摄影
	水下相机	特种相机		水下摄影
	宽幅相机	普通相机，特种用途		大型集会、数百人以上的合影、全景照片

二、照相机的主要结构

1. 快门：快门是控制光线进入照相机的大门。当快门打开时光线就会通过镜头进入照相机的暗箱，使感光材料曝光；关闭快门，光线就无法进入照相机的暗箱。快门打开的时间称为快门时间或快门速度，以秒作为计算单位，快门速度均有一范围，低档相机范围窄，如 1/300～2 s；高档相机范围宽，如 1/8000～30 s（图 9-6）。

图 9-6 传统胶片相机上的快门控制拨盘，其上显示有相应快门速度

快门有镜间快门和焦平面快门之分，前者位于镜头之间，工作时噪声和振动小，但速度较慢，后者位于焦点平面附近，工作时噪声和振动大，但速度较快。

快门速度快时，可凝固运动速度较快的被摄体，快门速度慢时，可使被摄体局部在照片上呈现模糊，这样被摄体在照片上就有一种动感，增加其艺术性。

2. 光圈：又称光孔，由镶在镜头间的金属叶片组成（图 9-7）。调节光圈的大小可以增加或减少通光量，控制到达胶片的光线强度。

图 9-7 光圈结构

光圈的大小用相对孔径来度量。相对孔径是该镜头的入射光瞳直径与焦距 f 的比值：相对孔径＝入射光瞳直径（D）/焦距（f）

例如，光瞳直径为 25 mm，焦距为 50 mm，则该镜头的相对孔径为 1∶2 或表示为

f/2。相对孔径的倒数称为光圈系数，简称 f 值，如 f/1.4、f2、f2.8、f4、f5.6、f8、f11、f16 和 f22。注意，因光圈系数是相对孔径的倒数，故光圈系数越大，孔径就越小，通光量就越少，如 f22 要比 f16 通光量少。

光圈的作用主要有两个，除了上述调整通光量以外，就是控制景深。当某一被摄物聚焦清晰时，其前面一段距离到后面一段距离也都是清晰的，这段从前到后都清晰的距离就是景深。景深大时，照片从前到后都清晰；景深小时，照片只有焦点附近清晰，远离焦点的前后均模糊。

光圈越大，景深越小，清晰范围只限于焦点部分，光圈越小，景深越大，清晰范围几乎涵盖整个画面。需要注意的是，相机镜头焦距越短，景深越大；拍摄距离越近，景深越小。光圈、镜头焦距、拍摄距离是控制景深的三个要素。在大光圈、小景深时对焦需格外仔细，尤其是自动聚焦的相机，因为在小景深的情况下，焦点稍有偏移都会使焦平面偏移而导致图像不对焦。

使用最大光圈可以获得最大光通量和最小景深图像，但会或多或少出现中心清晰，边缘模糊的球面相差，拍摄平面（如翻拍）时较明显；同样，使用最小光圈可以控制最小光通量和最大景深，其弊端是，虽然景深大，但光的电磁波会产生衍射现象，降低镜头解像力。

每个镜头都有一个最佳光圈，计算方法为：镜头焦距÷4，如 35 mm 镜头（35÷4=8.75）的最佳光圈为 8。

3. 镜头：相对孔径数值大小决定了镜头的通光能力；焦距指从镜头的中心点到聚焦于无穷远处时产生的清晰影像之间的距离值，是由镜头的光学系统决定的，焦距的长短决定了所摄影像的视角和影像的大小及透视效果。

（1）鱼眼镜头：镜片呈半球状向外突出，好像鱼的眼睛（图 9-8）。它是视角最大的镜头，可达 180 度，焦距极短（15 mm），用它拍摄大场面有特殊的效果，直线变成了弧线，视野最为广阔。

（2）广角镜头：焦距从 14～35 mm（图 9-9），在距离景物较近处可以拍到大场景。这类镜头拍的景物远小近大，透视效果比较夸张（尤其是近距离的景物），适合拍摄大的场景（如风光纪念照，具背景的人像），不适合拍肖像。

（3）标准镜头：焦距等于或接近底片画幅尺寸的对角线长度，24 mm×36 mm 片幅相机约为 58 mm，它的视角与人眼相仿，影像透视效果比较自然。同时，它的相对孔径较大，价格低廉，工艺最成熟，适用范围广泛，通用性较强（图 9-10）。

图 9-8　鱼眼镜头
（尼康 Nikkor 10.5 mm 1∶2.8G，引自色影无忌网站）

图 9-9　广角镜头
（尼康 Nikkor 17－35 mm 1∶2.8 D，引自色影无忌网站）

图 9-10　标准镜头
（尼康 Nikkor 50 mm 1∶1.4 D，引自色影无忌网站）

图 9-11 长焦镜头
（尼康 Nikkor 300 mm 1∶2.8 D，引自色影无忌网站）

(4) 长焦距镜头（也称远摄镜头或望远镜头）：焦距 80 mm 以上的镜头，能像望远镜一样将远处的景物拉近，适合肖像（105 mm）、体育、野生动物等摄影（图 9-11）。由于体积较大，重量很重，拍摄时不但机身需要三脚架支撑，镜头也需要三脚架或独脚架支撑。

(5) 变焦镜头：焦距是可变的，这类镜头的影像大小可以根据需要进行调整，使用十分方便。例如，现在的 28～300 mm 镜头，涵盖广角、标准、远摄三个系列的镜头，可以一镜走天下。弱点是体积、重量较大；成像质量难以达到同级定焦镜头的水平。

(6) 微距镜头：这类镜头专为拍摄微距设计，均为专业镜头（图 9-12），镜头的四角和中心成像均匀一致，微距拍摄的色散、像散控制得好，而且近摄能力强，可达到 1∶2 或 1∶1。

图 9-12 微距镜头
（尼康 Nikkor 105 mm 1∶2.8 G，引自色影无忌网站）

4. 闪光灯（电子闪光灯）：闪光灯是体积小、亮度高的人造光源，可做主光源，也可作辅助光源。闪光指数 GN 是衡量闪光灯闪光强度的指标，也是闪光摄影曝光的依据：GN＝光圈数×被摄体的距离（感光度 100 时），感光度的概念见本章第三节数码相机简介。

例如，某闪光灯闪光指数 28，相机距被摄体 5 m，则光圈应选：28÷5＝5.6。反之，某闪光灯闪光指数 28，镜头光圈选用 5.6，则闪光灯可达 5 m 范围。

一般便携式相机闪光灯指数为 7～12，最大光圈 4～5.6，故最远闪光距离约：12÷4＝3 (m)。由此可见手持小型相机远距离拍摄（如舞台、体育馆、大型会议）时使用闪光灯是徒劳的。此时明智的方法是放弃闪光，而采用现场光，使用较大的光圈来弥补光线的不足，注意要利用三脚架以稳定相机来防止快门速度过慢带来的相机抖动。

第三节 照相机的使用方法

各类相机结构各异，但使用方法大致相同。其使用步骤如下：

开机→取景→测光→聚焦→曝光 ↗存储（数码相机）→回放→查看（数码相机）

开机→取景→测光→聚焦→曝光 ↘冲洗→扩放→查看照片（胶片相机）

一、曝光和曝光量

曝光是指被摄体所反射的光线通过摄影镜头进入相机的暗箱内，照射到胶片（传感器）使之感光形成潜影的过程。曝光量是指胶片（传感器）在曝光时所接受光量的多少。

胶片（传感器）接受的曝光量既不能多，也不能少。多了为曝光过度，影像上一片白，损失高光细节；少了为曝光不足，影像为一片黑。

相机上控制曝光的装置是快门和光圈，前者控制门开时间的长短，后者控制门开的大小。

曝光值（exposure value，EV）反映了快门和光圈之间不同曝光组合的曝光量（表 9-2）。

曝光量（EV）＝AV＋TV

例如，测得现场曝光值为 EV13，若选光圈值 8（AV6），则快门时间应为 1/125 s（TV7）；若选光圈值 11（AV7），则快门时间应为 1/60 s（TV6）；若选光圈值 16（AV8），则快门时间应为 1/30 s（TV5）。尽管三种光圈和快门时间各不相同，但曝光组合都是 EV13，到达胶片的曝光量都是一样的。

表 9-2　光圈值和快门速度值

光圈值	AV	快门时间/s	TV
1.4	1	2	−1
2	2	1	0
2.8	3	1/2	1
4	4	1/4	2
5.6	5	1/8	3
8	6	1/15	4
11	7	1/30	5
16	8	1/60	6
22	9	1/125	7
		1/250	8
		1/500	9

测光：测光是指测得正确的曝光值。较老的相机没有测光表，只能依靠摄影者的经验判断光圈和快门值。现代相机一般装有测光表，帮助摄影者判断曝光值。专业摄影师大多以独立的手持式测光表判断曝光值。

为了帮助摄影者有效地控制曝光量、准确地完成曝光过程，现代相机设置了自动曝光模式，利用相机内的光敏元件自动测量被摄体反射的光线，实现自动曝光。根据相机设计上的不同，光敏元件测光的面积也不同，相机可用平均测光、中央重点测光、点测光、矩阵测光等不同的方式进行测光。相机的自动曝光模式也有光圈先决（A）、快门先决（S）、程序自动（P）等模式。

曝光时还应该根据光线和背景进行曝光补偿。所谓曝光补偿，就是在自动测光的基础上强行增加或减少曝光量。曝光补偿是自动相机的曝光调整的一项功能，其作用是在自动测光的基础上，根据曝光需要，进行细微的曝光调整。曝光补偿应用于自动测光和自动曝光模式，当相机处于半自动状态（光圈或快门先决）可以使用补偿功能，而自动、P、手动模式则无法调整 EV。为了达到正确的曝光结果，使用曝光补偿时，拍摄白背景相机测光会偏少，应增加曝光量，而对于黑背景相机测光会偏多，应当减少曝光量。

二、调焦

调焦是指利用相机上的调焦装置使被摄体准确地聚焦在焦平面上，结成清晰的影像。按相机的操作方式，调焦可分为手动调焦、自动调焦、免调焦（固定焦点）三种方式。

手动调焦是自动调焦出现之前相机的主要调焦方式，依靠手动调节相机取景器上的毛玻璃屏或重影式和裂像式测距器聚焦，其优点是可以进行细致的精确调焦，缺点是比较慢，不适合抓拍。在自动调焦占主流地位后，手动调焦并没有完全退出历史舞台。在自动调焦无法很好完成的情况下，如画面中出现大面积金属物或背景光线过于暗弱，或使用早期手动镜头而无法感应自动调焦时，手动调焦能够提供一个不错的选择。

自动调焦是指将相机对准被摄体后，聚焦系统会自动测量其距离，并自动调整镜头，使得被摄体成为焦点。自动聚焦是由相机发出红外光或超声波，碰到被摄体后反射回到相机的电脑芯片中，电脑芯片可以根据往返的波束计算出被摄体的距离，再“指挥”镜头移动来完成聚焦。现代高级专业相机的自动聚焦功能十分强悍，从较早的单区域自动聚焦发展到动态区域自动聚焦，以适应静止和不同运动状态下的聚焦需求，大大提高了聚焦成功率。为提高自动聚焦速度，相机机身中安装有超声波马达，有的镜头中还装上超声波马达，以保证对镜头的快速、准确驱动。

三、控制景深

一幅照片应该用多大的景深，取决于所要表达的内容。小景深有助于突出所要表现的主体，能够使得主体清晰，背景虚化，有时背景还可产生美丽的光晕来衬托主体（图 9-13）；大景深则有助于表现被摄物全貌，展示出照片的纵深感。

图 9-13　小景深突出主体，虚化背景，产生美丽的光晕

控制景深主要有三种办法。第一是改变镜头的孔径，孔径越小，景深越大，相反地，孔径越大，景深越小；第二是改变镜头的焦距，焦距越短，景深越大，相反地，焦距越长，景深越小；第三是控制镜头距离被摄物的远近，被摄物越远，景深越大，被摄物越近，景深越小。

四、控制清晰度

清晰的照片应该是我们追求的目标，如何得到清晰的照片呢？换个角度说，如何才能最大限度地防止影像模糊呢？造成影像模糊的主要原因。一是没有正确地调焦。失焦的原因也较多，可能是主观的，焦点没有聚到被摄物上，而是聚到了背景或前景上，也可能是客观的，如相机不准焦或相机精度不够。第二个原因就是相机的震动。减轻机震的方法主要有两种：一是用足够高的快门速度进行拍摄，这样就能够消除机震。按照经验，手持拍摄时使用的快门速度不应低于镜头焦距的倒数，如 50 mm 镜头应该不低于 1/50 s，100 mm 镜头应该不低于 1/100 s，依此类推。但实际应用时还要因人而异，富有经验的摄影家要比初学者能够更稳地端住相机。实际应用时要留有余地，在可能的情况下使用较高的快门速度。另外一种减轻机震的方法是尽可能使用三脚架。只要条件允许，利用三脚架支起相机是最保险的拍摄方法，能够最有效地减轻机震。对于追求照片的清晰度而言，稳定的三脚架是拍摄中必不可少的设备。关于如何拍摄清晰锐利的显微照片，我们将结合实例在下一章作详细介绍。

五、数码相机简介

相机的发展过程中，一直采用胶片作为储存记载介质。直到 1975 年，这种方式被替代。Kodak 公司工程师，被称为数码相机之父的塞尚（Sasson）研发了世界第一部“电子照相机”，它被公认为是世界上第一部数码相机（digital camera，DC）（图 9-14）。这个相机可以记录黑白图像，从按下快门开始，需要等待 23 s 才能够记录下拍摄画面，照片储存在通用的卡式录音磁带里，可以存储相当于一个胶卷的 30 张照片。这台数码相机重 3.9 kg，采用 16 节 AA 电池供电，CCD 分辨率为 100×100 像素（即 1 万像素）。

图 9-14　数码相机之父——Sasson 先生和他研发的世界第一台数码相机

（引自 http://tech.163.com/07/0601/02/3FSAV3PD000926PT.html）

1991 年，Kodak 公司推出全球第一款数码单反相机，Kodak DCS100（图 9-15）。这架相机采用 Nikon 专业单反相机 F3 机身设计，保留有 F3 相机的所有功能，配合尼康镜头使用，像素为 130 万。1995 年 3 月 Kodak 推出型号为 DCS460 的数码相机，售价 12 000 美元，采用 Nikon F801 的专业机械相机机身，600 万像素，标志着数码相机开始进入民用领域。随着计算机的普及和电子技术的进步，普通消费型数码相机和专业单反数码相机都得到了迅速的发展，仿佛就在一夜间，数码相机就取代了胶片相机。毋庸置疑的是，在 21 世纪的最初几年，各主要影像杂志、报刊和网站还在大谈短期内胶片不会被数码取代，讨论购买和不购买数码相机的各自十大理由，短短几年，时代的变化和发展大大超出人们的想象，数码已几乎完全取代了胶片，数码革命的时代已经到来。

图 9-15　尼康 DCS100，世界第一台数码单反相机

（引自相机之家网站 www.xiangji.cn）

数码相机用数码传感器替代了胶片，即拍即现，而且便于后期加工，除了继承胶片相机的主要优点外，又有一些新的特点。

1. 图像传感器（sensor）和像素（pixel）

数码摄影都是由图像传感器来完成捕捉光线，并将其转化成电子信号的，也就是说，图像传感器是数码相机用来接收图像的电子元件，具有与胶片相同的功能。传感器现在有两种主要类型，即 CCD（charged couple device，电耦合元件）和 CMOS（complementary metal-oxide semiconductor，互补金属氧化物半导体）。这两种图像传感器的制造工艺是完全不同的，相应的结构和电路也是不一样的。从特性上看，CCD 生成高品质图像的能力更强，而 CMOS 传感器则造价低廉，耗电少、速度快。随着工艺的进步，二者的差别在缩小。传感器感光组件的表面具有储存电荷的能力，并以矩阵的方式排列。当其表面感受到光线时，会将电荷反应在组件上，整个 CCD 上的所有感光组件所产

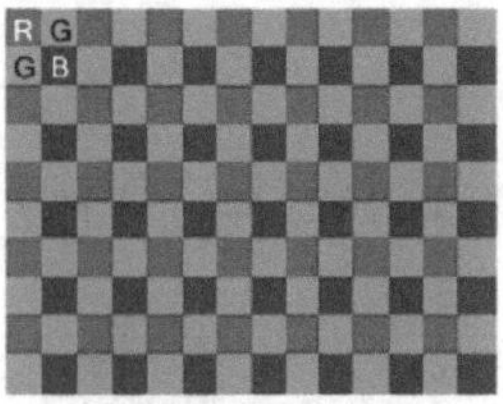

图 9-16　CCD示意图，以■（红，R）、■（绿，G）、■（蓝，B）三原色组合的像素为最小单位组成
（引自色影无忌网站）

生的信号，就构成了一个完整的画面（图 9-16）。

不同的数码相机配置的图像传感器是不同的。图像传感器的尺寸大小，是数码相机的一个非常重要的参数，与传统相机中胶片面积大小对成像质量的影响一致，传感器尺寸越大成像质量越高。只是传感器尺寸越大，制作的成本越高，也越不容易制作。目前，数码相机使用的图像传感器尺寸都比较小，常见的是 1/2.7 英寸、1/1.8 英寸、2/3 英寸等规格，高级的单反数码相机要更大些，专业数码单反相机（如尼康 D3 和 D300，佳能 EOS-1Ds Mark III、EOS-1Ds Mark II）传感器（CCD、CMOS）最大，是和胶片尺寸 24 mm×36 mm 一致的，称为全幅传感器。

图像传感器除了有尺寸大小之分外，还有分辨率的区别。分辨率是以像素来衡量的，像素是数码图片的储存单位，每个像素是数码图片里面积最小的单位，由一个个小矩形或方形点组成。像素实际上是一个面积的概念，每个像素的面积大小由生产工艺决定，工艺越高，每个像素面积越小，每平方英寸就能容纳更多的像素，图像就越精细，像素小到人眼分辨不出的地步时，图像看起来就跟实际的没有分别了。在传感器（CCD/CMOS）面积相等的情况下，像素数目越多，图像就越精细，这也是为什么我们选择数码相机时像素越多（越高）越好的原因。但只增多像素而不增大传感器面积，当像素增多到一定数值时，受生产工艺限制，像素就不可能再增多了。要想获得高质量的图像，就必须采用更大面积的传感器。在像素达到一定数值时，传感器的尺寸往往比像素数目对图像质量的影响更大（图 9-17）。

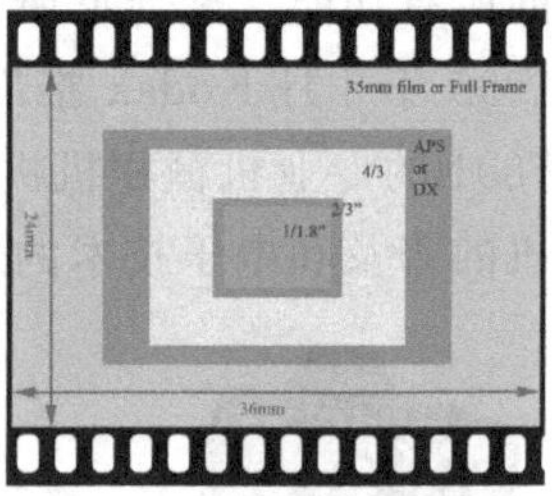

图 9-17　传感器的尺寸与胶片面积的比较
（引自色影无忌网站）

我们平时所说数码相机的“多少多少万像素”的概念是依据其像素值计算得来的。例如，一台相机最大可以拍出 1600×1200 像素的照片，它的像素值就是 1600×1200＝192 万，约等于 200 万，这就是一台 200 万像素的数码相机了。同样，2272×1704 约为 400 万像素，1024×768 约为 80 万像素，800×600 约为 50 万像素，640×480 约为 30 万像素，它们分别代表了不同的分辨率/成像质量。需要注意的是，一台 400 万像素的相机可用最高的 400 万像素拍摄，也可用低于 400 万的像素拍摄，但一台 200 万像素的相机就只能最高用到 200 万，而不能用 400 万像素拍摄。所以像素多一些，选择就多一些。但达到一定域值后，像素的作用就不大了，如 700 万像素和 800 万像素相机照的图片都要经过后期加工制作，只要输出的图片不是很大，肉眼很难区分其差别。实际上，300 万像素的便携式相机就可以输出 10 英寸左右的高质量图片了。不同像素得到的图像品质不同，像素较低时，图像稍放大即出现马赛克，图像的像质就低下，而像素较高时，图像经得起放大，像质就高。

2. 图像存储格式和图像品质

数字图片常用的三种存储格式参见本书第十一章显微图像分析处理相关部分。

3. 存储卡

传统胶片相机成像由底片和照片记录，容易遭受外界环境因素的损伤，不易保存。数字图片则采用数字存储，存储的介质更加多样，如光盘、U 盘、移动硬盘、mp3、mp4、各种存储卡等。数码相机拍摄的图像必须存储在相机内的存储卡中，存储卡具有传统相机胶片用于记载图像的功能，与胶片不同的是存储卡可以擦写，反复使用，极其方便。存储卡的容量有大有小，这个容量直接关系到可以拍摄的图像数量，图像文件越大，一张存储卡中能容纳的图像就越少。所以存储卡的容量是越大越好。几年前，大容量的存储卡还是价格很高，现在则越来越低，在可以接受的消费范围内了。存储卡的种类非常多，这与数码相机的发展密切相关，刚开始生产数码相机时，各厂商各自为战，采用不同类型的存储卡，互不通用，也是厂商牟取最大商业利益的方法——消费者若购买某种相机，则必须购买其存储卡。这给消费者带来极大的不便。最典型的实例就是索尼公司自行开发的记忆棒只能用于索尼相机，一直为消费者所诟病。常用的几种存储卡有以下几种类型：

(1) CF 卡：是 Compact Flash 的简称，意思是“缩微闪存”。它是由美国 SanDisk 公司首先推出的快速存储卡，是较早的类型。CF 卡是市面上最为流行的存储卡，很多品牌的数码相机都使用 CF 卡。与其他类型相比，CF 卡体积和厚度略大。CF 卡是现在的主力类型之一。

(2) SM 卡：是 Smart Media 的简称，意思是“聪明的媒介”。这是日本东芝公司首先推出的，存储迅速而且非常薄，但受体积限制，容量不大，现在已经淡出竞争舞台。

(3) SD 卡：是 Secure Digital 的简称，意思是“安全数字”。这是日本松下、东芝公司和 SanDisk 公司联合开发的。其特点是外形小巧，存储速度极高，适用范围广泛。SD 卡是现在的主力类型之一。

(4) 记忆棒 (MS)：是 Memory Stick 的简称，是索尼公司自行设计开发的索尼系列电子产品专用的存储卡，容量大、速度快，可以作数码相机、个人电脑、摄像机、电子玩具等通用的存储卡。由于索尼技术的优势，这种卡带有垄断的色彩，价格也比其他类型卡贵些。

(5) MMC 卡：是 Multi Media Card 的简称，意思是“多媒体存储卡”，由美国 SanDisk 公司和德国西门子公司在 1997 年共同开发研制的一种多功能存储卡。MMC 卡主要应用于数码相机、笔记本电脑、手机和一些 PDA 产品上，价格相对较贵。MMC 卡在一定程度上改善了 CF 卡读写速度较慢的缺点，并且体积轻巧，抗冲击性强，可反复读写 30 万次。

4. 全幅与非全幅传感器

如果相机传感器尺寸和 35mm 胶片的一张底片一样大的话，也就是达到 24 mm×36 mm，这个传感器就是全幅 (full-frame) 的。但大多数相机传感器要小于这个尺寸，就是非全幅的（图 9-17）。至少在理论上，传感器的尺寸越大，像素的敏感度越高，解像力越强，图像总体品质越好。佳能公司高端的单反相机 EOS 1D mark III 在 24 mm×36 mm 传感器上集合了 1670 万像素，尼康公司目前最高端的单反相机 Nikon D3 在 24 mm×36 mm 传感器上集合了 1210 万像素。较小的传感器最初是为了降低成本而设计的，但小型传感器减小了镜头的涵盖范围，在使用相同焦距的镜头时，小型传感器获取的图像要比 35 mm 胶片小，所以使用非全幅数码相机时，镜头焦距都要转换，一般都要乘以一个转换系数 1.5。例如，17 mm 镜头用在非全幅数码相机上时，焦距就会变成 26 mm。虽然这样增强了长焦镜头的能力，使得长焦更长，但却使得原来的广角镜头变成了标准或中焦镜头，这种变化对广角拍摄影响最大，所以各厂家为适应这个变化，生产了新一代非全幅数码相机专用大广角镜头，即 DX 镜头。使用非全幅数码相机时，镜头焦距转换是必须注意的一个问题，而全幅数码相机则不存在这样的问题。

5. 色温和白平衡

色温是表明光的光谱成分的一种标志，并不是光的冷热温度。色温是根据理想黑体在不同温度时所辐射的波长的颜色确定的。当这种黑体被加热时，它最初发出暗红色，然后是橙红色、橙色、黄色，慢慢变白色、蓝色。不同情况下的温度用色温表示，单位是 K（Kelvin）。从绝对温度的零度（−273 ℃）开始，当色温为 800 K 时，黑体呈红色，于是红光的色温是 800 K，同理，白光的色温是 5000 K，淡蓝光的色温是 8000 K。晴朗天气里，早晨和傍晚的阳光带一些红色，而中午前后的日光接近白色，就是色温变化造成的（表 9-3）。

表 9-3 常见照明光源的色温

光 源	色 温	光 源	色 温
烛光或煤油灯火焰	1920	9 点至 15 点的阳光	5500
40 W 家用钨丝灯	2750	电子闪光灯	5500
60 W 家用钨丝灯	2800	浓云天空	6600
100 W 家用钨丝灯	2850	薄云天空	7690
500 W 摄影用钨丝灯	3200	朦胧蓝天	9090
9 点以前，15 点以后的太阳	5000	蓝天，被摄体在阴影中	12 500

参照现场照明光的色温来平衡所拍图像的色温，是拍摄色彩还原准确的图像的基本要求。如果不进行调整，图像就会产生偏色。例如，在白炽灯照明时得到的图像会偏黄，荧光灯下的图像会出现吓人的绿色光。传统胶片相机是通过选择日光型胶片(5500 K)或灯光型胶片（3400 K)，或者在镜头前加装滤光镜来调整。数码相机通过白平衡设置来调整色温，从而准确还原图像色彩。常见的白平衡设置包括自动白平衡、日光、阴影、阴天、钨丝灯、荧光灯以及自定义白平衡等（表 9-4)。

表 9-4 数码相机的几种主要白平衡设置

设 置	说 明
AWB AWB	自动白平衡，在色温 3000～7000 K 内有效，可以测定周围光照的色温并自动设置相应的白平衡。
 晴天日光	相机设置在 5500 K，以配合晴天中午直射日光的色温

续表

设　置	说　明
晴朗多云天气	在晴朗多云的天气里，相机白平衡设置约 6000 K
晴天阴影处	晴天在阴影处的白平衡约为 70 000 K
钨丝灯	钨丝灯光下白平衡通常设置为 3400 K
荧光灯	设置白平衡与荧光灯照明相平衡，有些相机有三种荧光灯设置，以适应不同荧光灯管对白平衡的要求
闪光灯	根据闪光灯的色温设置白平衡，通常是 5500 K，或略高
自定义	使用者可以根据特殊的或具体的色温条件设置白平衡

6. LCD 液晶屏

LCD 是英文 liquid crystal display 首字的缩写，意即液晶显示屏。数码相机机身背面都有一块小巧的液晶显示屏（图 9-18），可以用来取景，又可以在拍摄后即刻回放，带给你即拍即现的愉悦。如果不满意还可以立即再拍，提高了拍摄成功的几率。有的液晶屏还可以在一定角度内旋转，既可以在回放时避开刺眼的阳光把图像看得更清楚，又可以在拍摄时灵活采用高低不同的机位。一些优质的 LCD 会在表面或屏幕后面装上防反光薄膜，让用户能在强烈的日光下仍能观看清晰，极大地方便了摄影的过程。但是液晶屏的尺寸一般较小，尺寸基本上在 1.5～2.5 英寸，像素较低，在 120 000～240 000，有时看不大清楚图像。通过数码相机上的按钮，LCD 也能用于显示菜单操作，用户可以同时调整 LCD 本身的亮度和颜色设定。液晶屏是耗电大户，应尽量减少使用时间来节省电力。

图 9-18　可翻转液晶屏的佳能 Power Shot Pro1 数码相机

大多数专业单反数码相机不能用液晶屏取景，只能用取景器取景，机背液晶屏只提供了浏览和更改照相机设定的功能。除了机背液晶屏外，这类相机还保留有机身顶部的液晶屏，一般是一个单色 LCD（耗电量较少），用来指示和设定拍摄参数，如显示光圈、快门等最重要的设定，提供电池电力、记忆卡状态、曝光、对焦模式、白平衡等资料，方便摄影者操控。

7. ISO 和噪点

ISO 是 International Standard Association（国际标准化组织）的缩写，用来表示传感器的感光度，表明它对光的敏感性。感光度越高，对光敏感性越高，需要较少的光线就能曝光正确；反之，感光度越低，对光敏感性越弱，需要较强的光线才能曝光正确。数码相机的 ISO 采用分阶数字表示，从 ISO 25 到 ISO 3 200，一般是 50～1600。较高感光度虽然有利于在暗弱的光线下拍照，但和胶片摄影一样，数码影像的品质随着感光度的增加而下降——对胶片而言，是因为高感光度造成颗粒增粗，对数码而言，是因为高感光度造成静电噪点。

噪点是数码相机传感器上的静电所致，它的产生使图片的分辨率下降，细节表现和色彩还原质量下降。噪点可分为固定分布和随机产生的两种类型，前者是由传感器制造过程中的细微瑕疵带来的，后者是相机使用过程中产生的，如 ISO 设置过高、曝光时间过长、相机受热过度等，都有可能产生噪点。噪点在图像的阴影区表现得最明显，尤其是大面积的单色区域。从理论上讲，CMOS 传感器比 CCD 传感器更容易产生噪点，这就是为什么早期数码相机大多选用 CCD 传感器的原因。随着技术的进步，噪点得到有效的控制，CMOS 传感器的成像质量也大大提高，现在已经与 CCD 不分上下。大多数数码单反相机中，噪点可以通过机内图像处理程序有效降低，在使用较高感光度或较长时间曝光的情况下，可以事先打开机器的降噪设置，拍出的图像中噪点就少了。

8. 光学变焦和数码变焦

光学变焦是指相机依靠光学镜头结构来实现变焦，是通过镜头、物体和焦点三方的位置发生变化而产生的。数码相机的光学变焦方式与传统胶片相机差不多，就是通过镜片移动来放大与缩小需要拍摄的景物，变焦镜头中的各镜片的相对位置改变了，光学变焦倍数越大，能拍摄的景物就越远。数码变焦是指并没有改变镜头的焦距，只是通过改变成像面对角线的角度来改变视角，由于成像面的大小改变了，从而产生了“相当于”镜头焦距变化的效果。数码变焦实际上是画面的电子放大，把原来 CCD 传感器上的一部分像素使用“插值”处理手段放大。显而易见，对于数码相机而言，“光学变焦”并不会改变图片的大小或分辨率，用于描述图片的像素数也保持不变，而“数码变焦”仅是一种裁剪工具，因为它可切掉图像的一部分——这部分在使用长焦距镜头时是在视野之外的，而只存储选中的某一局部区域。通过数码变焦，拍摄的景物放大了，但它的清晰度会有一定程度的下降，所以数码变焦并没有太大的实际意义。这就是“光学变焦”与“数码变焦”根本区别之处，体现在图像上，就是图像质量会有所不同。

9. 数码相机常用缩写（表 9-5）和图形标识（图 9-19）。

表 9-5　数码相机上常用的英文标识

AF/MF：auto focus/ manual focus	自动聚焦/手动聚焦
AE/ME：auto exposure/ manual exposure	自动曝光/手动曝光
AEL/AFL：AE Lock/AF Lock	自动曝光/聚焦锁定
ASPM：	曝光模式 A：Aperture priority AP 光圈优先，S：Shutter priority SP 快门优先，P：Program PR 程序自动，M：manual 手动
SLR：single Lens Reflex	单反相机
DSLR：digital single lens reflex	数码单反相机
DC：digital camera	数码相机
T/W：tele/wide	变焦（T：望远，W：广角）
WB：white balance	白平衡

续表

AWB：auto white balance	自动白平衡
INFO：information	信息显示
DISP：display	显示
ERASE：	删除
SET：	设定
MACRO：	微距
MENU：	菜单
ZOOM：	变焦
Telephoto lens	长焦距镜头
Wide angle lens	广角镜头
BULB：	B门
Background	背景
Exposure compensation	曝光补偿
ISO：International Standard Association	国际标准化组织

图 9-19 常用数码相机图形标识

六、CCD相机简介

CCD相机又称数字摄像机，实际上是一种特殊用途的相机，最常用的就是在科研领域，如生物学、医学、病理学、药理学、物理学等显微摄影领域。CCD相机采用专为显微成像的传感器，借助显微镜高分辨率镜头成像，传感器尺寸较大，具备高分辨率、高灵敏度、低噪点、高速度等特点。专业的CCD相机为了更好地降噪，采用冷CCD（cooling CCD）设置，在−28～−5 ℃的工作温度下，可以极大地降低拍摄图像的背景噪点，使得图像更清晰，尤其适于暗弱光线（如荧光）下的拍摄。为提高灵敏度和分辨率，CCD相机传感器尺寸一般较大，在像素数得到一定保证的情况下，拍摄的图像清晰度较高，高级的机型甚至可以捕获人类肉眼看不到的微弱荧光用于成像。CCD相机可以连接电脑，通过软件实时拍摄、储存，极为方便。CCD相机厂商还为自己的相机量身定做软件，使得相机系统的工作稳定性以及实用性大大增加。常用软件功能包括图像的拍摄，削减背景，白平衡，多色图片叠加，调节色调，伪彩色填充，测量，记事本，添加箭头、文字、图片等标注，多幅图片自动排列打印，图像数据库方便存储等。CCD相机外形与传统胶片相机、普通数码相机相距甚远，但它们的原理与使用方法又有相同之处，结合显微摄影部分将加以详细介绍。

第十章　显微摄影技术

显微摄影是显微成像技术和显微成像艺术的有机结合，一幅好的图像具有极佳的说服力，是对实验结果毋庸置疑的表现。显微摄影的目的是获得清晰、真实的生物图像，用于阐明动植物形态发生、发育规律。根据拍摄目的和被摄物放大倍率的不同，显微摄影可分为近距离摄影、小物体（微距）摄影、超微距摄影（解剖镜摄影）、高倍率显微摄影（显微镜摄影）等。本章结合实例，重点介绍各种显微摄影的方法和技巧。

第一节　显微摄影技术概论

近年来由于数字影像技术的不断成熟和发展，显微成像技术进入了一个崭新的数字化阶段，为显微摄影提供了广阔的发展空间。

一、图像采集

图像采集是利用成像装置对所观察到的各种类型的图像进行采集、记录的过程，是显微成像技术的第一步，也是极其关键的一步。图像采集是后续所有过程的基础，它的成败直接关系到影像是否具有进一步加工的价值，所以必须认真对待。

生物显微实验的图像采集是对实验结果的记录，包括小物体微距成像、实体解剖镜下显微成像、光学显微镜下显微成像等，它的发展经历了从传统胶片照相机采集图像的单一模式到今天多元化的数字时代。图像采集的最基本工具是照相机。从传统的胶片相机，到现在的数码相机、CCD 相机、数码摄像机，尽管记录实验结果的方式从胶片发展到电子耦合感应器，但这些成像装置的基本原理和功能并没有改变。随着现代电子和计算机技术的发展，数字技术在影像领域广泛应用，数字成像设备日渐普及，并彰显出独特的技术优势。数字成像设备所产生出来的实时影像或照片，由于采用了先进的数字技术，省略了传统显微成像后期烦琐且易受各种外在因素影响的暗房操作，因此极为便捷。同时，数字成像系统可以通过 USB 接口与计算机连接，显微镜下所观察到的被研究对象的影像，无需制作成照片，就可通过计算机实时地展现出来，以供研究和分析。这种实时性和精确性是传统胶片成像无法达到的。无论利用哪种成像装置采集图像，都要首先熟悉它们的特点和使用技巧，对所采集的图像正确完成曝光、聚焦、白平衡调节等技术环节，并在财力可以支配的情况下尽可能地选用解像力强的光学采集设备，如照相机镜头、显微镜镜头等，以确保采集的图像符合后期制作要求。

二、图像存储

传统胶片相机成像由底片和照片记录，容易遭受外界环境因素的损伤，不易保存。数字图像则采用数字存储，存储的介质更加多样，如光盘、U 盘、移动硬盘、mp3、 mp4、各种存储卡等。数字图像常用的存储格式有 RAW、TIFF、GIF、BMP 和 JPEG 等，它们的特点参见本书第十一章显微图像分析处理。

三、图像处理

传统相机采集的显微图像的最终记录单元是通过化学方法印制成的普通照片，图像处理是指照片制作过程中的校色、放大等较为简单的调校。由于缺乏后期分析测量系统的支持，对图像数据的深层次分析与研究极为有限。数字成像由于实现了与计算机的连接，所以具备非常强大的图像编辑处理能力和图像分析测定能力。常用软件和处理分析参见本书第十一章显微图像分析处理。

四、图像转换

纸本和数字图像之间的转换是图像存储、浏览、网上传递、论文发表等过程中必不可少的环节。数字图像便于存储和网上传递，纸本图像便于浏览和在某些杂志上发表论文用。数字图像转换成纸本图像即图像输出，可以由喷墨打印机或大型图像输出设备完成。纸本图像转换成数字图像可以由扫描仪完成。不同类型的扫描仪扫描精度不同，再现原图像的细节能力也不同。一般地，应尽可能选择解像力强、分辨率高的型号，并选择适当扫描精度进行扫描，扫描所得数字图像还要注意存储格式以获得适当大小的图像，图像过小影响图像精度，过大则不便于打开和处理。此外，各种数码相机，尤其是配有专用微距镜头的数码单反相机，借助翻拍架也可以快速、高质量地将纸本图像转换成数字图像。两种图像之间的转换，无论使用什么样的仪器设备，都要丢失一部分图像细节，所以要尽可能地减少不必要的转换过程。

五、显微成像技术的展望

显微成像技术在日新月异的数字化阶段，发展是十分迅速的。进入 21 世纪以来，显微数字成像的应用已经深入到显微技术研究的各个领域。从光学显微镜到电子显微镜，从紫外分析仪到凝胶成像仪，数字成像已经完全取代原有的胶片显微成像体系而成为主角。显微成像技术的发展前景是非常广阔的。在未来的技术应用中，实时图像采集技术将更臻完善，能反映出瞬间动态变化，并具有高解像力、高分辨率的特点；图像处理技术将向着直观、追近生活状态的方向发展，处理和分析方法更趋向于自动化，包括低噪声、高清晰度等方面；图像存储设备将趋向于大容积、小型化、轻量化、多功能化，通用性进一步加强。伴随着计算机和软件业的迅猛发展，成像技术革命性的更迭必将一浪高过一浪，手段和方法不断更新，为显微技术的广泛应用提供更大的发展空间。

第二节 近距离摄影

近距离摄影（如拍摄一株水稻幼苗、一棵大树等）从严格意义上来说，超出显微摄影的范畴，属于常规摄影领域，利用各种相机都可以完成拍摄。这部分内容由于在科研工作中经常用到，在此我们做一简单介绍。

一、构图

用于科研的近距离摄影与日常生活照有相似之处，但又有不同。科研用近距离摄影是用来表现被摄体的主要特征的，如一株水稻突变体幼苗和一株野生型幼苗比较，突变体植株长得矮小、根系不发达等，必须构思好要表现的内容，然后才能进行拍摄构图。拍摄前需仔细观察和研究拍摄对象，分析它的特点，找出最佳的拍摄方案。首先要确定画面范围。研究用照片的画面应力求简洁，突出拍摄对象，明确主体。其次要选择拍摄方向，决定拍摄角度，通过仔细观察不同的方位，结合光线的照射方向，确定从什么方向、高度、角度拍摄。

二、测光、曝光

测光、曝光要依据被摄物和拍摄时的现场光线情况而定。拍摄大面积绿色画面时，如果选择程序测光模式，常常造成过曝，此时不妨通过曝光补偿降低 1/3 EV 值，并可以选择点测光加以比对，以期获得合适的曝光。在现场光线强、光比大的情况下尤其需要注意，可以利用包围曝光法多曝光几张，提高曝光成功率。

三、表现力

在观察研究被摄物的基础上，确定了拍摄点，怎样拍摄才能更有表现力？在画幅选择上，竖长画幅可以强调被摄物的高度，横长画幅可以强调左右延伸，要视被摄物特点而定。背景的选择也要依据主体，起到很好的烘托作用。室外自然光拍摄时，需注意运用好光线的性质，晴天、多云和阴天带来光线的强度不同、柔和程度不同，被摄体的反差也不同，造成图像的鲜明和平淡对比也不同。

四、近距离拍摄实例

室外花束

拍摄计划：计划拍摄室外鲜花花束，包括郁金香、唐菖蒲、百合、紫罗兰各一支，目的是要通过对比、点缀的场景来表现郁金香花花瓣的质感和色泽。

拍摄准备：器材采用普通消费级数码相机 Canon Power Shot A80，选择晴朗天气的午后，利用室外直射阳光进行拍摄。

拍摄过程

(1) 被摄物布景：室外鲜花花束置于室外较高托架上，以利于相机以较低角度的机位拍摄。选择晴朗天气是要利用阳光照射郁金香花瓣来清晰表现花瓣的质感和色泽，同时，空气中比较强的通透性有利于提高图像的清晰度和反差。由于现场光线较强，可以使用很高的快门速度，所以选择手持相机拍摄。选好拍摄角度，利用正面直射光拍照。为表现花瓣艳丽色泽，降低机位用蓝天作背景。

(2) 聚焦、测光：利用相机的自动聚焦功能聚焦，由于画面中出现不同的花朵，聚焦点应在我们关注的主体郁金香的花瓣上。采用程序自动曝光模式，相机显示快门速度为 1/500 s，光圈为 7.1，ISO100，JPEG FINE 储存格式，白平衡选择自动，调整机位，正确选择焦平面，使相机后背与花瓣保持平行。

(3) 拍摄：为减轻手按快门释放带来的机震，打开自拍机，按动快门释放钮，等待相机以自拍方式完成曝光。

(4) 回放：拍摄后立即用机背液晶屏回放，观察拍摄效果。注意应用变焦模式放大，在高倍率下仔细观察图像是否清晰、曝光是否合适。

后期制作：采用 Photoshop 软件稍稍调整对比度，剪切并适度锐化。

图像表现：这是一张高调的图像，色彩极其艳丽、鲜明，郁金香花瓣的鲜红和鹅黄两色过渡自然，其上的纹饰依稀可见；而作为衬景的一部分，唐菖蒲花瓣的橘红显得娇嫩欲滴，由于焦点不在此，景深造成的若隐若现及稍稍过曝的效果掩去了可能由其吐出的雄蕊带来的抢夺视线、分散注意力的情况；百合花瓣的乳白色、紫罗兰花瓣的淡粉色、叶片和花葶花苞的嫩绿色，以及天空背景的浅蓝色，都很好地烘托出色彩的对比变化，较好地表现了主体——郁金香花的高贵、典雅（图版Ⅻ A）。

五、消费型相机佳能 Power Shot Pro1 结构功能简介

Power Shot Pro1（图 9-18）主要定位于专业摄影师和高级摄影爱好者，小巧的外形携带十分方便，是佳能消费型数码相机的高端产品。

主要特点如下：

(1) 豪华的 L 镜头：Power Shot Pro1 使用代表佳能最高品质的 L 镜头，具有很高的分辨率和真实的色彩还原；该镜头使用了一般只在专业镜头中使用的萤石镜片和超低色散玻璃材料镜片，最大程度地校正了各种镜头像差；光学变焦达到 7 倍，相当于 35 mm 相机的 28～200 mm，覆盖了从广角到长焦的最常用焦段。最大广角端为 28 mm，最大光圈 F2.4，拥有更加广阔的视野；最大长焦端至 200 mm，可以满足“一镜走天下”的需要。同时，使用超声波马达驱动镜头的光学变焦，变焦过程迅速、安静。

(2) 高分辨率 CCD 传感器，专业素质：Power Shot Pro1 使用全新的 2/3 英寸、830 万像素的大型 CCD 传感器，有效像素为 800 万，拍摄的照片最大分辨率可以达到 3264×2448 像素。

(3) 混合自动对焦系统：Power Shot Pro1 的自动对焦系统是普通的自动对焦（被动式）结合外部测量（主动式）的方法，具备这两种方法的优势，在各种拍摄环境中，都可以快速、精确地完成自动对焦。

(4) 可旋转角度液晶屏和高清晰电子取景器：该机使用 2 英寸、23.5 万像素大型高分辨率液晶屏，可旋转角度液晶屏方便了特殊视角的拍摄，拍摄和浏览也更加清晰，高亮度电子取景器保证了取景观察时清晰明亮。

(5) 超级微距功能：Power Shot Pro1 具有强大的微距功能，普通微距可以在距离被摄体 10 cm 处拍摄；超级微距模式则达到 3 cm 进行拍摄。

(6) 安全偏移功能优化曝光控制：在使用快门优先或光圈优先拍摄模式下，可能出现拍摄者设置的快门速度或光圈值在现有亮度下无法获得正确的曝光值。在这种情况

下，当安全偏移功能开启时，会自动调整快门速度或光圈值的设置，以保证获得正确的曝光值。

（7）强大的附件系统：在7倍光学变焦镜头基础上，Power Shot Pro1可以通过镜头转接适配器，使用长焦转接镜，将焦距延长1.5倍；或近摄转接镜片，加强微距功能。该机还可以自动间隔拍摄，最多连续拍17幅，每1幅间相隔1～60 min。

第三节　小物体（微距）摄影

生物微距成像，也称小物体成像，是利用照相机的微距功能对特定动植物微器官（花、果实、种子、甲虫背部纹饰、蝴蝶翅膀等）进行图像采集的过程。普通小型数码相机一般都具有微距或超微距模式用于近摄；而单反相机利用专用的微距镜头可以更好地纠正近摄时的像差、色差和畸变，获得更为出色的微距效果。微距镜头的一个重要技术指标是最大微距倍率，是指被摄物在胶片（CCD）上的成像大小与被摄物本身大小的比例。若是1∶1，就是成像大小与被摄物实际大小相等，若是1∶2，就是成像大小是被摄物实际大小的1/2。例如，我们拍摄6 mm大小的一朵花，如果在胶片（CCD）上的成像为6 mm，所使用的微距倍率即为1∶1，如果成像为3 mm，所使用的微距倍率即为1∶2，如果成像为12 mm，所使用的微距倍率即为2∶1。最大微距倍率越大，可拍摄的影像就越大。微距镜头的另一个重要技术指标是最近工作距离，是指当镜头最大微距倍率合焦时，其前端距被摄物的距离。工作距离越大，越有利于摆拍时的操作，这与体式显微镜和倒置显微镜工作特点相同。一般微距镜头的最近工作距离在30 mm左右，而普通小型数码相机微距拍摄，工作距离多为数厘米。小物体（微距）摄影最关键是要保证图像的清晰、锐利。

一、正确操控相机

如何获得清晰锐利的生物微距图像是微距摄影极其关键的一步。最主要的是正确操控相机，拍摄过程中需要注意以下事项。

1. 保持相机稳定

微距成像首要问题是要保持数码相机的稳定，因为微距图像放大倍率大，图像一览无余，稍有抖动就会直接影响图像清晰度。如何保持相机的稳定有不同的方法。首先，要使用稳定的三脚架。生物微距成像虽然主要是摆拍，可以选择足够强的光线以便利用较高的快门速度来防抖，但是大多数情况下，为了获得均匀、细致的照片，生物微距成像应该尽量避免强烈的阳光直射，这时实现正常曝光需要的速度就大大降低，通常在1/30～4 s。如此慢的速度没有三脚架支撑会造成抖动。使用三脚架时，尽量不要升高中柱，最好也不伸出最细的腿节，并且一定要确认所有的可活动部位都已完全锁死，任何松动的部位都会把振动放大。选择放置三脚架的位置时也应尽量选择坚固并有一定摩擦力的平面。同时应该尽量保证相机、镜头的重心在三脚架的中心线上，镜头朝向三脚架的某一个支脚，与另外两个支脚呈三足鼎立之势，这样机身上的振动可以在一定程度上被三脚架吸收掉。理论上讲，三脚架越重越好。但不同品牌脚架由不同的材质制成，制作工艺也不同，使用起来会有一些差异。质量好的三脚架，材质可以很轻，重心却可以很稳定。其次，没有三脚架时要采取适当的补救方法。按动快门的瞬间动作会使机身产生一定的位移，单反相机常常具有快门线插口，可以用快门线触发快门以减震，有些小型数码相机也可以遥控快门；单反相机反光镜升起时引起的振动可以由反光镜锁锁定后减轻，反光镜预升功能也可以减少快门打开期间反光镜动作所引起的相机震动；一些小型数码相机和单反相机的专用微距镜头具有防抖功能（VR），拍摄时开启可以起防抖作用；如果机身没有反光镜锁或者快门线功能，可以使用自拍，数码相机一般都具有自拍功能，即使在使用三脚架的情况下，也提倡开启自拍来拍摄，使用自拍时不要把自拍时间定得太短，一般需要 4～5 s，以保证相机振动完全停止下来以后快门才会开启；以上方法都不能应用时，可以考虑适当提高相机的感光度，如从 ISO100 提高到 ISO200，能允许在同样的光照条件和不变的光圈下快门速度提高一倍，依靠提高速度达到防抖效果，但注意不要一味地提高感光度，因为高感光度会带来高噪声，生物微距成像绝不可用到 ISO400 以上的感光度，否则高噪声的图像在放大时惨不忍睹；从相反的方面考虑，提高摆拍对象的光照强度或采用大光圈增加进光量，也可提高快门速度从而达到防抖。第三，努力控制好相机。普通小型数码相机虽然重量较轻，但由于没有手柄，握持手感普遍较差，要尽量避免手持拍摄，一定要手持拍摄时，注意要用双手握持相机，并借助一定的依托物（如桌子）或正确姿势（将肘部靠向身体）保持稳定。单反相机如果一定要手动触发快门的话，最好通过某种动作使身体与三脚架、相机形成一个整体。例如，左手向下压住三脚架的云台，肘部向内侧夹紧，右手抓紧机身手柄，屏住呼吸食指匀速按动快门并且尽量保证用力的方向是垂直向下的。小型数码相机自动化程度高，光圈、快门速度一般不可手动调节，但也应注意手动开启防抖功能、调整感光度等。单反相机尽可能手动调节，保证拍照稳定。

2. 合理用光和曝光

生物微距成像主要追求的是真实再现被表达的对象，真实性是第一位的，不同于用于艺术欣赏的普通微距成像。用光上主要采用自然光，拍摄微距应该尽量避免很“硬”的阳光直射，一方面较强的阳光容易产生高反差，超出曝光宽容度的范围，应该有的细节都被抹掉了。另一方面，直射光容易在光滑表面产生强反光，局部的高光不但没有细节，而且容易产生刺眼的感觉，破坏图像的整体效果。所以在拍摄微距时应该采用各种办法控制光的质量。比较之下，散射光能够产生最好的效果，使整个被摄体得以均匀照亮，这样的图像真实、自然。立体的实物，如一朵花，直射光还容易产生阴影，散射光比较柔和，无阴影。在拍摄具有光滑表面的物体（如甲虫），或表面有蜡质的植物（如杜鹃、夹竹桃、睡莲等的叶片）时，要注意物体受光的角度，因为这些光滑表面所造成的反光很容易产生局部高光，使得这部分过曝而惨白，最好使用偏光镜来降低反光。许多情况下，被摄物背光面的细节不容易表现出来，甚至会产生阴影，这时候可以在相应的位置补光，照亮局部。

控制曝光是获得清晰锐利图像的前提。曝光时要力求准确，过度和不足都会损失一些图像的细节，也给后期图像制作带来困难。原则上曝光宁欠勿过，稍欠曝光时色彩信息保留更完整，并可以在后期处理修正，但若过度曝光，高光部分，尤其是亮区损失的信息就无可挽回了。没有把握时可采取包围曝光法拍三张，第一张曝光稍欠，第二张居中，第三张稍过，这样就会挑出一张曝光合适的图像。暗绿色的被摄体（如叶片）会影响到相机内测光表的精确性，因为植物的绿色总是比中间影调暗一些，可能会使测光表曝光过度，所以实际曝光要比测光表测定的数值稍低一些。必要时应采用点测光获得精准的曝光。当然这些都是建立在手动曝光的基础上。

3. 准确对焦和正确选择焦平面

准确对焦是保证图像清晰的关键。现代自动聚焦的单反相机在高技术支持下可以完成快速、准确的自动对焦，但有时自动对焦不能完全体现拍摄者的意图，这时，手动对焦就显得弥足珍贵。微距摄影的景深非常小，无论镜头焦距是多大，在 CCD 成像与被摄物之比为 1∶2 的放大倍率下，光圈 f22 对应的景深大约只有 6 mm；而更大的 1 ∶ 1 比例时 f22 对应的景深只有 2 mm。所以在拍摄时应该尽量仔细选择焦平面的位置，把需要表现的细节尽量放在一个平面内，并使这个平面与相机 CCD 或 CMOS 平面（相机后背）平行。比较简单的情况，比如拍摄拟南芥叶片上的表皮毛，最保险的办法是把机背调整至与扁平的叶片平行，这种情况下即使 f8 甚至 f5.6 的光圈也可以拥有足够的景深（视具体放大倍率而定）。再如拍摄一朵百合花，花的雄蕊和雌蕊不是平面结构，在景深非常小而且这些结构并不在花器官的轴线上时，把这种立体结构表现清楚并不容易。如果从侧面拍摄，焦平面应该选择在中间凸出雄蕊的最高点的位置，这样可以充分利用前、后景深的空间，使得尽量多的细节落在景深内。这个小技巧需要实际练习才能掌握。焦平面的选择实际上应该是拍摄过程中耗时最多的一个过程，经过精心的选择，图像的质量可以得到明显的提高。当然，焦平面的选择也没有一定之规，百合花也可以从正面、侧面不同的角度拍摄，这里的准则是：把要表现的内容尽量放在一个平面内，拍摄时要做到心中有数，哪些东西在照片上是清楚的，哪些不是。这样，通过保持相机稳定、合理用光和曝光、准确对焦和正确选择焦平面这三部曲，就可以得到一张比较满意的生物微距图像了。

二、微距拍摄实例

1. 室外桃花

拍摄计划：计划拍摄室外正在盛开的桃花，目的是要表现桃花的基本组成特点，如单瓣花，5 基数，雄蕊多数。

拍摄准备：采用 Nikon D200 数码单反相机，尼康公司生产的 Nikkor 105 mm 数码专用专业微距镜头，金钟三脚架，选择微风、多云天气的午后，利用室外柔和的散射光进行拍摄。

拍摄过程

（1）选择被摄物：选择较低处枝条上正在盛开的桃花，以利于相机以较低机位拍摄而无需将三脚架升高过多，保证相机稳定性。桃花宜选择单生花，远离其他花的干扰。从桃花正面架好机位，利用散射光拍照。

（2）支好三脚架，选择背景：按照保持相机稳定的方法，支好三脚架，为营造暗绿色弱背景，选择机位高于桃花的位置，将地面草坪作为背景拍摄。

(3) 确定工作距离：这支尼康公司最新生产的Nikkor微距镜头的最大微距倍率可以达到1∶1。桃花比较大，1∶2甚至1∶4都可以轻松拍摄一较大的、符合要求的图像。操作时前后移动三脚架（因桃花处于生长状态，不能移动），利用相机的自动聚焦功能聚焦到大致1∶2的最大微距倍率，这样的最大微距倍率可以很好地虚化背景。

(4) 聚焦、测光：利用相机的自动聚焦功能聚焦，由于桃花正面观中可以看到雄蕊、花瓣、萼片等部分结构，聚焦点应在中等高度的雄蕊上，利用一定的景深使得更高和更低位置的雄蕊以及花瓣、萼片焦点清晰，背景由于位置更远而得到很好的虚化。选ISO100时，由于现场光线为午后散射光，光强不是很强，快门速度为1/90秒，光圈为f5，储存格式选RAW，白平衡选择自动，调整机位，正确选择焦平面，使相机后背与花瓣保持平行。

(5) 拍摄：为减轻手按快门释放带来的机震，打开自拍机，按动快门释放钮，等待相机以自拍方式完成曝光。

(6) 回放：拍摄后立即用机背液晶屏回放，观察拍摄效果。注意应用变焦模式放大，在高倍率下仔细观察图像是否清晰、曝光是否合适。

后期制作：采用Capture one PRO软件稍稍调整白平衡、曝光值，再用Photoshop软件稍稍调整对比度，适度锐化。从后期制作过程可见尼康D200相机配合Nikkor 105 mm微距镜头表现出色，色彩还原准确，背景虚化效果明显，后期基本不用做较大调整。

图像表现：从拍摄准备开始，精心选择时间、地点、器材，细心操控相机，选择合适的曝光和聚焦模式，精准聚焦和曝光。从拍摄结果看，比较令人满意，图像聚焦清晰，色彩还原准确，白色花瓣、红色花药、绿色幼芽、褐色的枝条，配以淡绿色晕化的背景，具有很强的表现力。同时，图像具有漂亮的焦外成像，背景很好地交代了拍摄环境；桃花花瓣和雄蕊的立体感、质感都很好，说明镜头的描写能力较强。图像的整体感觉优秀（图版Ⅻ D）。

2. 其他拍摄实例：石蒜科风雨花及拟南芥花序图片参见图版ⅩⅢ A、C。

三、专业数码单反相机 Nikon D200 结构功能简介

2005年11月，日本Nikon公司推出准专业机型数码单反相机Nikon D200，相机采用1020万像素CCD传感器、镁合金机身，防滴防尘设计、3D彩色矩阵测光技术、11点AF自动对焦系统和7点宽区AF自动对焦系统、5张/s连拍功能、2.5英寸超大LCD显示屏、最多10次的多重曝光功能。这款相机集专业素质与紧凑机身于一体，具备准专业机型所具有的镁合金机身、防滴防尘设计、5张/s连拍功能、2.5英寸超大LCD显示屏等功能。

主要特点如下：

尼康D200和同档次的相机（图9-4）相比，体积较大，147 mm×113 mm×74 mm的体积和920 g的重量使得其成为同档次数码单反相机中的霸主。

尼康D200的机身采用了镁合金材质，而且在很多关键部位进行了密封，机身防

水防尘性能也成为同档次产品中最强的，这样的设计有利于在户外更好地保护相机。

从正面看，尼康 D200 在镜头卡口的左侧是景深预视按钮和自定义功能键。而在右侧则是闪光曝光补偿按钮，镜头安装释放按钮和对焦模式选择拨轮（图 10-1），通过对焦模式能够进行单次伺服自动对焦、连续伺服自动对焦和手动对焦模式选择。而从机身的按键布局来看，尼康 D200 的布局方式把电源开关、快门、曝光设置、曝光补偿键被设计在了机身顶端右侧，机身顶端左侧则为驱动模式转盘（图 10-1），通过这个转盘用户可以对图像尺寸、白平衡和感光度作出调节，另外也可以改变相机的拍摄模式。尼康 D200 的机身内置闪光灯的性能不错（图 10-1），闪光指数达到了 GN12，在实际拍摄中内置闪光灯的覆盖焦距可以达到 18 mm，如果镜头安装有遮光罩时，使用内置闪光灯会留下阴影，所以只能使用外置的闪光灯。机身背面是显示面积为 2.5 英寸的液晶屏（图 10-2），这块屏幕像素高达 23 万，可以进行 5 级亮度调节，显示的菜单文字更大、更清晰。这块液晶屏的可视角度可以达到 170°，让用户从不同的方向查看 LCD，都能看到清晰的图像和菜单文字，且色彩艳丽，还原真实。在取景器左侧为自动曝光包围按钮和删除按钮，而在取景器右侧为自动曝光锁/自动对焦锁按键、其下为测光转轮，中间为自动对焦开启按钮，而最右侧则是主指令拨盘（图 10-2）。

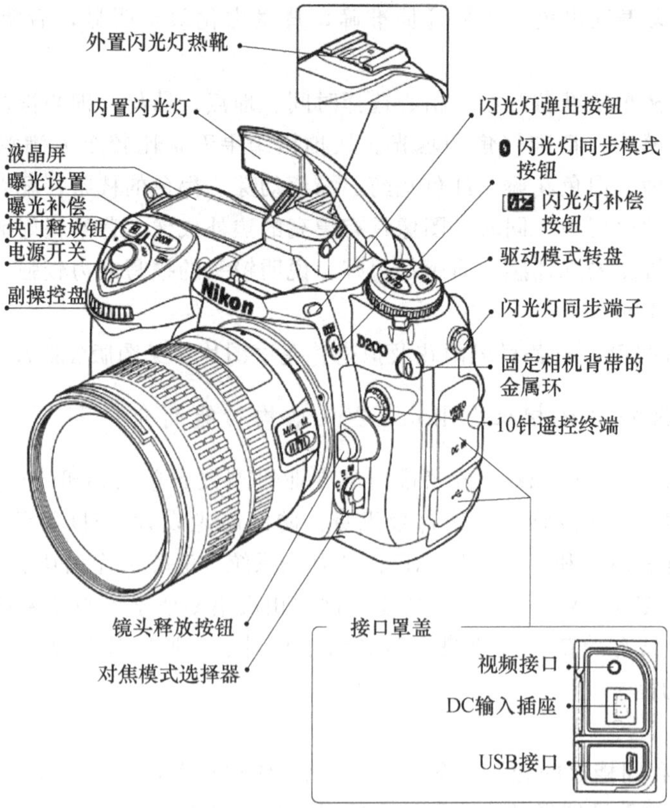

图 10-1　尼康 D200 相机正面观

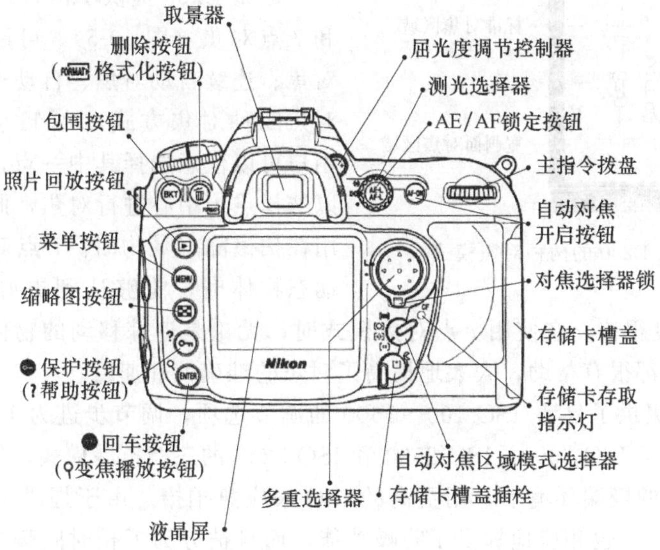

图 10-2　尼康 D200 相机背面观

尼康 D200 配备有锂电池（图 10-3）。20℃的条件下，该电池可拍摄约 1800 张照片。使用 CF Ⅰ/Ⅱ存储卡（图 10-4）。尼康 D200 采用了一块面积为 23.6 mm×15.8 mm 的新型 CCD 传感器，这块 CCD 传感器拥有 1092 万总像素，而有效像素也可以达到 1020 万，可以拍摄最大尺寸为 3872×2592 像素的照片。

图 10-3　尼康 D200 的锂电池

在快门速度方面，尼康 D200 使用电子控制的机械快门，提供了可以长时间曝光用的 B 门、1/8000～30 s 的配置。尼康 D200 的连拍速度为 5 fps，由于采用了高速的图像处理引擎和四条高速信息输出通道，尼康 D200 可以在使用高速存储卡的情况下，一次连续拍摄 37 张 JPEG 格式或 22 张 NEF（RAW）格式的图像。相机的启动时间仅需 0.15 s，快门时滞为 50 ms。

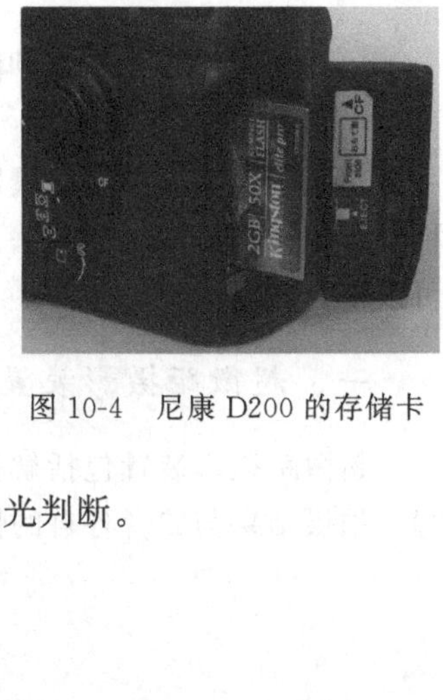

图 10-4　尼康 D200 的存储卡

尼康 D200 采用 CAM1000 型 AF 自动对焦传感模块，测光系统则采用了最新的 3D 彩色矩阵测光Ⅱ技术，保证相机在应付光影效果较为复杂的场景时，可以得出正确的曝光判断。

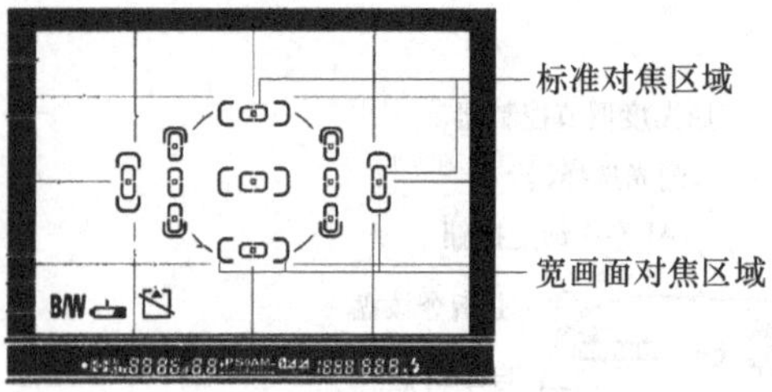

图 10-5　尼康 D200 的两种对焦模式

尼康 D200 提供了两种对焦模式：11 点和 7 点对焦（图 10-5），可以实现单次自动对焦、连续自动对焦、自动选择对焦和手动对焦四种对焦方式，在 11 点对焦模式下，用户可以任意选择其中一点，相机将会自动以选择点为中心进行对焦，此种模式一般使用在拍摄静态景物时。7 点对焦模式在抓拍动态物体时，能够达到更好的效果。尼康 D200 的对焦速度很快，在使用 7 点对焦模式时，无论是追踪移动的物体、还是通过预测进行自动对焦都很有帮助，大大地提高了对焦的准确性和速度。

尼康 D200 提供了自动/ISO 100～1600 的调节选项，调节步进为 1/3 EV。除此之外还提供了相当于 ISO 2000、ISO 2500 和 ISO 3200 的三档扩展模式，使用者可以在某些光线条件很差的极端环境下，用更高的 ISO 来应急拍摄。由于提供了高 ISO 拍摄能力，所以尼康 D200 也相应地提供了降噪功能，而且被分为了长时间曝光降噪和高 ISO 降噪。其中高 ISO 降噪中又分成标准、低和高三种不同的模式。

尼康 D200 提供了 7 种预设白平衡，包括自动、日光、阴影、多云、白炽灯、日光灯和闪光灯，可以满足日常的需求。

尼康 D200 提供了标准、柔和、鲜艳、更加鲜艳和人像 5 种场景模式，加上用户自定义和黑白模式，共有 7 种不同的图像效果可供选择。其中在用户自定义模式下，可以分别设置照片的锐度、色调、对比度等参数，而且还可以在 sRGB Ⅰ/Ⅱ/Ⅲ三种不同的色彩模式中进行选择。另外，尼康 D200 还提供了 4 个个性化拍摄模式，拍摄模式可以由用户来定义测光、对焦、曝光、闪光等不同的参数。

尼康 D200 的菜单结构很简单，依据内容分为拍摄、回放、设置和个性化设置四大类，由于尼康 D200 的大部分参数调节都可以通过机身功能转盘和功能按键来实现，所以在菜单中关于拍摄参数调节的选项不是很多，可以在这里来调节拍摄照片的质量、色彩空间等内容。进入回放状态，通过显示模式的切换，用户可以看到照片的详细信息和 RGB 直方图，以此来判断照片的曝光是否准确。用户可以选择以单张、4/9 张或者是幻灯片播放的方式来浏览照片。

第四节　超微距摄影（解剖镜摄影）

超微距摄影（解剖镜摄影）是利用解剖镜放大被摄物，再由解剖镜上安装的专用相机进行拍摄的显微摄影方法。该方法的放大倍率介于微距摄影和高倍率显微摄影之间，可以视为微距摄影的延伸。

一、超微距摄影装置

超微距摄影装置包括解剖镜和照相机两部分，通过特制的连接环将二者连接在一起。拍摄结果与二者各自的性能和它们组合后的整体性能有关。

解剖镜是实体式放大镜的一种，通过物镜和目镜的组合可以将实物放大，而且可以选择不同的变焦倍数。解剖镜的光源有反射光和透射光两种，工作台一般至少有黑白两面台板供选择，高级研究用解剖镜还可以实现斜射光照明等不同功能，这些都可以保证实现最大反差。解剖镜的光源是开放式的光源，在镜载反射、投射光的应用同时，还可以外接光源。为了保证光源性质相同，最好采用冷光源。开放式的光源在给摄影带来方便的同时，由于杂散光全部可能摄入镜头，这种混合光源也给摄影造成一定的麻烦，即光源不同、色温混杂，在一定程度上影响图像质量。为将杂散光的负面效应降到最小，在拍照时尽可能关闭不需要的光线，包括室内照明灯、电脑显示器等，荧光拍摄时尽可能在无杂散光的晚上或用帘幕严密遮光。超微距摄影由于是将解剖镜光路连接到照相机上，相机没有安装镜头，所以调焦功能要依靠解剖镜的调焦装置实现，由于几个物镜或不同变倍比镜头都是齐焦的，对焦时可以在高倍率下仔细对焦，然后再选择所需倍率大小进行拍摄。无论采用数码单反相机还是 CCD 相机，对焦时均应以在相机（液晶屏或电脑屏幕）上观察为准，因为解剖镜目镜中观察的焦距有时与相机焦距存在细微差别，不能完全合焦，而图像拍摄应以相机合焦为准。超微距摄影由于是利用解剖镜拍摄，一般图像的景深都比较大，这也是解剖镜实体拍摄的优势所在，所以在拍摄时应适当缩小解剖镜的光圈以保证获得较大的景深。变换不同倍率物镜时，要注意合焦的情况，有些解剖镜在变换不同倍率的物镜时，需要安装垫片来提升镜臂，这时才能合焦。

二、超微距摄影实例

1. 明场拍摄猪殃殃果实

拍摄计划：计划拍摄采集的猪殃殃果实，目的是要表现猪殃殃果实的基本特点，如果梗直立、果实为两个半球形、密被钩毛。

拍摄准备：采用 Olympus 公司生产的 Olympus SZX16 型荧光实体解剖镜和 Olympus E 330 数码单反相机，利用解剖镜自身透射光和 SZ2-LGB 型外置冷光源结合进行拍摄。

拍摄过程

（1）选择被摄物：选择能够表现其特点的新鲜的猪殃殃果实，剥离四周可能残余的萼片、花瓣、雄蕊等部分，将材料放在玻璃培养皿中，置于 SZX16 型解剖镜工作台上准备拍摄。

（2）调整解剖镜：打开解剖镜内置电源开关，由于猪殃殃果实呈淡绿色，比较薄，在经过对比黑场和白场后，决定选择白场进行拍摄。打开外置冷光源灯，调节强度至合适照明。在解剖镜目镜下观察，高倍变倍比下调整焦距至清晰，再转至适当倍率下观察。SZX16 型解剖镜的光通路装置有两个选项：一是光线 100％进入分光目镜，利于观察和选择摄影视野，此时不能照相，如果拍照则为没有任何感光的黑色图像；二是光线同时进入分光目镜和照相机光路，利于边观察边摄影，此时 SZX16 型解剖镜只能用左侧目镜观察，而右侧目镜无光线，不能进行观察。拍摄前应注意将照相机光路连通。

（3）调整照相机：将 E 330 数码相机通过接环稳定地连接在解剖镜上，打开 E 330 数码相机电源开关，把曝光模式拨盘转到程序曝光档“P”进行自动曝光控制。按下取景模式控制键（即 A/B 模式选择按钮），选择 B 模式，此时液晶屏显示实时取景，只能手动聚焦（调节解剖镜调焦螺旋调焦），相机视野 100%，自动曝光，选择自动白平衡，感光度 ISO 200。曝光补充 EV：+1(小于 0 的时候图像很暗，0 的时候图像偏暗，+1 的时候图像亮度适中，大于+1 的时候图像偏亮，所以要根据标本的实际情况选择合适的 EV 值)。鉴于 E 330 的自动白平衡在自然光线下的表现最为准确，荧光灯下略为偏青，钨丝灯环境中明显偏黄。为了能更好地反映图像色彩，白平衡使用自动“AUTO”模式。

（4）聚焦、测光：在高变倍比情况下利用解剖镜的粗、微调焦螺旋聚焦，调整解剖镜的虹彩光圈至合适位置，以保证获得最大的景深和清晰度。由于选择程序曝光档“P”进行自动曝光控制，不必担心曝光情况，只需增加一些曝光补偿值，从+1/3、+2/3 到+1 递增。

（5）拍摄：为减轻手按快门释放带来的机震，打开自拍机，按动快门释放钮，等待相机以自拍方式完成曝光。

（6）回放：拍摄后立即用机背 LCD 液晶屏回放，观察拍摄效果。注意应用变焦模式放大，在高倍率下仔细观察图像是否清晰、曝光是否合适。

后期制作：仅用 Photoshop 软件稍稍调整对比度，适度锐化，基本不用做较大后期调整。

图像表现：从拍摄结果看，比较令人满意，图像聚焦清晰，色彩还原准确，猪殃殃果实的果梗特征（直立）和形态特征（两个半球形）得以完全表现。值得说明的是，利用内置透射光和外置冷光源结合，勾勒出暗弱、柔和的背景，果实密被的钩毛呈透明状，很好地表现了钩毛的立体感觉（图版Ⅻ B)。

2. 荧光拍摄小麦细胞核基因组原位杂交（GISH）

拍摄计划：计划用荧光拍摄小麦细胞核基因组原位杂交（GISH），目的是要检测小麦细胞核基因组荧光原位杂交的情况。

拍摄准备：采用 Olympus 公司生产的 Olympus SZX16 型荧光实体解剖镜和 Olympus E 330 数码单反相机，利用解剖镜荧光功能进行拍摄。

拍摄过程

（1）材料处理：选择小麦铺展的细胞核经荧光原位杂交的载玻片，用荧光染料 DAPI 将细胞核染色，原位杂交的探针采用小麦基因组 DNA，经随机引物法标记以 DIG，再用荧光素偶联的抗 DIG 抗体检测杂交信号。将载玻片置于 SZX16 型解剖镜工作台上准备拍摄。

（2）调整解剖镜：打开解剖镜内置荧光光源的电源开关，选择黑场以增大反差，在解剖镜高倍变倍比下观察。U 激发以观察细胞核，GFP 激发以观察杂交信号。

（3）调整照相机：按照明场拍摄方法调整 E330 相机，显微镜下聚焦清晰，拍摄前需要对 ISO 的选项进行设置。点击菜单“MEMU”，选择 ISO 扩张，设定为“开”，同时需要将“MENU”里的“减少噪音”一项选择“开”。感光度设为 ISO 800～1000，测光方式选“SH”模式，调节曝光补偿值。白平衡使用自动“AUTO”模式。

（4）拍摄：与明场拍摄方法相同。

(5) 回放：与明场回放方法相同。

荧光拍摄在较高 ISO 时会出现一些噪音，即使打开降噪处理，仍不能完全消除。只要在可接受范围内都是正常现象。

3. 其他拍摄实例：拟南芥花及叶片表皮毛图片参见图版 XIII D、E。

第五节　高倍率显微摄影（显微镜摄影）

高倍率显微摄影（显微镜摄影）是利用显微镜放大被摄物，再由显微镜上安装的专用相机进行拍摄的显微摄影方法。在各种显微摄影术中，该方法的放大倍率最高。高倍率显微摄影属于平面拍摄，主要是进行切片拍摄，铺展开的细胞也可以拍摄。显微镜主要是正置显微镜，倒置显微镜摄影与解剖镜摄影相当。从技术手段上看，高倍率显微摄影也可以看作是超微距摄影（解剖镜摄影）的延伸。

一、高倍率显微摄影装置

与超微距摄影装置包括解剖镜（体视镜）和照相机两部分相似，高倍率显微摄影装置包括显微镜和照相机，也是通过特制的接环将二者连接在一起。拍摄结果同样与二者各自的性能和它们组合后的整体性能有关。

显微镜是观察生物解剖材料不可缺少的基本工具，与解剖镜最大的不同在于解剖镜观察立体的实物材料，显微镜观察平面的切片材料；解剖镜使用开放式光源，会产生一定的杂散光，显微镜采用机载封闭式光源，材料和物镜之间的杂散光较少，尤其在使用高倍油浸物镜时，光路中基本没有外来杂散光，成像质量较好。这些特点决定了高倍率显微摄影的拍摄方法与其他显微摄影有所不同。

显微镜物镜的像差和色差校正能力是显微镜的重要技术指标，消色差系统能够对两种不同波长的光有相同的成像，能够校正两种颜色光色差的为消色差，能够校正三种颜色光色差的为复消色差，而平场消色差和复消色差物镜还能校正像散和像场弯曲，具有更好的校正效果。摄影之前，显微镜要尽量调整到最佳使用状态，光轴应保持合轴，保证照度均匀，物镜尽量选用平场复消色差的物镜，适当调节虹彩光圈的大小，使用物镜最佳光圈以提高成像质量。植物标本材料要按照显微镜要求使用 0.17 mm 厚的标准盖玻片，无盖玻片的标本，则应使用专用的无盖玻片物镜。高倍率显微摄影也是由显微镜的调焦螺旋进行调焦，由于放大倍率大，调焦需要格外仔细，也应该以相机成像时的清晰度为准。

高倍率显微摄影对相机的要求较高，对应于数码相机，传统胶片相机拍摄的图像可以达到数码相机的千万像素以上，所以，使用数码相机时，不能使用民用小型数码相机，那样由于解像力不够会损失许多细节。一般的，高倍率显微摄影采用 CCD 数码相机拍摄，对于 CCD 数码相机也应注意选择 CCD 面积大、像素足够高、成像质量好的产品，同时由于数码技术进展极快，对于同系列产品，尽可能选择技术指标较高的产品，以避免由于解像力不够而成为鸡肋。CCD 可分为民用级与科学级，民用级一般用在民用数码成像设备中，而科学级的对 CCD 的制造工艺与成品材料要求特别严格，以获得高质量、高灵敏度的科学用图像，提高成像分析的准确性。科学级的 CCD 又根据产品的差异分为不同等级，划分的标准是按照 CCD 像素点缺失多少来定，现在最好的等级是科学 0 级的 CCD，它代表的是 0 像素缺失，是最完美的感光芯片。用于科研的 CCD 根据明视场或荧光成像等使用场合的不同，划分为单色和彩色 CCD；为降低电子检测的噪声，获得高信噪比的图像，在检测微弱光线时需要将 CCD 制冷，使其在低温下工作，就是所谓冷 CCD。选择 CCD 的关键是从自身科研工作出发，不同类型的 CCD 价格差异较大，而它们所具备的功能和适用场合也不一样。应根据显微镜、照明方式、对动态观察的需求等因素，选择合适的 CCD。

二、高倍率显微摄影实例

明场拍摄南瓜茎导管、筛管纵切面

拍摄计划：计划拍摄经石蜡切片制片的南瓜茎导管、筛管纵切面图，目的是要表现几种不同的南瓜茎导管纵切面的形态特点，如环纹导管、螺纹导管、网纹导管等。

拍摄准备：采用 Olympus 公司生产的 Olympus BH2 型显微镜和 Pixera Penguin 150 CL 型冷 CCD 显微成像相机。

拍摄过程

(1) 选择被摄物：在 Olympus BH2 显微镜下对焦、观察，选择切片效果较好、染色效果较好的南瓜茎导管、筛管纵切片。

(2) 调整显微镜：调整显微镜内置电源，控制光照强度至合适照明。选择所用放大倍数的物镜（本例为 10 倍），调整焦距至清晰。将照相机光路连通（参见图 8-20、表 8-3）。

(3) 拍摄：Pixera Penguin 150 CL 型 CCD 显微成像相机为 0 缺损科学级冷 CCD 相机，具有 150 万有效像素，解像力达到 1392×1040，外置控制面板通过计算机操控相机拍摄。安装相机软件后，在计算机屏幕上可见相机标识“Viewfinder”（图 10-6）。

双击 Viewfinder 标识，打开相机，进入拍摄界面（图 10-7）。

单击拍摄界面左上角“Viewfinder”选项，选择第一项“Start Preview”开始预览（图 10-8）。

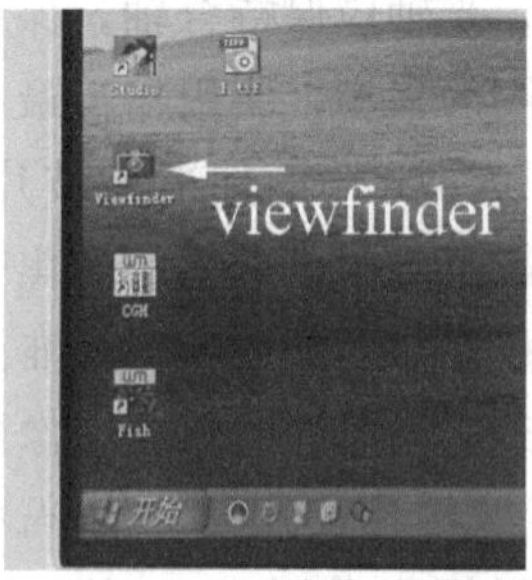

图 10-6　Viewfinder 相机

图 10-7　Viewfinder 拍摄界面

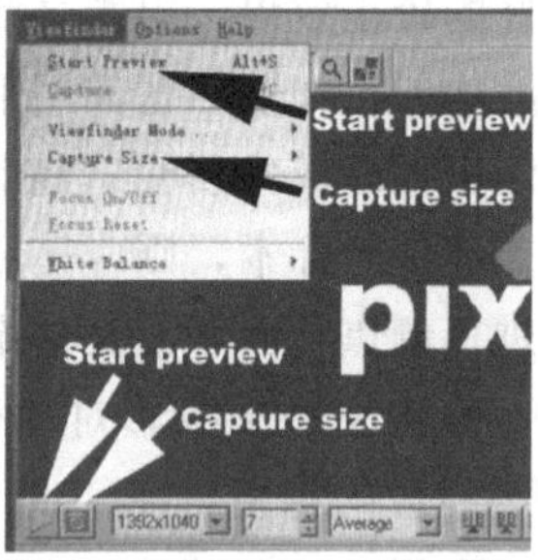

图 10-8　Viewfinder 预览界面

选择拍摄参数：在拍摄界面下方选择相应拍摄参数：选择较高的解像力（Capture size）1392×1040；图像设置（Averaging or contrast expansion option）选择平均值（Average）；曝光时间（Exposure time）有两种选择，如果曝光模式选择手动曝光，则可以通过调节选项下面的左右移动标杆来调节曝光时间的长短，如果选择自动曝光，则此项不能手选，曝光值由相机自动给出；感光度（Sensitivity）在 50～400 选择，为图像更细腻，噪声少，一般选择较低感光度 50 或 100；曝光模式（Exposure mode）分手动和自动两种；测光区域大小（Spot size）可选择 30%、1%、0.1%，本例选 1%；曝光补偿 EV：+1 和 −1 之间以 1/3 EV 值为步进单位调整（从+1/3、+2/3 到+1 递增；从−1/3、−2/3 到−1 递减）（图 10-9）。

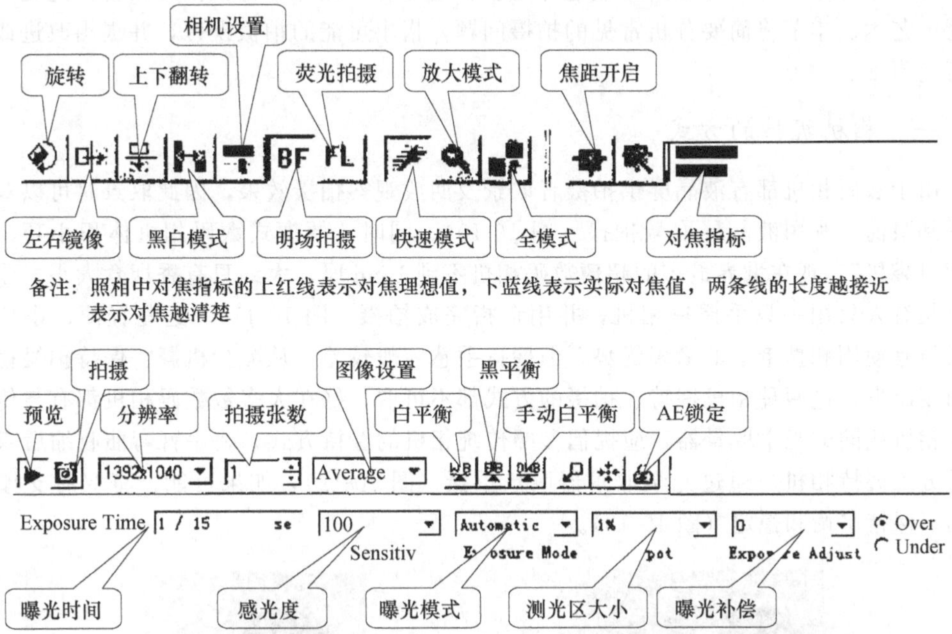

图 10-9　Pixera Penguin 150 CL 拍摄参数

选择好相应参数后，点击拍摄（Capture size）按钮（图 10-8）进行拍摄，再将拍摄的 TIFF 图像另存为 JPEG 格式的图像。

后期制作：采用 Photoshop 软件稍稍调整对比度，适度锐化。后期未做较大调整。

图像表现：图版Ⅻ E 是南瓜茎的纵切面图像，显示经石蜡切片制片的南瓜茎导管、筛管纵切面，所要表现几种不同的南瓜茎导管纵切面的形态特点，如环纹导管、螺纹导管、网纹导管等，其细胞壁次生木质化增厚的形态特征等都得以表现；筛管分子及其上的筛板清晰可辨，旁边的大型薄壁细胞形态易于确认。经番红-固绿复染的切片色彩表现合适，导管木质化后呈红色，筛管、薄壁细胞等未木质化的细胞为蓝绿色。从图像整体看聚焦清晰，曝光准确，色彩还原较好。

第六节　获得高质量显微图像与常见拍摄问题分析

在摄影术发明 100 多年后的今天，照相机的技术含量越来越高、自动化程度越来越高，似乎对拍摄者的要求有所降低，只要拿起相机，把被摄物“装”进取景器，摄影就大功告成了。其实不然，要拍摄好一张图像，尤其是精彩的显微图像，需要拍摄者认真准备，花费相当多的时间才能完成。

摄影进入数字化时代后，数字摄影以席卷之势迅速取代胶片摄影。这种变化对拍摄者来讲，应该是图像捕捉方式和曝光后的后期处理方式的变革，而不变的应该是摄影者对摄影工具——相机的理解和把握，实现人机合一，以及对完美图像的认知，做到心有灵犀。要得到一幅高质量的显微图像，在拍摄和后期处理的过程中都要认真对待，努力把握好各个技术环节。然而，即使这样也会百密终有一疏，毕竟就摄影而言，这是一门遗憾的艺术。本节将简要分析常见的拍摄问题，指出可能的拍摄误区，并提出改进或应注意的事项。

一、相机握持的方式

由于数码相机都有液晶屏供拍摄者取景及回放观察拍摄效果，因此取景时可以双手平举到眼前，利用液晶屏取景拍摄（图 10-10）。同时，便携式数码相机体积小巧，号称“口袋机”，现在世界最小的超薄数码相机不到 1 cm 厚，大约只有香烟盒大小，取景时更是有人只用一只手握持相机，并用食指完成拍摄（图 10-11）。这些轻便、小巧的相机虽有使用和携带上的诸多优势，但握持手感一般较差。从减少机震、保持拍摄稳定的角度出发，这两种相机握持、拍摄的方式都不可取，好在大多数数码相机都有与传统胶片相机相同的光学取景器，应提倡参照传统相机的握持方式，将手臂弯曲收缩后双手前后分工握持相机，通过光学取景器取景拍摄（图 10-12），如果可能，将双肘支撑固定物以保持平衡和稳定（图 10-13）。

图 10-10 双手平举，利用液晶屏取景拍摄

图 10-11 单手握持拍摄

图 10-12 双手前后握持相机，光学取景器取景拍摄

图 10-13 双肘支撑固定物拍摄

二、如何判别一张模糊的图像

一张模糊的图像可能是由于机震（如手抖造成）带来的，也可能是由于聚焦不正确造成的，如何辨别？其实很简单，如果是前者，则整个画面找不到焦点，全部是模糊的(图 10-14)；如果是后者，则是聚焦不正确造成的（图 10-15），人像模糊，墙壁清楚，是把焦点聚到了墙壁上；人像清楚，墙壁模糊，是把焦点聚到了人像身上，是我们所要拍摄的正确情况（图 10-16）。

图 10-14　由于机震造成的模糊图像

图 10-15　聚焦不正确造成的模糊图像

图 10-16　聚焦正确的清晰图像

三、显微摄影采用的器材

显微摄影用的摄影器材五花八门，从传统胶片相机到数码相机，从便携式袖珍相机到单反相机，从冷 CCD 数码相机到数码摄像机，都可以作为显微摄影的工具，采用什么样的器材因人而异。从使用效果上看，数码相机要比胶片相机方便，单反相机要比便携式袖珍相机成像质量好，冷 CCD 数码相机作为显微摄影专用相机具有较大尺寸的 CCD 和较高的分辨率，成像质量极佳。从拍摄的技术角度出发，显微摄影要买能够负担得起的最好的相机、镜头、CCD，以保证得到较高的成像质量。一分钱一分货，体现在显微摄影上同样是屡试不爽。此外，有了好器材，还要了解其主要特性，这样才能使用起来得心应手。例如，单反相机尼康 D200 是高端数码单反相机，功能强大，当配以尼康公司生产的数码专用的专业 Nikkor 17-55 mm AF－S f/2.8 IF ED镜头时，在近距离摄影中所摄图像锐利无比，所向披靡。该镜头号称天下第一锐利镜头，但该镜头属于专业大光圈镜头，有一个使用的潜规则：当使用较大光圈（大于 f8，如 f5.6、f4、f2.8)时，该镜头表现极佳（图 10-17），而当缩小光圈，如使用 f11、f22，甚至 f32 时，解像力下降得很快，拍摄的图像表现很“肉”。这一特点与普通常规镜头小光圈下景深

图 10-17　Nikkor 17-55 mm 镜头大光圈锐利图像

大，镜头表现清晰的特点不符；该镜头最佳光圈在 f8 以下的 f5.6/f4，甚至在最大光圈（f2.8）时，镜头的表现也毫不逊色。可见，使用该镜头时要尽量使用大光圈。

四、如何虚化背景、突出主体

景深小，可以达到虚化背景、突出主体的效果，这在微距摄影中尤为突出。控制景深变化的条件有三个：光圈、摄距和镜头的焦距。光圈越大、摄距越近、镜头焦距越长则景深越小。从光圈的运用来讲，为控制景深，最好不要使用程序曝光或自动曝光，而应选择手动曝光或光圈优先曝光模式以便选择合适的光圈。当使用单反相机时，可以考虑换成长焦距镜头。另外还要注意控制被摄主体与背景的距离，主体与背景距离近时，浅景深的虚化效果难以显示；当主体在很近的摄距，背景处于无限远，则可以有效地虚化背景；而当主体与背景都在无限远时，则难以有效虚化背景。

五、如何在暗弱光线下不使用闪光灯进行拍照

在暗弱光线下不使用闪光灯进行拍照，就要想尽一切办法有效利用可能的光线，完成拍摄。这时候的方法主要有如下几种：

（1）全部打开光圈：使用单反相机时更换大光圈镜头并开大光圈；调慢快门速度，延长曝光时间，此时应尽可能使用三脚架保持相机稳定。

（2）提高感光度：适当提高感光度，图像捕获光线的能力会增强，可以在暗弱拍摄，但应注意不要使用过高的感光度，因为过高感光度会带来明显的噪音。

（3）使用正向曝光补偿：在完成测光之后，在曝光前将曝光补偿调至正向，可以增加曝光量，从＋1/3、＋2/3、＋1 按照三分之一级递增，直到＋5。在拍摄荧光等极为暗弱的光线时，曝光补偿是必不可少的，而且光线越弱，补偿值越大。

六、怎样合理使用曝光补偿

曝光补偿是指在相机正常测光时测得正确的曝光值后，为适当增减曝光量，通过人为控制相机的曝光补偿装置使得曝光量适当增加或减少的方法。曝光补偿可以分为正向曝光补偿和负向曝光补偿，在相机上分别以符号“＋”和“－”表示。如前所述，使用正向曝光补偿主要是为满足在暗弱光线（如荧光）下的拍摄。同理，使用负向曝光补偿主要是为满足在极强光照度下的拍摄。例如，在室外晴天下拍摄野生花卉，当光线极强时，根据测光表测得的曝光值需要用 f16 光圈、1/1000 s 快门速度，而我们欲使用大光圈虚化背景，此时当我们加大一级光圈时，就需要提高一档快门速度，而相机快门速度达不到更高时，负向曝光补偿功能就显得弥足珍贵，可以帮助我们在此条件下使用大光圈，按照拍摄者意图进行拍摄。

七、如何微距拍摄具有大面积绿色叶片背景的小花

植物是自然之美，红花绿叶是天作之合。微距拍摄具有大面积绿色叶片背景的小花首先要正确用光。一般在阴天光线下拍摄效果会更好，在强烈阳光下拍摄会在叶片周围形成很硬的阴影，而浅颜色的花瓣很容易因高光溢出而被“烧毁”，所以即使室内摆拍，也要尽可能选择柔和、均匀的散射光，避免用“生硬”的直射光。另外，还需控制曝光，大面积绿色叶片背景会欺骗相机测光表，主要是由于绿色叶片和鲜艳的花瓣间缺乏过渡色。实际曝光时要比机内测光表测得的数值略低，没有把握时可采用包围曝光法多曝几张次。第三要注意对焦。自动相机常常判别不了拍摄者的意图，把焦点聚到叶片而不是想要聚焦的花上，即使高级单反相机有时也会聚焦不准，聚焦时应多试几次，确认聚焦点，有手动功能的相机可手动聚焦拍摄几张作对比。第四要注意景深，这在前面实例中已说明。

八、怎样正确使用相机的白平衡

一般拍摄时使用相机的自动白平衡功能，也可以根据照明光线的性质，如日光、荧光灯、白炽灯等进行特定白平衡设置。自动白平衡在多数相机上只在大约3000～8000K的色温范围内有效，这个范围涵盖了大多数日常情况，从室内卤钨灯照明到室外明亮的多云天气，但是却无法应付低照度的钨丝灯或蜡烛（色温为1500～3000K）发出的橙色光，或是阳光明媚的日子里（色温约为8000K）位于阴影中的强烈的蓝色光。杂散光照明时，由于多种光线并用，白平衡会产生微弱的变化，应尝试除自动白平衡外的其他白平衡模式拍摄，看哪一种更适合。当白平衡使用不当或误操作时，图像颜色会严重失真，这时应考虑重设白平衡。

九、解剖镜下（超微距）摄影如何调光

解剖镜由于是开放式光源照明，摄影所用的光源一般是混合光源，既包括内置透射光源，又包括外置冷光源，还包括室内现场光源（杂散日光、可能的荧光灯灯光等）。如何调整光源使之适合拍摄，是图像成像的关键。对于杂散光线，应尽量保持光照均匀，调整外置冷光源照射角度和距离，保证光强均匀，这样相机才能正确测光。当透射和反射光并用时，更应注意二者的对比，保持光线均匀。

十、高倍率显微摄影如何正确调焦

高倍率显微摄影由于放大倍率大，对于焦点准确性要求程度高，稍有焦点不实，图像上就会观察得到。无论是采用传统胶片相机，还是数码单反相机、CCD数码相机，高倍率显微摄影都是依靠手动调节显微镜的聚焦装置来对焦，在使用数码相机时，应该以液晶屏或电脑显示屏为最终合焦依据，且拍摄时应多拍几张以便比较。CCD数码相机一般都有对焦的合焦指示，但即使在此合焦指示显示合焦时，也应以电脑屏幕观察合焦为准。在没有把握时，可以采用包围聚焦法，围绕焦点前后稍稍调节焦距，多拍摄几张图片以便比较。

十一、Photoshop 软件后期处理时如何适度锐化

无论用哪种拍摄方法拍摄的图像在后期处理时，均可以用 Photoshop 软件做适度锐化，以使得图像对比度和锐度有所调整。锐化次数和强度取决于对锐化效果的满意度。如果图片本身就已经很锐，就只需轻微的锐化甚至不锐化。锐化的程度与图片本身的质量和清晰度成反比，而且锐化不是万能的，锐化要十分小心，过犹不及。需要注意的一点是，如果要用到多次锐化，假定阈值和范围设为单位 1，锐化两次要比设为单位 2 而只锐化一次好。Photoshop 锐化方法中还有 USM 锐化。USM 锐化的名称来源于传统胶片的合成技术，意指“通过混合模糊的负片与原始的正片来增强图像的边界效果”。使用 USM 锐化时，Photoshop 增加了相邻像素的对比度，也就是说，通过识别边界并增加边界周围的对比度而起作用，类似于调整相机焦距使画面更清楚一样。

USM 锐化有三个选项：

(1) 数量：对图像进行锐化的程度。值越高产生的锐化效果越明显。锐化时从较小值开始重复使用滤镜和从较大值开始一次使用滤镜的结果基本相同。

(2) 半径：被锐化的边缘的宽度。较小的数值产生清晰的边缘效果。较大的值产生高对比和更宽的边缘效果。理想的半径值取决于图像的大小、分辨率和边界的质量。

(3) 阈值：控制图像中确认边缘的效果（即锐化相邻两像素的亮度变化值）。低数值使像素清晰，高数值排斥像素。阈值为 0 时，锐化图像的每一个像素值。增加这个数值，Photoshop 通过计算，识别边界，查找相邻像素之间的差别进行锐化。

锐化调整需要反复试验，把握其中的“度”，如果过“度”，常常事与愿违。

十二、Photoshop 软件后期处理时如何去除数码图像阴霾

拍照后产生的一张数码图像，往往在电脑屏幕上显示不是很通透，灰灰的，好像蒙上一层阴霾。在排除不同的电脑显示器产生的差异之外，数码相机拍摄时产生的图像偏色和锐度不足是造成阴霾的主要原因。锐度调整在上面已经说明，这里说一下图像偏色的问题。一张图像从纯白色过渡到黑色所产生的全部色域为色阶。能够忠实再现黑色、灰色的彩色图片应该是很吸引人的眼球的，而偏色的产生，使得色彩失真，图像灰暗。一张偏色的图像，其实色偏对灰场影响较大，在暗调部分，即使是偏色较多也不会让人对画面产生色偏的感觉。所以一般彩色图像调整中，色阶的设置以灰场调节为主。设定好了灰场，图像自然就生动了不少，阴霾也会一扫而光。由此可见，色彩校正对于一幅图像的重要性是不言而喻的。

第十一章 显微图像分析处理

生物学研究的许多实验结果和研究证据都是以显微图像的形式显示出来。对获取的显微图像进行处理与分析已经成为生物学研究的一种常用技术。在生物科学研究领域，生物显微图像的处理和分析可以用专业图像处理与分析软件，也可以用一般的图像图形处理软件（如 Photoshop、Photoimpact 等）。过去，对显微图像信息的分析靠人工，费时费力，且无法做精确的量化分析，甚至有些信息依靠手工还无法进行。现在，专业图像处理与分析软件的开发与进步，对图像信息的提取、挖掘及分析在精确性、客观性、分析速度等方面都具有极大优势，可以更深入、更细致地对生物学的各种显微图像进行研究，在生物学领域起着越来越大的作用。

第一节 显微图像处理

一、显微图像获得的几种方式

显微图像的获得以前主要是通过胶片摄影。后来伴随着数字化设备的进步，应用更多的是数字化显微图像了。图像的数字化过程可以通过扫描仪、数码相机和图像采集卡、数字摄像机、CCD 成像系统等数码设备来完成。图像数字化后便可以用计算机软件作各种处理与分析。例如，可以对数字图像做压缩处理，并用各种格式以文件形式储存在磁盘中；可以对数字图像做各种增强处理，从而改善图像的质量；可以对数字图像做各种数据量化分析等。

二、图像存储格式

显微图像获取后需要存储。显微图像的存储有多种格式，如 TIFF、JPEG 等。这里介绍几种最常使用的图像存储的文件格式。

(1) TIFF：TIFF 的缩写全名为带标记的图像文件格式（Tagged Image File Format），有时简写为 TIF。当使用 TIFF 格式保存图像时，需要确定字节方式，如图 11-1 所示。有时也可以选择使用 LZW 压缩。LZW 是一种无损压缩方式，在图像压缩时这种方式只废除一些无用的图像数据，所以不会损失图像质量。不过，LZW 图像压缩不能像用 JPEG 压缩方式那样大大降低图像文件的大小。大多数程序（但不是所有程序）都支持 LZW 方式压缩的 TIFF 图像。如果打开 TIFF 图像时存在问题，可能就是因为 LZW 压缩引起。这时可以试一下用其他程序打开再保存图像，保存时取消这种压缩。

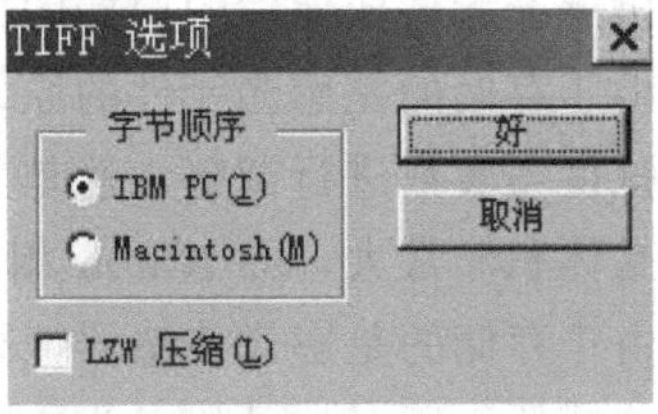

图 11-1 TIFF 格式保存图像时的对话框

在实验中获得的原始显微图像都应该用 TIFF 格式保存，这样不会损失图像信息，便于后期对图像作进一步分析。

(2) JPEG：JPEG 缩写代表开发这种格式的组织机构名称，即联合图片专家组(Joint Photographic Exerts Group)，有时简写为 JPG。该格式是目前使用最为广泛的格式之一，Mac 机和 Windows 系统的几乎所有程序都可以打开和保存 JPEG 图像。

JPEG 格式的优点之一是可以通过压缩图像数据来获得比较小的图像文件，以节省磁盘空间。不过 JPEG 使用的是有损压缩方案，这会导致有些图像数据在压缩过程中产生丢失。每打开、编辑和再保存图像一次，图像就重复被压缩一次，损失的信息也就更多。所以在科学研究中获得的原始数据一般不用 JPEG 格式保存，以免图像数据信息丢失而无法进行后期的图像处理与准确分析。

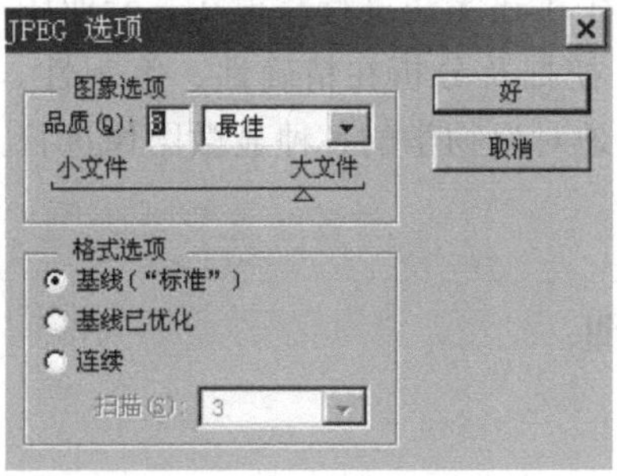

图 11-2　JPEG 格式保存图像时的对话框

在使用 JPEG 格式保存图像时，通常会遇到如图 11-2 所示的对话框，这时需要确定希望使用的压缩数量。为了保证数据损失限制在最小数量，确保最佳打印图像效果，应该选择最高质量设置（这时的压缩量最小）。一般在使用 JPEG 格式保存图像时，是在图像最后编辑完成后再进行保存。那么在对图像进行处理的过程中时，使用 TIFF 格式保存图像，能够保留所有重要的图像数据。只有在完全结束图像编辑之后再保存成 JPEG。这种做法只需要压缩图像一次，可以保证数据丢失限制到最小范围。

(3) GIF：这是由 CompuServe 公司开发并推广的一种图像传输格式：意为图形交换格式（Graphics InterChange Format）。GIFF 和 JPEG 是网络中应用最为广泛的两种格式。GIF 和 TIFF 一样都使用 LZW 压缩，这样可以减小文件尺寸，而不会丢失任何重要图像数据。GIF 的缺点是只局限于保存 8 位图像（256 色或更低）。

(4) BMP：BMP 是一种比较普及的图像格式，为 Window 位图图像，可以提供无损压缩。有的显微成像系统获取图像后默认选择的存储格式是 BMP，因为该格式同 TIFF 一样保存了全部的图像信息，便于下一步的图像处理与分析。

(5) RAW：RAW 是大多高级数码相机支持的图像存储格式，它存储的是数码相机感光元件成像后的原始图像数据，存储的数字图像未经过压缩也没有受到损伤，而且由于存储的是感光元件的原始图像数据，以后可对图像的曝光量、色阶曲线、白平衡、锐度等参数进行调整，这是 RAW 格式的主要优势；但 RAW 格式也存在一定缺点，一是体积非常大，如 Nikon 相机存储的 RAW 格式照片容量可达每张 15～16M；另外，由于存储的是影像传感器记录的原始数据，而各品牌数码相机使用的是各自生产的影像传感器，所以记录的 RAW 格式的文件需要不同的专用软件来处理，不但彼此之间不能通用，而且普通软件也无法打开图像。随着软件业的快速发展，现在一些新版的常用软件，如 Photoshop CS3，也可以处理 RAW 格式的文件了。

三、图像处理方法

获取的原始显微图像往往需要经过一些图像处理步骤，如裁剪、编辑、添加文字和符号后再作为研究结果显示（见图版Ⅹ、图版ⅩⅣ）。现在有许多常用的通用图像处理软件可供使用，如 Photoshop、Photoimpact、Photodelux 等，其中 Photoshop 功能最为强大，使用较多也有专业的显微图像分析处理软件，同样可以完成这些图像处理编辑。

Photoshop 是美国 Adobe 公司开发的真彩色和灰度图像编辑处理软件，它提供了多种图像修饰、编辑、创建、合成、分色与打印的方法，并给出了许多增强图像的特殊手段，可广泛地应用于美工设计、广告及桌面印刷、计算机图像处理、旅游风光展示、动画设计、影视特技等领域，是计算机数字图像处理的有力工具。由于其广泛的普及性，也是植物显微图像处理的常用工具。

有时候获取的图像往往由于拍摄时间、条件的限制或者考虑不成熟等原因，画面构图可能不尽如人意，这时可以通过对图像的剪裁或选择性拷贝来达到突出主题的意图。有的图像在进行颜色校正之前有不完美之处，这往往是由于拍摄图像时曝光不足、曝光过度或者图像是在没有提供适宜的光照、背景的情况下而拍摄的，从而造成图像缺乏对比度或对比度过强及图像呈现出的色调范围过窄，图像上的阴影部分过浓等现象。所有这些都会影响到图像的视觉效果。这时可以应用 Photoshop 可以对图像进行颜色校正，也就是通过对图像的色泽、饱和度及中色调区、高亮区的调整，达到改善图像效果的目的。另外，在输出图像中往往也需要对图像的颜色进行重新调整。因为有时在屏幕上显示较好的图像，却在打印后图像的颜色出现偏差，甚至图像上原可忽视的缺陷也变得很明显。这种情况就要通过使用颜色校正命令来重新调整颜色，使原图像的色彩更适合于打印机的输出，以减少因输出设备之间的差异而造成图像输出效果间的差异。一般情况下，只要正确选择使用 Photoshop 的颜色校正命令，最终都能达到满意的结果。

面对 Photoshop 强大的功能，众多的工具，后期的图像处理如何进行理想的编辑，没有统一的标准答案。这里介绍软件 Photoshop CS2 版本的自动调整功能，可让初学者先进行简单的图像处理，与自己手工调整的图像效果作出判断和对比，再进行精细编辑。使用集成在 Photoshop CS2 的 BRIDGE 中的 ACR 3.0，该工具提供了简单方便的自动调整功能，可一次性将一个目录下的图片自动处理完。自动调整设置步骤如下：打开一张图片，按 CTRL-U，图片各项参数将自动设置。然后存为 NEW DEFAULT，退出后或者以后任意时刻，只要一进入 BRIDGE 选定目录后，该目录下所有图片将自动调整完。用 SLIDE SHOW 可浏览，选择删除不要的图片或需要精确调整编辑的图片都非常方便。由于现在获取数码显微图像越来越容易，越来越简单，因而总是会产生大量的原始科研图片。那么在对这些图片进行第一步的选择和调整时，使用这个自动调整功能，可节省大量时间。还可用 Photoshop CS2 的自动转换设置方便地完成任意多文件的转换：选择要转换的图片，都选中后打开，选择 SAVE 就可一次完成任意多文件的转换。也可在调整完一张图片后点击 SAVE 交后台处理，接着处理下一张。

需要提醒的是 Photoshop CS2 对资源占用比较大，需要比较多的内存，因而要求较高配置的电脑来进行图像处理。

值得注意的是，科研的显微图像处理不是艺术创作，需要遵守图像信息与原物的一致性，即图像的真实性原则。以上图像处理不能有改变图像上事物的科研信息特征的任何操作。

四、图像输出方式

显微图像编辑完成后，在输出前设置好图像分辨率和打印尺寸即实际的图像大小，通过打印机即可输出。目前常用的数字相片输出设备有彩色喷墨打印机、彩色激光打印机及一些专用的相片打印机。前两种打印机同时也能打印其他文稿。

要注意的是在获取图像时就需要考虑图像最后的输出尺寸。一般科研显微图像在获取的时候选择设置较高的分辨率，因为在图像处理中可以再调整分辨率的大小，高分辨率可以变小，但低分辨率的图像如果按原尺寸保持不变时来调高分辨率，图像就会形成马赛克，导致图像细节模糊而无法较好地展示图像的科研数据信息。

五、发表文章电子图版的基本要求

在科学研究中，常常需要将记录的图像整理成图版予以展示，尤其在科研论文发表时，图版部分是论文的一个重要组成部分。图版及组成图版的图像质量直接关系到科研论文的质量。这时合理的剪裁图像、突出特征、节约版面，使图版美观简洁有十分重要的意义。显微图像的图版制作的基本要求如下：

(1) 选择代表性的有突出特征的图片。

(2) 统一图片的格式和分辨率，一般图片的分辨率不低于300×300像素/平方英寸。

(3) 注明标尺或放大倍数。

(4) 按一定顺序科学排列图片，并进行编号。

(5) 将不同的图像组合在一个版面中时，可以采用紧贴（一张挨着一张）、留缝（照片之间保留等距离的缝隙，见图版Ⅲ）或照片间加线条框的方法。

(6) 添加图版标注，如用箭头（见图版Ⅹ）或线条指出关键部位以及进行文字注释（见图版Ⅲ、图版Ⅶ、图版Ⅹ）等。

如果是准备投稿发表文章的图版，最好先根据科研领域选定要投的期刊，再按照该期刊对图版的要求进行设计和制作图版。

第二节　专业显微图像处理分析软件

显微图像不仅仅可以直接显示一些直观的特征，也可以通过定量分析提取更精细的数据信息，如生物学形态测量、免疫组化、荧光图像分析等领域都可以利用显微图像手段进行定量分析。传统的分析方法主要依靠手工分析，现在发展的趋势是越来越多地利用专业显微图像处理分析软件来实现自动测量及分析，而且大多数专业显微图像处理分析软件不仅可以对图像进行量化分析，同时也可以对图像进行处理。

这里简要介绍几款专业的显微图像处理分析软件。

一、SimplePCI 软件

SimplePCI 软件（Compix Inc.，Cranberry Township，PA，USA）是 C-imaging 专业图像分析系统系列软件之一，具有以下分析主平台模块：

(1) TWAIN 硬件支持功能：软件支持 TWAIN 的输入设备标准，直接控制获取图像。

(2) 图像输出格式：软件支持多种图像格式，如TIF、JPG、BMP、PCX、PSD等。

(3) 支持动态图像模式AVI文件。

(4) 动画或蒙太奇制作功能：能将实时拍摄的多张图像制成动画文件或蒙太奇(Montage)，可显示动态过程与输出功能，从序列剖面图像重建3D图像，揭示各层面的空间位置。

(5) 数据计算分析功能：提供大小，形状，密度和位置测量四大类，150多个测量参数可供选择。例如，目标的面积、周长、宽度、体积、圆形度、扭曲度、吸光率、平均光密度、灰度等参数，并提供内建公式编辑器，用以自定义参数，满足特殊参数测量需求。

(6) 图像处理功能：提供多种图像处理功能，包括对图像进行亮度，对比度，及各颜色通道RGB加强，RGB三色分离形态学处理，伪彩处理，数学运算等。

(7) 特殊图像处理方法：图像混合（荧光/明场/相差/微分干涉图像重叠作定位研究），三色荧光合成定位匹准及偏移校正，10通道的荧光合成。

(8) 图像注释功能：提供箭头、文字、矩形、多边形等多种注释工具选择，可在图像上面添加。

(9) 图像识别功能：软件提供多种自动和手动分割物体方式；能通过复杂的灰度和颜色阈值进行图像分割。

(10) 数据与目标定位显示功能：对目标图像进行计数、统计测量，显示测量目标的各项参数，数据与原图目标一一对应定位显示。

(11) 数据结果多形式显示功能：测量数据以列表、统计图和柱状图等方式呈现分析结果，可选择统计图形以二维、三维图形来呈现数据并可输出存盘打印。

(12) 集成数据库存储功能：分析测量数据结果可集成数据库中，与图像一起存储，可快速查找或打印图片与数据复检。

(13) 图像二维和三维光密度显示：提供图像的二维光密度图、三维光密度图。

二、Image-Pro Plus（IPP）软件

Image-Pro Plus专业图像分析软件，简称IPP，是美国Media Cybernetics公司开发的一款通用图像处理与分析软件。该软件以数学形态学为基础，采用了大量图像处理与分析算法，可以完成各种显微图像的处理、分析和检测，是从事图像处理、分析与检测的有效工具。

IPP提供的图像处理与分析功能，覆盖图像定量分析的很多应用领域，包括材料、冶金、医药、生物、化工等各种需要利用图像手段进行统计学和形态学自动分析、测定的领域。与图像形态学有关的各种检测与分析都可以利用IPP来完成。例如，组织细胞形态学分析、金属显微组织及晶粒度分析、油料中污染物含量分析、农业种子形态分析、各种微小异形零件几何尺寸测量、化学工业中各种反应物粒子的形态分析等都可以利用IPP来完成。

1. IPP的主要特点

支持TWAIN接口标准扫描仪及数码相机，支持多种图像采集卡。支持WIN98、

WIN2000、WIN XP 电脑操作系统。提供多种功能强大的区域选取工具，可对任意形状的区域进行处理与分析；可完成包括色度调整、图像变形、数学形态学处理、图像增强、图像匹配、纹理分析、特征识别等多种专业图像处理与分析操作；支持 24 位真彩色图像采集、支持 RGB、CMY、HSV、Lab、YUV 等彩色模型的处理与分析。

分析数据的可视化处理使分析结果与图像之间构成直接映射关系，便于观察分析；先进的颗粒自动识别、粘连颗粒自动切分功能，保证了复杂图像的准确分析；自动分析处理步骤编辑功能，能够完成全自动分析过程的设置；具有方便的悔步、重复功能；几何参数测量功能，细长体、块状体、颗粒体、线状体等各种特征体的自动定量分析功能，分析参数丰富；彩色图文报告编辑制作功能，可完成各种形式的彩色图文报告，图像、分析数据及统计分布直方图可直接插入报告，打印输出。也可根据需要制作各种形式的报告模板，加快报告制作过程；分析结果可存入数据库，进行各种统计分析，或动态输入到 Excel 制作电子图表。

2. IPP 主要处理与分析功能

（1）几何尺寸检测：直线、曲线、圆、椭圆、矩形、任意形的长度、角度、面积、周长与直线位置测量、直线与直线、直线与圆弧、圆弧与圆弧等几何参数测量。测量单位微米、毫米、厘米、分米、英寸任选。

（2）图像变形及几何矫正：水平镜像、垂直镜像、平移、倾斜、缩放、旋转等。

（3）区域选取工具：魔杖、任意形状、椭圆、矩形、圆形工具、方形工具。

（4）区域处理：区域反选、区域扩大、区域缩小、边界圆滑、平移、缩放、旋转、任意变形。

（5）图像处理：色调处理、边缘检测、图像平滑、灰值形态学、图像常数运算、图像间运算及其他滤波器。

（6）分析目标处理：分析目标扩大、分析目标缩小、边界圆滑、分析目标删除、孔洞填充、内外轮廓抽取、形态学梯度、骨架化、骨架纯化、分支修剪、断点修复等。

（7）分析参数包括：几何参数、位置参数、当量几何参数、外接几何参数、光密度参数、形态学参数、矩参数、孔洞参数及其他参数。其中个体参数 100 多项，统计参数 100 多项，分析参数总数达 10 000 多项。

（8）分析参数可视化处理：分析结果与图像之间直接影射显示。特定目标及其长轴、质心、外接矩形、凸包，编号等抽取显示。分析目标不同透明度颜色叠层显示。

（9）其他功能：系统还提供了图像标注、图像拼排、图像签名等工具。

3. IPP 系统结构

IPP 分为以下 7 个功能部分：图像处理部分；区域选取与处理部分；分析目标选取与处理部分；目标分析部分；图像输入输出部分；系统参数设置；图文报告生成器。

4. IPP 软件处理分析显微图像的应用实例

IPP 软件的功能十分强大，可对图像做各种处理，同时也可以进行显微分析测量，另外还有一个较方便实用的功能，就是当需要多次重复同样的步骤对图像进行处理分析时，可以将这些步骤编制成宏文件。当点击这个宏文件名称，计算机便会自动完成这一系列的批动作。对大量的科研图片来说，此功能大大提高分析效率。

这里简单介绍一个应用 IPP 软件处理分析显微图像的实例。

应用 Image-Pro Plus 软件对染色体进行荧光定量作图：染色体用 DAPI 染色，获取染色体荧光显微图像，应用 Image-Pro Plus 软件中 Line profile 功能对染色体进行荧光定量作图。该技术可以使染色体上着色深浅不同的区域达到精确定量目标，可精确确定带纹的有无、强弱及其在染色体上的相对位置，避免人为误差。

操作步骤：

①在 Measure 菜单子菜单中选择 Line profile。②点开 Line profile 后出现如图 11-3 的窗口。③选择 Line，对要测量的物体即染色体进行测量。④在 File 下面选择子菜单 Graph to clipboard，然后打开一个 word 文件，选择粘贴就得到如图 11-4 的曲线图，即染色体的 DAPI 荧光定量图。

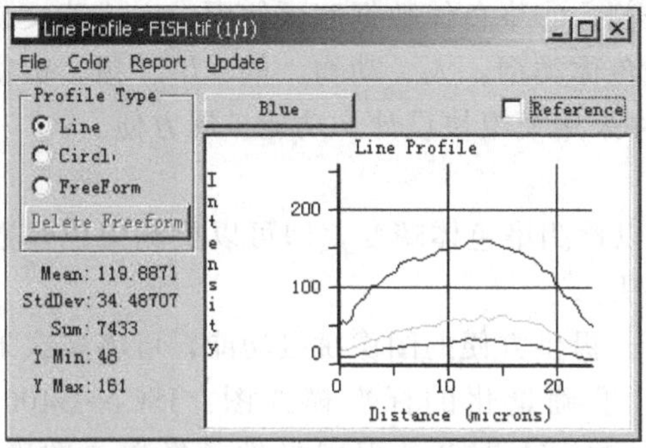

图 11-3　Line profile 对话框

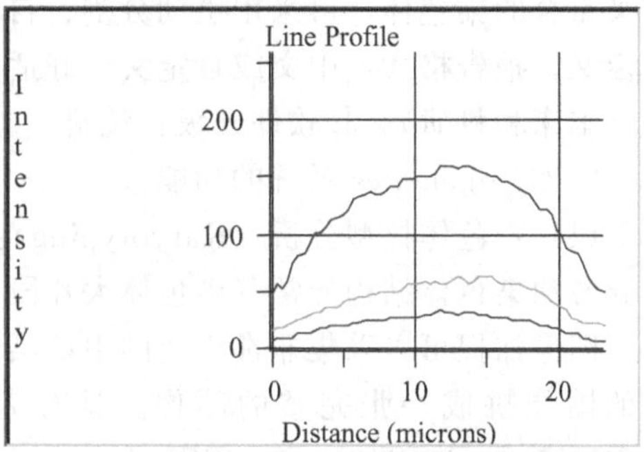

图 11-4　Line profile 曲线图

三、MetaMorph（MM）软件

MetaMorph 软件由美国 Universal Imaging Corp 开发。MetaMorph 是功能强大的生物通用分析处理软件，配合科学级 CCD 可组成各种专业图像分析系统，适用于细胞形态分析、动态分析、多色荧光图像分析，并具有功能强大的图像显示及输出功能。

此软件功能包括：

（1）自动控制各种硬件设备：可以自动控制包括 CCD、载物台 X 轴、Y 轴平移、Z 轴升降、滤光片转轮及其他波长切换设备、快门等各种硬件设备。这样就构成了显微镜和 CCD 相机的自动化系统。

（2）图像处理功能：包括背景扣除、平场校正以及通用图像处理等功能；三维图像重建功能；自动模糊功能；RGB 图像叠加；荧光图像与透射光图像的叠加等。

（3）动态过程图像处理功能：方便加在图像上添加时间、日期、箭头以及图像说明文字。

（4）形态学数据分析：可以分析计算面积、周长、长度、宽度、中心坐标位置、平均强度值，总强度值等，并可以 4 种方式表达（Object，Summary，Histogram，Scatter Plot）。

（5）其他功能：活细胞成像、共焦图像分析、FISH、活细胞/死细胞鉴别等。

四、Cytogenetics 细胞遗传学工作站

Cytogenetics 软件是由 Laboratory Imaging 公司为细胞遗传学分析系统开发的图像分析系统。该系统的功能全面、分析准确、操作简便、适用范围广泛。可完成从染色体核型分析、FISH、MFISH、比较基因组杂交（CGH）等的染色体分子遗传学分析工作。

1. Cytogenetics 系统的特点

①支持多种 CCD 成像系统，科学级 CCD 摄像系统，冷 CCD 系统。②支持 windows98、windows2000、windowsNT 中英文电脑操作系统。③支持打印机：激光、喷墨、热升华等多种打印机。④平台软件：自带形态学分析。⑤染色体分类：G、R、Q。⑥实时捕获图像。⑦分析带型：ISCN-G400、ISCN-G550、ISCN-G850、ISCN-R400、ISCN-Q400。⑧识别准确率：90%以上并可提供自动学习功能提高识别能力。⑨粘结和交叉重叠的染色体，可采用手动分割、自动分割。⑩染色体数据库可使用中文或英文或自定义。报告格式：中文或自定义。⑪适用染色体类型：人、动物、鼠、牛、猪、植物等（临床和科研）。⑫软件升级：免费。⑬软件采用模组块设计，功能扩展方便。

2. Cytogenetics 系统的功能

（1）染色体核型分析（Karyotyping）：可以检测染色体畸变，即可以检测染色体数目异常和染色体结构异常（染色体大片段的缺失）。

图像捕捉可以采集非常广泛的中期染色体。提供方便的图像拼接功能，可将多次采集的图像拼成一张完整的图像。具有完全、准确量化的标准模式图：ISCN-G400、ISCN-G550、ISCN-G850、ISCN-R400、ISCN-Q400，为自动识别提供了经典、准确、可靠的识别依据。系统已建立人类、牛、白鼠、猪等的标准模式图。系统提供强大的模型模块新建功能，为新增分析的物种，或正在深入分析的物种提供灵活的创建功能，自动进行图像校正、对比度、图像增强处理。染色体图像处理技术，可方便地处理染色体之间的重叠交叉和连接；核型配对实现自动化，精确提取目标染色体信号与标准 ISCN 模板分类对比、检索自动识别数据，自动建立核型的智能分类系统。核型配对实现自动化，精确提取目标染色体信号与标准 ISCN 模板分类对比、检索自动识别数据，自动建立核型的智能分类系统。采用先进的数据库技术，图片文件直接保存入数据库，真正实现电子档案的数据库管理。并可进行数据之间染色体比对分析。

（2）比较基因组杂交（CGH）分析：自动图像修正、对照、条带、染色增强。智能分类器进行自动分类。适用于复染色的自动本底校正和其他图像增强功能；提供核对和编辑染色体轴的工具；对染色体外形和轮廓评估详尽的统计；可立即计算染色体外形和轮廓；提供外形和轮廓的各种图表。

（3）荧光原位杂交（FISH）分析：FISH 是一种利用非放射性的荧光信号对原位杂交样本进行检测的技术。该系统可以设置灵活的图像拍摄程序，控制曝光。系统对图像的每个 RGB 通道的亮度、对比度都可以单独显示并可进行调整。背景均化和颜色信号增强工具操作简便，可以完成复杂的实时和互动功能。

五、两款免费的专业显微图像分析软件

前面介绍的都是价值不菲的专业图像处理分析软件，下面介绍两款免费的专业显微

图像分析软件供参考使用。这些免费软件都可以在网站上下载直接安装使用，只需要在使用后注明应用的是该软件以及该软件的出处即可。

1. Image J

Image J 软件提供下载的网址是：http://rsb. info. nih. gov/ij/或http://science. exeter. edu/jekstrom/web/ij. htmL。它的开发来自 Macintosh 的 NIH Image 项目，是一个用 JAVA 语言写成的科研用图像处理和分析平台，支持插件技术，而且开放源代码。Image J 可以显示、编辑、分析、处理 8 位、16 位、32 位图像，图像处理和分析功能十分强大。如 Image J 软件能够运行在 Windows、Mac OS、Mac OS X 和 Linux 等操作系统程序中，能够进行用户自定义选择的区域计算和像素统计，可以测量距离和角度，可以创建柱状图和线型分析图等。

Image J 软件以 TIFF 格式打开保存所有支持的数据类型，或作为原始数据。也能打开和保存 GIF、JPEG、BMP 和 GIF 等众多格式的原始数据。Image J 是当前最快的纯 JAVA 图片处理程序，也支持宏程序，用宏使程序单元自动化和创造自定义工具。用命令记录器自动生成 Macro 密码。在 Image J 网站可获得 200 多个宏程序。

Image J 可对用户定义的区域进行面积计算和像素值统计。可产生密度直方图和曲线图。支持标准的图片处理功能，如对比度控制、光滑处理、边缘检测和中间过滤。

Image J 可进行几何转换，如缩放、旋转和翻转。所有分析和处理功能可在任何放大倍数下进行，只受内存限制。空间尺度可提供实际的尺寸测量单位，如毫米。也可进行密度或灰度测量。

Image J 的设计带有一个开放的结构，它可通过 Java plgins 提供扩展。自定义添加，分析和处理 plugins 可利用 Image J 编辑器和 Java 编译器的建立得到发展。用户书写 plugins 可以解决任何图片处理或分析出现的问题。

Image J 正在 Mac OS X 中得到发展，利用其建立的编辑器和 Java 编译器，加上 BBEdit 编辑器和 Ant 建立工具。资源密码可免费获得。作者 Wayne Rasband（wayne@codon. nih. gov）在国家心理健康研究所研究服务部门，Bethesda，Maryland，USA。

2. MicroMeasure

MicroMeasure 软件提供下载的网址是：http://www. biology. colostate. edu/MicroMeasure。该软件是美国 Colorada 州立大学生命科学院在线免费提供的染色体半自动核型分析专业软件。研究者可以主观地选择各种染色体参数，如长度、臂比、面积、浓度等。准确地将测量结果输入 Excel 表，便于研究人员分析。与传统的手工分析方法相比较，该方法可大大降低人为误差，提高工作效率，经济而可靠。

六、显微图像分析对硬件的基本要求

显微图像的定量分析尤其是荧光定量分析，对获取图像的硬件 CCD 系统有选择要求。一般采用单色 CCD，而不采用彩色 CCD。单色 CCD 摄影系统对荧光定量分析实验有以下好处：三色荧光分别获取，这样得到的显微图像颜色纯，便于后续的强度比率分析和灰度分析更加准确。

第三篇 植物显微技术实验指导

实验一　石蜡制片法（一）

主要内容：材料的采集、分割、固定、脱水、透明、浸蜡

一、实验目的与原理

实验目的　①了解实验室工作规则和基本要求。②熟悉石蜡制片流程。③了解本学期石蜡制片的材料及制片的基本程序，填写石蜡制片日程表：材料的采集、分割、固定、脱水、透明、浸蜡的方法和程序（从第1次实验课后到第2次实验课前需要完成的步骤）。④了解常用固定液的种类、配方、学习固定的方法。

实验原理　参见教材第二章第一节到第六节。

二、实验材料

1. 丝兰子房（日程表一：爱氏苏木精整染）
2. 南瓜茎（日程表二：番红-固绿双重染色）
3. 固定材料：

油菜花或花序或子房	卡诺固定液
小麦幼穗	卡诺固定液
小麦叶片	FAA固定液
拟南芥花或者根、叶（半薄）	2%戊二醛固定液或FAA固定液

三、实验试剂及用具

1. 用具：30 mL小广口瓶、青霉素小瓶、小瓶木塞、指形管、滤网、有小孔的小块塑料膜、抽气机、文具盒（解剖针、解剖刀、HB铅笔、特种铅笔、记号笔、镊子2把、单面刀片等）。

2. 试剂：FAA固定液、卡诺固定液、爱氏苏木精原液、爱氏苏木精稀释液（本次实验用的固定液：FAA固定液、卡诺固定液参见第二章第二节；爱氏苏木精染色液参见第二章第十节）。

四、操作步骤

（一）固定方法

1. 用FAA固定植物的叶（以固定小麦叶片或夹竹桃叶片或棉叶片为例）

（1）取1个30 mL小广口瓶。

（2）写标签（用绘图笔蘸碳素墨水或用铅笔或用记号笔），写明：①固定液种类。②材料名称。③固定日期。④固定人姓名或代号。

（3）取FAA固定液于固定用小广口瓶中。

（4）分割材料，取新鲜、健壮的小麦叶片，或夹竹桃叶片，用剪刀将叶片剪成长约

5～6 mm，宽 5～10 mm 的小片，放进小广口瓶的固定液中，或取棉叶片用单面刀片沿主脉两侧各 5 mm 处切开，将中央有叶脉的部分再切成 5 mm 的小段，放入小广口瓶的固定液中。

（5）用小块塑料膜覆盖在瓶口上（膜上扎有小孔），用橡皮筋箍紧瓶口。

（6）将已装有材料的小广口瓶放入抽气机内抽气（抽气所需时间视材料的大小和质地而定，一般需要 30 min 左右），排除材料内的空气，固定效果更好。

（7）从抽气机中取出小广口瓶，去掉塑料膜，盖上瓶盖备用（因 FAA 具固定兼保存的作用）。

2. 用卡诺固定液固定植物的花、幼穗（以固定油菜花、红菜苔花、小麦幼穗为例）

（1）取 1 个 30 mL 的小广口瓶。

（2）写标签（用绘图笔和碳素墨水或用 HB 铅笔或用记号笔）写明：①固定液的种类。②材料名称。③固定日期。④固定人姓名或代号并贴在小广口瓶一侧。

（3）取卡诺固定液（用量约占小广口瓶的 1/3～1/2，视待固定材料的大小、多少而定）。

（4）用镊子取花药未开裂的油菜花、取不同发育时期的小麦幼穗，放入小广口瓶的固定液中。

（5）用塑料膜盖在瓶口上（膜上有小孔）。

（6）抽气（抽气所需时间视材料的大小和质地而定，一般需要 30 min 左右）。

（7）固定 24 h 后转 70％乙醇保存备用。

（二）安排

石蜡制片日程表参见第三章。

（三）丝兰子房进爱氏苏木精整染

将已分割、固定的丝兰子房放在青霉素小瓶中，加爱氏苏木精稀释液即可（取爱氏苏木精原液 1 份加入 50％乙醇与乙酸等量混合液 1 份或 2 份），一般染色 3 d 左右（如室温太低，可放在 37℃温箱中染色）。

（四）下周换试剂的方法及注意事项

实验材料：每小组 2 个小瓶（①南瓜茎。②丝兰子房）。

课后需要完成：材料的脱水→透明→浸蜡→实验二：包埋

实验阶段	实验具体步骤
染色	丝兰子房：染色 3 d 后→蒸馏水浸洗→自来水返蓝→
脱水	30％乙醇、50％乙醇、70％乙醇、80％乙醇、95％乙醇、纯乙醇 2 次，参见石蜡制片日程表（一）、日程表（二）
透明	1/5 氯仿、2/5 氯仿、3/5 氯仿、5/5 氯仿、纯氯仿 2 次，参见石蜡制片日程表（一）、日程表（二）
浸蜡	加碎蜡 2 次，然后置 36 ℃温箱，参见石蜡制片日程表（一）、日程表（二）

注：上述过程完成以后，实验二才可做包埋实验

（1）每人每天要看一看制片日程表：石蜡制片日程表（一）、日程表（二）。

（2）注意：爱氏苏木精染色液可以重复使用，可用另一容器将换下的染色液装好备用。

（3）换蒸馏水、自来水的方法是右手拿镊子夹住滤网边缘，并提出滤网，左手拿指形管倒掉染料或水，然后将滤网放进指形管，再加蒸馏水或自来水。爱氏苏木精整染以后换蒸馏水的目的是洗去浮色；换自来水的目的是返蓝，使材料由红变蓝。

（4）每次换试剂时用吸管吸出废液，将吸出的废液倒入废液缸、然后再加入下一级试剂，严格依次、按时换试剂。换试剂完毕在日程表上打“√”以免搞错。

注意：①吸溶液时吸管不要对着材料吸，以免把小材料吸进吸管。②如果不小心将材料吸进吸管并带进废液杯，一定不要再捺回。

（5）吸过伊红乙醇的吸管应换下，吸纯乙醇时需要用新的干吸管，加氯仿时每次吸出 1 格加进 1 格氯仿，逐渐增加氯仿的浓度。

（6）换纯氯仿时，应换新的干吸管。

（7）加碎蜡前时先取蜡块，然后用刀片将蜡块刮成碎片、再用镊子夹住碎蜡加到盛有纯氯仿的小瓶中。依次加 2 次。加碎蜡以后应放在 36℃温箱中。

五、实验效果

固定的效果：取材大小合适，固定液用量适中，固定、抽气后没有漂浮的材料。固定用小瓶上标签清楚。

染色的效果：爱氏苏木精整染后丝兰子房是红色→经自来水后子房为蓝色（返蓝）。

（李和平　冯燕妮）

实验二　石蜡制片法（二）

主要内容：石蜡包埋、旋转切片机的组成、Leica RM 2265 全自动旋转薄切片机的组成和使用方法、磨刀机的使用方法、切片刀的种类及使用、擦载玻片、盖玻片备用。半薄切片（示范）。

一、实验目的与原理

实验目的　①主要掌握石蜡切片包埋的方法，要求在本实验中能独立操作。②了解切片机的种类、掌握旋转切片机的组成（主要部件）和使用，要求在实验三自己能动手操作。③了解 Leica RM 2265 全自动旋转薄切片机的组成（主要部件）和使用。④了解半薄切片的方法。⑤了解磨刀机的使用方法。⑥熟悉和逐渐掌握微距摄影、体视显微镜摄影方法。

实验原理　参见第二章第六节、第七节；第六章第一节、第二节

二、实验材料

已处理的材料：南瓜茎、丝兰子房

三、实验试剂及用具

1. 仪器：旋转切片机、切片刀、磨刀机。

2. 用具：温箱 2 台、温台 1 个、电炉 1 个、温度计 1 支、酒精灯 2 个、蜡勺 1 个，各级蜡杯 5 个（①50%蜡杯，②75%蜡杯，③纯蜡 A 杯，④纯蜡 B 杯，⑤纯蜡 C 杯）过滤蜡杯 1 个（过滤石蜡），盛蜡杯 1 个或者多个（包埋用蜡），吸水纸（7 cm×10 cm），玻璃片（7 cm×10 cm）、特种铅笔、装水盆、滤蜡盒、镊子 2 把、火柴、包埋纸盒、号码标签（每种材料准备长条形标签 1 个）。液体石蜡、活动铝盒、鐾刀皮、载玻片缸（内装清洁载玻片）、装载玻片纸盒、装盖玻片盒，搪瓷盘。

四、包埋的操作步骤（包埋方法）

1. 折叠纸盒（图 2-15）

选用光滑、有一定硬度的白纸，纸的大小视样品而定（一般为 9.5 cm×12 cm），折叠好以后，用特种铅笔（红色为好）在纸盒底部或者侧面写上材料编号（或者实验小组号）。

A1 组　南瓜茎	A2 组　南瓜茎	A3 组　南瓜茎	A4 组　南瓜茎
A1 组　丝兰子房	A2 组　丝兰子房	A3 组　丝兰子房	A4 组　丝兰子房

2. 熔包埋石蜡：在电磁炉上熔蜡，熔好后的石蜡冷却到 65℃，利用电磁炉余热保

温，再点燃3个酒精灯，2个放温台下，为C杯（有材料）和包埋蜡杯保温，另1个放旁边，包埋时烧镊子用（熔镊子上粘的石蜡）（图2-16）。

3. 包埋：将吸水纸（草纸）置玻璃片上，用自来水浸湿，其上再放折叠好的纸盒，用蜡勺盛蜡于纸盒中。然后平放，再将纯蜡C杯中的铝盒取出放入纸盒中，将铝盒拆开，让材料落入盒中，按要求摆好正确的位置。静置或轻轻吹气使石蜡表面结膜。包埋蜡块表面结膜后可连同玻璃片一起移入水中，然后慢慢抽出玻璃片，使包埋盒浮于水中。将第1个包埋蜡盒移入水中后，可包埋下1个材料，反复进行直到包埋结束。各级石蜡所需温度及浸蜡时间如下表。

石蜡级别	温箱温度/℃	浸蜡所需时间
50%级石蜡	40～42	0.5～3 h
75%级石蜡	48～50	0.5～3 h
纯蜡A	56～58	20 min～1 h（一般50 min）
纯蜡B	56～58	20 min～1 h（一般40 min）
纯蜡C	56～58	20 min～1 h（一般30 min）

4. 将已冷却凝固的蜡盒从水中捞出，盒底向上，纸干后剥去盒纸，放入已编号的纸袋中备用。

5. 包埋完成以后的清理工作

（1）所有用具要清理，用后的铝质网盒，需马上在酒精灯上烤，除净多余的石蜡，集中存放下次再用。

（2）待蜡块在水中完全凝固后，由水中取出，盒底向上晾干（写在纸盒底的编号已印在蜡块上），纸盒干后剥去盒纸。包埋后的石蜡块应为均匀的半透明状态。

（3）将包埋后的石蜡块放入已编号的纸袋中备用。

注意事项：①注意安全，防火、防烫伤。②包埋速度不能太慢，以免石蜡凝固。③包埋石蜡温度不宜过高，以免损伤材料。④蜡中出现气泡，可将镊子烧热烫去。⑤未冷却前不能将蜡盒移入水盆（如果不小心，材料会在液体蜡中移位）。⑥应注意包埋材料的位置、方向，要有利于切割、切片及研究。⑦熔蜡时人不能离开，如在熔蜡出现冒烟情况时，不要揭开蜡杯盖，要及时切断电源。

提示

1. 经各级石蜡处理恰当的材料，一般都沉入杯底部，如见有材料在蜡内漂浮、色白，这类材料可能由于在抽气时空气未排出，脱水不完全，透明不彻底等环节造成，需单独包埋存放，另作处理。若处理材料的数量较多，应予丢弃。

2. 各级蜡杯温度，最好不超过蜡的熔点，温度过高材料会发生收缩变脆，温度过低，透蜡及氯仿排除不彻底，也会影响制片，因此温箱外需有温度计指示温度，蜡杯放置温箱的下层位置，可达到浸蜡包埋要求（图2-13）。

3. 回收用过的废蜡，比新蜡还好。石蜡经过长时间的煮炼，可使质地紧密（收集的废蜡需熔化过滤后再用）。

五、包埋的效果

(1) 包埋后的石蜡块应为均匀的半透明状态，蜡块中没有气泡。
(2) 包埋材料摆放的位置要符合要求（横切或者纵切）。
(3) 蜡块底部印有材料编号或者实验小组编号。
YD1508 轮转切片机组成（主要部件）和使用参见第二章第七节及实验三。

（李和平　冯燕妮）

实验三　石蜡制片法（三）

主要内容：蜡块分割、修整，蜡块固着、切片、展片、粘片、烤片；冰冻切片法（示范）。

一、实验目的与原理

实验目的　①学习和掌握蜡块分割、修整、固着、切片、展片、粘片、烤片等方法。②学习旋转切片机的使用方法。③了解冰冻切片机的组成、使用。

实验原理　参见第二章第七节、第八节。

二、实验材料

1. 丝兰子房（组织包埋块）。
2. 南瓜茎（组织包埋块）。
3. 拟南芥花序轴等材料（用于冰冻切片）。

三、实验试剂及用具

1. 仪器：切片机。
2. 用具：切片刀、手术刀、镊子、毛笔、蜡带盒、木板、垫纸（废报纸）、台木、烫蜡铲、火柴、酒精灯、单面刀片、木盒、培养皿等。
3. 试剂：粘贴剂（蛋清甘油）（配制及保存方法见第二章第八节）。

四、操作步骤（石蜡切片）

1. 蜡块的分割与修整

（1）分割：将桌上垫1张纸，纸上放一小木板，用单面刀片把蜡块分割成1个材料1小块。分割时，用单面刀片在所要切取的材料四周蜡块上划数条直线，刀口不宜过深，约1～2 mm，否则容易损伤材料，然后用两手的大拇指和食指夹住蜡块轻轻用力折断。

（2）修整：将分割的蜡块用单面刀片修整齐，一般修成梯形（下面大上面小），每个小样品四周留2～3 mm的蜡边，蜡边的上下左右要平行。每个蜡边与材料要平行（修蜡边时如果材料不清楚，可用单面刀片削去材料表面的蜡层，使材料的位置更清楚）。

（3）存放：将修好的蜡块按组装入木盒中。

2. 蜡块的固着

（1）将台木放于垫纸上，先在台木上用烫蜡铲浸1层稍厚的石蜡（如果台木上已有1层石蜡，可不必再加石蜡）。

（2）以左手拿修好的蜡块，右手拿烫蜡铲在酒精灯上烧热，再放置于台木与小蜡块之间，当上下蜡面被烫蜡铲熔化时，很快抽出烫蜡铲，将石蜡块紧压于台木上，再继续加热烫蜡铲，用加热的蜡铲使台木与蜡块四周稍有一点熔蜡，以便将台木上的小蜡块牢固粘在台木上。

（3）当台木上的蜡块冷却后，再进一步修整蜡块，并将切面表面的石蜡仔细削去，使样品露出。这样做的目的是以免切片刀做很多无效劳动影响刀的锋利。

注意事项：

（1）蜡块位置要正，切面要正。

（2）有的样品需要在切片前置水中浸泡半天到1天，使组织软化，便于切片，如花生子叶、棉叶，软化时台木向下使样品部分浸没在浅盘水内，用橡皮筋扎在一起。

3. 切片

（1）将已固着和修整好的蜡块装在样品固定器上，并固定好。

（2）将切片刀装在切片机的刀架上，调节切片刀的角度为15°左右，并固定好。

（3）调节切片的厚度：转动厚度调节器调节至所需的切片厚度，一般在8～15 μm，参见下表。

材料名称	切片厚度/μm	材料名称	切片厚度/μm	材料名称	切片厚度/μm
丝兰子房	10～12	洋葱根尖	8	花芽	8
南瓜茎	12～15	小麦幼穗	8	蚕豆子房	12
棉叶	12～15	愈伤组织	8	花生子叶	10
蚕豆根瘤	12	百合花药	8	水稻子房	5～8

（4）调节蜡块与刀口的距离：打开刀架固定钮，推动刀架，使切片刀刃贴近蜡块表面（从侧面观看），再固定刀架。

（5）切片：打开停刀轧，开始切片，右手握手轮柄，顺时针方向摇动，每摇动一圈就切下一片，切下的蜡片粘在刀口上，待第二片切下时就连在一起，连续摇转手轮就可将切下的蜡片连成一条蜡带。待蜡带有一定长度，左手执毛笔，将蜡带抬起，边摇边移动蜡带，待蜡带长至20～30 cm，停止摇动，用右手执另一支毛笔顺刀口拨下蜡带，平放蜡带于切片机左侧的白纸上，靠刀面较光滑面向下，较皱的一面则向上。

（6）初选蜡带：用解剖刀切断蜡带，将蜡带用毛笔及镊子轻轻转移到蜡带盒中备用。

（7）镜检：锁住切片机后，进一步镜检，选镜检合格的蜡片，粘片（或者换另一个台木再继续切片，切完后取下切片刀）。

切片时应注意事项：

（1）操作时要仔细小心，随时注意关好停刀轧，以防刀夹突然下降伤及手指。在换蜡块时，必须先关停刀轧，才能取下台木块；

（2）切片时不要对着蜡带讲话，要防风，以免将蜡带吹散；

（3）要经济利用和保养切片刀（按组专用，按人划定使用范围）；

（4）根据材料要求，注意调节适合的厚度；

（5）切片完毕，将刀取下擦净，涂上润滑油，放入盒内保存，同时用毛笔清洁切片机各部分，将刀架、夹物器等退回原处固定；

（6）切片刀需要提前准备，一般用全自动磨刀机磨刀3～5 d。

4. 展片、粘片及烤片：

用具：粘贴剂（蛋清甘油需提前配制、分装）、电热展片台、酒精灯、摊片盘、载玻片、温箱、记号笔、废液杯、吸水纱布及培养皿、蒸馏水、白纸。

展片前，每人取一张干净的白纸放在实验台上（放载玻片用）。

（1）展片台预热：接通电源，打开电源开关，将展片台温度调至 35℃，保持恒温。

（2）展片前先洗手，然后取干净载玻片（4～5 片），平放在白纸上，用瓶塞上带的细竹签蘸取一小滴蛋清甘油于载玻片的中央（芝麻粒大小）（将细竹签蘸蛋清甘油后在瓶口上靠一下），用右手小手指（或无名指）涂抹均匀，涂抹范围以略大于待粘蜡片的大小为宜，能贴足够的蜡片为度。一滴蛋清甘油可涂 4～5 片（用蘸有蛋清甘油的细竹签在每一张载玻片上涂抹少许）。

（3）将已涂蛋清甘油的载玻片平放于白纸上，在载玻片左侧用记号笔书写编号（A1、A2、A3…记号），滴数滴蒸馏水，蒸馏水应均匀散开，如呈聚集状说明载玻片不清洁，应重新清洗载玻片。

（4）用解剖刀将镜检后的蜡带切成小段（根据制片要求切成 1～2 片材料的小段）用刀尖或镊子将蜡带（光面朝下）转移到载玻片上的蒸馏水中。

（5）将载玻片平移到电热展片台上，使蜡带受热伸展，此步骤称展片（展片台保持 35℃）。

要求：蜡带展平不皱，又不熔化。

（6）从展片台上取下已展片的载玻片，略倾斜，倒去多余的蒸馏水，与此同时，用解剖刀尖拨动材料，使材料排列整齐，位于载玻片中央。

（7）再将载玻片放回展片台烘干，蜡片即紧贴于载玻片上，如蜡片部分呈不透明白色，说明材料与玻片之间有水汽、空隙、未紧贴于载玻片上，在以后染色等处理时易脱落，补救的办法是在酒精灯火焰上来回烘几次，直至蜡不熔化而材料变成透明状。

（8）将载玻片从展片台上取下放到摊片盘中，装满一盘后即转移到温箱（36℃）中继续烘片。

放摊片盘时要注意：长方形的摊片盘两盘成十字交叉叠放，可避免因摩擦损坏蜡片。

五、实验结果分析

（1）切片效果：得到厚薄均匀的蜡带，蜡带无破损。

（2）展片效果：展片后蜡带平整、无气泡，粘贴牢固，蜡带略呈透明状，后续制片不易脱落。

附：KD-H 型生物组织烘片机的操作方法

打开电源开关，按“设置”键，显示屏上出现 P××，所显示温度为设置温度；按“温升”键，温度上升，按“温降”键，温度下降；按“启停”键后，显示屏立即显示烘片台的实际温度，显示屏出现 C××进入工作状态。显示屏出现××，表示当前温度，机器处于停机状态。每次使用时若不需改变原设置温度，按“启停”键后即可进入加热工作状态。

（李和平　冯燕妮）

实验四　石蜡制片法（四）

主要内容：脱蜡、染色、封藏的方法。

一、实验目的与原理

实验目的　①了解植物制片中常用的染色剂，学习和掌握番红-固绿双重染色方法。②了解制片中的常用封藏剂，学习和掌握封片技术。

实验原理　参见第二章第九节、第十节、第十一节。

二、实验材料

已烘干的制片：南瓜茎、丝兰子房等材料。

三、实验试剂及用具

1. 用具：脱蜡缸（染色缸）、透明缸（染色缸）、镊子、盖玻片、摊片盘、记号笔、棉布块、滴瓶、树胶瓶、玻棒、废液缸、吸水纸等。

2. 试剂

（1）本实验用染色液的配制：苯胺番红染色液、苯胺固绿染色液参见第二章第十节。

（2）脱水剂：15%乙醇、30%乙醇、50%乙醇、70%乙醇、85%乙醇、95%乙醇、无水乙醇。

（3）过渡液：1/2 无水乙醇＋1/2 二甲苯。

（4）脱蜡剂与透明剂：二甲苯。

（5）封藏剂：加拿大树胶（二甲苯配制），中性树胶（市售）。

四、操作步骤

1. 脱蜡

（1）取脱蜡缸 2 个，并在缸外壁的一侧贴以脱蜡、透明字样的标签，标签朝向工作者。然后加入脱蜡剂二甲苯（加入二甲苯的量与齿槽高度平齐）。

（2）脱蜡：将待脱蜡的载玻片有材料的一面朝向标签，用左手执载玻片左上角，借助右手的镊子将载玻片顺序插入脱蜡缸的齿槽中，卧式染色缸有 10 个齿槽，可平行插入 10 片，每片的材料应朝向标签，且注意勿使二甲苯溢出缸外。

（3）透明：大约 30 min 后（夏天或 38～40℃温箱中可减少为 15～20 min），待石蜡被二甲苯溶去后，将玻片转移至透明缸中 5～10 min，进一步清洗材料，然后转入下一步。

2. 染色：以南瓜茎横切片为例，介绍番红-固绿双重染色方法

(1) 复水：用镊子从脱蜡缸中取出已脱蜡的玻片，用清洁手帕迅速擦去材料以外的二甲苯，然后在有材料处依次滴加各级乙醇（100%→95%→85%→70%→50%→30%→15%），最后滴加蒸馏水，每级试剂在材料（玻片）上停留4～5 s后倒入废液缸中。

(2) 番红染色：滴加苯胺番红染色液1～2滴于材料上，静置染色5～10 min，倒掉染液于废液缸中，用蒸馏水（2～3次）洗去浮色。

(3) 乙醇脱水：在有材料处依次滴加各级乙醇脱水（15%→30%→50%→70%→85%→95%），每级乙醇在材料（玻片）上停留4～5 s后倒入废液缸中。

(4) 固绿复染：经95%乙醇脱水后，在材料处滴加苯胺固绿染色液，复染30～40 s，倒掉染液后，用95%的乙醇去浮色（2～3次）。

(5) 脱水透明：无水乙醇脱水2次，然后经过过渡液（1/2无水乙醇＋1/2二甲苯）后，用二甲苯滴加2～3次使材料完全透明，如果材料出现乳状混浊，则说明脱水不彻底，需要再用无水乙醇脱水，按原步骤透明。透明好的材料可以置于透明缸中待封片。

3. 封藏：丝兰子房制片为整体染色法，切片脱蜡后可直接封片。

封藏方法：

(1) 在桌上放一张白纸，将载玻片由二甲苯中取出后，以清洁布块（选用无纤维短绒的为宜）迅速擦去材料以外的二甲苯，平置纸上，当材料上二甲苯尚未全挥发时，加1滴树胶于材料上。

(2) 用右手执镊子夹住盖玻片右侧，将它放在树胶的左边，左手以食指抵住盖玻片的左边，右手将镊子逐渐下降，待盖玻片接触树胶后再慢慢抽出镊子，这时树胶就均匀布满盖玻片，材料同时被覆盖。如果胶量过少，盖片速度太快，就会在盖玻片下留有气泡，影响观察效果（根据我们的经验，在封片时如有少量的小气泡，且气泡在材料的关键部位，影响观察，可将封片后的载玻片置于酒精灯火焰上来回摆动2～3次，以除去气泡）。

(3) 烘片：将封藏后的玻片平放到摊片盘中，装满一盘后置温箱（36℃）中烤片。待树胶烤干后，贴上标签、装入切片盒中。

放摊片盘时要注意：长方形的摊片盘两盘成十字交叉叠放，可避免损坏初选的切片。

封片时注意：

(1) 切片透明后封藏前材料上要保持二甲苯不挥发，初学者由于动作不熟练，在滴加树胶前材料上的二甲苯多挥发，此时可以用滴管加少许二甲苯。

(2) 在封片时万一滴树胶量太少，可在盖玻片有空隙的地方，再滴注少量树胶使其慢慢布满盖玻片，如树胶过多，溢出盖玻片外，不能马上擦除，需待树胶干后用刀片刮去多余树胶，再用纱布蘸二甲苯擦拭干净即可。

番红-固绿双重染色（滴染法）程序表

1. 脱蜡：(二甲苯)→2. 透明：(二甲苯)→3. 复水：(无水乙醇→95%乙醇→85%乙醇→70%乙醇→50%乙醇→30%乙醇→蒸馏水)→4. 苯胺番红滴染（5 min左右或7～10 min）→5. 蒸馏水去浮色：2～3次→6. 乙醇脱水：30%乙醇→50%乙醇→70%乙醇→85%乙醇→95%乙醇→7. 苯胺固绿复染（30～40 s）→8. 脱水：95%乙醇→无水乙醇（2次）→9. 透明：1/2无水乙醇＋1/2二甲苯→二甲苯（2次）→10. 清洁玻片、镜检→封藏或透明缸→11. 封藏：清洁玻片→滴加树胶→盖上盖玻片→12. 烘片（将制片平放在摊片盘中，置 36℃温箱中）。

五、实验结果分析

一张符合要求的切片应该是：平整、透明、染色红绿分明或颜色鲜明、封片时没有气泡、树胶不外溢、镜检时细胞结构清晰。

（姚家玲　李和平）

实验五　半薄切片法

一、实验目的与原理

实验目的　学习和掌握半薄切片的原理及方法

实验原理　参见第六章第一节、第二节

二、实验材料

拟南芥的根、花序轴、叶、花药、子房。

三、实验试剂及用具

1. 仪器：Leica RM2265 旋转薄切片机、Leica EMMP 展片台、Leica EM KMR2 制刀机、恒温箱、冰箱、光学显微镜、展片台。

2. 用具：玻璃条、手术剪刀、眼科镊子、解剖针、单面刀片、玻璃棒、量筒、烧杯、培养皿、吸管、青霉素小瓶、废液缸、载玻片、盖玻片、透明缸、制刀用的石蜡、滤纸、细毛笔、包埋模、1 mL 加样器、200 μL 加样器、枪头。

3. 试剂

（1）固定液：FAA。

（2）脱水剂：30%乙醇、50%乙醇、70%乙醇、80%乙醇、95%乙醇、100%乙醇。

（3）渗透剂与包埋剂：Technovit 7100、硬化剂Ⅰ、硬化剂Ⅱ。

（4）染色剂：1%甲苯胺蓝、伊红乙醇溶液。①1%甲苯胺蓝配方：甲苯胺蓝 1 g，95%乙醇 4 mL，10%乙酸 10 mL，蒸馏水 86 mL，搅拌后用桑皮纸过滤，作为母液，用前稀释。②伊红乙醇溶液：伊红 0.1～1 g，95%乙醇 100 mL。

（5）透明剂：二甲苯。

（6）封片剂：中性树胶。

四、操作步骤

1. 固定

（1）取干净的青霉素小瓶并编号：根据固定样品的类型或数目编写青霉素小瓶号码。然后取 FAA 固定液至小瓶中备用（FAA 固定液的量根据固定材料的大小、多少而定）。

（2）材料的分割：拟南芥的根可连同子叶一起固定，包埋时切掉子叶即可。取材部位应尽量一致（取相同部位的根毛区）。若是其他材料，可将其切成 0.5～1.0 mm^3 的小块（切割刀片要锋利、速度宜快、避免挤压搓揉材料），再将分割后的小块样品投到已装有固定液的小瓶中，然后抽气。

(3) FAA固定液固定至少1 d。

2. 脱水

(1) 用吸管吸去青霉素小瓶中的固定液，用双蒸水洗青霉素小瓶中固定的材料，洗3次。

(2) 用30%乙醇、50%乙醇、70%乙醇、80%乙醇、95%乙醇分别浸泡固定的材料，在各级乙醇中停留2 h，用95%乙醇处理时可用含1%伊红的95%乙醇溶液代替95%乙醇溶液，便于制片时识别材料。

(3) 100%乙醇浸泡材料2次，每次2 h（30 min～2 h）。

3. 预渗透：用吸管吸去青霉素小瓶中的乙醇，加入等体积的95%或无水乙醇与Technovit 7100 Liquid混合液，室温下材料预渗透1～2 h。

4. 渗透：用量筒量取100 mL Technovit 7100 Liquid，倒入烧杯中，加入1 g硬化剂Ⅰ，用玻璃棒搅拌约5 min，白色颗粒状完全溶解，转入棕色试剂瓶中，即配成渗透液。用吸管吸去青霉素小瓶中的预渗透剂，加入渗透剂，室温下材料渗透1～12 h，不过夜。

5. 包埋、聚合

(1) 将恒温箱温度调至38℃，包埋模事前烘干置干燥器中存放。

(2) 将青霉素小瓶中的材料倒入烘干的培养皿中，用镊子不损伤样品地挑，而不是镊，将样品放入包埋孔中，样品靠近包埋模的尖头部，有利修块、切片和观察。将包埋模编号，并做好记载（各穴孔中放的是什么样器，包埋模底部有号码）。

(3) 包埋：按1 mL硬化剂Ⅱ加15 mL渗透液的比例配制包埋剂。例如，可用2 mL离心管混合硬化剂Ⅱ和渗透液，先用1 mL加样器（调成750 μL）分两次加入1.5 mL渗透液，然后用200 μL加样器（调成100 μL）加入100 μL硬化剂Ⅱ，用200 μL加样器将溶液混匀，加入包埋剂，加入的包埋剂以包埋孔的液面凸起不溢出为准，用解剖针将样品拨正，室温下可操作5～7 min。

包埋方法：方法1：先将样品放入包埋孔中，再加包埋剂，注意不要产生气泡。若有气泡可用解剖针将气泡挑破，或将其拨至无样品端。方法2：先将包埋剂加入包埋盒3/4的位置，然后小心地将材料连同少许包埋混合液移入包埋盒内，再调整材料的位置。

(4) 聚合：样品在38℃恒温箱中聚合过夜。Technovit 7100 Liquid和硬化剂Ⅱ在室温储存，硬化剂Ⅰ和渗透液在4℃冰箱中储存。

6. 修块：包埋的样品块不能直接用于切片，须适当切割修块后才能切片。一般做法是：用单面刀片切包埋块，使样品稍稍暴露，并使待切部位呈方形或长方形，最后用单面刀片将样品块的切面切平。

7. 玻璃刀的制备：半薄切片需要用玻璃刀，玻璃刀制作时，先用玻璃制刀机将玻璃条制成边长为25 mm的正方块，然后再将每个正方块按对角线切割，制成2把玻璃刀。玻璃刀现制现用较好，或制好后放在玻璃刀盒中，但只能短时间存放，刀口暴露在空气中容易氧化。

8. 刀槽的制作：为了使切下的切片浮起，便于捞片、粘片，还需要制作盛水用的刀槽。一般购买切片机时，随机配有三角形塑料刀槽；也可以用金属片或者胶布制作刀槽，方法是先将玻璃刀放在 Leica EMMP 展片台上预热，同时将塑料刀槽放在展片台的熔蜡区预热，以便沾上少许蜡，然后将刀槽固定在刀背上，并用石蜡密封刀槽底部和左右两边，不要漏水。

9. 切片、粘片、染色和封片

(1) 固定样品块和玻璃刀：将样品包埋块固定在半薄切片机的样本定位固定器上，将玻璃刀固定在半薄切片机的刀固定器上，玻璃刀与样品之间的角度约为 5°，将切片机样本定位固定器平放时，玻璃刀刀口与样品块处于同一高度。调节样品块前后位置，使样品块接近刀口。

(2) 预切片：用吸管向玻璃刀的刀槽中注水，在刀刃处有薄层液体并形成月形水面。然后打开切片机，调节进刀距离和速度，让玻璃刀的刀口切样品块，使样品块的切面逐渐平整光滑。切下的树脂片会漂浮在刀槽的水面上。

(3) 切片：当样品块的切面平整光滑后便可正式切片。正式切片前应用细毛笔把漂浮在刀槽水面上的预切片去除，用玻璃刀中左边的刀口切片。用微调选择进刀量 0.5～2 μm，切片速度 2～5 mm/s。打开样品臂，切出几片半薄切片。也可用手动进行半薄切片。作为光镜观察用的半薄切片厚度一般控制在 1 μm 左右。

(4) 捞片、展片、粘片：当刀槽水面上有合适切片时，用被烧结过的呈圆头玻璃小棒去粘附切片，也可用头发丝或细铜丝绕成小圈，固定在铁丝扭成的手柄上捞片，并将切片转移到滴有蒸馏水的载玻片上，然后将载玻片放到展片台上展片，当载玻片上的水滴被烤干时切片就被粘在载玻片上。

(5) 染色：在载玻片的切片部位上加 1 滴甲苯胺蓝染色剂，染色 2～5 min，用蒸馏水冲去多余的染料，用滤纸吸去多余的水分，烘干。

(6) 封片：烘干后的切片可以直接封片，如果想观察效果更理想，可以用二甲苯透明 10～30 min 后再封片。封片应根据需要选取适当大小的盖玻片。封片剂一般为中性树胶。封片后，将制好的切片放在摊片盘中，然后放到恒温箱（38℃）中过夜至树胶凝固。

(7) 样品块的保存：凝固好的样品块如果暂时不做切片，可以用滤纸分类包好，放在干燥器中保存，长期保存可将干燥器放在 4℃保存，以免树胶变性。

半薄切片也可用超薄切片机（LKB）制作，制作方法见第六章第二节。

Leica RM 2265 全自动旋转薄切片机（图版Ⅰ B）的组成和应用见第二章第七节。

（陈方方　李和平）

附：Leica RM2265 全自动旋转薄切片机的使用

该切片机即可用于切石蜡切片，也可用于切半薄切片，二种切片方法需要安装不同的刀架，具体操作步骤如下：

1. 用于切石蜡切片（切片厚度 5～100 μm）

①接通电源，打开主开关（仪器背面）。②选择切片厚度：通过“+”“−”调节厚度数值，单位：μm。③将已修整和固着好的蜡块装在切片机的样品固定器上，并固定好。④安放用于石蜡切片的刀座，将切片刀或 Leica719 一次性刀片装在刀固定器上并固定好（务必锁定手轮后再上刀），并将

刀口对准样品。⑤选择切片模式：自动切片或手动切片。⑥切片；切片后的步骤参见上述实验三中的步骤 3. 切片～4. 展片、粘片、烘片。

2. 用于切半薄切片（切片厚度 0.25～5 μm）

①接通电源，打开主开关（仪器背面）。②选择切片厚度：通过“+”“−”调节厚度数值，单位：μm。③将已修整和的包埋块装在切片机的样品固定器上，并固定好。④安放用于半薄切片的刀座，将粘有刀槽的玻璃刀装在刀固定器上并固定好（务必锁定手轮后再上刀），并将玻璃刀口对准样品。⑤选择切片模式：自动切片或手动切片。⑥切片。⑦将漂浮水中的薄切片用铜网捞起后，转移至涂有聚赖氨酸的载玻片上，烤片，用 HCl 脱树脂，滴 1 滴亚甲基蓝于材料上，染色后冲洗、封藏、烘干。

3. 操作时注意事项

①因切片刀的刀刃十分锋利，在安放切片刀和更换切片刀时必须十分小心。②在取出切片刀之前，必须将刀固定器从仪器上分离。切片结束后，取下切片刀并放回到刀盒中。③禁止随处放置刀，并将刀刃朝上。④一般应先安放样品块，然后装刀。⑤在停止切片或安放切片刀或更换包埋块之前，务必锁定手轮，并且用护刀器将刀刃覆盖。⑥在待切包埋块从切片机上取下后重新被安放在样品固定器，切割的距离将会在所选厚度上增加所移动的距离，这有可能使样本和刀片发生碰撞。⑦在操作过程中，确保没有液体进入仪器内部。

半薄切片实例：拟南芥根的横切片（用 EP812 作包埋剂）

(1) 取材与固定：选择粗壮的拟南芥植株的根，连同子叶小心放入 2.5%的戊二醛固定液中(25%戊二醛：乙酸：0.1 mol/L 磷酸盐缓冲液=10：1：89) 并抽气至材料沉于底部，固定 24 h 后再用 0.1 mol/L 磷酸盐缓冲液漂洗 3 次，经梯度乙醇脱水（30%、50%、70%、85%、95%、无水乙醇 2 次），每级置换 15 min。

(2) 树脂包埋：用 1/2 无水乙醇+1/2 丙酮置换二次，再用纯丙酮脱水二次（每次 15 min），在丙酮-EP812 包埋液（丙酮：EP812=1：1）浸透 30 min 后，转入纯 EP812 包埋液中浸透 1 h 后，从有根毛的部位切掉子叶与胚轴（在 Nikon 体视显微镜下操作），做好记号，裹上琼脂（使根稍稍定型）按根的生长方向依次置入包埋板孔穴中，再向包埋板孔穴中轻轻地注入纯 EP812 包埋液，37℃温箱中聚合 24 h，60℃温箱中继续聚合 48 h。

(3) 切片、染色：从包埋板中取出包埋块，用 Leica RM2265 旋转薄切片机切片，使用玻璃刀。横切片厚度 1 μm。将薄切片捞起后，放于涂有聚赖氨酸的玻片上，烘烤 4 h，用 HCl 脱树脂，在材料上滴 1 滴亚甲基蓝，着色后冲洗、封藏、烘干。

(4) 观察：用 Olympus BH2 观察，Pixera 150CL-CCD 拍摄。

（冯燕妮）

实验六　超薄切片法

一、实验目的与原理

实验目的　了解电镜样品制备的基本方法。包括：取材、固定、脱水、包埋、切片、染色等基本步骤。

实验原理　参见第六章第二节、第三节。

二、实验材料

生物样品。

三、实验试剂及用具

1. 仪器：超薄切片机、制刀机、恒温箱、控温烤箱、冰箱、光学显微镜、磁力搅拌器。

2. 用具：玻璃条、手术剪刀、眼科镊子、铜网镊子、量杯、量筒、烧杯、培养皿、注射器、吸管、青霉素小瓶、玻璃缸、载玻片、酒精灯、铜网、滤纸、牙签、细毛笔、样品盒、包埋模具、医用胶布。

3. 试剂：0.2 mol/L PBS、2.5%戊二醛、1%OsO_4、50%丙酮、60%丙酮、70%丙酮、80%丙酮、90%丙酮、无水丙酮。包埋剂：环氧树脂 Epon812、DDSA、MNA、DMP-30、乙酸铀染液、枸橼酸铅染液。

四、操作步骤

1. 取材：样品块切成 1 mm^3 的小块。取材后尽快放入预冷的戊二醛固定液中 4℃保存。

2. 固定：一般采用双重固定法，即先用戊二醛进行前固定，然后再用锇酸进行后固定。两次固定之间要进行漂洗。

(1) 前固定：将样品立即投入预冷的 2.5%戊二醛溶液中，4℃条件下固定 3 h。植物样品在 2.5%戊二醛溶液固定液中（4℃）保存最多不超过 3 d。

(2) 锇酸后固定：进行后固定以前，材料要用 0.2 mol/L PBS 漂洗 3 次，每次 10 min。避免戊二醛与 OsO_4 发生氧化还原反应，生成沉淀。漂洗后，转入 1%OsO_4 固定液中，4℃条件下固定 1～2 h。

3. 脱水

(1) 将 OsO_4 固定后的样品取出，用 0.2 mol/L 的 PBS 漂洗 3 次，每次 10 min。

(2) 一般脱水程序为：30%丙酮水溶液，10 min；50%丙酮水溶液，10 min；70%丙酮水溶液，10 min；95%丙酮水溶液，15 min；“无水”丙酮溶液（换 2 次），各

15 min。也可以用乙醇作为脱水剂，进行系列脱水。

4. 浸透：在室温下或37℃条件下将样品置入3∶1的100%丙酮溶液与包埋剂的混合液，10～30 min；1∶1的100%丙酮溶液与包埋剂混合液，30～60 min；1∶3的100%丙酮溶液与包埋剂混合液，1～2 h或过夜。纯包埋剂，2～5 h或过夜。

5. 包埋：在包埋模具内滴1滴包埋剂，把样品置入并使之定位于合适位置（依模具而异），缓缓注入包埋剂，然后放入烤箱中进行聚合（使包埋剂固化）。控温及时间依次为：37℃ 12 h；45℃ 12 h；60℃ 24 h。

6. 制刀：用制刀机制出刀刃锋利的玻璃刀。若用钻石刀则省略此步。

7. 修块：经粗修，将包埋块修整合适。

8. 切片：在切片机上固定好包埋块和切片刀，调整刀位后对刀、进刀，完成细修后切片，厚度60～80 nm，铜网捞片，风干或灯下烤干。

9. 染色：常规铅-铀染色。

10. 镜检：将染色后的切片放入干燥器中干燥后，在透射电子显微镜下观察实验结果。

五、实验结果

通过上述一系列的实验和练习，最终能切出结构完成，细微结构清楚，没有刀痕和破损的超薄片。

（周竹青）

实验七　冰冻切片法

一、实验目的与原理

实验目的　通过本实验要求学生掌握常规冰冻切片的基本方法。

实验原理　参见第四章第二节。

二、实验材料

拟南芥花序轴或根等。

三、实验试剂及用具

1. 仪器：Leica CM1900 冰冻切片机、小液态氮瓶、－20℃冰箱。

2. 用具：长镊子、眼科镊、眼科剪、双面刀片、干净载玻片、Leica 819 一次性刀片、滤纸条（1 cm×7 cm）、细毛刷和 1/4 英寸的毛刷。

3. 试剂：冰冻包埋剂（或 Tissue-Tek OCT 液）、0.1%多聚-L-赖氨酸溶液、1%甲苯胺蓝等。

注意：除载玻片外，其余切片时用的小工具及一次性刀片，均应在冷冻室中预冷。

四、操作步骤

Leica CM1900 冰冻切片机（图版Ⅰ E）使用

Leica CM1900 冰冻切片机具有一个经改良的类似冰箱的冷冻室，利用氟利昂循环制冷，使切片机周围的空气保持低温状态，切片操作即在这样的冷冻室内进行。

1. Leica CM1900 组成部件：①控制键盘（样品头速冻温度显示、箱体温度显示、时间显示、样品头温度设置键、箱体温度设置键、基准时间设置键、除霜时间设置键、手动除霜开关、灯开关、锁定开关）。②恒冷箱。③样品冷却系统。④切片机（样品定位固定器、刀固定器、手轮等）。

2. Leica CM1900 操作步骤：

（1）开机：开启电源，打开主机右侧的开关。

（2）调节冷冻室内温度：一般在－25～－15℃。

（3）组织块包埋：在样品托上倒少量的冰冻包埋剂，凝固后形成一个衬垫，把样品放在衬垫上，继续用包埋剂浇注样品，直到样品完全被包裹住迅速固化，再将已包埋样品的样品托放到冷台上冷冻，在即将完全冷透前用热交换装置压平、压实。植物冰冻切片包埋剂 OCT 是由高分子聚合物组成的无色透明黏稠液体，骤冷时固化，其冰冻速度和硬度与组织细胞相近，因而能保证优化的 OCT 温度。其用途是在冰冻切片时支撑组织，以增加组织的连续性，减少皱折及碎裂。又因OCT混合物为水溶性，故在漂片时可溶于水，所以在以后的染色中不会增加背景染色。利用OCT混合物预先浸润植物组织，然后再进行恒冷箱切片，使切片质量得到改善。

(4) 修块：用预冷的刀片，把样品修成表面光滑的方形或梯形。因OCT冻结后变得不透明，修块时需要注意样品大概的位置；有的较小的样品，不用修块。

(5) 切片：①调节切片厚度：利用切片机的厚度调节键选择并调整切片厚度（切片的厚度为15～40 μm），一般切片厚度以10～14 μm较适宜。②放置样品：将包埋好的样品转移到切片机的样品固定器上（大约等待10 min让包埋块的温度和机箱内的温度相平衡。对植物材料切片温度最好是－14℃），设置样品头温度，用样品快进键将样品移进刀口，调整要切的平面，利用慢进键开始修片，修好后即可放下防卷板切片，如有需要可调节防卷板的上下位置，使切出的样品平整地进入防卷板与刀片的狭缝。③固定切片刀：将一次性刀片固定于刀固定器上，利用刀架的左右移动来使用不同的刀口，不需移动刀片。④调整好切片刀的角度和样品的切面，使其与刀口垂直平行。⑤调整刀固定器与样品的距离，使样品平面与刀口靠近，然后右手握手轮柄，顺时针方向、用力均匀摇动。

(6) 取片：将切出的切片粘附于干净的载玻片上（可以用室温下的载玻片靠近切片，切片就会粘附在载玻片上），然后进入下一步的制片程序（如染色、组织化学反应、免疫学鉴定）。

3. 注意事项

(1) 切片参数，可利用控制面板上的键盘锁定键将键盘锁定，即按下键盘锁定键5 s左右，时间窗口中间的2个点停止闪烁，表示键盘锁定，此时再按键盘锁定键5 s，即可解除键盘锁定。

(2) 当停机时，应将玻璃窗打开，再次开机前应先检查切片机内是否有水，如切片机内有水，应吹干后再开机，并取出隔板检查切片机箱体底部是否有水，如切片机箱体底部有水，需要拔开底部的塞子，将水排除，吹干后再开机。

(3) 如常年开机，夜晚可将切片机温度设置为－10℃以下，不能高于－10℃。由于切片机冷却到工作温度大约需要2 h，如关机后第2天有样品，应提前1天开机制冷，以免影响第二天的工作。

(4) 若要关闭压缩机，按锁定键，再按样品头温度设置键，则样品头压缩机关闭，若按箱体温度设置键，则箱体压缩机关闭，重复以上步骤，压缩机又打开。

五、冰冻切片实例：拟南芥花序轴横切片（仅供参考）

(1) 将新鲜的拟南芥花序轴切成0.5 cm长段。

(2) 取3段花序轴并成1束，蘸少量包埋剂后竖立置于样品托上预冷1 min。

(3) 取出样品托浇注包埋剂，动作要快，包埋剂堆在样品顶端迅速放入冰冻切片机箱中。

(4) 40 min后包埋块冰冻透，即可将样品托装于切片头上切片，切片厚度：10 μm。

(5) 切好后将玻片粘附样品，在1%甲苯胺蓝中浸10 s染色。

(6) 用吸水纸擦干载玻片底面及样品周围，置显微镜上观察。

六、冰冻切片法中影响样品形态的问题原因及解决方法

问　题	可能原因	解决办法
样品形态不完整	取材时不仔细或未及时冰冻	取材时应仔细，尽量不损坏样品；样品分割后应立即冰冻，防止样品降解，这对于幼嫩的样品（如子房）尤其重要；用蔗糖固定能极有效地保持样品形态
样品块上出现小孔	在冰冻过程中形成冰晶；或冰冻样品融化，复冻时再形成冰晶	应保证把样品装在切片机上时有一大的预冷过的隔热槽隔热，确保勿用手指或其他热的工具接触样品
样品形态轮廓不清	从载玻片粘起切片时在其背面施压过度	在取切片时勿施重压，因温度和静电的共同作用，切片通常会附着在载玻片上；如未能附上，可能是载玻片太凉，可用手指接触载玻片背面局部加温
样品形态模糊变形	取切片时移动了载玻片	在载玻片靠近切片时用刀背作支点支撑着载玻片，保证载玻片不移动
切片不粘着载玻片，标记时切片被洗掉	载玻片未包被或包被不充分	对载玻片充分包被，确保切片已粘附在载玻片上
切片时切片从切片刀边缘吹走	在冰冻切片仪中形成了静电	无可靠的解决办法，备 1 把毛刷可能有用，也可使用防静电枪
切片上有线形条纹、切片边缘分成条状	切片刀太钝	预备锋利的切片刀。通常 1 把切片刀切过约 20～30 块软样品样品后需更换切片刀。有的切片机可使用一次性切片，Leica 819 一次性刀片较好

（冯燕妮）

实验八　原位杂交技术

一、实验目的与原理

实验目的　学习和掌握染色体原位杂交技术。本实验为植物染色体原位杂交技术，是原位杂交技术中的一种；通过以小麦基因组DNA为探针，与大麦（黑麦）根尖的细胞核和染色体进行基因组原位杂交，对小麦和大麦（黑麦）做比较基因组研究，了解二者共有的重复序列以及这些重复序列在大麦（黑麦）细胞核和染色体上的物理分布情况。

实验原理　碱基互补配对原则，DNA变性与复性原则。参见第七章第一节。

二、实验材料

1. 小麦叶片：取叶片，提取基因组总DNA，作探针；

2. 大麦（黑麦）根尖：25～30 ℃下生根，取根尖，制备细胞核和染色体，作杂交靶DNA。

三、实验试剂及用具

1. 仪器：恒温水浴箱2个，相差显微镜或普通正置显微镜，－20℃冰柜或冰箱或超低温冰箱，冷冻离心机，杂交炉，凝胶成像仪，烘箱，制冰机，恒温培养箱，恒温摇床，荧光显微镜，CCD，电脑（带图像分析处理软件）。

2. 用具：培养皿若干，滤纸若干，小镊子，刀片，解剖针，酒精灯，装材料小瓶，吸管，载玻片，盖玻片（24 mm×32 mm），玻片盒，文具盒（装器具），记号笔，玻片铜架，立式染缸，大培养皿，滤纸若干，玻璃刻字笔，加样器（1000 μL，200 μL，100 μL，20 μL，10 μL，2 μL各1个），铝箔纸，石蜡封口膜。

3. 试剂：0.075 mol/L KCl，新制卡诺固定液（乙醇：乙酸，3：1），2％纤维素酶＋2％果胶酶，吉姆萨（Giemsa）染液，蒸馏水，燃烧用乙醇，DIG-High Prime DNA Labeling and Detection Starter Kit I，100 μg/mL RNase A，20×SSC（3 mol/L NaCl，0.8 mol/L 柠檬酸钠），10×PBS（1.3 mol/L NaCl，0.07 mol/L $Na_2HPO_4 \cdot 12H_2O$，0.03 mol/L $NaH_2PO_4 \cdot 2H_2O$），2×SSC，PBS，0.005％～0.02％蛋白酶（于10 mol/L HCl），无水乙醇，95％乙醇，75％乙醇，去离子甲酰胺（进口），甲酰胺（国产），50％硫酸葡聚糖，10％SDS，10 mg/mL sssDNA，0.1％Triton-100，anti-dig-FITC，10 μg/mL PI或5 μg/mL DAPI，碎冰。

四、操作步骤

一般原位杂交的技术可以概括为：

制备生物制片材料 ⟶ 变性
　　　　　　　　　　　　↘ 杂交 ⟶ 洗涤 ⟶ 检测 ⟶ 观察
标记探针　　　　 ⟶ 变性 ↗

本植物染色体原位杂交实验具体操作步骤分为：

（一）染色体制备：涂片法（去壁低渗-火焰干燥法）

（1）取材和前处理：取 2～3 mm 左右生长旺盛的根尖，冰水混合物中 8～24 h。（注意：这一步预处理的作用是让染色体进一步浓缩，细胞分裂停留在中期阶段，以便收集更多的中期分裂相。不同材料，染色体大小长短不同，处理时间可以调节。染色体大，处理时间长；反之，则短。）

（2）前低渗：0.075 mol/L KCl 处理 30 min（室温）。

（3）固定：新制卡诺固定液（乙醇∶乙酸，3∶1）固定 12～24 h。

（4）酶解：水洗后 2%纤维素酶+2%果胶酶 1∶1 混合，28 ℃下处理 2 h 左右。（注意：不同厂家或不同批次的酶，因其活性差异，酶解时间可能不同；不同材料，需要摸索酶液浓度组成以及酶解时间。）

（5）制片：吸取 1 个根尖于干净的载玻片上，滴半滴固定液，用镊子敲至浆状，再滴 2～3 滴固定液使材料分散，酒精灯火焰上火烤片刻。

（6）镜检：10 倍物镜相差显微镜下镜检染色体制片，或用吉姆萨染液对制片染色后在 10 倍物镜普通正置显微镜下镜检。（注意：吉姆萨染液 pH 呈中性，切忌用其他酸性或碱性染料，以免破坏或影响染色体的结构。）

（7）镜检后将符合要求的制片（每张至少 50 个分散良好且背景干净的染色体分裂相或细胞核）储存于−20 ℃中备用。

注意：每人在自己做好的染色体片左上角用记号笔写上自己的编号，如 A 班第 1 组第 1 个人，可写成 A1-1，如 D 班第 3 组第 10 个则写 D3-10，依此类推；染色体片右下角写每人自己染色体片的序号如 1、2、3，依此类推。

（二）总 DNA 提取

常用 CTAB 法或 SDS 法。

（三）探针标记（切口平移法、随机引物法）

一般用生物素或地高辛标记。采用罗氏（Roche）公司试剂盒较好。

随机引物法：常用的是 DNA 标记、检测试剂盒（DIG-High Prime DNA Labeling and Detection Starter Kit Ⅰ），所含药品如下：

（1）DIG-High Prime，5 倍浓缩液（5×conc.）50 μL。

（2）DIG-labeled Control DNA，20 μL（浓度 5 μg/mL）。

（3）DNA Dilution Buffer，共 3 个包装，每个包装 1 mL。

（4）Anti-digoxigenin-AP Conjugate，100 μL；

（5）NBT/BCIP Stock Solution，conc.，共 6 个包装，每个包装 1 mL。

（6）Blocking Solution，10 倍浓缩液（10×conc.），共 4 个包装，每个包装 100 mL。

（7）DIG Easy Hyb Granules，共 4 个包装，每个包装 100 mL。

其中，DIG-High Prime 用于 DNA 标记，5 倍浓缩液所含随机引物标记混合物如下：

（1）1 unit/μL Klenow enzyme，labeling grade。

（2）dATP、dCTP、dGTP，各 1 mmol/L。

（3）0.65 mM dTTP。

（4）0.35 mM DIG-11-dUTP，alkali-labile。

（5）5 倍反应缓冲液（5×reaction buffer）溶于 50%（v/v）甘油（glycerol）中。

随机引物法，地高辛标记探针：

（1）模板变性，16 μL 总 DNA（1 μg）煮沸 10 min，冰水迅速冷却。

（2）加 4 μL DIG-High Prime，37 ℃下反应 1～24 h。

（3）加 2 μL 终止液（stop solution）0.2 M EDTA（pH 8.0）终止，或 65 ℃煮 10 min 终止。

（4）标记好的探针存于－20℃。

（四）印点渍法检测标记效果

（1）1 μL 探针点于 2 cm×2 cm 硝酸纤维膜或尼龙膜上，同时点对照。

（2）80 ℃下烤膜 20 min。

（3）55～60 ℃下在 BufferⅡ(BufferⅠ＋3%BSA）中摇 30 min 进行非特异性封阻。

（4）BufferⅠ(0.1 mol/L Tris-7.5，0.15 mol/L NaCl）中洗膜 2 min。

（5）偶联：于 anti-dig-AP 溶液 5 mL(anti-dig-AP 2.5 μL，BufferⅠ5 mL）中，置于 37 ℃摇床，30 min（避光）。

（6）洗膜：BufferⅠ洗膜 2 min，BufferⅢ(0.1 mol/L tris-9.5，0.1 mol/L NaCl，0.05 mol/L $MgCl_2$）2 min。

（7）显色：加显色液（NBT/BCIP），20 ℃（或）37 ℃下 30 min（避光）。

（8）80 ℃下烘膜 10 min，贴在记录本上。

（五）原位杂交

1. 杂交前染色体制片处理

（1）染色体片于 60 ℃烘烤 1 h 进行干燥。

（2）加入 100 μL 100 μg/mL RNase A（于 2×SSC），置 37 ℃ 1 h，充分降解 RNA。

（3）加 0.005%～0.02%蛋白酶（于 10 mmol/L HCl）置 37 ℃ 10 min。

（4）PBS 中洗片 5 min3 次。

（5）依次 70%乙醇、95%乙醇、100%乙醇脱水各 5 min。

2. 变性与杂交

（1）于 70℃ 70%的去离子甲酰胺中变性处理 3.5 min。

（2）立即依次置于－20 ℃的 70%乙醇、95%乙醇、100%乙醇脱水各 5 min，气干。

(3) 杂交液配制：1张杂交用玻片配杂交液含25 μL 100%去离子甲酰胺，10 μL 50%硫酸葡聚糖，20×SSC（3 mol/L NaCl，0.8 mol/L 柠檬酸钠）5 μL，2.5 μL 10% SDS，0.5 μL 10 mg/mL sssDNA，Probe DNA（labeled）2 μL，ddH_2O 5 μL，共50 μL（冰上配制）。

(4) 杂交液变性：于沸水中煮杂交液10 min，取出立即置于冰上至少5 min。

(5) 杂交：将制片放入保湿皿中，加杂交液50 μL于片中央，盖上盖片，不留气泡，80℃烘箱中保湿2～4 min，转入37℃温箱，保湿24 h～7 d。

(六) 荧光检测

1. 浸洗：杂交后的玻片，置于染缸中浸洗，20%甲酰胺（于2×SSC），2×SSC，2×SSC，42 ℃，各15 min，0.1%Triton-100，PBS（0.13 mol/L NaCl，0.007 mol/L $Na_2HPO_4 \cdot 12H_2O$，0.003 mol/L $NaH_2PO_4 \cdot 2H_2O$），室温，各5 min。

2. 37 ℃，PBS（含0.5%blocking reagent）中温育30 min。

3. 偶联：洗后将制片放入保湿皿，每制片加等量的羊抗溶液（50 μL PBS/1% BSA，1 μL 1 mg/mL羊抗-anti-dig-FITC原液）约50 μL，盖上封口膜，37 ℃下保温1 h（避光）。

4. 浸洗：取出制片，去掉封口膜，PBS浸洗5 min 3次。

(七) 照相和图像分析

复染染色体片，每片加15 μg/mL PI或7 μg/mL DAPI 30 μL左右，盖上盖片（避光）。荧光显微镜下观察信号，G激发观察PI荧光，B激发观察FITC荧光，U激发观察DAPI荧光。冷CCD照相。Photoshop软件编辑处理图像。

五、实验结果（制片质量及效果）

染色体制片以每张至少50个分散良好且背景干净的染色体分裂相或细胞核为佳。杂交后制片在荧光显微镜下检测，观察到染色体和细胞核呈红色荧光（PI染色）或蓝色荧光（DAPI染色），杂交信号位于染色体和细胞核上呈绿色荧光（FITC检测）。

（陈春丽）

实验九　显微镜和显微摄影（一）

一、实验目的与原理

实验目的　了解显微镜的基本类型和结构，掌握显微镜的基本使用方法。

实验原理　参见第八章显微镜。

二、实验材料

做好的各种切片或装片。

三、实验仪器

日本 Olympus BH2 研究用显微镜，日本 Olympus BX51/61 荧光显微镜，日本 Olympus SZX16体视荧光显微镜，日本 Olympus IX71 倒置显微镜。

四、操作步骤

（一）普通光学显微镜（日本 Olympus BH2 研究用显微镜）

（1）开机准备：实验时要把显微镜放在座前桌面上稍偏左的位置，镜座应距桌沿 6～7 cm左右。注意保持显微镜放置平稳。调整可升降式座椅的高度至操作者最适合位置。

（2）开机：打开光源开关，点亮照明光源。Olympus BH2 普通光照明电源的光照强度是可调节的，注意开机前保证光源处于最小处，以延长灯泡的使用寿命。

（3）转动物镜转换器，使低倍镜头正对载物台上的通光孔。先把镜头调节至距载物台 1～2 cm 左右处，然后用左眼注视目镜内，接着调节聚光器的高度，把孔径光栏调至最大，使光线通过聚光器入射到镜筒内，这时视野内呈明亮的状态。

（4）将所要观察的玻片放在载物台上，使玻片中被观察的部分位于通光孔的正中央，然后用标本推进器夹好载玻片。

（5）先用低倍镜观察（物镜 10×、目镜 10×）。观察之前，先转动粗动调焦手轮，使载物台上升，物镜逐渐接近试样。然后，双眼同时注视目镜内，转动粗动调焦手轮，使载物台慢慢下降，即可看到玻片中材料的放大物像。

（6）如果在视野内看到的物像不符合实验要求（物像偏离视野），可慢慢调节显微镜镜台上的推进器（或称为标本移尺），推进器在使用高倍接物镜时，推动标本最为准确；并可利用其上的刻度值，测量标本大小；再者可对标本进行较全面地细致检查，不致遗漏；观察标本时如发现其特点，将横坐标刻度确记，以后检查重复点，可迅速观察到物像。调节时应注意玻片移动的方向与视野中看到的物像移动的方向正好相反。如果物像不甚清晰，可以调节微动调焦手轮，直至物像清晰为止。

（7）如果进一步使用高倍物镜观察，应在转换高倍物镜之前，把物像中需要放大观察的部分移至视野中央（将低倍物镜转换成高倍物镜观察时，视野中的物像范围缩小了很多）。Olympus BH2 型显微镜具有齐焦功能，即低倍物镜和高倍物镜基本齐焦，在用低倍物镜观察清晰时，换高倍物镜应可以见到物像，但物像不一定很清晰，可以转动微动调焦手轮进行调节。

（8）在转换高倍物镜并且看清物像之后，可以根据需要调节孔径光栏的大小或聚光器的高低，使光线符合要求（一般将低倍物镜换成高倍物镜观察时，视野要稍变暗一些，所以需要调节光线强弱）。

（9）油镜头的使用：油镜头是 100 倍镜头，镜头和玻片材料之间的介质不是空气而是各种油，使用时把物镜的前端浸在油溶液中，以此做介质。对油浸物镜来说，其工作距以零点几个毫米计算，油镜头虽可以伸缩，使用时也应加以注意，不要损坏玻片和镜头。在使用油浸系物镜前，必须先用低倍镜找到被检物后再换高倍镜，调整焦点，并将被检物移到视野中心，然后再换油浸系物镜。此时绝不能用粗调焦轮，只准用微调焦轮调整焦点。如果盖玻片过厚则不会聚焦，应注意不要一味调焦，否则容易压碎标本，使镜头也遭到破坏。使用完毕用特制的擦镜纸擦拭。

（10）观察完毕，应先将物镜镜头从通光孔处移开，然后将孔径光栏调至最大，再将载物台缓缓落下，并检查零件有无损伤（特别要注意检查物镜是否沾水沾油，如沾了水或油要用镜头纸擦净），检查处理完毕后即可将光源调到最小，最后关闭电源，将显微镜复位。

使用显微镜观察时需要用户自己进行操作，请参考相关技术资料学习其使用方法。经验丰富的仪器管理人员也能提供操作培训服务。使用时如果出现异常，要及时请管理人员来处理。切勿自行盲目操作。

（二）荧光显微镜（日本 Olympus BX51/61 荧光显微镜）

各型号荧光显微镜操作程序虽然不同，但有一定规律可循，下面以 Olympus BX51/61 型显微镜为例简单介绍，这两种型号显微镜功能相同，只是 Olympus BX51 为手动对焦，Olympus BX61 为电动对焦。

1. 开机

（1）打开总电源开关。

（2）打开电脑电源开关（在需要进行显微摄影时）。

（3）打开数码相机电源开关（在需要进行显微摄影时）。

（4）打开显微镜电源开关（切记在使用普通光观察时，只需打开普通光电源，只有在使用荧光时才需打开汞灯电源开关）。

2. 调试显微镜光路

（1）把载玻片放到载物台上。调节聚焦。

（2）根据物镜指数乘 0.8 确定聚光镜光圈值，调整到位。

（3）将视场光栏缩小，然后调节聚光镜高度，直到从目镜中观察到视场光栏的清晰成像。

（4）放大视场光栏，使其在目镜中的黑框扩展到视野以外。

3. 荧光观察：荧光一般较弱，应在较暗的室内进行观察，必要时关闭室内灯光。注意尽可能缩短观察时间以防止产生荧光的衰减和淬灭现象，BX51 为手动调焦，BX61 为电动调焦。选择不同的激发块，G 激发观察 PI 荧光，B 激发观察 FITC 荧光，U 激发观察 DAPI 荧光。

4. 调试数码相机拍摄照片：见显微摄影部分

5. 关机

（1）关闭显微镜电源。

（2）关闭汞灯电源。

（注意：汞灯一旦关闭，再次开启需要至少等待半小时，以使其完成散热，延长以使用寿命。）

（3）关闭电源总开关。

（三）体视显微镜（日本 Olympus SZX16 研究用体式荧光显微镜）

体视显微镜的操作与普通光学显微镜和荧光显微镜有很多相似之处，现以日本 Olympus SZX16为例简要介绍如下：

（1）开机准备：体视显微镜一般提供有透射光源和落射光源两种照明方式，以满足对不同透明度实物观察的需要；同时，在载物台上配置有透射光照明底座和反射光照明底座。使用前根据所观察的实物选择照明方式和底座。

（2）开机：若选择透射光照明，则打开透射光光源开关，点亮照明光源；若选择落射光照明，则打开落射照明装置光源开关，调整双分支互锁光导管的柔性部分至相互合适的位置。

（3）将所要观察的实物材料放置培养皿中，然后再放在载物台上，使材料被观察的部分位于照明光的照射中。

（4）选择放大倍率：选择倍率不同的物镜进行观察，一般先低倍后高倍；调整变倍体从 0.7 倍至 11.5 倍，可无级调节。

（5）调焦：先转动粗动调焦手轮，使物镜逐渐接近标本。然后，双眼同时注视目镜内，转动粗动调焦手轮调焦，即可看到标本的放大物像，若不是很清晰，可用微调焦手轮微调。注意有时由于在实验开始时就使用高变倍比倍率，只能看到标本的局部而无法识别所观察的部位，所以开始时要先在低倍率下观察，避免“只见树木，不见森林”。

（6）观察和拍摄照片：通过体视镜观察可看到实物图像，观察时可手持镊子、解剖针对标本进行调整、解剖。观察过程中调试数码相机拍摄照片，参见显微摄影部分。

（7）实体荧光观察：参见荧光显微镜部分

（8）关机：使用结束后先关闭体视镜电源，再关闭电源总开关，将体视镜归位。

（四）倒置显微镜

倒置显微镜是为了适应生物学、医学等领域中的组织培养、细胞离体培养、浮游生物、环境保护、食品检验等显微观察。

由于上述样品特点的限制，被检物体均放置在培养皿（或培养瓶）中，这样就要求倒置显微镜的物镜和聚光镜的工作距离很长，能直接对培养皿中的被检物体进行显微观察和研究。因此，物镜、聚光镜和光源的位置都颠倒过来，故称为“倒置显微镜”。倒置显微镜多用于无色透明的活体观察。如果用户有特殊需要，也可以选配其他附件，用来完成微分干涉、荧光及简易偏光等观察。

本章节不做详细介绍，参见第八章显微镜。

（龙　鸿）

实验十　显微镜和显微摄影（二）

一、实验目的与原理

实验目的　掌握显微摄影的基本方法。

实验原理　参见第十章显微摄影技术。

二、实验材料

做好的各种切片或装片，实物标本。

三、实验仪器

日本 Olympus BH2 研究用显微镜，日本 Olympus BX61 荧光显微镜，日本 Olympus SZX16 体视荧光显微镜，美国 Pixera CCD 数码相机，日本 Nikon D200 单镜头反光数码相机并三脚架，日本 Canon Power Shot pro1 普通数码相机。

四、操作步骤

（一）显微摄影

显微摄影就是借助于显微镜来拍摄镜下观察到的显微图像。虽然各式显微镜结构不同，功能各异，但只要掌握了基本原则，拍摄的方法大同小异。日本 Olympus 研究用显微镜 BH2、日本 Olympus 荧光显微镜 Olympus BX51/61、日本 Olympus 体视荧光显微镜 Olympus SZX16 可以分别代表普通显微镜、荧光显微镜、体视显微镜，用于显微摄影。

1. 开机：显微镜开机后，打开电脑电源开关和数码相机电源开关。荧光显微镜为获得良好的拍摄效果常使用冷 CCD 数码相机拍照。

2. 调试显微镜，进行观察：将玻片或实物材料放置在载物台合适位置处，调试光源强度，选择需要拍摄的标本位置调校合焦直至观察到满意、清晰的图像。实体显微镜因为实物较大，可以在拍摄位置的边缘放一标尺以便记录实物的大小。

3. 调试数码相机拍摄照片

（1）在显微镜取景器中对好视野及焦距。

（2）打开电脑中装载的软件程序，如 Pixera Pro 150 显微数码相机随机软件。

（3）启动程序后，进入软件界面，点击相机控制窗口按钮（一般为一个传统胶片单反相机图形），调出拍摄界面窗口，激活预览拍摄按钮（一般为绿色的标志，示通行），进入实时拍摄界面。

（4）选择拍摄参数：在拍摄之前，有许多拍摄参数可供选择。这些参数是控制图像质量的重要保证，是体现拍摄者意图的唯一途径。已拍摄的图片虽然可以后期通过软件制作加以调整，但远远不如前期设定参数重要，有时后期调整几乎不可能达到满意效果。所以在拍摄之前，一定要根据需要设置拍摄参数。需要注意的是，软件的参数设置大多不是像小型数码相机那样具有“傻瓜”功能，即自动控制功能，如果不设置参数，软件往往执行开机时的默认参数或上一个拍摄者设定的参数，不一定会满足拍摄需求。好在数码相机“允许”我们犯错误，当发现照片不合适时，可以立刻返回来重新设置参数拍照。

常用的参数如下：

① 模式设置：有黑白和RGB彩色模式供选择。

② 拍摄用途设置：有明场拍摄、荧光拍摄等

③ 焦距设置：点击开启焦距指示模式，会有合焦指示出现，一般为两条颜色醒目的指示线，两条线越靠近，说明焦距越重合。注意，焦距指示线只是表示现在的焦距重合状态，并不能自动调焦，如果不合焦，需要重新调节显微镜的焦距，这时，焦距指示线会有变化。

④ 分辨率选择：为了保证图片质量，在方便存储的前提下，尽量选择高分辨率，这样后期处理图片也有更大的余地。

⑤ 白平衡选择：一般选择自动白平衡。软件处理时，有白平衡选项，可以选择自动白平衡和手动白平衡，设定所摄图片的光色温情况，获得合适而真实的色彩还原。荧光显微镜拍摄荧光时，注意应该选择黑平衡校正，因为镜下荧光一般很微弱，黑平衡使荧光图片背景更黑而荧光更清晰。调校黑白平衡时只需轻松点击工具栏上的按钮，然后点击图像上的白/黑色部分，便完成了校正。

⑥曝光模式设置选择：设置曝光模式、曝光时间、曝光补偿、感光度等。需要说明的是，现在的数码摄像软件开发了很多功能，可以调校的参数很多，但有些参数，如亮度/对比度，锐化、Gamma值、色饱和度等，完全可以在后期处理时调校，而且可能更优化，所以不提倡前期调校。

（5）图像摄取：点拍摄按钮拍摄，等待几秒钟后图片传回电脑并在相关软件窗口里显示。荧光摄影要注意选择激发块。

（6）继续拍摄下一张照片。

（7）拍摄十多张照片后要及时保存照片。保存照片时要选择储存信息量较大的TIFF格式，不要选择JPEG格式，以便日后加工处理。

（8）拍摄全部完成后保存所拍摄的照片。需要时将照片通过网络上传到校园网服务器上，或者将照片文件刻录到光盘上，不能使用U盘或软盘转移文件以免染上病毒。

（9）拍摄结束后关闭相机控制按钮、计算机和显微镜，并保存拍摄条件到默认值。有的显微镜通过特殊接口连接普通数码照相机，利用数码相机的微距功能来进行数码摄影，这时数码相机的使用与普通摄影相同，主要注意事项和拍摄原则参见微距摄影章节。

（二）微距摄影

所谓微距摄影主要是指那些个体大小超出体视显微镜的有效范围，但又无法在普通

照相机的常规焦距之内拍摄到有效画面的一类拍摄方法。一般这类生物标本的大小通常在 3～8 mm，如植物体较小的花、较小的果等，而体视显微镜则可以拍摄更小的材料，如拟南芥的叶表皮毛、小花等。

微距摄影常用设备有数码单反相机配专用微距镜头或利用普通变焦镜头上的微距档，三脚架，普通数码相机。

1. 拍摄前的准备：前期工作越细致，得到的结果就越理想。

（1）布置：拍摄小型的植物相对于小型的动物来讲相对要容易得多。由于小型植物本身不会移动，所以拍摄时可以人为地装饰一下拍摄环境，以求使照片得到较好的反差和背景。为了突出主题，尽量使画面简洁。

（2）架设三脚架：由于微距摄影时的拍摄距离过近，放大倍率大，相机稍有震动则会使成像结果模糊。所以，微距摄影时一定要使用稳定的三脚架，并在必要时使用快门线或利用延时装置按动快门，从技术上讲就是尽一切可能减少拍摄时的各种位移，包括被摄物和拍摄器材。

（3）选择器材：微距镜头是拍摄微距的最佳选择，各个品牌的微距镜头都毫无例外地拥有非常高的成像质量。数码单反相机配普通变焦镜头上的微距档功能和普通数码相机效果要逊色一些。

（4）选择光线：灵活地控制自然光与人造光的光比，单纯使用自然光对于前景/背景的光比控制比较有限，为了获得比较暗的背景来突出主体，就必须因地制宜地控制拍摄角度（比如对着树荫）或使用人造背景。必要时可以辅助以人工光源，增加柔光效果。

2. 拍摄

（1）开机。

（2）调校感光度：单反相机和普通数码相机都可以调校感光度，以适应现场光线。注意不要将感光度调得过高，这样会带来过多噪点。

（3）聚焦：焦点的选择在大多数情况下应该选取画面上最吸引人的部分，也就是你最想表现的部分。聚焦首先遇到的是用手动还是自动的问题，普通数码相机一般只能自动聚焦（AF），单反相机除了自动外，还可以选择手动聚焦（MF）。AF 由于拍摄者无法控制，焦点经常不是我们想要聚焦的部位，最常见的例子是拍摄一朵盛开的花，当我们要聚焦在花蕊上时，相机的 AF 常常聚焦到花瓣上。微距摄影中最好采用手动对焦，即使使用 AF 头仍然可以调节到 MF 来使用。但遗憾的是，几乎所有的 1∶1 的微距头都是自动的。

另外，还要正确选择焦平面。微距摄影的景深非常小，在拍摄时应该仔细选择焦平面的位置，把需要表现的细节尽量放在一个平面内，并使这个平面与机背平面（相机后背）平行。

（4）测光和构图：利用相机的自动测光功能进行测光。单反相机还提供了点测光、矩阵测光（Nikon）等不同的测光模式，可供在构图存在单一浅色或主体和背景反差巨大时选择使用。

（5）控制景深：景深的控制是微距摄影中最难掌握的技术之一。在微距摄影中景深极浅，尤其是放大倍率大于1∶2时，在自然摄影中应当尽量避免使用过大的光圈。拍摄中常用的光圈一般不大于11。

（6）控制闪光：普通数码相机都随机带有指数较小的闪光灯，在自动模式下可以自动感应光强而自动开闭。由于不是专为微距摄影准备的，在微距拍摄时一般会因闪光过强而造成过曝，所以在使用普通数码相机拍摄微距时，要注意把闪光灯关闭（选择“强制不闪”档）。专业单反相机没有随机闪光灯，但业余用单反相机一般也配一随机小型闪光灯，需要人为干预才能开关。植物微距摄影由于可以“摆拍”，我们不提倡使用闪光灯，应尽量利用自然柔和的光线拍摄。光线条件不佳时应等待，非拍不可时可以选择其他方法控制，如光圈、快门、感光度、曝光补偿等。

（7）设置机身自拍时间为2～3 s，启动自拍完成拍摄。

拍摄微距绝对不是可以轻而易举完成的工作，花的工夫越大，得到的结果就越好。可以肯定地说，用同一套设备，不同拍摄者获得结果肯定不同。

（龙　鸿）

实验十一　显微图像分析处理的基本方法

主要内容：(1) 纸本图像和数码图像的转换方法：①数码相机拍摄纸本获取数码图像。②扫描仪扫描纸本获取数码图像。

(2) 显微测量。

(3) 显微图像处理的基本方法。

一、实验目的与原理

实验目的　学习显微图像处理方法，学习显微测量的方法。

实验原理　参见第十一章。

二、实验材料

已拍摄的各种生物显微图片。

三、实验仪器

数码相机、计算机、扫描仪、图像处理软件等。

四、操作步骤

(一) 显微图像处理的基本方法

图像处理软件简单的有 Windows 的画图工具，专业化的有 Photoshop、CorelDraw、FreeHand 和 Photoimpact 等，更专业的用于科研的图像分析处理软件有 MetaMorph、Image-Pro Plus、SimplePCI、Image J、JeDa (国产)。

1. Photoshop 软件处理微图像的基本方法：本实验以 Photoshop6.0 处理扫描的数码图像为例，按照图像处理的基本过程，介绍数码图像处理的基本方法。Photoshop 具有强大的图像处理功能、扫描图像时若能恰当运用会使扫描的图像达到令人满意的效果。

(1) 将要扫描的资料或物体画面向下放在扫描仪的平台上，打开 Photoshop，选择菜单中的"文件""输入""Epson Twain"，这时扫描仪对图片进行一次预扫描，从中选定要扫描的区域以及设定扫描参数，单击"扫描"，等待一段时间后，扫描的图片就会在 Photoshop 窗口出现。

(2) 调正画布。扫描图像时由于原稿放得不正，往往使得扫描后的图像倾斜或倒转，这时需对图像予以调整，使之符合要求。单击菜单中的"图像""旋转画布""任意角度"，打开"旋转画布"对话框，在对话框中进行旋转角度设置。单击"确定"，画布即可调正。

(3) 如果调正后的画面四周不规范，然后选择工具栏中的裁切工具，对画面进行裁切。提示：裁切工具主要用来将图像中多余的部分剪切掉，只保留需要的部分。使用裁切工具时，将鼠标移至裁切框边上的小矩形上，当鼠标图标显示为双箭头时，可通过拖曳鼠标调整裁切框的大小。将鼠标移至裁切框内部，当鼠标图标显示为双十字箭头状态时，拖曳可移动裁切框的位置。

(4) 消除背景污迹。扫描图像时由于原稿纸张质量问题或其他原因，扫描后的图像背景往往有污迹。例如，如果原稿中纸张有多余的痕迹，影响图像画面的美观。这时打开 Photoshop 的菜单中“图像”“调整”“亮度/对比度”进行调整，移动“亮度”或“对比度”滑杆下的小三角形滑块到适当位置。

(5) 单击“确定”，得到画面，画面中的背景污迹消除。

(6) 同时为了使图像更加清晰，单击菜单中的“滤镜”“锐化”“进一步锐化”，即可对图像进行增加反差（锐化）处理，这时的图像边界就会更加清晰。

(7) 调整文件的大小。扫描后的图像文件有时很大，这时我们可根据实际需要对图像文件的大小进行调整。单击菜单中的“图像”“图像大小”，打开图像大小文件对话框，选中对话框中的“重定图像像素”及“约束比例”复选框，在“像素大小”设置区的“宽度”文本框中输入要求文件大小的数值，即可改变图像文件的大小。

(8) 单击“文件”“保存”，将处理后的图像保存到“d：\数码图像篇”中，文件名为“用 Photoshop 处理扫描的数码图像”，保存的图片文件格式分别为 PSD 和 TIFF。

Photoshop 对图像的处理功能比较强大，还可对图像的色彩、质感等进行修改，只有不断应用，细细揣摩才能真正领会。

2. SimplePCI 软件处理微图像的基本方法：对比度亮度的调节，伪色彩的应用，荧光图像的分离，三色荧光图片的合成，荧光图像与相差，DIC 图像的融合，通过数据文件观看动态过程并生成蒙太奇以及大图的拼接。

（二）显微图像分析的基本方法——显微测量

1. 用显微测微尺测量的方法（具体方法见第八章第二节）：用显微测微尺测量的方法仅需要借助显微镜及显微测微尺便可以完成图像的测量（购买显微镜时可免费索取）。在没有图像处理软件和计算机的情况下，也是一种很好的选择。

2. 结合专业图像分析软件对显微图像进行精确测量的新方法。

显微图像测量部分包括图像测量标尺的设定，文字和标尺的注释，快速测量直线距离，手动分割测量，通过灰度阈值分割进行图像分析，面积比例的测定，厚度的计算，密度的测量。

注意：在对显微图像进行测量之前，一定要先设定图像测量的标尺。如果已经有设定的标尺，那么在测量之前只需要记得将标尺 Load 就可以了。

（陈春丽）

附录1 几种常用的固定液

1. 乙醇（ethyl alcohol）：C_2H_5OH，是最常用的固定液。市售乙醇有95%乙醇及无水乙醇两种。为无色液体，可与水以任何比例混合。在配制各级乙醇时，一般用95%乙醇配制。乙醇不能与铬酸、锇酸、重铬酸钾等氧化剂混合，可与甲醛、乙酸等配合用。乙醇可沉淀白蛋白、球蛋白、核蛋白，前二者产生的沉淀不溶于水，核蛋白产生的沉淀能溶于水。乙醇的渗透力强，与其他固定药品混合使用还可增加渗透作用。材料经过固定冲洗后可转移至70%乙醇中较长期保存。浓度>50%乙醇能溶解脂肪、色素磷脂，故不宜用于此类样品的固定。

2. 甲醛（formald）：HCHO，甲醛为无色气体，溶于水成为甲醛水溶液，福尔马林是36%～40%的甲醛水溶液；它易挥发，有强烈刺激气味，为强还原剂，故不与铬酸、重铬酸钾、锇酸等氧化剂混合，以免氧化为乙酸，在配制固定液时，如需要混合，只能临用前加入，并立即使用。福尔马林为很好的硬化剂，但单独使用易使材料收缩，故最好与其他试剂配合使用。单独用作固定液时，浓度一般为5%～10%。福尔马林还可固定高尔基体及线粒体，经固定后的核，一般染料均可染色，以碱性染料更好。福尔马林对于黏膜刺激性大，用时需注意。

3. 乙酸（glacial acetic acid）：$C_2H_4O_2$。纯乙酸在严寒季节结成冰状，所以又称冰醋酸。它是带刺激味的无色液体，在室温达17℃及以上时可以自行熔化，可与水及乙醇以各种比例混合，常用浓度为1%～5%，而不单独使用。乙酸的渗透力很强，可溶解脂肪。乙酸的保存作用大于固定作用。乙酸可使细胞膨胀，当与乙醇混合使用时，又可防止因乙醇引起的收缩、硬化，起着平衡缓解作用。它也为染色体的保存剂。

4. 戊二醛（glutaraldehyde；glutaric dialdehyde；pentanedial）：戊二醛作为一种固定液已被广泛使用。它能和蛋白质分子的氨基和肽键很快交联而起到稳定蛋白质的作用，对组织的渗透力强。戊二醛对锇酸不能固定的糖原和某些蛋白结构（如微管）有很好的保存作用，对核蛋白的固定比锇酸好。但是戊二醛对脂类的保存能力很差，也不能使细胞产生足够的反差，所以一般采用两次固定法，先用戊二醛固定（前固定），样品经彻底冲洗后，再用锇酸固定（后固定）。这种前固定和后固定的方式可以相补，使细胞的细微结构得到很好的保存。商品戊二醛为水溶液，其浓度有8%、25%、50%、70%。高浓度的溶液易自行聚合。所以通常买25%的溶液，在2～4℃、黑暗条件下贮存。如贮存时间太长，溶液变黄，酸度增高，当pH由原来的4.0～5.0降到3.5以下时，固定效果大为降低。用来固定的戊二醛浓度一般用2.5%～5%。溶液除了巴比妥乙酸之外，可以和其他任何缓冲液配合来用。pH最好保持在6.8左右。在室温条件下固定材料，固定时间可以由15 min～12 h，因材料与目的要求而异。在低温下戊二醛会使微管消失，所以观察微管时切忌在低温下固定。

5. 锇酸（Osmic acid）：OsO_4。锇酸是一种很好的非凝固性固定液，是制片中最好的固定液，广泛应用于超薄切片中，它能使蛋白质凝胶化而不沉淀，故固定得均匀，并且是脂肪及凝脂类唯一的固定液，还可用于线粒体及高尔基体的固定。经锇酸固定后的脂肪呈黑色，这是由于脂肪中的油精被还原成黑色氢氧化锇，从而将脂肪保存下来而不为脂溶剂所溶解。因此，锇酸能将戊二醛未能固定的成分加以固定。另外，锇是重金属，用锇酸固定的细胞可以增加电子反差。锇酸还有不使细胞收缩、膨胀、变脆、变硬等优点，用它固定的材料切割性能好。但锇酸因分子质量大，造成渗透缓慢，穿透力很弱，对整个组织块来说常有固定不均匀的缺点，容易产生表面固定过度而内部又得不到固定的结果，所以取材宜小。固定后的材料保持柔软，即或经乙醇处理也不硬化。但材料经固定后，脱水前必须用流水冲洗一昼夜，染色前可用过氧化氢漂白以利染色，漂白液用1份过氧化氢加10份乙醇

(70%～80%) 配成。对核酸和糖原的保存作用很差。这些不足（除对核酸保存能力差之外）大多数可以通过用戊二醛前固定来弥补。

锇酸大都封装在安瓿中，为淡黄色晶体，能溶于水，呈中性。锇酸是一种强氧化剂，不能与乙醇、甲醛液混合。通常配成2%的基本液（母液）备用。新鲜的锇酸溶液呈中性反应，颜色为浅黄。如果贮存时间太长或容器不干净，溶液很快便会还原成黑色而失效。因此，为了防止锇酸变黑，有时可以在溶液内加几滴氯化镁。如果溶液已经开始变黑，可以加几滴过氧化氢，使它恢复原色。

锇酸为剧毒药品，挥发性极强，挥发的气体散发出一种特殊的臭味，能损伤眼睛及黏膜。配制溶液和使用时应避免使其与皮肤接触、也不要吸入其蒸气，一切操作最好在通风橱中进行。贮存要用棕色瓶，密盖，外加黑纸，藏于黑暗及低温处，以防其还原。

6. 铬酸（chromic acid）：H_2CrO_4。铬酸为三氧化铬的水溶液，三氧化铬为红色结晶，极易潮解，其容器必须严密封紧。不能与乙醇混合，因其易与乙醇作用而还原为氧化铬（Cr_2O_3）。其反应式为：$3C_2H_5OH+2H_2CrO_4 \longrightarrow 3C_2H_4O+Cr_2O_3+5H_2O$。

还原后的铬酸固定液便没有使用价值，故不可预先与乙醇或甲醛液等还原剂配制。在混合后须立即使用，否则会失效。通常将铬酸配成2%～10%的水溶液作为母液，使用时再稀释，一般用0.5%～1%的水溶液。材料固定后，必须用流水将铬酸冲洗干净。

铬酸是较好的固定液和保存剂，可以沉淀蛋白质、核蛋白、核酸等，产生的沉淀不再溶解，能增强核的染色能力，还能固定高尔基体及线粒体。经铬酸固定后的组织，不能直接暴露在阳光下，以防蛋白质的降解。

铬酸对于脂肪及磷脂等没有作用。铬酸的缺点是容易使组织收缩，且使组织显著硬化，因此常与乙酸混合使用，经固定24 h后用流水将铬酸冲洗干净；铬酸固定过度时，材料会出现黄棕色，影响染色，可将材料经过1%高锰酸钾水溶液漂白，转入染色即可。

附录2 几种常用的脱水剂及脱水方法

1. 乙醇（ethyl alcohol）：俗称酒精。乙醇是常用的脱水剂，在配制脱水剂时，需要用95%乙醇配制成15%乙醇、30%乙醇、50%乙醇、70%乙醇、85%乙醇。由低浓度到高浓度逐级脱水。一般材料从30%乙醇开始；有的要从与固定液同浓度的乙醇开始脱水。低浓度中不能停留时间太久，否则材料易吸水膨胀，高浓度（在95%乙醇或无水乙醇内）中也不能停留时间过长，否则材料易脆化收缩。为脱水彻底，在无水乙醇中应停留2次。如果材料转入二甲苯中，有乳白悬浮液出现时，说明脱水不彻底，应退回无水乙醇中继续脱水，在脱水进行中，应避免在无水乙醇内过夜处理。

2. 丙酮（acetone）：可代替乙醇作脱水剂，脱水能力强于乙醇，但对组织收缩力较大，能使蛋白质沉淀、组织硬化。与水、醚、乙醇、氯仿、苯等能任意比例混合，但不能溶解树脂、石蜡，所以仍需经过透明剂处理后才能包埋。

其他脱水剂：二氧六环（dioxan）、正丁醇（normal butyl alcohol）、叔丁醇（tertiary butyl alcohol）等。

以上脱水剂各有其优缺点，但使用最多的仍为乙醇。

附录3 几种常用的透明剂及透明方法

透明剂都是石蜡的溶剂，不能与水混合。几种常用的透明剂如下。

1. 二甲苯（xylol）：价格便宜，应用普遍的一种无色透明液体，能与乙醇混合，也可溶解石蜡，并能与树胶混合成封藏剂，但不溶于水，透明力强、速度快；其缺点是：使组织收缩变脆，故在二甲苯中不宜停留时间过长，同时必须在材料完全脱水后方可使用二甲苯，若有极少量水分在组织内存在，就会出现乳雾状现象，通常在无水乙醇与二甲苯之间，增添1/2无水乙醇和1/2二甲苯的混合液，以便脱水彻底又可使材料减少收缩。装二甲苯的容器要随手盖好，以免挥发污染空气。

2. 氯仿（chloroform）：为常用的透明剂，能与乙醇混合，溶解石蜡，在石蜡制片中，浸蜡前的透明多采用氯仿。其优点是：①组织在氯仿中浸久虽有收缩，但不强烈。②易挥发，如浸蜡时渗入组织中的氯仿易排除。不足之处是：渗透力稍弱（如二甲苯、苯透明慢），可延长透明时间便于工作安排。另外，氯仿能退色，一般染色后的切片，不以氯仿处理。一般用五级氯仿透明。

3. 水杨酸甲酯（methyl salicylate）：又称冬绿油（wintergreen oil）。可作整体制片的透明剂，效果较好，对维管系统的透明也很理想，但其渗透力较弱，且具毒性，用时要小心。

其他透明剂：丁香油（clove oil）、香柏油（cedar oil）。

附录4　几种常用的粘贴剂、封藏剂与包埋剂

一、粘贴剂

1. 明胶粘贴剂（又称 Haupt 粘贴剂）：此粘贴剂除粘贴蜡带外，还能作为花粉及单细胞藻类的粘贴剂，其配法如下：甲液：明胶 1 g；蒸馏水 100 mL；甘油 15 mL；苯酚结晶 2 g。乙液：甲醛 4 mL；蒸馏水 100 mL。配制时将明胶溶于蒸馏水中，并转入保温器具内使明胶溶解（温度控制在 35～36 ℃），然后再加入甘油与苯酚，边加边搅拌促其尽快溶解混合，再过滤于细口瓶中备用。

2. 火棉胶粘贴剂：适用于较厚的组织材料，如木材或种子切片，先用明胶粘贴剂粘贴稍干后，再滴上火棉胶溶液（浓度为 1%～2% 火棉胶溶液，即将火棉胶溶于无水乙醇与乙醚各半的混合液中），然后把贴好的切片完全烘干，以免染色时材料脱落。染色时可用苯酚 1 份、二甲苯 4 份的混合液来清除石蜡，然后转入无水乙醇中脱水、染色等步骤。

二、封藏剂

1. 无水封藏剂：达马树胶（Dammar balsam），为松柏科的柳安（shorea wiesneri）分泌的树脂，能溶于二甲苯、苯、氯仿和乙醇中。其配法：溶解 25 g 达马树胶于 250 mL 氯仿和250 mL二甲苯中，过滤，蒸发到 100 mL 时即可使用。或溶于二甲苯中，过滤成二甲苯达马树脂。

2. 含水封藏剂：用含水封藏剂封藏的标本，其保存的时间不及无水封藏剂时间长。

（1）乳酚甘油：此封藏剂适用于整体封藏，如藻、菌、原叶体及其他小材料的封藏都可适用。配方为：苯酚 1 份、乳酸 1 份、甘油 1 份或 2 份、蒸馏水 1 份。

（2）甘油胶冻（glycerin jelly）：配制方法如下：明胶 10 g、蒸馏水 30 mL、甘油 30 mL、酚 1 g。将 4 种药剂混合后加热至 70～80 ℃，装入大口瓶中密闭，后置 50 ℃温箱中 48 h，再加热到 80 ℃并用消毒过的纱布连续过滤两次即可。此剂在室温下为固态。使用时，先转置 60 ℃水浴锅中液化，取 1 滴于载玻片上，加入材料（菌丝或子实体等），迅速加盖玻片，便封藏久存。

三、包埋剂

1. 石蜡：是石油中提炼出来的多种碳氢化合物的混合物。生物制片所用的石蜡为专用石蜡。石蜡产品按熔点度而分规格。熔点高的较硬，熔点低的则软。硬石蜡对切成蜡带不利，太软的则易使组织材料蜡带皱缩，展片困难。选用石蜡的原则：夏天室温高，应采用高熔点的石蜡（58～60 ℃）；冬天室温低，应采用低熔点的；如材料硬或拟切薄的切片应选用硬的高熔点石蜡，厚的切片则采用低熔点石蜡。常用回收的石蜡较新蜡要好用，但要过滤（以桑皮纸四层叠成漏斗形进行过滤）后再用。

2. 火棉胶：为易燃的一种硝化纤维，但不易爆炸。材料质地坚硬、易断折或过软的组织块，用火棉胶包埋效果良好。不足之处是不能制作连续切片。常用浓度为 2%、4%、6%、8%、10%数种。购买火棉胶常见有透明固体和液体两类规格（能溶于丁香油、无水乙醇、丙酮及乙醚中，上述浓度可按需要配制）。

其他包埋剂：半薄切片包埋剂见实验五：半薄切片。

附录5 几种缓冲液的配制

一、原位杂交用缓冲液的配制

10%SDS：在900 mL蒸馏水中溶解100 g电泳级SDS（十二烷基磺酸钠），加热至68℃助溶，加入几滴浓盐酸调pH7.2，加蒸馏水定容到1 L。由于SDS颗粒容易扩散，故称量时应戴面罩。

10×PBS：在800 mL蒸馏水中溶解80 g氯化钠、2 g氯化钾、14.4 g磷酸氢二钠、2.4 g磷酸二氢钾，用盐酸调pH7.4，定容到1 L。高压蒸汽灭菌20 min，室温保存。

20×SSC：在800 mL蒸馏水中溶解175.3 g氯化钠和88.2 g二水柠檬酸三钠，加入数滴10 mol/L的氢氧化钠溶液调节pH7.0，定容到1 L，分装灭菌。

二、半薄切片用缓冲液的配制

1. 磷酸缓冲液配制

A液　0.2 mol/L磷酸氢二钠溶液

	$Na_2HPO_4 \cdot H_2O$	35.61 g
或	$Na_2HPO_4 \cdot 7H_2O$	53.65 g
或	$Na_2HPO_4 \cdot 12H_2O$	71.64 g
	加蒸馏水至	1000 mL

B液　0.2 mol/L磷酸二氢钠溶液

	$Na_2HPO_4 \cdot H_2O$	27.6 g
或	$NaH_2PO_4 \cdot H_2O$	31.21 g
	加蒸馏水至	1000 mL

按下表混合A液、B液即得所需pH的缓冲液。

0.2 mol/L磷酸盐缓冲液配制表

pH	A液/mL	B液/mL
6.4	13.3	36.7
6.6	18.8	31.2
6.8	24.5	25.5
7.0	30.5	19.5
7.2	36.0	14.0
7.4	40.5	9.5

0.1 mol/L磷酸缓冲液的配制：按上表取A液、B液混合后，用蒸馏水稀释至100 mL。

配制后用pH计或精密pH试纸测量实际pH，一般情况下pH7.0～7.4即可，偏离过大时可加适量的A液或B液若干毫升。例如，当pH>7.4时，可再加入B液10～20 mL，反之则加入A液，直到pH7.0～7.4为止，以pH7.2～7.4为最好，即中性略偏碱为好。

磷酸缓冲液对细胞无毒性，常用于配制戊二醛固定液。缺点是固定时容易产生沉淀及易生长细菌。

2. 二甲胂酸缓冲液配制

A液：0.2 mol/L二甲胂钠缓冲液：二甲胂钠4.28 g，蒸馏水100 mL。

B液0.2 mol/L HCl：浓盐酸（36%～38%）10 mL，蒸馏水603 mL。

此缓冲液的pH可用B液调节至所需要值，即加上列不同量的B液至50 mL A液中，最后稀释至200 mL。

0.2 mol/L二甲胂酸缓冲液配制表

pH	B液/mL
6.4	18.3
6.6	13.3
6.8	9.3
7.0	6.3
7.2	4.2
7.4	2.7

3. 苯甲酸缓冲液的配制：苯甲酸0.25 g，苯甲酸钠0.29 g，蒸馏水200 mL。配后过滤备用。

附录6 几种常用染料的性质及配制

一、染料

1. 洋红（carmine）：又称胭脂红、卡红。取自雌胭脂虫，将雌虫干燥，提炼即得胭脂红，再经明矾处理，除去杂质即成洋红。洋红在中性溶液里溶解度很小，对组织无亲和力，不能使组织着色，所以需要溶在酸性或碱性溶液里，才能很好地溶解，并对组织产生亲和力。洋红的配方很多，我们常用的为乙酸洋红，现介绍于下。配方：洋红 1 g，乙酸 90 mL，蒸馏水 110 mL 45%乙酸铁溶液：1～2 滴。配制步骤：①将 90 mL 乙酸加入到 110 mL 蒸馏水中煮沸。②将火焰移去立刻加入洋红 1 g。③冷却过滤，并加乙酸铁或氢氧化铁水溶液 1～2 滴。此液常用于花粉母细胞压片法，染色体可染成深红色，细胞质呈浅红色，长久保持不褪色。

2. 橘红 G（orange G）为酸性染料，能溶于水、乙醇、丁香油，为细胞质染料，常作二重或多重染色用，常用配方有以下几种。①橘红 G 乙醇溶液：橘红 G 1 g，95%乙醇 100 mL。②橘红 G 丁香油溶液：橘红 G 1 g，纯乙醇 50 mL，丁香油 100 mL。配制时先将橘红 G 溶于乙醇，再加入丁香油，然后开启瓶口，放在 30℃温箱中使乙醇挥发即可使用。

3. 伊红（曙红，eosin)：伊红为酸性染料，具黄绿色荧光，是广泛使用的细胞质染色剂，可与苏木精作二重染色（简称 H·E 染色），可溶于水及乙醇。①伊红水溶液：伊红 0.1～1 g、蒸馏水 100 mL。②伊红乙醇溶液：伊红 0.1～1 g、蒸馏水100 mL。使用 95%乙醇脱水时，常加入少量伊红，其目的是使包埋、切片、展片时便于识别。

4. 甲苯胺蓝（toluidine blue O)：是一种碱性染料，近年来使用较普遍，它与不同的组织作用会呈现几种颜色反应：染色质－蓝色；木质素－浅绿色；细胞质－紫红色；纤维素－无色；RNA－紫色；淀粉－无色；细胞壁（初生壁、中层）－红色。

配方有以下几种：①甲苯胺蓝 O 染色液 A 液：0.2 mol/L 柠檬酸液：柠檬酸 4.2 g，蒸馏水 100 mL。B 液：0.2 mol/L 柠檬酸钠液：柠檬酸钠 5.9 g，蒸馏水 100 mL。C 液：柠檬酸钠缓冲液 pH4.5：A 液 55 mL，B 液 45 mL。D 液：甲苯胺蓝 O 0.5 g，C 液 100 mL。②甲苯胺蓝 O 水溶液：甲苯胺蓝 O 0.5 g，蒸馏水 100 mL。使用第二个配方，在苏木精整染切片后，于展片同时进行蜡带染色，效果很好。

5. 苯胺蓝（aniline blue)：酸性染料配方：苯胺蓝 1 g，85%或 95%乙醇 100 mL。

6. 间苯三酚（phloroglucin)：配方：将 1 g 间苯三酚，溶于 100 mL 蒸馏水中即成。

7. 萘酚黄（naphthol yellow S)：萘酚黄-S，系硝基类酸性染料，为浅黄色（或带橙黄色）粉末，易溶于水，溶液呈黄色，常用于对植物花粉管染色，效果很好。

二、常用染料染色对象

染料分类	染色部位	染色剂种类
植物组织染料	纤维素	酸性品红、固绿、橘红 G、曙红 B、甲基绿、苯胺蓝、亮绿、苏木精、结晶紫
	木质化	番红 O、亚甲蓝、结晶紫、碘绿、甲基绿、曙红 B
	角质化	曙红 B、甲基绿、酸性品红、亚甲蓝、结晶紫、甲基紫
	栓质化	番红 O、苏丹Ⅲ、苏丹Ⅳ
	中层	苏木精、钌红

续表

染料分类	染色部位	染色剂种类
植物细胞染料	细胞核	一般用碱性染料：洋红、碱性品红、苏木精、结晶紫、甲基紫、甲基绿、番红O、碘绿、甲基蓝
	细胞质	一般用酸性染料：酸性品红、橘红G、刚果红、波尔多红、贾纳斯绿、固绿、苯胺蓝、孔雀绿、甲基橙、曙红Y
	脂肪	苏丹Ⅲ、苏丹Ⅳ、油红、苏丹黑B
	线粒体	苏木精、结晶紫、橘红素、酸性品红、甲基紫、贾纳斯绿
	质体	结晶紫、苏木精、甲基紫

主要参考文献

蔡文琴. 2003. 现代实用细胞与分子生物学实验技术. 北京：人民军医出版社

曹建国. 2007. 生物（显微）摄影及电子图版制作教程. 北京：科学出版社

付洪兰. 2004. 实用电子显微镜技术. 北京：高等教育出版社

洪涛. 1996. 生物医学超微结构与电子显微镜技术.（第2版）. 北京：科学出版社

何芳. 2005. 中文Photoshop CS数码照片处理. 北京：红旗出版社

李正理. 1987. 植物制片技术. 北京：科学出版社

李楠，尹岭，苏振伦. 1997. 激光扫描共聚焦显微术. 北京：人民军医出版社

李懋学. 1996. 作物染色体及其研究技术. 北京：中国农业出版社

李懋学，陈瑞阳. 1985. 关于植物核型分析的标准化问题. 武汉植物学研究，3（4）：297-302

美国纽约摄影学院. 2005. 美国纽约摄影学院摄影教材（上册）. 李之聪，李孝贤，魏学礼等译. 北京：中国摄影出版社

奥斯伯等. 2005. 精编分子生物学实验指南（第4版）. 马学军，舒跃龙等译. 北京：科学出版社

汤乐民，丁斐. 2005. 生物科学图像处理与分析. 北京：科学出版社

王晓冬，汤乐民. 2007. 生物光镜标本技术. 北京：科学出版社

杨弘远. 1986. 用整体染色与透明技术观察胚、胚乳和胚状体. 植物学报，28（6）：575-581

杨弘远. 1988. 植物胚胎学中的整体透明技术. 植物学通报，5（2）：114-116

杨弘远. 1988. 用荧光染色与冬青油透明技术显示花粉细胞核. 植物学报，30（3）：242-247

郑国锠，谷祝平. 1993. 生物显微技术.（第2版）. 北京：人民教育出版社

Aloni R，Aloni E，Langhans M，Ullrich CI. 2006. Role of auxin in regulating *Arabidopsis* flower development. Planta，223：315-328

Hoppert M. 2003. Microscopic Techniques in Biotechnology. New York：WILEY-VCH Verlag

Liu CM，Meinke DW. 1998. The *titan* mutants of Arabidopsis are disrupted in mitosis and cell cycle control during seed development. Plant J.，16：21-31

Ruzin SE. 1999. Plant Microtechnique and Microscopy. London：Oxford University Press

Rossner M，Yamada KM. 2004. What's in a picture? The temptation of image manipulation. J. Cell Biol.，166：11-15

Sabatini S，Beis D，Wolkanfelt H，et al. 1999. An auxin dependent distal organiger of pattern and polarityin the Arabidopsis root. Cell，99：463-472

Sanderson BJ. 1994. Biological Microtechnique. New York：BIOS Scientific Publishers Limited

Stacey MG，Osawa H，Patel A，Gassmann W，Stacey G. 2006. Expression analyses of *Arabidopsis* oligopeptide transporters during seed germination，vegetative growth and reproduction. Planta，223：291-305

Young BA，Shewood RT，Bashaw EC. 1979. Cleared-pistil and thicksectioning technique for detecting aposporous apomixes. Can. J. Bot.，57：1668-1672